张新文 主编

新常态 新探索 新对策

山东大学出版社

图书在版编目(CIP)数据

新常态　新探索　新对策/张新文主编.
—济南:山东大学出版社,2018.7
ISBN 978-7-5607-6095-7

Ⅰ.①新…　Ⅱ.①张…　Ⅲ.①区域经济发展—山东—文集
Ⅳ.①F127.52-53

中国版本图书馆 CIP 数据核字(2018)第 169691 号

责任编辑:马银川
封面设计:牛　钧

出版发行:山东大学出版社
社　址　山东省济南市山大南路 20 号
邮　编　250100
电　话　市场部(0531)88363008
经　销:山东省新华书店
印　刷:济南新科印务有限公司
规　格:787 毫米×1092 毫米　1/16
27.25 印张　500 千字
版　次:2018 年 7 月第 1 版
印　次:2018 年 7 月第 1 次印刷
定　价:59.00 元

《新常态　新探索　新对策》
编 委 会

序

2014年5月，习近平总书记在河南考察时，首次提出了“新常态”的概念；同年，中央经济工作会议作出了我国经济发展进入新常态的重大战略判断，并深刻分析了经济发展进入新常态的九个趋势性变化。四年来，新常态已成为我国经济发展的大逻辑，经济增长的内涵、动力、格局发生了诸多趋势性变化，新常态的特征在各方面的表现越来越明显。

山东发展改革综合计划系统作为各级党委政府的智囊团、参谋部，积极适应、引领经济发展新常态，主动调适理念、调适政策、调适方法，紧急围绕全省工作大局和中心任务，深入基层企业开展调查研究，摸清底数、掌握实情，关注企业困难、倾听群众呼声，提出许多有价值的对策、建议，形成了一批价值高、分量重、叫得响的研究成果，为各级党委政府科学决策发挥了重要的参谋助手作用。

本书搜集了2014年以来山东发展改革综合计划系统的33篇优秀研究成果，分为供给侧结构性改革、新旧动能转换、宏观经济运行、区域协调发展四个专题。其中大部分研究成果获得各级党委政府领导同志的肯定性批示，有的直接推动了相关工作，具有较强的针对性和可操作性，对关注山东经济社会发展的读者有较大的参考价值。希望本书的出版能够引起社会各界的广泛关注，引导政府部门和研究机构进一步深化新常态下山东经济社会发展重大战略问题研究，为党委政府决策多提建议、提好建议，为加快建设物质富裕、精神富有、和谐美丽的现代化强省作出积极贡献。鉴于本书作者水平所限，文中难免存在不当之处，恳请读者批评指正。

编　者

2018年2月

目　录

供给侧结构性改革篇

新旧动能转换篇

宏观经济运行篇

区域协调发展篇

供给侧结构性改革篇

江苏、浙江等省市加快转型发展政策措施的调研报告

为深入贯彻习近平总书记视察山东重要讲话精神，全面落实“凤凰涅槃，腾笼换鸟”和山东省委、省政府“坚决打好转方式调结构攻坚战”的决策部署，探寻加快推动转型发展、打造山东经济升级版的思路与对策，近期我们组成调研组赴江苏、浙江两省进行了实地调研，并与相关部门进行了座谈交流，对广东、辽宁、天津等省市进行了书面调研，在2013年《关于加快山东新一轮产业转型发展的调研报告》的基础上，对加快转型发展的政策进行了深化研究。现将有关情况报告如下：

一、江苏、浙江等省市推进转型发展的主要政策措施

近年来，江苏、浙江、广东等省加快转变经济发展方式，积极推进转型升级，研究出台了一整套推动转型发展的政策措施体系。江苏省持续深入推进转型升级、科技创新、农业现代化、文化建设、民生幸福、社会管理、生态文明和党建工作创新“八项工程”，以经济转型升级为统领，涵盖经济、政治、文化、社会以及生态文明建设和党的建设，成为全省全局工作的“主抓手”。浙江省大力实施“四换三名”工程，即：积极推进腾笼换鸟、机器换人、空间换地、电商换市，着力培育名企、名品、名家。“四换三名”工程涵盖了产业创新、科技创新、管理创新、组织创新、商业模式创新、要素利用方式创新等，是实施创新驱动战略的重要载体，是浙江省推动经济转型升级的“组合拳”。广东省积极推进劳动力和产业“双转移”，着力推进珠三角地区劳动密集型产业加快向东西两翼、粤北山区转移，推进东西两翼、粤北山区的劳动力向当地二、三产业和珠三角地区转移，推进产业转移和劳动力转移有机结合，成为推动经济转型升级的“新引擎”。各省在推进转型发展中，虽然制定了许多政策、采取了不同措施，但都突出了以下几个方面：

(一)坚持把结构优化作为转型升级的主攻方向

近年来,江苏、浙江等省都把调整优化结构当成转型升级的主攻方向,通过传统产业改造提升、新兴产业培育壮大、产业集群集聚和园区提升等一系列有效措施,强力推进产业结构优化升级,为经济发展增添了活力。

在传统产业改造提升方面,江苏省出台了进一步加强企业技术改造的意见和创新型省份建设推进计划,深入实施以新技术、新工艺、新装备、新材料推广应用为主要内容的传统产业"四新"技改工程,大力推进制造业信息化工程,培育了一批工业化、信息化融合示范区和示范(试点)企业,推动优势传统产业向研发设计、创新制造和市场营销环节延伸。2013 年,区域信息化和工业化融合发展水平总指数达 87.2,传统产业竞争力得到提升。江苏省是纺织服装大省,虽然近几年也面临行业利润低、外需萎缩、人民币升值、劳动力和原材料成本上升等多重困难,但他们坚持将品牌作为核心竞争力,把传统产业当高科技产业来做,保证了传统产业始终走在行业前沿。如宜禾公司专做职业装,已有 25 年历史,从事的是传统行业,但他们不断推陈出新,最新研制的部分职业防护服集中了纳米、人体工程、防辐射等多项先进科学技术,已做成国际名牌。江苏大亚集团近几年每年都投入 2 亿~3 亿元用于技术创新、产品研发,每年获批专利都有 160 个左右。大亚人造板、圣象地板等虽属传统木业产品,科技含量却极大,基材售价高出普通产品 20%,依然供不应求。浙江省鼓励行业龙头、骨干企业向产业链上下游延伸拓展,支持企业依托原有产业优势投资关联产业,引导中小微企业向"专精特新"发展,提高专业化协作配套水平,积极培育从制造业中分离形成的生产性服务业等。2013 年,"机器换人"技改投资增长 25.8%,实现万元工业增加值用人同比减少 9.2%。在新兴产业培育壮大方面,江苏省出台了十大战略性新兴产业推进方案,设立 10 亿元战略性新兴产业引导基金。2013 年,新兴产业销售收入增长 18%,高新技术产业产值增长 15%,占规模以上工业企业的比重达到 38.5%。浙江省把发展现代装备制造业作为培育战略性新兴产业的首要任务,以智能化、自动化、成套化为主攻方向,深入开展装备制造产业技术创新综合试点,鼓励民资、国资、外资和知识资本投资现代装备制造业。2013 年,战略性新兴产业、高新技术产业、装备制造业增加值分别增长 8.2%、10.3%和 9.4%。天津市在国家重点支持的战略性新兴产业领域内,优先发展一批持续进行研究开发与技术成果转化、拥有企业核心自主知识产权的高新技术企业,并通过政府优先采购、定向采购、减轻企业负担等措施,支持战略性新兴产业发展。

在产业集聚和园区共建方面,江苏省设立专项资金支持各类开发区、产业集聚区和出口基地建设，推动产业集聚发展。在继续推进南北合作共建园区的基础上，江苏省鼓励开发区与上海等省外开发区、中央企业、省内外大型企业集团合作共建园区。浙江省对产业集聚区内新投资企业和区外迁入技改企业三年内缴纳的增值税、营业税、所得税所形成的地方财政收入，按一定标准给予奖励性补助。浙江省目前有14个产业集聚区，2013年，全年完成基础设施和产业项目投资1001.5亿元、2066.5亿元，协议引进项目投资3000多亿元，地区生产总值、财政收入、固定资产投资、工业总产值等指标高出全省平均水平7～26个百分点，集聚区已成为新型工业化与新型城市化相结合的示范区、经济转型升级先行区。广东省出台政策推动优势企业强强联合、跨地区兼并重组、境外并购和投资合作，不断提高行业集中度。对符合省级产业转移园区产业规划和集约用地条件的入园工业项目，允许按不低于所在地土地等级相对应工业用地出让最低标准的70%确定出让底价。2013年，省产业转移园实现工业总产值4800亿元、税收195亿元，分别增长23%、30%。

（二）坚持把科技创新作为转型升级的核心支撑

面对转型发展的艰巨任务，江苏、浙江等省都把创新作为头等大事，加大财政投入，强化人才支撑，加快公共科技创新服务平台和研发成果转化平台建设，完善自主创新激励机制，不断激发转型发展的动力和活力。

在科技创新方面，江苏省设立了成果转化专项引导资金，对企业重大自主创新项目开辟审批、核准、备案绿色通道，打造中国（南京）软件谷等重大平台。目前，全省拥有国家创新型城市10个、创新型县（市、区）40个、创新型乡镇120个。大中型工业企业研发机构建有率达85.1%，14000家规模以上工业企业建有研发机构的数量是2010年的3倍。江苏省还是我国首个累计专利申请总量过百万件的省份，占全国的18.35%，2013年企业专利申请、专利授权继续保持全国第一，科技进步贡献率达57.5%。浙江省突出抓好省级重点企业研究院建设，按企业研发费用占营业收入5%和3%～5%两个档次，分别给予每家企业研究院1000万元或500万元的省级补助；实施重大项目技术联合攻关，每个课题经费每年不低于100万元或150万元，市、县（市、区）安排专项配套资金。2013年，财政科技投入191.9亿元，增长15.6%，R&D经费支出占GDP的比例提高到2.2%。科技创新带来了实实在在的效益，如温州打火机，当初只是纯粹模仿，后来通过学习国际先进技术和管理经验，引进技术设备，加快技术嫁接和技术创新，到现在开发一种打火机新品，从设计到成品只需要25天，而在日本、韩国则需要80天左右。温州平均每天有3种新款打火机问世，目前超越日本、韩国、中国台湾地区，成为世界上最大的打火机生产基地。辽宁省对公共研发和公共检测服务平台给予投资总额的1/3资金补助。上海市研发公共服务平台是我国第一个科技研发公共服务平台，主要包括科学数据共享服务系统、仪器设施共用服务系统、专业技术服务系统、行业检测平台、技术转移服务平台、创业孵化服务系统等十大子系统。该平台通过管理模式创新，整合优化科技资源，构筑全社会共享的系统、便捷、高效的科技基础设施与服务平台。目前，已汇集30万元以上大型科学仪器5097台(套)，集成6大科学数据中心和54个特色数据库；聚集了235家在沪国家级、部委级研发基地，78家专业技术服务平台，34家国家级质检中心，21家创业孵化企业，6家国家技术转移示范机构等优质资源单位，以及各类高新技术领域专家600多位。

在人才引进方面，江苏省大力实施"双创"人才计划、"千人"计划，南京市推进"三二一"人才计划，出台了特殊的优惠政策，引进了一大批科技领军人才、产业领军人才。中兴集团南京研发中心有研发人员1.2万人，是中兴集团全球18个研发中心中最大的，占集团全部研发人员的1/3强。浙江省健全鼓励人才创新的激励机制，鼓励有条件的企业实行期权、股权以激励人才；对企业引进符合条件的创新团队，各级财政给予500万～1000万元的经费支持，对顶尖创新团队可实行"一事一议"。目前浙江省累计入选国家"千人计划"323人。

(三)坚持把改革开放作为转型升级的强劲动力

深化重点领域和关键环节改革，激发市场主体的活力、动力，实行更加积极主动的开放战略，是江苏、浙江等省市推动转型发展的动力源泉和重要路径。

在营商环境方面，浙江省全面推行政府权力清单制度，依法公开权力运行流程，逐步实现省级政府部门一般不再直接向企业分配和拨付资金，不再直接向企业收取行政事业费。放宽外商投资准入门槛，探索实行外资准入前国民待遇加负面清单管理模式，完善"招大、引强、选优"机制，大力引进世界500强等优质外资项目。江苏省在"十二五"前两年取消和下放422项行政审批事项的基础上，2013年又取消和下放154项。广东省加快推进以商事登记制度改革为代表的重点领域和关键环节改革，降低市场准入门槛。2013年，全省新登记企业数量增长50.4%，注册资本增长1.8倍。东莞围绕优化营商环境，提升城市软实力，提出"六个东莞"理念，建设平安东莞、法治东莞、信用东莞、效率东莞、活力东莞、开放东莞，形成了营商环境"加一"、综合成本"减一"的新优势，发展环境焕然一新，被评为中国制造业最优投资环境城市、中国十佳宜业城市等。

在改革试点方面，江苏省把改革农村产权制度、赋予农民更多财产权作为新一轮农村改革的突破口，探索农村土地承包经营权、农民住房财产权抵质押贷款的有效途径，完善城镇化健康发展体制。浙江省积极推进核准目录外企业投资项目不再审批试点、产业结构调整机制创新试点、城乡体制改革试点、重点生态功能示范区建设试点等转型发展改革试点工作。

在扩大开放方面，江苏省积极推动民营企业"走出去"，发挥主力军作用，目前民营企业海外投资项目和金额已占中方投资的70%以上，"苏商"已遍布亚、欧、美洲以及非洲等90多个国家和地区。同时，积极承接上海自贸区建设溢出效应，积极参与丝绸之路经济带、21世纪海上丝绸之路、长江经济带建设。广东省扎实推动外经贸战略转型，一方面，狠抓加工贸易转型升级，帮扶加工贸易企业开拓国内市场；另一方面，着力深化粤港澳合作，率先实现粤港澳服务贸易自由化，高水平打造广州南沙、深圳前海、珠海横琴等重大平台，引导优质外资和重大项目集聚发展。

（四）坚持把绿色低碳作为转型升级的有力抓手

近年来，江苏、浙江、广东、天津等省市积极转变发展理念，按照建设"两型"社会的要求，以推进设计开发生态化、生产过程清洁化、资源利用高效化、环境影响最小化为目标，立足节约、清洁、低碳发展，合理控制能源消费总量，健全激励和约束机制，积极推进经济发展从高能耗、高污染向低碳环保升级。

在化解过剩产能方面，江苏省整合和增加省级淘汰落后产能专项奖励资金额度及使用范围，加大对产能过剩行业实施结构调整和产业升级的财政资金支持力度，对存在产能过剩、资源能源浪费、环境污染等问题的小企业实施行政性关闭；对向境外转移过剩产能的企业，其出口设备及产品可按现行规定享受出口退税政策。天津市制定高于国家要求的能耗、污染排放标准，对钢铁、水泥、平板玻璃等高耗能行业，能耗、水耗和污染排放达不到行业标准的产能，实施差别电价和惩罚性电价、水价，所得价款用于化解过剩产能工作。辽宁省提高环境准入门槛，对产能过剩行业坚持新增与淘汰产能"等量置换"或"减量置换"原则，定期公布淘汰落后产能企业名单。

在控制能源消耗方面，浙江省建立分级考核的"双控"目标责任制度，制订和完善新上项目用能强度标准，实行新增项目用能指标核定和能耗准入对标审查制度；逐步建立新上固定资产投资项目与用能总量指标挂钩、与淘汰落后产能相结合的用能总量动态平衡机制，建立区域内企业或项目用能交易制度。2013年，淘汰高能耗、重污染企业1029家。广东省按照能源供应配置综合评价体系，实施能源差别化配置，对能耗产出效益低的企业进行重点限能，对连续3年万元工业增加值能耗高于全省平均水平2倍的企业依法淘汰（特殊行业除外），倒逼其转型提升。2013年列入淘汰落后产能计划的93家企业的落后设备已全部关停，全年淘汰落后水泥产能1697万吨、造纸13.62万吨、制革10万标张。

在促进绿色发展方面，江苏省编制自然资源资产负债表，对领导干部实行自然资源资产离任审计，建立生态环境损害责任终身追究制。广东省研究制定了碳排放管理办法，实行碳排放配额发放制度，建立了碳排放交易所，定期进行碳排放信息报告与核查。同时，扩大节能环保产品政府采购范围，将获得节能环保产品认证的优势传统产业优先列入政府采购清单。

（五）坚持把要素集聚作为转型升级的重要保障

面对日益紧张的资源环境，尤其是土地资源方面的制约，江苏、浙江、广东等省积极引导、促进人口向城镇集中、居住向社区集中、产业向园区集中，实现土地资源的高效配置和节约集约利用，促进经济发展由粗放型向集约型转变。

在用地方面，江苏省鼓励企业“零增地”技改，不新增用地的企业，可减免城市基础设施配套费；对现有工业用地，在符合规划、不改变用途的前提下，提高土地利用率和增加容积率的企业，不再增收土地价款。鼓励企业采取对存量土地进行厂房改建、利用多层标准厂房等措施进行挖潜改造，从2013年起，每年拿出3000亩用地指标及部分扶持资金，专门支持高标准厂房建设，节约企业资金和建设成本，引导中小企业集聚。浙江省以“空间换地”为抓手，加强土地节约集约利用和批后监管工作，加大对转而未供土地消化利用和闲置土地清理处置的力度，将闲置土地处置情况纳入各级政府节约集约用地评价考核范围，建立健全评价考核和奖惩激励机制，对闲置土地处置未达到规定要求的，相应核减下一年度新增建设用地计划指标。2013年，盘活存量建设用地9.6万亩。

在产业集聚发展方面，江苏省以各类开发区、产业集聚区为载体，引导企业、项目、资源要素向园区集聚；成功争取泰州生物医药及疫苗、盐城风电、南京智能电网等三个国家新兴产业集聚区试点，连续3年每个园区每年争取上级扶持资金3亿元。浙江省面对“卖出8亿件衬衫，换回1架空客A380”的尴尬现实，编制了“1+14+X”(1个总体规划、14个集聚区规划以及多个专项规划)专项规划，实施了龙头企业培育、空间平台优化、重大项目带动、创新平台推动、政策要素支撑等五大工程，推动块状经济向现代产业集群转型，抱团打造14个省级产业集聚区，为经济发展汇聚了新能量，增添了新活力。新昌高端装备制造业集群、萧山化纤纺织产业集群、昆山电子信息产业集群、慈溪家电产业集群、义乌小商品产业集群、常熟服装产业集群等一大批百亿元甚至千亿元级产业集群的快速发展，使得浙江这个陆域面积居全国倒数第二的资源小省，创造了全国第四的经济总量，成为中国经济最具活力的省份之一。

在政策制定和执行中，江苏、浙江等省坚持高点定位，狠抓落实，成效显著。一是定位准。坚持精准定位、特色发展。江苏省在推动区域发展中坚持“一市一策”,如支持徐州老工业基地加快振兴、连云港国家东中西区域合作示范区建设、盐城创建国家可持续发展实验区等,使苏北地区实现了“洼地崛起”。辽宁省在发展现代农业中坚持“一县一业”,如宽甸人参、铁岭榛子、西丰鹿业、桓仁冰葡萄等,促使辽宁特色农业走在了全国前列。二是政策实。坚持突出重点,提高政策含金量。江苏省加大高新技术企业税收优惠力度,切实做到应减则减、应免尽免,到2015年,苏北企业通过落实政策减免税收达30亿元以上。浙江省制定专门考评办法,每年安排3000亩新增建设用地计划指标和3000万元财政专项资金用于奖励“机器换人”成效显著的企业和地方。三是方式新。坚持创新思路、破解难题。江苏省划出部分战略性新兴产业基金由省高科技投资集团运作,采取委托贷款、优先股、可转债等方式进行有偿支持,“资金变基金,无偿变有偿”,较好地实现了循环化、杠杆化,充分发挥了专项资金的引导作用。广东省大力推进碳排放权交易,使碳排放权配额从单纯的任务指标转向可经营资产。四是执行好。坚持一以贯之、狠抓落实。江苏省在全国率先出台了《发展规划条例》,强化了规划的权威性和延续性,2011年开始推进“八项工程”,在各项工程取得重要的阶段性成果的基础上,又出台实施了《关于深化拓展“八项工程”的若干意见》,一任接着一任干,一步一个脚印地推进。浙江省政策执行刚性强,只要形成了政策,有关扶持资金就能纳入财政预算,从而确保得到落实。

二、江苏、浙江等省推进转型发展政策措施的启示

江苏、浙江等省推动转型发展目标明确,措施到位,一以贯之,成效显著。面对宏观形势的深刻变化、兄弟省市的加快转型和资源环境的严重制约,山东亟须推进新一轮转型升级,既要打好主动仗、下好先手棋,也要综合施策、多管齐下。借鉴江、浙等省的经验和做法,推动山东经济转型发展,必须以提高经济发展质量和效益为中心,坚持“凤凰涅槃,腾笼换鸟”的总体思路,着力优化调整产业结构,着力推进创新驱动,着力放大区域战略红利,着力深化改革、扩大开放,着力推动绿色、循环、低碳发展,立足省情,搞好顶层设计,通过健全完善推动转型发展的约束机制、激励机制、保障机制、动力机制和推进机制,建立健全一整套政策措施体系,形成转型发展的强大合力。

一是必须健全约束机制,更好地倒逼转型发展。随着经济的快速发展,我省资源结构不合理、约束加大的问题越来越突出。2012年,我省一次能源消费中原煤超过76%,比全国高8个百分点;万元GDP能耗0.82吨标准煤,比江苏、浙江分别高0.25吨和0.27吨;化学需氧量、氨氮、二氧化硫排放量均居全

国第1位,资源环境承载力越来越成为经济发展规模和发展空间的主要制约因素。我们应学习借鉴江苏、浙江、广东等省的先进经验和做法,强化绿色发展理念,建立健全约束机制,重点从产能、环境、能源、资源、土地等方面研究制定一系列约束性政策措施,以生态环境倒逼发展路径的转变,淘汰落后产能,调整产业布局,促进投资拉动向创新驱动转变、资源依赖向科技依托转变,推动整个社会走上生产发展、生活富裕、生态良好的文明发展道路。工作中:(1)要通过研究"四个一批"路线图、制定承接产业负面清单、科学界定重点行业产能总量合理区间、建立信息预警机制和产能过剩防范机制,一个市县一个市县、一个行业一个行业地摸清底数、细化分解、制订方案,倒逼过剩产能化解。(2)要通过建立质量、能耗限额、污染物排放"领头雁"标准,强化淘汰落后产能目标责任,加大执法检查及考核力度等,倒逼落后产能淘汰。(3)要通过健全能源消费总量和消耗强度"双控"机制,建立新上项目与用能总量、淘汰落后产能"双挂钩"机制,倒逼能源消耗降低。(4)要通过推行主要污染物排放总量控制制度、制定重点行业污染物排放标准、完善排污权有偿使用和交易制度、落实环境污染防治责任制、加强环境执法检查力度等措施,倒逼污染排放减少。(5)要推行差异化的资源价格政策、扶持资源消耗和废弃物的"减量化、再利用、资源化"等政策措施,倒逼资源利用节约和转型。(6)要通过细化各类园区及具体行业投入产出效益标准、规范土地供应方案、加强土地利用全程监管等,强化投入产出约束机制,倒逼土地节约集约利用。

二是必须健全激励机制,更好地引导转型发展。与江苏、浙江等省相比,我省产业"大而不够优"的问题较为突出。我省重工业增加值占规模以上工业企业增加值的比重高达68%,传统工业占比高达70%以上,产值排前三位的化工、农副产品加工、纺织业均为资源型产业,而广东、江苏的第一大行业均为计算机通信和电子设备制造业。2013年年底,我省服务业的比重达到41.2%,比江苏、浙江、广东分别低3.5个、4.9个和6.6个百分点,且传统服务业占比高达50%左右。我们必须树立强烈的转型导向,健全科学的激励机制,坚持"四个提高"和"四个降低"并举,加强分类指导,推动传统产业向高端、高质、高效方向发展;加快培育新兴业态,创新商业模式,开展试点示范,发展壮大新兴产业;提高农业现代化水平,促进服务业转型发展,大力推动区域融合和产业融合,塑造转型发展新优势。

在结构优化上,要抓紧制定出台"腾笼换鸟"的实施细则,形成投资、产业、土地、能源、环保、财政、信贷、价格等政策集成优势,激励企业主动实行技术创新、设备更新、节能环保、搬迁改造、发展新兴业态,推动"弱鸟换壮鸟,坏鸟换好鸟,旧鸟换新鸟",实现存量调整和增量优化。

在要素组合上，要着力抓好“三个提高”：通过制度安排推动企业实施强强联合、兼并重组、境外并购和投资合作，实现优势产业集中度大幅提高；通过加快启动优势产业集群建设工程、引导资源向龙头企业集聚、鼓励中小配套企业加入集群体系、搞好公共服务平台建设等措施，实现优势产业集群发展层次大幅提高；通过制定生产性服务业发展规划和电子商务专项行动计划，抓住三次产业高度融合转型发展的“牛鼻子”，实现产业融合发展水平大幅提高。

在空间布局上，一方面，要建立园区专业化协作分类评价标准，按照定位严格项目准入，实施管理人才培训工程，提高园区专业化协作水平；另一方面，要依托“两区一圈一带”联席会议，完善利益共享机制，拓展合作深度和广度，提高区域产业合作水平。江苏在2006年就提出“南北挂钩”共建苏北开发区，通过统筹规划、加强政策扶持、完善保障机制等措施，苏南与苏北园区间形成了协调互动、共同发展的良好格局。目前，共建园区已经成为促进南北产业转移、产业分工协作、区域协调发展的重要载体。无锡与徐州共建锡丰工业园、锡沂工业园等6个南北共建园区，7年间，徐州市累计承接无锡产业转移500万元以上项目178个，总投资近200亿元。苏州、宿迁共建园区以来，宿迁共承接投资额在500万元以上苏州产业转移项目366个，计划投资总额680亿元。通过南北园区共建，苏北地区学习借鉴了苏南开发区的管理经验和模式，“筑巢引凤”承接了苏南产业转移，加快了工业化进程，推进了跨越式发展；苏南地区则缓解了土地资源、环境承载力、劳动力成本矛盾，为“腾笼换鸟”拓展了新空间。

在市场开发上，要实施名企名牌培育工程，加大对知名企业的要素资源保障力度，开展知名品牌整体宣传推广，打造一批引领转型发展的知名企业、在全球有影响力的知名品牌，推出一批关键技术和核心指标严于各类标准的山东标准。

在生态友好上，要按照“源头严控，过程严管，后果严惩”的要求，加强区域联防联控，完善鼓励脱硫、脱硝、除尘改造以及炼油企业升级改造的经济政策。建立生态补偿机制，制定碳排放管理办法，实行碳排放配额发放制度，探索建立碳排放交易所，开展低碳城市、低碳社区和低碳园区建设试点等，提高绿色低碳循环发展水平，强力推进生态山东建设。

三是必须健全保障机制，更好地支撑转型发展。科技是第一生产力，人才是第一资源，创新是经济结构调整的原动力。恰恰在这些方面，我省与江苏、浙江、广东等省存在较大差距。2012年，我省有R&D活动的单位占比为9.6%，比江苏、浙江、广东三省分别低15.6个、17.3个和5.4个百分点；我省两院院士有40人，比江苏少50人；我省入选国家“千人计划”的人数为107人，不足江苏的1/3。我们要学习借鉴江苏、浙江、广东等省的经验和做法，全力推进科技强省和人才战略，强化转型发展的核心支撑，以创新支撑和引领经济结构优化升级，促进产业链拉长、价值链高端、财税链提升。

在科技研发与成果转化方面，以促进科研投入成果化和科研成果产业化为着力点，研究制定更为有力的政策措施，引导科技研发资源有效整合，加大重大科技平台和高技术产业化的扶持力度，完善科研成果转化服务机制，完善创业孵化、技术转移的推进机制，强力推动创新型省份建设。

在人才支撑方面，要进一步扩大人才基金规模，将蓝色经济区引才政策覆盖全省；实施高层次人才无障碍引进等政策，重点引进一批转型发展急需的省外、海外创新创业领军人才；健全鼓励人才创新的激励机制，吸引和鼓励高层次、复合型、紧缺型经营管理人才来山东创业发展；完善校企合作“双元制”培训机制，加大实用型人才的培训力度。

在要素供给方面，借鉴温州“1＋N”融资模式(以一个重点企业或行业为核心，向该企业或行业的产业链上下游或有业务合作的N个相关企业或行业发放贷款，主要有“1＋N”生产链融资模式、“1＋N”销售链融资模式、“1＋N”行业链融资模式、“1＋N”关系链融资模式等多种新型融资模式，银行实现了风险有效分散，企业摆脱了抵押约束，更多的中小企业获得了信贷支持)，积极构建以新型金融机构为载体、以金融创新产品为工具的新型金融体系，积极发展多种新型融资模式。全面落实征收土地闲置费、协商或依法收回、实施土地置换等措施，并与下一年度建设用地安排相挂钩，建立健全评价考核和奖惩激励机制，鼓励企业“零用地”建设、“零增地”技改。

在基础设施方面，科学谋划重大基础设施规划和布局，强化规划，刚性制约；政府引导，市场运作，创新融资渠道和方式；加快事关全局和长远目标的重大项目建设，努力完善综合交通网、能源保障网和高速信息网。

四是必须健全动力机制，更好地助推转型发展。近年来，我省深入推进重点领域改革，加快建设外向型经济，虽然取得了突出成绩，但经济外向度比广东、江苏分别低78个和33个百分点，人口城镇化率比广东、江苏、浙江均低10个百分点以上，另外，还存在体制机制不够活、营商环境不够优的问题，这在一定程度上影响了生产要素的合理配置，致使经济转型升级动力不足。我们应学习借鉴江苏、浙江等省份的经验和做法，推进改革创新，扩大对外开放，充分释放改革的红利、创新的活力、内需的潜力和开放的拉动力，汇聚成转型升级的强大助推力。

(1)向深化改革要动力。大力推进投资体制、财税体制、金融体制、国有企业等重点领域改革，充分发挥市场的决定性作用，更好地发挥政府的作用，加快释放改革红利，激发市场主体活力，持续提高经济转型升级的内生动力。

(2)开展转型发展改革试点。积极探索不同产业基础、区位特点和资源禀赋的区域转型发展路径,通过规划建设一批产业集聚试验区、主体功能区建设试点示范区和“四化同步”综合改革试验区,整合推进国家和我省转型发展改革试点任务,先行先试,积累经验,引领示范。

(3)加快构建开放型经济新体制。充分利用沿海独特的地理优势,实行更加积极主动的开放战略,主动融入国家自贸区战略和海陆丝绸之路战略,在更广领域、更高层次上参与国际经济竞争与合作。

(4)加快新型城镇化进程。制定实施济莱同城化发展规划和蓝黄“两区”城镇组团建设方案,加快西部经济隆起带组团化发展,提高山东半岛城市群的整体竞争力。有序推进农业转移人口市民化,探索城乡社保关系自由转移接续制度,开展农业转移人口市民化成本分担机制试点,提高农民在土地收益中的分配比例,探索以市场化手段破解城镇化发展难题。

(5)强化消费拉动作用。要把消费作为扩大内需的主要着力点,释放全省近1亿人口的巨大消费潜力。将深化收入分配改革纳入政府考核目标,健全工资正常增长机制,逐步提高保障水平,提高居民的消费能力,改善消费预期。加快社会信用体系建设,以消费结构提升促进产业结构升级。

(6)强化好项目、大项目带动作用。完善支持政策,增强重大项目吸引产业链条整体转移和关联产业、配套服务产业协同转移能力。加强项目储备工作,着力增强发展后劲。优化政府投资方向,切实发挥好“四两拨千斤”的引领带动作用。

五是必须健全推进机制,更好地服务转型发展。转型发展是宏大的系统工程,需要建立健全扎实完善的推进机制,加强领导,多方配合,营造环境,督促考核,确保取得成效、实现突破。首先,切实加强组织领导。转型发展涉及领域广,分管部门多,需要加强组织领导,社会各界联动。加强顶层设计,统筹谋划布局,完善配套政策,推进工作实施。建立专家咨询委员会,研究重大问题,提供决策咨询,支撑工作进行。省直部门要统筹全省重大基础设施、生产力布局和生态环境建设,“把口袋里的生产力全都掏出来”;各市县要强化导向,善借外力,激发内里,释放潜力,加快形成转型发展的强大合力。其次,营造一流的营商环境。建立良好的营商环境是取得新一轮竞争优势的关键。2012年,广东省提出了建立法治化、国际化营商环境五大任务,成为该领域的先行者。我们要学习借鉴广东、江苏等省的经验和做法,顺应新形势、新要求,进一步加强对审批事项的梳理、规范、清理工作,制定时间表和路线图,把能放的放下去、该放的放到位,争取成为审批事项最少、程序最优、时限最短、效率最高、服务最佳的省份。同时,注重强化良法善治理念,探索建立规范、透明、便利,符合治理体系和治理能力现代化要求的法律法规体系，对违背市场竞争原则和侵害消费者权益的企业建立黑名单制度，形成公平公正、稳定可靠的制度环境。再次，加强督导考核。建立健全严格的考核监督机制、改革完善科学绩效评价体系是实现转型发展的制度保障。江苏省建立“八项工程”监测统计指标体系，将“八项工程”的内容具体化，加强对“八项工程”实施成效的检查考核，促使各地各部门逐项对照落实。我省借鉴先进省份的经验和做法，立足考核导向实现新转变，亟须健全转型发展考核体系，突出有质量、有效益、可持续的发展，注重兼顾显绩和潜绩，引导树立正确的政绩观，切实把工作重心转到科学发展、转型发展上来。

三、加快推动我省转型发展的工作建议

（一）高度重视、下大气力，在全国东部地区转型中率先破题

充分认识我省转型发展的紧迫性和重要性，打好主动仗，下好先手棋，多管齐下，综合施策，集中全省智慧和力量推动转型。积极响应国家促进东部沿海地区率先转型发展的战略部署，在具有典型性的问题上大胆探索，勇于改革，先行先试，率先破题，争取在东部转型中走在前列，为全国提供可资借鉴的经验。

（二）突出重点、集中精力，努力打好转型发展攻坚战

以实现工作指导“五个重大转变”和加快形成“八个新突破”为工作重点，推动转型发展取得实质性进展。紧紧围绕转型发展来科学部署各项相关工作，汇聚起加快转型的强大正能量。认真搞好分析研究和对接，找准工作的结合点和切入点，集中精力抓出效果。

（三）统筹协调、分类指导，确保各项工作落到实处

把转型发展作为当前及今后一个时期全省的重大战略任务来抓，加强组织协调，完善工作机制，推动工作落实。制定出台《关于加快推动转型发展的若干意见》，明确推动山东新一轮转型发展的指导思想、主要措施和推进政策。将《意见》的目标任务分解落实到相关部门和各市地，进一步深入研究、细化方案，形成推动转型发展的政策措施体系，形成一级抓一级、层层抓落实的工作格局。

（四）加强考核、科学引导，形成鲜明的激励约束导向

完善转型发展相关评价考核指标体系，建立健全转型发展推进计划年度评价机制和奖惩激励机制，加强对加快转型升级的监督检查，强化责任追究；适时

组织开展全省17市转型发展现场观摩交流会，总结推广先进地区推动转型发展的经验和做法，确保转型发展有序推进。

（五）营造氛围、形成合力，建立全社会参与转型发展的工作机制

发挥企业的市场主体作用，运用市场机制调动企业加快转型升级的积极性。充分调动社会组织和公众力量，形成全社会共同关注、支持、参与转型发展的强大合力和良好氛围。建立社会监督制度，委托社会中介机构对转型发展的进展情况进行评估，开展群众满意度测评，客观准确地评价转型发展的成效，持续推动转型升级，不断转变发展方式，提高发展质量和效益。

（山东省发展和改革委员会综合处　完成时间：2014年3月）

关于重庆市创新转型发展的考察报告

遵照姜异康书记和郭树清省长的重要指示，2015 年 5 月 27～29 日，山东省委常委、常务副省长孙伟同志在参加亚欧互联互通产业对话会期间，率队在重庆市进行了调研。考察组赴“渝新欧”铁路枢纽、重庆大学城、西永微电子产业园、两江新区以及京东方光电科技、奥特斯科技有限公司等实地考察；与重庆市发改委、经信委、科委、扶贫办等部门进行了座谈交流。省政府副秘书长高旭光、省发改委主任张务锋以及省政府办公厅、省发改委有关同志参加考察。总的印象是：党的十八大以来，重庆市紧紧围绕“科学发展，富民兴渝”的总任务，创新转型的指导思想明确，工作重点突出，政策措施得力，发展后劲彰显。通过学习考察，我们受益匪浅。现将有关情况报告如下：

一、重庆市创新转型发展的经验与做法

重庆是中西部地区唯一的直辖市，辖 38 个区、县，面积 8.2 万平方公里，常住人口 2991 万。近年来，重庆市在转型发展中提质增效，呈现出经济稳中向好、社会和谐稳定的良好局面，主要经济指标增速位居全国前列。2014 年，全市生产总值达到 1.4 万亿元，增长 10.9%；完成固定资产投资 1.3 万亿元，增长 18%；社会消费品零售总额 5096 亿元，增长 13%；进出口总额 955 亿美元，增长 39%；一般公共预算收入 1922 亿元，增长 13.9%；城乡居民人均可支配收入分别达到 25133 元和 9470 元，分别增长 9%和 11.5%。面对经济发展新常态取得这样的成绩实属不易，重庆市的许多经验、做法值得我们认真学习借鉴。

（一）对外开放意识强、力度大，变劣势为优势

作为内陆地区，在开放方面的主要劣势是地理区位带来的交通运输问题，以及由此增加的时间成本、经济成本。重庆市委、市政府立足打造内陆开放高

地，着力构建“三大体系”，使重庆成为全国内陆最开放的地区。一是打通“大通道”。在国家的支持下，2010年，重庆市首倡推动五国六方海关共同签订了欧亚大陆桥便捷通关备忘录，成立了铁路联营公司；2011年，开通了重庆到德国杜伊斯堡的“渝新欧”国际铁路联运通道，运时缩短到16天，比海运节约30天。2014年以来，“渝新欧”在公共班列开行、沿线铁路口岸货源组织、铁路口岸开放、设立汽车整车口岸等方面又有新突破。截至2014年年底，已开行233班，进出口贸易额68亿美元，占整个经阿拉山口出入境班列的80%以上。据重庆市经信委相关负责人介绍，2015年将力争开行250班以上，运时降到12天左右，运价从最初的每箱公里1美元降到0.6美元以下。可以说，“渝新欧”打开了重庆的大门，改变了我国内陆出口“一江春水向东流”的格局，实现了“天堑变通途”，极大地增强了渝企走出国门的市场竞争力。二是推动“大通关”。由于我国海关、商检以及内陆沿海之间没有实现“信息互换，监管互认，执法互助”，因此影响了通关效率，增加了运行成本。重庆市借助GPS定位等物联网高科技手段，创新保税物流监管和跨关区便捷通道模式，与30多个口岸海关达成合作协议，做到“一次申报、一次查验、一次放行”。这样在内陆保税区货物通关也实现了与沿海同样的便利。三是搭建“大平台”。坚持定向招商，逐步构建网络终端产业集群，以此为依托“筑巢引凤”，设立了国内首个空港、水港为一体的两路寸滩保税港区和全国规划面积最大的西永保税港区。而且，在航空、水港、铁路三个领域都实现了枢纽、口岸、保税功能“三个三合一”的开放格局。在亚欧互联互通产业对话会的论坛上，重庆市长黄奇帆说：“重庆因为有了这样的口岸高地建设，进出口才会从一年六七十亿美元，迅速在近五六年里增长16倍，去年达到955亿美元。没有口岸的功能，有个300亿美元就谢天谢地了。这就是重庆的开放。”

（二）产业转型行动快、后劲足，变被动为主动

重庆曾是我国老工业基地之一，华陶瓷器、奥妮洗发水、北盛玻璃、重庆啤酒和冷酸灵牙膏曾被誉为重庆轻工的“五朵金花”。20世纪80年代以后，重庆工业格局出现分化，重工业开始成为国民经济的主导产业，轻工业优势渐失，有些传统名牌逐步退出市场。2000年以后，重庆又面临着“东北现象”和“西部现象”叠加的困境，结构偏重，效益不佳。为改变这种状况，重庆见事早、行动快，抓住2009年国际金融危机中产业重新布局的机遇，由过去的被动“调”变为主动“调”，推动产业结构上档升级。比如，信息产业。创新“整机＋零部件”加工贸易生产组织方式，将“两头在外，一头在内”的水平分工，变为销售“一头”在国外，生产、研发、结算等“多头”在国内的垂直分工，形成了惠普等5大品牌商，富

士康、广达等6家代工商和800多家零部件制造商构成的“5＋6＋800”电子信息产业集群。2014年，全市共生产笔记本电脑、打印机等智能终端产品1.9亿台件，产值超过5000亿元；全球每3台笔记本电脑中就有1台重庆造。在两江新区考察时，京东方科技有限公司负责人向我们展示了110英寸4K电视、智能冰箱、液晶电子显示板等；奥特斯科技有限公司负责人带我们参观了高端微孔互联印制电路板。这些高科技含量、高附加值项目的投产，使重庆在网络智能终端领域抢占了制高点。比如，汽车产业。过去，我国汽车制造基地布局呈“井田制”格局，上汽布局在上海，一汽布局在长春，二汽布局在湖北，北汽布局在北京，其他地区很少涉足。近年来，重庆市努力改变这种传统的产业布局模式，像美国底特律那样，把国内最主要的汽车制造商都云集到重庆。大力支持长安、力帆等本土汽车制造商壮大规模，积极引进福特、通用、现代、铃木等国外汽车品牌厂商。2014年，全市汽车产量达到263万辆，今年有望突破300万辆，成为全国最大的汽车生产基地。再比如，战略性新兴产业。重庆市在着力发展电子信息、汽车、装备、化医、材料、能源和轻纺“6＋1”产业的同时，紧跟全球科技革命和产业发展趋势，2014年锁定了集成电路、机器人、物联网、页岩气等10大战略性新兴产业。据重庆市经信委有关负责人介绍，这些产业都已列入“中国制造2025”目录，并和德国版4.0产业相关联；每个产业链上下游一展开，到2020年都可以形成上千亿元的产值。最近市里成立了800亿元的战略性新兴产业股权投资基金，其中市政府出资255亿元，吸引全国16家金融机构出资545亿元。经过一年的建设，SK海力士芯片封装、京东方8.5代线新型半导体显示器件等一批重大项目已建成达产，2015年一季度全市战略性新兴产业产值增长20％以上。

（三）区域规划起点高、定位准，变竞争为合作

重庆市区域自然条件、发展现状和发展潜力等差异很大。为妥善解决区县功能定位不够清晰、产业同质化、生态环境约束严重等问题，2013年9月，重庆市出台了《关于科学划分功能区域加快建设五大功能区的意见》，高起点谋划了五大功能区，并赋予其不同的产业定位。都市功能核心区，仅占全市面积的0.4％，却集中了全市常住人口的42.3％。这决定了该区的发展重点集中体现在金融创新、高端综合服务业和文化产业方面。都市功能拓展区，相比核心区，经济稍弱，定位为培育提升综合交通、物流、对外开放、科技教育等中心城市功能，建设未来新增城市人口集聚区。城市发展新区，是全市工业化、城镇化的主战场，重要的制造业基地，“四化”同步发展示范区和川渝、渝黔区域合作先行区。渝东北生态涵养发展区、渝东南生态保护发展区，主要任务是“面上保护，点上开发”，即在保护好生态环境的基础上，有重点地发展特色经济。为推进区

域战略实施落地，重庆市委、市政府先后密集出台了50余项配套政策，构建起以产业、财政、考核三大政策为核心，众多专项政策相配套的区域政策体系，形成了“特色引导，分类支持，差别约束”的政策助推格局。比如，五大分区制定后，重庆市对县区班子考核也作出了调整。核心区和拓展区经济较为发达，故而考核中经济比重占42％～50％；两大生态区则在经济指标上相对“松绑”，占比仅为28％。市发改委有关负责人介绍，五大功能区发展战略是根据重庆市区域发展不均衡的客观条件制定的，推动了特色发展、差异发展、协调发展，避免了各区域招商引资无序竞争等问题，实现了整体功能最大化，区域间合作共赢态势更加凸显。2015年一季度，五大功能区生产总值分别增长9.4％、10.6％、11.4％、11.7％和9.8％。

(四)扩大融资渠道宽、办法多，变“输血”为“造血”

前些年，国家实施西部大开发战略，对重庆等西部地区转移支付力度加大，再加上其他省市长期以来的扶贫协作，可以说，重庆市“输血”的特点比较明显。随着近年来基础设施建设步伐的加快，财政收支矛盾越来越突出，单靠“输血”是远远不够的，亟须建立多元化资金保障机制，强化“造血”功能。为此，重庆市加快投融资体制改革，形成了“1＋X”的PPP政策体系。“1”就是2014年8月份市政府印发的《PPP投融资改革模式实施方案》，这是全国省级层面最早印发的实施方案，开启了PPP改革的“破冰”之旅。“X”就是市级部门研究发布的若干具体改革领域指导文件或试点方案，包括已发布的市发改委《PPP投融资模式试点领域改革指导意见》、市国土房管局《土地一级整治PPP投融资模式改革试点方案》以及市城乡建委研究制定的城市地下综合管廊试点方案等。重庆市PPP改革的主要制度设计，可归纳为“厘清五个边界，做好五个防范”。“五个边界”：一是市场定价项目，由项目法人自主定价、自负盈亏；二是政府指导价项目，对收费达不到完全市场化要求，但具备价格调整空间的，可逐步调整价格，实现项目收费平衡；三是购买公共服务，对价格在相当长时间内不能到位的公共服务，可实行政府公共采购；四是资源配置补充，对投资量大而收益低甚至免费的项目，政府进行资源配置和财政补贴；五是确定合理收益上下线，防止暴利。“五个防范”：防范形似而神不似，名为PPP，实际上让政府背上高息债务；防范社会投资者利用公共服务的自然垄断，乱收费、高收费；防范不同区县、不同地区的同一类项目，因标准不统一导致价格、收费混乱；防范由于操作不阳光，导致灰色交易发生；防范项目无法正常运转时应急预案缺失。

2014年8月，重庆市政府召开PPP合作项目签约发布会，集中发布10个项目，涉及资产总额超过1000亿元。这些项目既包括传统的高速公路、市政供水、垃圾处理、港口等领域，又创新推出了轨道交通、市郊铁路、土地整治开发等新领域，做到了增量与存量并重，以增量盘活存量。PPP改革在推进公共设施建设的同时，还减轻了政府债务，促进了混合所有制经济发展，营造了良好的营商环境，可谓一举多得。2014年，重庆市地方债务余额5900亿元，比上年减少1090亿元，很大程度上是因为部分政府融资平台的债务转化为了社会合作伙伴企业的债务。近期，除PPP签约项目1000亿元外，重庆市还将设立股权投资基金和产业投资基金总规模1000亿元，筹集政府债券资金和其他有关资金1000亿元，引导股市资金进入实体经济1000亿元，新增企业债券中期票据1000亿元，实现“五个千亿”。这些创新举措，对卸掉财政资金背上的“重负”，吸引民间资本参与基础设施和公共服务建设，缓解实体经济融资难、融资贵等压力都将发挥重要作用。

(五)统筹城乡思路清、措施实，变“二元”为“一体”

重庆大城市、大山区、大库区和少数民族地区并存，城乡二元结构矛盾突出。直辖之初，重庆市就积极探索大城市带动大农村协调一体发展之路。根据2009年国务院出台的《关于推进重庆市统筹城乡改革和发展的若干意见》，围绕“城乡经济社会协调发展、劳务经济健康发展、土地流转和集约利用”三条主线，通过创新扶贫开发机制、城乡社会保障机制，改革户籍制度，探索保障性住房管理模式，完善农村金融服务等举措，推动城乡发展同步、城乡生活同质、城乡要素同权。考察中给我们印象最为深刻的是其扎实推进地票制度改革。经国务院批准，重庆市从2008年即开始了地票交易实验：将闲置农村宅基地和其他建设用地复垦为耕地形成地票，在农村土地交易所公开交易。地票净收益的85%支付给农户，15%支付给农村集体经济组织。截至2014年年底，重庆市共交易地票15.2万亩，带动306亿元资金回流农村。在座谈会上，我们就这一问题与重庆市有关人员进行了深入交流。大家认为，这项改革至少带来了三大好处。一是有效保护了耕地。由于耕地先补后占而不是先占后补，落实了城乡建设用地总量不增加、耕地总量不减少的占补平衡制度，因此保证了耕地数量不减少、质量有提高。二是有效解决了农民工城市、农村两头占地的问题。以市场化的手段盘活农村闲置的建设用地，为农民工退出农村宅基地、积累资金进城安家搭建了平台。三是有效打通了城市反哺农村的制度性通道。基础设施、公益设施或者工业类项目用地国家下达土地指标，凡房地产等经营类项目都要买地票，并且地票指标主要来源于两大生态区。重庆地票改革，在保障农民权益不受损害的基础上，缓解了城市建设用地紧张的矛盾，满足了工业发展需求，加快了城镇化进程，实现了“化土为金”。

二、重庆市创新转型发展的有益启示

通过这次考察学习，重庆市创新转型发展的强劲势头给我们留下了十分深刻的印象，主要体会有如下几点：

第一，必须坚持以思想解放为先导促进大开放、大发展。在我国往往有一种惯性思维，即内陆开放度要比沿海滞后，开放首先要从沿海做起。重庆的经验告诉我们，开放是一种发展理念，是一种制度安排，与地理位置没有直接关系。近年来，重庆市牢固树立大开放的理念，深度融入"一带一路"和长江经济带，重新审视所处环境的新变化，分析自已的优势和不足，积极转变不适应科学发展的旧观念，推动了新一轮思想的大解放。沙坪坝区政府有关负责同志告诉我们："加快内陆开放高地建设这件事，我们不去做，其他周边省份也会做。我们有很强烈的危机感。"应该说，山东扩大开放的基础条件、比较优势都比重庆要好，近几年下的工夫也不少，之所以没有达到预期的效果，根本上还是紧迫感不强、解放思想不够。这主要表现在，东部沿海各市在推动联合通关、贸易便利化、跨境电子商务、保税贸易进一步培育开放新优势等方面缺乏思路和办法；中西部各市开放的等靠思想较重，缺乏敢闯敢试、大胆探索的意识。在经济全球化发展的今天，新一轮转型发展绝不可能一省一市孤立地进行。我省应突破主要着眼于省内、国内进行调整的思维定式，积极构建开放型经济新体制，加快培育面向世界的产业集群，争取在融入国家"三大战略"、中韩自贸区建设、优势产能走出去等方面有更大作为。

第二，必须坚持以科学规划为引领推动产城融合。重庆市在推进城市发展过程中有一个十分鲜明的特征，就是坚持规划先行，走产城融合发展之路，高标准建设，高效能管理。沙坪坝西部新城在规划建设中，请国际知名机构策划设计，主要由西永微电子产业园、西永综合保税区、重庆大学城、重庆西部现代物流园组成，形成了组团开发、错位发展、合作共赢的新格局。比如，西永微电子产业园依托综合保税区和现代物流园，大力发展信息终端产品制造业集群、集成电路产业集群、服务贸易和现代服务业集群。2014 年，该区工业总产值、进出口总值分别占全市的 6％和 28％。再比如，重庆大学城半城半学，与园区"你中有我，我中有你"。大学城为园区企业提供了丰富的人力资源和科技支撑，并吸引了重庆一中、实验一小等优秀学校入驻，为本地人口提供了优质教育资源，也为园区留住人才创造了条件；园区为学生提供了实训基地和大量就业机会，同时周边配有大型商业综合体及社区日常生活设施，方便了师生生活。我们在参观西永微电子产业园展示大厅时，有四句话格外引人注目："产业催生城市，城市服务产业，产业支撑城市，城市提升产业。"重庆市规划建设的核心理念，对我省提升园区综合功能、发展城市经济都具有重要的借鉴和参考意义。

第三，必须坚持以创新驱动为支撑推进转型升级。重庆市的经济增长之所以能在全国下行压力加大的情况下逆势而上，根本上得益于多领域、全方位推进创新能力建设。重庆市委、市政府明确提出，创新驱动和高科技战略性产业发展是重庆的未来。在工作举措上，关键有"三招"：第一招是抓产业，大力培育十大战略性新兴产业；第二招是抓投入，加大研发投入强度，实施了工业研发千亿元投入计划；第三招是抓政策，深度整合创新政策，形成靶向激励合力。我们感到，科技创新越来越成为发展的决定性因素，现在的产业效益再好，一般也只能保持3～5年的发展，未来5年、10年的发展，还要靠创新、靠新产业不断推动。目前创新仍是山东的"短板"，必须加快扭转这一局面，切实把已出台的各项政策和即将出台的深入实施创新驱动发展战略的意见落到实处，努力实现创新有团队、研发有平台、投入有产出、成果有转化，为经济社会长远发展强功底、添活力。

第四，必须坚持以聚焦突破为重点有序推进各项改革。党的十八届三中全会以来，重庆市按照中央的统一部署，在加大全面深化改革力度的同时，更加注重突出重点领域、精准推进。比如，投融资体制改革、统筹城乡综合配套改革都是紧紧围绕突破发展的瓶颈制约来展开的。比如，重庆市还聚焦正确处理好市场和政府的关系这一核心问题，找准市场定位，厘清政府边界。据西永微电子产业园开发有限公司负责人介绍，该公司是西永微电子产业园区的开发投资主体，创建之初由重庆地产集团与沙坪坝区国有资产管理中心按照55∶45的比例共同出资组建。区政府以地价入股，负责配套完善前期基础设施；后期运营管理完全由市场运作，政府则主要是搞好服务。从山东来看，当前体制机制的矛盾仍比较多，关键是要加快转变政府职能，更好地坚持发展导向和问题导向，不断增强改革的选择性和针对性，从发展最需要、群众最关心的问题入手，逐个解决，集中突破。

第五，必须坚持以立足实际为根本谋划发展思路。重庆市近年来创新转型发展的实践，无一不是因地制宜、立足市情来展开的。无论是对外开放、实施区域战略、深化改革还是创新驱动等，都体现出一个重要原则，就是把中央精神与重庆实际紧密结合，创造性地加以落实。山东的情况不同于重庆，各市县也千差万别。创新转型不能简单模仿，好经验也不能照搬照抄。必须引导全省上下吃透省情、市情、县情，放大优势，突出特色，扬长补短，创新转型发展之路，真正落实好省委、省政府的部署要求。

三、几点建议

1. 进一步转变思想观念，抢抓新机遇

面对外部环境的深刻变化和兄弟省市的加快转型，我省应当把解放思想摆到更加突出的位置，认真分析在新常态下面临的新机遇和新挑战，以“等不起、坐不住”的紧迫感，以“敢为天下先”的改革精神，为创新转型发展提供不竭的动力源泉。建议结合“三严三实”专题教育，在全省进一步营造思想大解放的浓厚氛围。特别应围绕我们的思想观念、发展理念、工作方式和管理模式还有哪些不适应新常态发展要求的地方，存在哪些不严不实的表现，进行深入讨论和查摆，并结合“十三五”规划编制，就上述问题和影响经济社会发展的重大问题开展深入集中调研。在这个过程中，各级党委、政府和领导干部要率先解放思想，打破利益固化的藩篱，切实把工作重心转到搞好规划、创新机制、优化环境、改善民生上来。

2. 进一步转换发展动力，增创新优势

当前，我省正处在“由大到强”战略性转变的关键时期，同时也面临新旧增长动力“青黄不接”等突出问题。把握好稳增长与调结构的平衡，提高发展的质量和效益，实现“由大到强”和“走在前列”，必须解决好“发展的动力从何而来”这个看似平常的问题，加快培育发展新优势。建议抓紧研究出台相关政策措施。一方面，改造提升传统动力，推动投资由总量扩张型向内涵效益型转变、消费由实物消费向服务消费转变、进出口由“大进大出”向“优进优出”转变；另一方面，集中全力重点突破创新创业、互联网经济、智能制造等新业态，实现发展动力的有序接续。

3. 进一步抓好园区建设，打造新载体

重庆市的园区建设为转型发展提供了重要的载体支撑。目前，我省经国家审核公告的开发区有 171 家，其中国家级 32 家，省级 139 家。要推动这些园区在发展中率先转型，促进园区建设与培植新的经济增长点相结合，实现“小企业、大聚集”；促进园区建设与承接产业转移相结合，形成优势产业高地；促进园区建设与扩大对外开放相结合，积极吸引外资进入；促进园区建设与优化城市布局相结合，实现工业建设园区化、园区建设城市化。建议制定加快省以上各类园区转型发展的指导意见，在园区内实行“特之又特”的政策，给予“先行先试”的空间，建设一批“千亿元级”重点园区和产业集群，切实提高其辐射带动能力和引领示范效应。

4. 进一步统筹区域城乡一体化，探索新路径

区域城乡一体化发展是必然趋势，更是我省未来经济增长的巨大潜力所在。目前，我省已经形成了"两区一圈一带"区域发展科学布局，在坚持面上推开、点上突破的同时，应更加注重融合互动、一体发展。建议依托联席会议制度，统筹重大基础设施、生产力布局和生态环境建设，持续放大规划引领、基础设施互联互通和产业协作联动"三个效应"；同时，完善利益共享机制，拓展合作深度和广度，提高区域产业的合作水平。稳妥推进新型城镇化，在破除城乡二元结构上下工夫，统筹户籍、土地、财税、金融等制度改革，配套完善居住、就业、教育、医疗、社保等政策体系，稳定并保护进城落户农业转移人口的承包地经营权和宅基地用益物权，探索以市场化手段破解城镇化发展难题。

（山东省政府考察组　完成时间：2015 年 6 月）

关于广东、浙江推进供给侧结构性改革情况的调研报告

为加快推进我省供给侧结构性改革，推动转型升级，促进新旧动能转换，遵照姜异康书记、郭树清省长的批示要求，山东省发改委组成调研组赴广东、浙江两省进行了专题调研，通过座谈交流、实地考察，深入了解两省的思路、做法，并就推进我省供给侧结构性改革进行了研究与思考，形成了本调研报告。

一、广东、浙江推进供给侧结构性改革的主要做法

通过深入考察交流，两省在推进供给侧结构性改革中具有四个鲜明特点：一是行动快。中央经济工作会议后，广东省立即着手进行相关工作；新年伊始，广东省委、省政府的主要负责同志就召集有关部门研究部署下一步工作；2016年2月28日，推出“1+5”的工作方案，各项工作进入实施阶段。二是思路清。两省不仅将工作重点转到供给侧上，而且还放到改革上，创造性地落实“三去一降一补”任务，既有力地推动稳增长，又加快培育新的竞争优势，真正体现了供给侧结构性改革的核心要义。三是招数实。两省从各自实际出发，打出一套“组合拳”，推出了一系列真招实招，舍得拿出“真金白银”，敢于冲破利益藩篱，在一些重点领域和关键环节取得了突破。四是责任明。两省将五大任务分解落实到相关部门，分工负责、密切配合，责任清、任务明，有政策、有抓手，为工作顺利推进提供了有力保障。工作中，两省坚持以“三去一降一补”为突破口，顺势而为、借势发力，做好了五篇结合文章。

（一）围绕去产能做好推进产业转型升级的文章

两省在去产能过程中，不仅是为了“去”，而且还为了“转”；不仅做减法，而且还在做加法，坚持淘汰一批、转移一批、转型一批、培育一批，使资源要素从产

能过剩行业、“僵尸企业”中剥离出来，提高了整体利用效率。

一是坚决淘汰落后产能。两省健全了部门协作机制，精准施策，重点突破。(1)强化分类处置。重点推进国有“僵尸企业”处置，加快出清关停企业，加快重组特困企业，打包转让优质资产，尽快退出劣质资产，对久拖不决的老大难问题进行“一企一策”整治。广东省计划到2016年年底，全省国有关停企业全部出清；2017年年底，国有特困企业基本脱困；2018年年底，基本完成“僵尸企业”市场出清。(2)强化法治手段。广东省设立了“僵尸企业”破产处置绿色通道，简化审理程序，加快审理进度。浙江省成立了破产清算平台。同时两省充分发挥金融资产管理公司等的作用，积极推进“僵尸企业”不良资产处置。2015年，浙江省法院系统受理破产清算及破产重组案件619件，比上年上升105%。(3)强化准入标准。两省提高产能严重过剩行业的能耗、物耗、水耗、环保、安全、技术准入标准，倒逼落后产能加快退出，严控过剩产能新上项目。2015年，浙江省在100多个集中区块中淘汰和整治“低小散”企业(作坊)1.9万家，为新兴产业腾出了发展空间。

二是有序转移过剩产能。(1)积极推动省内产能转移。广东省大力推动珠三角地区钢铁、石化等行业产能向环境承载力度强的粤东、粤西沿海地区转移。计划3年累计推动珠三角地区1600个项目转移落户粤东西北地区。(2)积极推动省际产能转移。广东省开建粤桂黔高铁经济带合作试验区(广东园)，不断深化粤桂黔三省的互利合作。2015年，达成合作项目71个，投资总额1021亿元。(3)积极推动国际产能合作。广东省借助“一带一路”，与沿线国家共同加强重大基础设施建设，加快推进珠海—巴基斯坦瓜达尔港等一批合作项目，支持华为、中兴等企业参与沿线国家电信基础设施建设。计划3年新增境外投资额400亿美元。

三是加快培育新的增长点。浙江省以“四换三名”(“腾笼换鸟”、机器换人、空间换地、电商换市，名企、名品、名家)和培育七大万亿元级产业(信息、环保、健康、旅游、时尚、金融、高端装备制造)为抓手，积极推进经济转型升级。广东省出台了《智能制造发展规划》，推动全省传统制造业全面进入智能化制造阶段，建成全国智能制造发展示范引领区。佛山市为高水平推进工业4.0特别是机器人产业发展，专门设立中德工业服务区，两国总理见证了该项目签约。该服务区通过举办国际路演、企业对接、高峰论坛等，较好地实现了中德资源对接，促进了产业智能提升。我们考察广工大协同研究院时了解到，该院打破以往设计产品、推销产品的传统模式，改为以市场应用为导向，按客户需求设计产品。该院成立以来，研发创新产品60多项，申请专利400件，服务地方企业超过500家，实现技术服务收入超亿元，为企业转型升级提供了有力支持。

四是打造特色产业集聚区。浙江省首创并大力推进特色小镇建设，首批37个特色小镇集聚了近万名创业者和1900多个创业团队，第二批又启动建设30个特色小镇。每个特色小镇锁定信息、环保、时尚等新产业以及茶叶、丝绸、青瓷等历史经典产业中的一个，3年累计投资不少于50亿元，突出“特而强”；小镇功能集产业、文化、旅游和社区于一体，生产、生活、生态融合发展，力求“聚而合”；特色小镇占地3平方公里左右，其中核心区达1平方公里，且都要建成3A级景区，3年接待游客不少于180万人次，展现“小而美”。我们考察的桐庐健康小镇，规划面积2.6平方公里，按照“乡村旅游，养生基地”模式，发展健康养生服务、中医药医疗保险服务、健康旅游、健康食品四大特色产业，努力做到“养生不离家，离尘不离城”，成为富春山健康城的核心区块。

(二)围绕去库存做好促进城市健康发展的文章

两省深入贯彻国家稳定房地产、推动新型城镇化建设等政策措施，一方面，多措并举去库存，促进房地产业平稳发展；另一方面，优化城市布局，推动城市升级。

一是稳定房地产市场。广东省出台了《供给侧结构性改革去库存行动计划(2016～2018年)》，加大棚改安置和住房保障货币化力度，计划3年完成棚户区改造16万户；运用“农民安家贷”等信贷平台，支持进城农业人口置业；通过发放住房补贴等方式，支持老旧社区居民置换新房；引导支持房地产开发企业将库存工业、商业地产改造为孵化器和众创空间，改造库存商品房，用于扶持养老、旅游等事业发展。计划到2018年年底，全省商品房库存规模比2015年年底减少12.5%，地级以上城市商品住房去库存周期控制在16个月以内。浙江省把去库存作为房地产调控的首要任务，划出了一条土地供给的警戒线，凡是库存消化周期超过24个月的，以县为单位停止土地出让；推进“公转商”贴息贷款、资产证券化等措施，公积金支持住房消费800亿元；通过“房票”、团购服务、货币补偿等方式购买库存商品住房，巩固房地产市场稳定发展态势。

二是促进城市升级。广东省提出“三旧”(旧城区、旧厂房、旧物业)改造政策，统筹平衡商业、办公、工业等改造项目规模。佛山市自2013年起大力实施城市升级“三年行动计划”，3年投资千亿元推进103个项目，通过公共交通和市政基础设施、生态环境和宜居城乡、城市管理智能化建设等提升城市品质，从2016年开始，将实施“两年延伸计划”。浙江省积极推进“三改一拆”(旧住宅区、旧厂区、城中村改造和拆除违法建筑)，在全省创建“无违建县(市、区)”。“三改一拆”腾出的空间，宜耕则种，宜绿则绿，宜建则建，利用率达到60%以上。2016

年,浙江省启动实施926个城中村改造项目,开工建设1585万平方米,3年内城中村改造全面开工。

(三)围绕去杠杆做好支持实体经济发展的文章

两省坚持防金融风险与促改革创新两手抓,去金融杠杆与降融资成本相结合,较好地平衡了"去"和"稳"的关系,提高了金融服务实体经济的质量和效率。

一是积极处置不良贷款。浙江省在全国率先建立了多层架构的地方资产管理公司,联合政府和社会等多方力量,在传统"收购—处置—转让"的基础上,为企业提供"一揽子"不良资产处置和资产管理的金融服务;搭建了浙江辖内银行业押品资产交易信息平台,集信息共享、集中展示、交易功能于一体,目前上线司法裁定、银行抵债等资产信息6000多条,有效地提高对接成功率,加快了不良资产的处置进程。佛山市推动银行机构对债务规模较大并有三家以上债权银行的客户成立债权人委员会,按照"一企一策"的原则共同研究确定增贷、稳贷、重组等处置措施。

二是健全风险防范机制。针对担保链、债务链的"双链"风险,浙江省各市成立企业帮扶工作领导小组,构建政府牵头、银监引导、协会会商、企业自救、银行帮扶"五位一体"工作框架,在逐户会诊的基础上,将风险企业分为扶持类、挽救类和退出类,视情况采取授信聚拢法、银团贷款法、延缓追偿法、担保替换法、外部收购法、平移代偿法等"帮扶八法",有效促进了"解圈断链"。广东省运用信息化手段加强对金融风险的监测预警,全面摸清金融杠杆情况及重点领域风险点,集中开展金融风险专项整治和打击恶意逃废债专项行动,较好地遏制了非法集资和恶意逃废债的蔓延势头。

三是拓宽企业融资渠道。浙江省充分发掘非银金融潜力,重点拓宽资本市场、股权投资、债券市场、市场交易四个通道,推动实体与金融互动升级,计划到2020年,直接融资占比达到30%以上,股份有限公司超过1万家。广东省稳步扩大"政银保"试点范围,与中国人民保险集团股份有限公司合作设立了总规模121亿元的"粤东西北振兴发展股权基金",带动融资规模近1000亿元人民币。佛山市联合深圳创新投资集团设立100亿元规模的创新创业产业引导基金,设立6亿元规模的科技型中小企业信贷风险补偿基金;召开金融科技产业协同发展大会,80多家金融机构和200多家科技企业达成了265个融资项目协议,总投资600多亿元。

(四)围绕降成本做好增强市场主体活力的文章

两省实施降成本一揽子政策措施,大幅减轻企业负担,努力提振企业信心,切实增强企业竞争力。广东省出台降成本专项行动计划,确定到2016年年底,为全省企业减负4000亿元,企业综合成本较2014年下降5%~8%。浙江省把"降成本"作为当务之急,具体目标措施将于近期出台。

一是降低制度性交易成本。广东省对省定11项涉企行政事业性收费,分两批免征其省级及市县级收入,从2016年10月1日起,全面实现省定涉企行政事业性收费"零收费"。佛山市出台了提振民营企业家信心促进创业创新的40条"干货",仅下调堤围防护费和价格调节基金两项,就可为企业减负5.2亿元。浙江省大力清理行政审批中介服务项目,近期将公布中介服务项目及收费标准,预计项目可减少50%,收费可减少30%。

二是降低社会保险费成本。通过精简归并"五险一金"、优化社保险种结构、降低运行管理成本等多种措施,逐步降低社保基金综合缴费率,目前广东、浙江两省分别为22%和24.9%,分别低于全国平均水平16个和13.1个百分点。广东省自2016年下半年起,将城乡基本医疗保险单位费率下调到5.5%左右;从2016年3月1日起,将失业保险单位费率从1.5%下调至0.8%;将住房公积金缴存比例上限从20%降低至12%,缴存基数上限从月平均工资的5倍降低至3倍。

三是降低生产要素成本。两省探索弹性出让年限、只租不让、先租后让、租让结合、分期供应等多种灵活的土地供应方式。杭州市开展土地弹性出让制度试点,前6年租金按总地价的10%确定,期满后,根据企业意愿,按合同约定验收达标,再签订剩余年期土地出让合同并缴纳相应土地出让金,能够有效降低企业初始用地成本。广东省积极推进电力体制改革,探索现货市场、发电权交易等市场品种,允许大型商业用户参与直接交易市场,引入售电公司参与售电市场,通过充分竞争,降低用户的用电成本。

(五)围绕补短板做好增强发展后劲的文章

两省立足自身实际,围绕薄弱环节,加大投资,优化环境,着力补齐短板,加快构建与新供给体系相配套的软硬件支撑体系。

一是加快重大基础设施建设速度。浙江省从2013年开始,持续推进"411"重大项目建设行动计划,围绕产业转型升级、基础设施完善、统筹城乡建设、公共服务提升四大领域,建设1000个以上省重大项目,带动全社会固定资产投资超过10万亿元。广东省计划用3年时间投资11500多亿元，实施18项重大工程，力争使全省信息、新能源汽车充电设施、城市地下管网、交通互联互通、水利等基础设施保障能力达到全国领先水平，粤东西北地区生活污水和垃圾处理率、天然气气化率、移动宽带普及率等超过全国平均水平。

二是大力优化营商环境。广东省深化行政审批制度改革，率先推行负面清单、权力清单、责任清单"三单管理"，为企业提供了规范、透明、便捷的政务服务。佛山市全面推进"一门式"政务服务，企业和群众办事时，从多个窗口、多个流程简化为一个综合窗口全部搞定，目前已有282个事项实现"一门式"办理，群众满意度大幅提升。浙江省进一步深化以"四张清单一张网"为抓手的政府自身改革，推行市县审批层级一体化改革，基本实现了"市县同权"。随着环境的持续优化，浙商回归保持"量质齐上"的良好态势，2015年浙商回归项目到位资金3000多亿元，同比增长37%。

三是加大生态环境的治理力度。浙江省持续推进"五水共治"（治污水、防洪水、排涝水、保供水、抓节水），全面落实以"河长制"为核心的上下游协调机制，截至2015年年底，黑河、臭河、垃圾河基本清理完毕；"十三五"期间，坚决把劣五类水灭掉，决不把污泥浊水带入全面小康社会。广东省计划用3年时间投资2600亿元，系统实施水面保洁、清淤清障、引流活水、生态河岸等工程，使重污染流域和城市黑臭水体得到全面治理，基本实现污水处理设施的城区、县、镇、村全覆盖；率先设立"环保警察"，对重点企业和园区实时在线监测，在全省开展联合执法和交叉执法，逐步从后端治污走向源头防污。

二、广东、浙江推进供给侧结构性改革的经验与启示

两省推进供给侧结构性改革的思路、措施和经验、做法，反映了先进的发展理念，体现了新常态、新作为，对我省具有启示、借鉴意义。

第一，必须因势而谋、持续发力，以供给侧改革增强发展优势。交流过程中，两省都突出强调，过去推进转型升级的一些措施也属于供给管理，实施供给侧结构性改革并非另起炉灶，而要与自身发展基础结合起来，顺势而为、提速加力，把落实五大任务的过程变成增强特色优势的过程。浙江省近年来打出的"三改一拆""四换三名""五水共治"等转型升级组合拳，都是从供给侧发力，在研究制定供给侧结构性改革方案时，予以充分吸收，注入新的内涵，发挥引领推动作用。广东省佛山市本土民营经济历史悠久、规模较大，以民营企业为主体推进供给侧改革，召开千名企业家参加的民营企业家大会，出台40条政策措

施，激励企业愿转型、敢转型、能转型。这些措施极大地鼓舞了民营企业家的士气，激发出他们调整结构、优化供给的干劲。

我们应借鉴两省做法，按照“扬长避短，扬长克短，扬长补短”的要求，在落实五大改革任务过程中深化战略、拓展优势、拉长短板。深化战略，就是坚持一张蓝图绘到底，对省委、省政府推动实施的产业升级、区域发展、创新驱动等重大战略，作为供给侧结构性改革的重要手段和途径，不断健全完善，持之以恒地抓好落实，将改革发展推向纵深。拓展优势，就是立足于产业体系较为完备的实际，对优势产业和领先领域进一步强化支持，通过主动减量、调整存量、引导增量，推动产业向中高端发展。特别是我省轻工、化工、机械等 6 个行业的主营业务收入超过万亿元，一批特色产业具备规模优势，应完善和实施好 22 个工业行业转型升级方案，培育优势产业、领军企业、知名品牌，在市场调整周期蓄足动能，在景气回升阶段实现跨越。拉长短板，就是围绕由大到强、走在前列，对照先进地区标杆，从科技创新、人才支撑、新产业新业态等方面，查找差距和不足，着力补齐短板。比如，创新驱动是山东发展的突出“软肋”，全省有研发活动的单位占比仅为 9.6%，比广东、浙江分别低 5.4 个和 17.3 个百分点。应落实好创新驱动发展 23 条措施，强化企业主体地位，构建产业技术创新联盟，深化金融科技产业融合，促进科研成果资本化、产业化。

第二，必须敢破敢立，以改革为引领，以新理念、新机制激发市场活力。供给侧改革重点在改革，动力在创新，离开改革，创新则寸步难行。两省注重通过深化改革，转变政府职能，健全市场机制，使有形之手和无形之手相得益彰、协同发力。浙江省大力开展要素市场化配置改革，探索实行工业用地弹性出让，推动一系列区域金融改革，进一步优化了资源配置，更好地服务了实体经济发展。广东省围绕改善营商环境，不断拧紧螺丝、提升效能，从压缩收费项目到降低收费标准，再到省定涉企行政事业性收费“零收费”，从部门分散服务到政务大厅多窗口“一站式服务”，再到全面推行“一门式服务”，企业成本进一步降低，便利化程度明显提高。佛山市历来有“敢饮头啖汤”的开拓精神，在全省乃至全国率先探索了“三单管理”“一门式”审批、容错机制建设等改革；去年又提出建设“不是自贸区的自贸区”，大胆复制自贸区改革创新经验，在投资便利化、“互联网＋易通关”等改革上实现突破。

两省的经验、做法启示我们，改革创新是改善供给体系的第一动力，只有敢闯、敢试、敢冒，不断深化改革，才能有效破难题、增活力。一是加大行政管理、投资、价格、国企、财税、金融、社保等重点领域和关键环节改革攻坚的力度，加快形成有利于效率提升的长效机制。二是以自我革命的精神，深化政府职能转变,借鉴“市县同权”“零收费”“一门式”服务等做法,抓好政务服务平台建设与运行,提供低成本、高效率的法治化、便利化服务。三是在积极申建自由贸易试验区的同时,以各类园区为主要载体,加快复制推广自贸区经验,加强管理体制机制改革,打造新一轮改革开放的先行区、经济转型升级的引领区、供给体系优化的示范区。

第三,必须善用法治思维和法治方式,以法治化手段破解难题。习近平总书记在参加全国人民代表大会黑龙江团审议时指出,法治是一种基本的思维方式和工作方式,法制化环境最能聚人聚财,最有利于发展。广东、浙江两省推进供给侧改革的实践,从不同侧面印证了这一点。广东的同志谈道,与土地、税费等当期优惠政策相比,投资者越来越看重公开、透明、可预期的市场环境。该省在去产能过程中,主要依靠强化依法行政,严格执行环保、安全、质量、能耗等标准,倒逼落后产能退出,避免行政命令一刀切。浙江省把依法实施破产作为处置“僵尸企业”的有力手段,在温州开展全国首批破产案件审理方式改革试点,将平均审限由 400 多天压缩到 193 天,最短只需 38 天。2015 年,浙江省法院系统审结破产清算和破产重整案件 312 件,同比上升 47%,通过司法程序化解不良资产 1325 亿元,盘活企业存量资金 184 亿元。

当前,我省市场机制不够完善,法制建设还有薄弱环节,一些地方政府和领导干部仍习惯于依赖行政手段。在推进“三去一降一补”过程中,应更加注重运用法治思维和法治方式开展工作、解决问题。一是更多运用规划、标准、价格、司法介入等市场化、法治化手段,避免重回行政干预老路。二是依照《公司法》《破产法》等法律规定,支持各类企业规范改制,完善治理结构,做到依法治企,对符合条件的企业依法实施破产清算或破产重整,进一步健全企业微观运行机制。三是加快社会信用体系建设,建立企业信用数据库,健全守信激励和失信惩戒机制,提升信用信息和征信结果的应用水平。四是在严守法律、纪律界限的前提下,按照“亲”和“清”的要求,建立新型政商关系,开展直接联系服务,帮助企业解决发展难题、坚定发展信心、增强发展活力。

第四,必须坚持问题导向、精准发力,以重点突破带动全面提升。浙江省立足于产能过剩行业少、房地产市场平稳等实际,针对区域经济特别是实体企业遇到的突出问题,在全面落实中央确定任务的同时,先期研究并着重抓好补短板、降成本两个重点。广东省在五项任务中都明确了重点抓手,在去产能方面突出淘汰国有企业落后产能,在去库存方面注重解决好外来人口市民化、商业地产库存占比高等问题,在去杠杆方面注重防范金融风险,在降成本方面注重用改革的办法减负助力,在补短板方面注重加强以粤东西北为重点的重大基础设施建设，有针对性地推动供给体系完善、提升。

可见，两省在工作中都注重把握全面推进和重点突破的关系，选择最薄弱的环节，采取最有力的措施，力求在关键领域尽快实现实质性突破，带动形成势如破竹的工作局面。从总体把握上看，我省房地产市场和金融市场较为平稳，而产能过剩、成本偏高、部分领域基础设施相对滞后问题突出，应紧紧围绕做大做强实体经济，实施产能结构调整，加大正税清费力度，增加基础设施建设投入，加快形成更有质量和效率的供给体系。从具体操作上看，应着重破解影响供给效率的痛点、阻点。比如，据佛山的一位企业家反映，我省的工业企业土地使用税明显高于其他沿海省份，该企业佛山厂区每平方米每年缴纳 3 元，而在我省的厂区却高达 14 元；我省社保基金综合缴费率比广东、浙江分别高 5.3 个和 2.4 个百分点。此类现象直接影响企业的市场竞争力，政府应下决心进行调整，有效增强企业发展的信心和获得感。

第五，必须协调联动、合力攻坚，以强有力的机制保障攻坚战取得实效。广东省委、省政府主要领导亲自组织推动并出席动员大会，针对五个行动计划分别明确一名省领导挂帅；实行主管部门牵头负责，如去产能由经信部门负责，去库存由住建部门负责，去杠杆由金融部门负责，降成本由财政部门负责，补短板由发改部门负责；将落实供给侧结构性改革任务的情况纳入各市各部门的绩效考核，建立工作台账，全过程跟踪督查，省政府督查室每季度进行一次通报，视情况采取下达督查通知书、实地督查、省政府领导约谈、挂牌督办等方式推动落实。浙江省委、省政府多次调度部署，正在组织制定相关文件，由省政府研究室牵头制定总体方案及补短板专项方案，其他方案近期将启动起草工作。

推进供给侧结构性改革是一项系统工程，触及多方利益，关系发展全局，推进落实的难度不可低估。我省应在搞好谋划设计的基础上，明责加压，通力协作，形成集中攻坚的良好局面。

三、关于加快推进我省供给侧结构改革的几点建议

我省高度重视推进供给侧结构性改革，姜异康书记在全省经济工作会议上作了全面部署，郭树清省长在《政府工作报告》中将其列在 2016 年经济工作的首位。有关部门深入研究、积极行动、扎实推进，一些重点工作已经取得了阶段性成果。比如，有关部门对钢铁、电解铝、船舶等行业建成违规项目进行了全面清理整顿，省政府接连召开会议，对济钢搬迁改造和肥矿改革重组进行了专题研究部署。比如，出台了全国各省区市第一个房地产业转型升级实施方案，库

存商品住宅去化周期18个月，比上年同期缩短3个月，已经趋近9～16个月的合理去化区间。又如，2015年，我省因实施税收优惠政策而减免的企业税费负担为2150亿元，2016年将再为企业减免税费负担410多亿元。再如，我省许多重大事项纳入了国家"十三五"规划，济青高铁、外电入鲁等重大基础设施工程进展顺利，等等。虽然取得了一些成绩，但与中央要求相比，与先进省份相比，我们推进供给侧结构性改革任重而道远，要在工作力度、政策精度、推进速度等方面进一步提升和强化。建议近期内，重点抓好以下几方面的工作：

一是健全机制，协同推进。学习借鉴两省协调联动、合力攻坚的经验与做法，将供给侧结构性改革提到全省经济发展的重要位置，纳入省委、省政府的核心工作。将"三去一降一补"五大任务分解落实到相关职能部门，建议由经信部门牵头推进去产能工作，住建部门牵头推进去库存工作，金融部门牵头推进去杠杆工作，财政部门牵头推进降成本工作，发改部门牵头推进补短板工作，其他有关部门参与配合，做到分工明确、责任清晰。各部门要加强协调配合，不仅在工作行动上，而且还要在政策资源上真正形成合力。要根据各地实际，将目标任务分解落实到各市，形成一级抓一级、层层抓落实的良好机制。要健全督导落实机制，每季通报进展情况，年底进行综合考核，确保各项重点任务落到实处、见到实效。

二是摸清底数，研究方案。各牵头部门围绕分工重点领域，立即开展深入调研，查找重点问题，研究对策、措施。比如，去产能方面，有关部门要在全面掌握我省过剩产能总量、结构及分布情况的基础上，进一步深入掌握重点企业环保、能耗、质量、安全、技术等具体情况，运用市场手段、标准倒逼，提出分类处置的意见及配套政策。降成本方面，有关部门要抓紧开展企业成本构成分析，并与广东、江苏、浙江及全国水平进行对比，围绕省级能够说了算、企业能够见实效的领域，研究具体降哪些、降多少，进一步清理、压缩涉企收费项目。在此基础上，立足我省实际，找准关键环节，明确目标任务，研究相关领域的推进方案。

三是对接政策，尽力争取。为加快推进供给侧结构性改革，国家加大资源整合力度，将陆续推出一系列政策措施。比如，去产能方面，国家将设立1000亿元的专项奖补资金，重点对地方化解过剩产能中的人员分流安置给予奖补，引导地方加快处置"僵尸企业"。去库存方面，将在国家新型城镇化综合试点地区加快实行"人、地、钱"三挂钩等改革，并进一步扩大试点范围，支持一批具备条件的县有序设市。去杠杆方面，国家将加快商业银行不良贷款核销和处置力度，并在部分商业银行开展投贷联动试点，推动地方政府融资平台市场化转型和融资等。降成本方面，有关部委正在围绕降低制度性交易成本、税费负担、社保费用、财务成本、电力价格、物流成本等方面，研究一揽子政策措施。补短板方面，国家将启动一批“十三五”重大工程，重点包括重大基础设施、重大能源工程、“双创”示范基地、社会民生工程等。各相关职能部门要组织专门力量，对重大政策密切跟踪、深入研究、靠上争取，力争在重大政策资金、重大工程建设、重大创新平台、重大改革试点等方面取得最大成效。

四是突出重点，聚焦突破。推进供给侧结构性改革任务重、难度大，不能全面开花，必须集中攻坚，实现重点突破。比如，去产能方面，当前最迫切的是破解济钢搬迁改造、肥矿集团改革重组等重点和难点问题，科学研究政策，精心制定预案，加大推进力度，探索典型经验。降成本方面，要围绕外地客商和基层企业反映比较突出的问题，在降低土地使用税、减免省级收费、减缓社保费用、推进电力体制改革等方面尽快创新突破。补短板方面，既要大力推进“两网两通”等重大基础设施工程，也要强化重大科技创新平台、高层次领军人才等软件支撑。

（山东省发展和改革委员会综合处　完成时间：2016 年 3 月）

关于山东省企业技术改造和创新情况的调研报告

近期，山东省发改委成立由委领导牵头，综合处、工业处、高技术处和省宏观经济研究院组成的联合调研组，赴德州等市开展专题调研；同时，为了掌握全省情况，对省经信委、科技厅、统计局以及济南、青岛、淄博、烟台、潍坊、济宁、威海等市进行了委托调研。另外，对全省创新活动相对活跃的40756家规模以上工业企业，509家特、一级建筑业企业和2799家服务业企业2013～2014年间创新活动开展情况，通过问卷的形式进行了调查。在此基础上，形成了关于山东省企业技术改造和创新情况的调研报告，现汇报如下。

一、山东省企业技术改造和创新的基本情况

近年来，山东坚持把科技创新摆在发展全局的核心位置，全面实施创新驱动发展战略，加大企业技术改造和自主创新的投入力度，加快建设创新型省份，全省企业创新能力持续增强，经济发展的科技含量日益提高，呈现出创新驱动发展的良好态势。"十二五"期间，我省规模以上工业企业技改投资年均增幅超过20%；全省研究与试验发展(R&D)支出年均增长13%，根据科技部区域科技创新能力监测报告，我省创新能力继续保持全国第6位。

(一)企业技改投资增长较快

总体来看，我省技改投入保持了平稳较快增长的良好态势。2015年，全省规模以上工业企业技改投资1.41万亿元，增长15.2%，增幅分别高于同期全社会和工业固定资产投资增幅1.3个和2.1个百分点，分别占全社会和工业固定资产投资的29.7%和60.6%，分别较上年提高0.3个和1个百分点。一是制造业技改投资增势强劲。2015年，全省制造业累计完成技改投资1.3万亿元，同比增长16.3%，高于工业技改投资平均水平1.1个百分点，占工业技改投资的

91.9%，比上年提高0.9个百分点。其中，以食品制造、纺织服装、家具、文教体育用品等为代表的消费品行业增长较快，均在30%以上；装备制造业中，专业设备制造、汽车制造、计算机通信等电子设备制造、仪器仪表制造等增速均超过20%。二是民间技改投资更趋活跃。2015年，全省民间技改投资累计完成1.27万亿元，同比增长18.3%，高于工业技改投资平均水平3.1个百分点，占工业技改投资的90%，较上年提高2.3个百分点。其中私营个体投资同比增长29.2%，高于工业技改投资平均水平14个百分点，占工业技改投资的51.9%，较上年提高5.6个百分点。三是技改到位资金相对充足。2015年，全省新增到位技改资金1.42万亿元，同比增长10.6%，到位技改资金总量高于同期技改投资完成额154亿元。

（二）研发投入水平不断提高

2015年，全省研究与试验发展（R&D）经费支出占生产总值的比重达到2.23%，比上一年度提高0.04个百分点，其中企业研发经费投入占R&D经费支出的比重超过90%。从投入强度上来看，2014年，全省规模以上工业企业实现创新费用支出1854亿元，居全国第3位，是2006年（全国第一次企业创新调查）的3.5倍，年均增长17%。从支出结构上来看，全省工业企业创新费用结构不断优化，用于核心技术研究的内部R&D活动经费支出最多，占63.4%，比2006年提高26.3个百分点。从政策落实情况来看，国家和省推动创新的各项政策措施得到较好落实。2014年，高新技术企业所得税优惠72.1亿元，研发费用加计扣除所得税减免12亿元。

（三）企业创新主体地位增强

一是企业创新平台建设持续加快。大中型工业企业和高新技术企业建立技术研发机构的热情高涨，国家级重点实验室、工程技术研究中心、院士工作站得到优先布局建设。截至2015年，全省建有企业国家重点实验室17家，国家工程技术研究中心36家，数量均居全国首位；全省各级各类科技企业孵化器总数达180多家，其中国家级55家，数量位列全国第二。二是企业创新创业能力不断提升。《关于支持高新区科技型小微企业创新发展的若干意见》《关于加快推进大众创新创业的实施意见》《加快推进全省科技企业孵化器专业化发展的实施意见》等一系列支持企业创业创新政策的落地，有力地推动了全省科技创新型企业的发展。三是高新技术企业数量增长较快。积极开展高新技术企业认定培训和辅导，实施科技型企业“小升高”助推计划，加大高新技术企业和创新型企业源头培育，构建了省、市、县（区）孵化器多方联动的培育服务体系。2015年，全省高新技术企业总数达到3903家，同比增长14.5%。

（四）一批关键核心技术取得突破

依托企业建设的各类研发平台，组织企业开展产业共性关键技术攻关，突破了一批产业发展的核心技术，形成了一批自主知识产权的产品和技术。一是完善了创新投入体制机制。目前，全省初步构建了以企业先期投入为主，以财政无偿资金、后补助、贷款贴息等方式为辅，带动金融资本、社会资本共同支持企业开展重大创新成果研发和关键技术突破的企业创新投入体制机制。二是实施了一批重大科技专项项目。围绕我省产业转型升级需要，组织实施了一批重大科技专项项目，突破了一批重大关键技术。2015 年，全省科技重大专项共支持项目 249 项，其中企业作为主体承担 235 项，占 86.3%。如山东帅克攻克了 RV 减速器轴承式一体化整机结构和加工工艺核心技术，实现了机器人核心部件的国产化替代，打破了日本、德国等发达国家的技术垄断，提升了我省工业机器人技术和产业在全国同行业中的地位。三是涌现出了一批技改典范。随着企业技改项目的推进实施，全省企业装备水平明显改善，品种质量显著提高，创新成果转化速度进一步加快，信息化与工业化进一步深度融合，先后涌现出海尔“无人工厂”、青特“国内最大砂箱尺寸静压自动造型线、闭环技术螺旋锥齿轮生产线及智能驱动桥生产线”、红领“个性化服装定制及精益敏捷制造集成系统”、森麒麟“智能轮胎工厂”等一批在国内产生重大影响的技改典范。

（五）科技成果转化步伐不断加快

一是大力激发科研人员创新创业的动力。建立健全了高等院校和科研院所技术转移机制，制定出台了《关于改革省属高校科研院所科技成果使用处置和收益管理制度的意见》，下放科技成果的使用、处置和收益权，提高科研人员科技成果转化收益的比例，有效地激发了科技人员创新创业的动力。二是加速科技成果的转化应用。科技成果产业化的步伐加快，如潍柴动力建设的发动机试制中心，为发动机研发、设计、试制、验证提供有力的技术支持服务，有效缩短了新产品试制周期，完善了批量生产工艺。恒联投资与中科院化工所建立战略合作关系，联合开发绿色纤维素薄膜项目，离子液合成、离子液回收及离子液溶解纤维素已实现成果转化，产品开始批量化生产。三是不断强化知识产权的运用与保护。进一步提升企业知识产权创造、运用、保护和管理水平，制定了《山东省专利奖励办法》，奖励对技术创新及经济社会发展具有突出贡献的发明、实用新型和外观设计专利。建成国家区域专利信息服务（济南）中心并通过国家知识产权局验收，提升企业知识产权创造、运用和保护的能力。目前，我省通过“贯标”工作认证、获得国家《知识产权管理体系认证证书》的企业达到 104 家，成为全国首个企业“贯标”工作认证超过百家的省份。开展知识产权质押融资，2015 年，全省 187 家小微企业获得知识产权质押融资 19 亿元，额度比去年同期增长 46%。

二、山东省企业技术改造和创新方面存在的困难及原因分析

尽管我省在企业技术改造和创新方面取得了一些成绩，但是与先进省市相比，还有比较明显的差距，存在一些突出困难和问题。这主要表现在以下几个方面：

1. 高新技术产业投资增幅快速下滑

尽管全省企业技术改造投入保持了稳定增长的势头，但高新技术产业投资增幅下滑明显。2015 年，高新技术产业累计完成技改投资 4477.2 亿元，同比仅增长 2.7%，占工业技改投资的 31.8%，增速和占比分别较上年下降 17.3 个和 3.9 个百分点，增速放缓态势不容忽视，对下一步优化投资结构、培植壮大战略性新兴产业提出更加严峻的挑战。

2. 企业创新活跃程度相对偏低

我省自主创新能力相对较低，与其他先进省市相比还存在一定的差距。从创新主体来看，2014 年，山东省规模以上高技术制造业企业的数量居全国第 4 位，但开展 R&D 活动的企业数量不及苏、浙、粤三省的一半，仅为江苏的 27.6%、广东的 34.3%、浙江的 44.7%。从创新成果来看，2014 年，山东高技术制造业拥有有效发明专利 1886 件，仅为广东的 6.9%、江苏的 66.9%。从创新投入看，山东高技术制造业新产品开发力度相对偏小。2014 年，新产品开发经费支出 172.2 亿元，仅为广东的 18.5%、江苏的 40.6%。从创新产出来看，2014 年，山东高技术制造业新产品销售收入占主营业务收入的 19%，低于全国 27.9%的平均水平，也低于浙江 43.2%、广东 35.8%和江苏 26.8%的水平。

3. 工业技改大项目、好项目较少

2015 年，全省工业技改项目 16384 个，同比增长 20.7%，占工业固定资产投资项目施工总数的 63.1%。其中，新开工技改项目 13386 个，同比增长 26.7%；竣工项目 12783 个，同比增长 22.9%，占全部施工技改项目的 78%。但是，新开工亿元以上大项目明显减少，企业投资大项目的意愿明显下降，更多倾向于“短平快”的项目。2015 年，全省新开工亿元以上技改项目 1470 个，计划总投资 5175.2 亿元，分别较上年同比减少 20.3%和 30.2%。这对通过项目投资带动经济平稳较快增长带来较大的不利影响。

分析原因，主要有以下几点：

1. 企业效益下滑导致投资能力下降

在宏观经济下行压力增大的背景下，企业盈利能力下降，企业效益低位运行。2015 年，全省规模以上工业企业增加值增速较上年下降 2.1 个百分点，规模以上工业企业实现利润同比减少 1.6%，亏损企业个数和亏损额则分别增长 18.3%和 40.8%，产品价格持续下降、刚性成本费用上升双重挤压企业的利润空间，企业面临较大的生存压力，资金链紧张，保生存成为企业的“首要目标”，大多数企业难有余力拿出更多资金进行技改和创新。部分企业特别是一些“两高一资”和产能过剩行业企业，处于新旧动能转换的阵痛期，原有依靠扩能发展的路径模式已经行不通，新的增长动力尚未形成有力支撑，在“去产能”和“去库存”的双重压力下，只能选择收缩规模，保持观望，主动转型、积极求变的紧迫感不够强。

2. 人才普遍短缺成为首要制约因素

从调查问卷情况看，23.2%的企业认为缺乏人才或人才流失是阻碍企业创新的最大阻力，多数企业面临着高层次技术人才和高级技工短缺的问题，企业普遍缺乏核心技术攻关的人才支撑。从调研情况看，各市普遍反映，拥有的高层次创新领军人才匮乏，创新团队数量少，拥有创新领军人才的高校、科研机构少，行业技术中心辐射带动能力较弱。企业普遍缺少高层次人才和技术创新带头人，专业技术人员主要集中在传统行业，新兴电子信息技术、新材料、医药等高新技术行业的人才偏少，创新源头匮乏的问题亟待解决。

3. 企业信心不足导致投资意愿下降

与江浙地区相比，我省企业家普遍存在“小富即安”的心理，缺乏做百年企业的信心和决心。多数企业是资源依赖型企业，“什么赚钱卖什么”，偏重追求经济投入“立竿见影”的效果，企业科技含量低，企业创新活跃程度偏低，创新意识薄弱问题突出。与全国及苏、粤两省相比，我省有创新活动的企业占规模以上工业企业的比重比全国平均水平低 9.3 个百分点，比江苏和广东分别低 23.8 个和 6.7 个百分点。从问卷调查情况看，占全省规模以上工业企业 86.8%的小型企业中，有创新活动的企业占比仅为 34.1%，分别比大、中型企业低 46.6 个和 21.2 个百分点，比全国平均水平低 9 个百分点，比江苏和广东分别低 22.3 个和 5.5 个百分点。另外，部分优惠政策的逐步取消，降低了企业的投资意愿和积极性。如近年来，国家对地方招商优惠政策的约束越来越紧，在土地、税收等方面的优惠政策基本取消，地方政府招商引资能力受限、积极性不高，企业投资观望情绪加重，投资大项目的意愿下降。

4. 创新成本过高制约投资较快增长

融资难度加大使得投资成本上升，在经济下行环境下，金融机构对实体经济的态度更加审慎，企业贷款难的问题从中小微企业扩大到大企业和成长快的优质企业。即使贷款获批，利率在基准利率基础上往往也要上浮35%～40%，并且提前收贷、不能续贷现象不断出现，增加了资金周转的难度和不确定性，影响企业扩投资上项目。2015 年，我省技改贷款累计到位资金 1230.9 亿元，同比减少 5.8%，占全部技改资金来源的 8.7%，增速和占比分别较上年下降 30.1 个和 1.5 个百分点。据问卷调查反映，28.1%的企业认为创新费用成本过高阻碍了企业的创新步伐。14.8%的企业认为暂时没有进行创新的必要。另外，随着近年来全省持续推进稳投资促进稳增长，对重大建设项目在用地、资金等方面予以充分保障，一批积蓄的投资意愿得到充分释放，部分企业已经连续三年保持高投入状态，短期内再上项目的意愿不强。

5. 政策效果不佳难以产生有效激励

从调研情况看，部分国家已出台的优惠政策措施还存在落实不到位的情况。比如，据德州市反映，全市 3400 余家规模以上工业企业中，2015 年仅有 26 家享受了研发费用加计扣除减免税收政策。从全省面上情况来看，2014 年，全省规模以上工业企业研究开发费用加计扣除减免税 18.5 亿元，仅相当于江苏的 37.5%、广东的 29.8%；研究开发费用加计扣除减免税占 R&D 经费内部支出的比重为 1.6%，比全国平均水平低 2.5 个百分点，比江苏和广东分别低 2.0 个和 2.9 个百分点；全省规模以上高新技术企业减免税 46.6 亿元，仅相当于江苏的 46.2%、广东的 41.6%；高新技术企业减免税占 R&D 经费内部支出的比重为 4.0%，比全国平均水平低 2.6 个百分点，比江苏和广东分别低 3.3 个和 4.2 个百分点。据企业和地市反映，创新政策受益面狭窄、宣传工作不到位是导致政策效果欠佳的主要原因。一方面，政策宣传力度不够，企业不了解、不知道，感觉程序办理较为烦琐，时间成本高；另一方面，地市财税增长压力大，对税收减免政策普遍采取了更为严格的审批程序，许多企业难以完全符合各项标准要求。从问卷情况看，67.4%的创新企业表示不具备享受政策的资格。

三、推进企业技术改造和创新的举措

（一）加快实施供给侧改革，营造良好的发展环境

一是千方百计降低企业成本。全面开展降本增效专项行动，进一步削减、下放行政审批事项，优化审批流程；落实好国家普惠性减税和普遍性降费等政策，清理各种不合理收费尤其是垄断性中介收费；落实好降低电价等政策，探索新增工业用地弹性出让年期制，鼓励工业用地长期租赁、先租后让、租让结合的

供应模式。二是积极营造良好的政策环境。进一步完善财税政策、健全评价机制、优化资源配置，建立起有利于企业创新的政策环境，建立与企业的联络沟通机制，为企业创新提供优质服务保障。搭建银企对接平台，拓展企业的融资渠道，发挥政府转贷引导基金的作用，扩大中小企业的受益面。三是完善企业信用担保体系。加强中小企业信用担保体系建设，夯实担保企业的信用基础，不断增加担保资金，拓宽服务领域，使更多的中小企业从融资担保政策中受益。

(二)引导企业技改创新方向，增强企业发展的信心

发挥省股权投资引导基金的作用，引导社会资金投入产业发展的重点领域，逐步建立和完善以政府投入为引导、以企业投入为主体、以金融机构贷款为支撑、以其他投入为补充的多渠道、多形式的全社会资本投入体系。一是加强产业优化升级的政策引导。结合传统产业改造提升和工业转型发展的实际，加大对战略性新兴产业与传统产业融合发展的政策研究，在发展战略性新兴产业的过程中，注重以传统产业为“母体”，在传统产业体系中寻求新兴产业发展的支撑点，拓展战略性新兴产业发展的领域，优化产业发展结构。二是谋划实施一批技术改造和创新项目。聚焦产业发展重点，推进一批重大工业项目、重点技术改造和自主创新项目建设，策划实施一批能够围绕产品升级换代、提高产品技术含量和附加值，运用先进适用技术和高新技术进行改造提升的项目，促进企业技术改造和创新发展。三是组织实施企业智能化改造提升工程。围绕产业链、产业基地、重点企业等领域，加快“机器换人”“智能车间”建设步伐，提升企业的智能化、安全化水平。

(三)抓好已有优惠政策落实，确保企业真正受益受惠

一方面，加大政策宣传力度。针对国务院出台的加速折旧、下放审批事项、金融支持企业发展等一系列政策措施，积极搞好宣传，组织专题培训，突出政策宣传的服务性和针对性，通过设立政策咨询专线等形式，面向企业开展多层次务实宣传活动，切实做到“宣传政策面对面，服务企业零距离”，扩大政策宣传的覆盖范围，充分发挥媒体的宣传优势，打造立体式、全方位的宣传格局，把政策毫无保留地送给企业，而不是停留在文件上。另一方面，高质高效落实已有政策。继续抓好进口设备免税、增值税抵扣、技改贴息补助、企业研发费用加计扣除等原有政策的落实，切实降低企业的技改投资成本。

(四)着力激发民间投资活力，加强创新主体培育

一是培育鼓励创新的社会氛围。积极倡导创新文化，充分发挥网络、广播、

电视、报纸和杂志等媒介的作用，在全社会范围内大力倡导创新文化，增强企业创新的荣誉感和使命感，吸引更多企业加入到万众创新的大军中去。二是着力培养企业家的创新精神。通过举办讲座、论坛和组织交流考察的形式，帮助企业家拓宽视野、开阔眼界、转变思维，培养其创新素养。发挥产业发展基金的作用，遴选一批初创期、成长期、科技型企业给予资助，培育一大批优质中小型科技企业。三是加大创新载体的培育力度。优先支持具备条件的龙头企业、创新型企业、高技术企业建设一批高水平的国家级、省级和市级工程技术研究中心、重点实验室、企业技术中心、博士后科研工作站、院士工作站等研发机构。加快中小企业公共服务中心、科技孵化器、创新创业服务中心等新型研发机构建设，引导高等院校、科研院所、金融机构、中介机构等各类主体共同参与，建设一批新型研发机构。

(五)持续增加技改创新投入，攻克一批产业基础技术

实施共性关键核心技术攻关计划，依托产业联盟、龙头企业、国内外重点高校和科研机构，组织开展协同创新，力争突破工业机器人、高端农业装备、汽车发动机及关键零部件、汽车自动变速箱、新型传感器、智能控制软件、高精度数控机床、新能源汽车动力电池系统、增材制造(3D打印)等重点领域的关键核心技术，形成一批具有自主知识产权的重大科技创新成果，加快形成新的经济增长点。开展产学研协同创新，加强与国家有关部委、高校院所的联系，深入开展与国内高校科研机构多层次、全方位的产学研合作，加速与各类创新资源合作，吸引高校科研机构创新资源集聚，促进创新主体和创新资源深度融合，推动产学研合作协同创新。支持制造业技术创新、技术改造、创新成果产业化、新产品推广应用和公共服务平台建设项目。

(六)加大人才培养、引进力度，打造“双创”优秀团队

一是加大创新人才培养。营造鼓励创新、宽容失败的创新文化环境，探索建立以实践和企业为导向，以素质高、创新力强为目标的创新人才培育体系，促使创新人才的层次结构更加符合企业创新发展的需要。积极为高层次和短缺人才创业发展提供良好的制度环境和宽松的政策环境，使人才创新有干劲。二是支持创新型人才来鲁创业。紧贴山东重点产业研发需求，发挥社会团体的纽带作用，采取兼职、短期聘用、技术合作、人才租赁等柔性引进方式，吸引海内外创新人才来鲁创业。三是加快集聚高层次创新人才。依托国家“千人计划”、山东“泰山产业领军人才”等人才工程，大力组织实施“人才强省”战略，不断拓宽高层次创新创业型人才引进渠道。充分发挥企业的主体作用，支持企业与海内

外"高、精、尖"技术领军人物和科研团队合作，吸引更多高端人才携带技术、资金创新创业。

四、几点建议

建议以政策创新为突破口，营造有利于企业技术创新的社会氛围。

在金融政策上，建议加大对已出台的一系列金融支持实体经济发展的政策措施的贯彻落实情况的督导检查，切实引导和督促金融机构进一步完善金融服务实体经济的方式，努力推进多层次、全方位的金融服务，切实降低企业实际融资成本负担，促进金融与实体经济良性互动、协调发展。引导金融机构推进科技金融产品和服务的创新，充分发挥金融对推动企业尤其是小微企业创新的导向、支撑与促进作用。建立企业信息与金融信息直通共享机制，建立商业银行工业技改项目贷款激励机制以及抽贷约束机制，推动更多的资金流向技改投资活动。

在税收政策上，建议更加注重政策落实实效，严格落实增值税抵扣、进口设备减免关税等各项税收优惠政策，进一步拓宽政策受益面，提高政策的可操作性，使创新政策的效用最大化。继续出台类似固定资产加速折旧的普惠政策。如企业普遍反映《产业结构调整指导目录》鼓励类范围太窄，建议放宽企业进口国外先进设备免关税条件，取消鼓励类项目限制，促进企业引进先进设备加快传统行业的升级改造。继续深化税制改革，加大优惠力度，完善政策实施细则，提高服务保障水平，充分体现扶持创新的政策意向。同时，简化项目建设手续，减少中介服务收费项目，加强项目的事中、事后监督，为企业上项目提供高质高效服务，营造良好的营商环境。

在财政政策上，建议加大财政资金的支持力度，对技术装备研发创新，增品种、提品质、创品牌，公共服务能力建设，落后产能淘汰等公共基础领域和关键核心领域的重点项目，加大专项资金的扶持力度。整合现有各类技改扶持资金，在尝试基金运作方式支持产业发展的同时，充分发挥银行信贷主渠道和财政资金"四两拨千斤"的作用，撬动更多银行资本支持企业发展，帮助有前景的企业平稳渡过当前的投资难关。

（山东省发展和改革委员会综合处　完成时间：2016 年 3 月）

关于我省重点行业产品结构的研究报告

增值税专用发票可以直观和准确地反映企业原材料购进和产品销售情况，为深入研究我省重点行业结构特别是产品结构提供重要依据。我们组织人员围绕全省22个重点行业进行了分析。受相关数据和技术条件限制，我们重点查阅了165家骨干企业进项、销项增值税专用发票有关数据信息，并同步开展了问卷调查，在此基础上，分析了相关行业国内市场购销情况、存在问题及原因，提出下一步对策、举措，形成了本报告。

一、基本情况

我省是工业大省，产业体系完备，涵盖了41个工业大类。截至2015年年底，我省共有规模以上工业企业40347家，实现工业增加值25910.8亿元，居全国第3位；规模以上工业企业实现主营业务收入146886.7亿元、利税14107.7亿元、利润8617.2亿元，均居全国第2位。在国家重点统计的400多种工业产品中，我省有110种产品的产量居全国前三位，其中46种产品居第1位。

按照“敲开核桃，一业一策”的要求，我们对我省确定的22个推进转型升级的重点行业，运用相关骨干企业增值税专用发票数据，逐一分析了行业相关情况。（见表1）

表 1　　2015 年 22 个重点行业骨干企业(增值税分析)情况

行业(调查企业数)	主要原材料(含基础原料、半成品、零部件、包装材料等)	原材料来源地			主要销售地		
		省内占比	省外占比	省外来源地区	省内占比	省外占比	省外销售地区
煤化工(13 家)	煤炭、粗苯、甲醇等	70%	30%	山西、陕西、内蒙古	73%	27%	上海、山西、河北、江苏
玻璃(8 家)	石英砂、纯碱、石灰石、白云石等	29%	71%	江苏、安徽、江西、河南	62%	38%	江苏、河南、上海、河北
水泥(2 家)	石灰石、煤炭等	73%	27%	江苏、安徽、河南、上海	81%	19%	河北、北京、江苏、河南
地炼(7 家)	原油、燃料油等	68%	32%	天津、江苏、辽宁、河北	66%	34%	浙江、北京、辽宁、河北
有色金属(9 家)	铝矿石、铝锭、锌锭、铜矿石、废杂铜等	21%	79%	广东、安徽、河北、江苏	54%	46%	上海、河南、天津、北京
钢铁(7 家)	铁矿石、煤炭等	81%	19%	上海、江苏、北京、河南	73%	27%	陕西、北京、上海、河北
轮胎(8 家)	天然橡胶、合成胶、炭黑、钢丝、帘线等	59%	41%	河北、上海、北京、辽宁	74%	26%	江苏、上海、北京、河南

续表

行业 （调查企业数）	主要原材料 （含基础原料、半成品、零部件、包装材料等）	原材料来源地			主要销售地		
		省内占比	省外占比	省外来源地区	省内占比	省外占比	省外销售地区
纺织服装 （8家）	棉花、棉纱，羊毛、兔毛，坯布、辅料等	62%	38%	广东、浙江、江苏、福建	61%	39%	新疆、江苏、上海、北京
造纸 （6家）	木片、木浆、废纸、丙烯、苯、钛白粉等	33%	67%	江苏、浙江、广东、河北	26%	74%	浙江、上海、江苏、天津
家电 （6家）	液晶屏、压缩机、塑料、钢板、铜管、注塑件、钣金件、存储器、电子元器件等	19%	81%	广东、北京、江苏、上海	14%	86%	浙江、广东、上海、江苏
家具 （8家）	木材、钢丝、真皮、布料、海绵、胶、五金等	39%	61%	黑龙江、吉林、广东、江苏	47%	53%	广东、浙江、黑龙江
汽车 （5家）	发动机、电机、电池、钢材、型材、变速箱、车桥、方向机、轮胎等	27%	73%	湖北、河南、河北、安徽	41%	59%	浙江、湖南、江苏、北京
工程机械 （12家）	发动机、变速箱、液压件、钢板、橡胶等	36%	64%	云南、河北、内蒙古	73%	27%	江苏、浙江、上海、福建
船舶 （5家）	发动机、仪器仪表、钢材、管材、油漆、电缆等	55%	45%	上海、浙江、辽宁、江苏	12%	88%	福建、海南、台湾、河北

续表

行业（调查企业数）	主要原材料（含基础原料、半成品、零部件、包装材料等）	原材料来源地			主要销售地		
		省内占比	省外占比	省外来源地区	省内占比	省外占比	省外销售地区
农业机械（10 家）	发动机、变速箱、车桥、钢板、型材、管材等	50%	50%	河南、河北、江苏	67%	33%	江苏、天津、广西、安徽
建筑陶瓷（5 家）	长石、高岭土、石英、黑泥、灰泥等	21%	79%	广东、北京、河北、上海	60%	40%	福建、广东、河北、江苏
食品（10 家）	玉米、花生、大米、蔬菜、食用油、生猪、肉类、鲜海参等	32%	68%	上海、北京、河南、江苏	48%	52%	江苏、河北、河南、湖北
酿酒（9 家）	高粱、小麦、糯米、玉米、麦芽、葡萄等	35%	65%	黑龙江、吉林、新疆、宁夏	78%	22%	江苏、河北、四川、河南
高端装备（8 家）	钢板、铝板、不锈钢板、碳钢板、型材、铸件等	44%	56%	北京、山西、辽宁、江西	53%	47%	北京、河南、江苏、安徽
现代医药（8 家）	中药材、化工原料、制剂原辅料，硝酸纤维素膜、抗体、抗原，PVC、PP、TPE 等	16%	84%	江苏、河南、河北、北京	54%	46%	安徽、黑龙江、浙江
电子信息（4 家）	电子元器件、电池片、银浆、铝浆、EVA 等	40%	60%	广东、天津、北京、湖北	55%	45%	广东、江苏、上海、湖北
新材料（7 家）	LPG、纯苯、萤石、硅块、盐、石英沙、稀土原材料、异氰酸酯等	72%	28%	浙江、广东、江苏	69%	31%	浙江、上海、辽宁、江苏

综合表 1 和问卷调查分析，购进和外销两个方面都反映出我省产业发展中的结构性变化和矛盾。

从购进原材料情况看，我省工业原材料外购较多，表明工业发展已摆脱单纯依靠当地资源的发展模式，有利于培育多元化支柱产业、拓宽税基，但外购成本高，制约了工业发展的效益和税收的贡献率。具体呈现出"大、多、广、高"四个特点：

一是原材料外购占比大。在调查的 22 个行业中，有 13 个行业省外采购比例超过 50%，其中，现代医药、家电、有色金属、建筑陶瓷、汽车、玻璃、食品、造纸、酿酒、工程机械、电子信息业分别达到 84%、81%、79%、79%、73%、71%、68%、67%、65%、64%、60%。

二是原材料外购种类多。从省外购进比例较高的，既有建筑陶瓷、玻璃、有色金属等行业所需的矿产资源，食品、酿酒等行业所需的大宗农产品，现代医药、新材料等行业所需的中间体、半成品，也有汽车、船舶、工程机械、电子信息等行业所需的零部件、元器件。

三是原材料外购范围广。单个行业购进物资来源地平均达到 25 个省(区、市)，其中，现代医药、农业机械、造纸、纺织服装等行业分别涉及 30 个省(区、市)，家电、汽车、工程机械、煤化工、食品、高端装备等行业涉及 29 个省(区、市)；低于 15 个的只有玻璃、建筑陶瓷和酿酒业。

四是原材料购进成本高。据调查，在 22 个行业骨干企业生产成本中，原材料成本所占比例平均为 65.4%，其中地炼、有色金属、家电等行业占比分别达到 84.8%、81.7%和 81%，钢铁、高端装备、工程机械、汽车、煤化工、电子信息等行业分别达到 79.8%、78%、75.5%、73.2%、72.3%、70.5%。

由于增值税实行进项抵扣，原材料省外购进比例大，导致大量形成税收的环节留在省外，影响了省内工业效益提高，这也是造成我省工业体量大而税收贡献率低的重要原因。特别是由于地理区位和产业发展水平等，我省从江苏省购进原材料相对较多，在 22 个行业省外购进来源省份排序中，江苏在 10 个行业中排在前三位(玻璃、水泥、造纸、现代医药、地炼、钢铁、纺织服装、家电、农业机械、新材料)，其中 4 个行业居第 1 位(玻璃、水泥、造纸、现代医药)。2015 年，我省工业实现产值 146782 亿元、税收 3202.3 亿元、万元产值税收贡献 218.2 元，分别比江苏低 6185.6 亿元、1978.1 亿元、120.5 元。(见表 2)

表 2　　2015 年鲁、苏第二产业主要行业指标对比

行业	指标	山东	江苏	差距（江苏一山东）
采矿业	产值(亿元)	4867.6	639.3	−4228.3
	税收(亿元)	310.4	50.3	−260.1
	万元产值税收贡献(元)	637.7	786.8	149.1
制造业	产值(亿元)	137534.0	147331.8	9797.8
	税收(亿元)	2550.3	4718.7	2168.4
	万元产值税收贡献(元)	185.4	320.3	134.9
电力、热力、燃气及水的生产和供应业	产值(亿元)	4380.4	4996.5	616.1
	税收(亿元)	341.6	411.4	69.8
	万元产值税收贡献(元)	779.8	823.4	43.6
工业合计	产值(亿元)	146782.0	152967.6	6185.6
	税收(亿元)	3202.3	5180.4	1978.1
	万元产值税收贡献(元)	218.2	338.7	120.5
建筑业	产值(亿元)	9381.7	24785.8	15404.1
	税收(亿元)	517.1	992.7	475.6
	万元产值税收贡献(元)	551.2	400.5	−150.7
第二产业合计	产值(亿元)	156163.7	177753.4	21589.7
	税收(亿元)	3719.4	6173.1	2453.7
	万元产值税收贡献(元)	238.2	347.3	109.1

从产品外销的情况看，不同产品比例相差较大，反映出产业层次、产品竞争力等方面的差异性。资源型行业产品省内销售比例高，水泥、轮胎、钢铁、煤化工、地炼、玻璃、有色金属等省内销售超过 50%，表明我省已越过输出低端原材料的发展阶段；船舶、家电、造纸等行业省外销售超过 70%，表明我省相关产业竞争力日趋增强。

同时，这也反映出我省工业产品市场结构中的一些问题。一是工业制成品省外销售比例与原材料购进比例反差大。有 14 个行业原材料购进占比高于产品外销占比，现代医药、汽车、玻璃等行业原材料外购占比分别为 84%、73%、71%，产品外销占比仅为 46%、59%、38%。二是大众消费品省外市场开拓能力

弱。食品、纺织服装、酿酒等行业省外销售比例分别只有52%、39%、22%，说明产品档次和营销水平有待提高。2016年1～5月，鲁产自有品牌卷烟销售94.9万箱，仅占全国市场的4.6%，销往省外的仅占43.5%。从我省烟草和白酒行业与江苏对比看，呈现“两个1/4”：2015年，江苏省销往我省的卷烟数量达到28万箱，而我省销往江苏省的卷烟数量仅有7万箱，约占1/4；江苏销往我省的白酒达4万吨，而我省销往江苏的仅有1万吨，约占1/4。三是先进制造业产品省外市场占有率少。高端装备、现代医药、电子信息、新材料等行业省外销售比例分别只有47%、46%、45%、31%。外销占比低限制了我省产能的利用率，造成我省传统产业去产能压力越来越大，同时也反映出高技术含量的产品发展滞后，影响了供给体系的质量提高。

二、原因分析

我省之所以出现购多销少等问题，主要可以归结为以下六种原因：

（一）受资源禀赋制约，省内产量不能满足需求

我省煤炭年产量1.4亿吨左右，年消费量4亿吨左右，年需调入2.6亿吨左右。铁矿石每年需要1.1亿吨，省内自给率仅有10%左右。铝土矿、橡胶近100%依靠省外、国外市场。建筑陶瓷行业，淄博所用陶土95%以上、临沂约50%从外地购进。造纸用优质廉价原料缺乏，60%以上的优质原料需从外地购入。家具用木材主要从北美洲、俄罗斯、东南亚以及非洲等地进口，占全国进口总量的1/6。

（二）受技术条件制约，省内无法生产或质量达不到要求

家电行业，液晶面板、偏光片、芯片、控制器、变频压缩机、变频电机等关键零部件和不锈钢、彩晶玻璃等大宗原材料，90%以上必须依靠广东、江苏、上海等地或国外供应商供应。占彩电总成本65%以上的大尺寸液晶面板，我省尚处于生产空白，而江苏、广东生产线分别达到4条以上。医药行业，我省产值居全国第1位，但省外采购占比达84%，除部分中草药和基础原料外，许多医用材料也依赖省外。比如，威高集团所需的聚氯乙烯（PVC）、聚丙烯（PP）、热塑性弹性体（TPE）80%以上来自北京和上海等地。船舶行业，产品主要以普通散货船为主，不具备建造液化天然气（LNG）运输船、超大型集装箱船等高技术含量、高附加值船舶的能力。同时，技术壁垒制约比较严重，机床行业高档数控系统市场基本被国外产品垄断，为中高档数控机床配套的关键功能部件70%需要进口；

重大技术装备用仪器仪表对外依存度达到40%，山东推土机厂、临沂工程机械厂等大型工程机械企业的传动部件、控制元件及关键液压件等核心零部件80%依靠进口。

创新能力等方面的差距，影响了我省产业转型升级的步伐，对质量效益的提升形成了制约。从我省与江苏分行业税收贡献排名情况看，炼化、能源、化工等传统产业占据我省税收贡献前三位，在江苏省则分别排第8位、第5位、第6位，我省三个行业贡献税收总额为1001亿元，江苏为1037.2亿元，我省低于江苏36.2亿元。江苏的汽车、装备、电子信息等先进制造业已发展成为税收贡献前三位行业，而我省这三个行业分别排在第5位、第7位、第17位；江苏三个行业贡献税收总额为1249.1亿元，山东为349.4亿元，低于江苏899.7亿元。（见表3）

表3　　2015年鲁、苏工业税收收入前10位的行业对比

排序	山东				江苏			
	行业	产值（亿元）	税收收入（亿元）	万元产值税收贡献（元）	行业	产值（亿元）	税收收入（亿元）	万元产值税收贡献（元）
1	石油加工、炼焦和核燃料加工业	7215.6	495.1	686.2	汽车制造业	7128.8	422.2	592.2
2	电力、热力生产和供应业	3973.7	317	797.7	通用设备制造业	8803.8	419.7	476.7
3	化学原料和化学制品制造业	17314.2	188.9	109.1	计算机、通信和其他电子设备制造业	19334.4	407.2	210.6
4	烟草制品业	328.6	179.5	5462.6	烟草制品业	549.6	389.2	7081.5
5	汽车制造业	6569.9	155.6	236.8	电力、热力生产和供应业	4391.5	369.4	841.2

续表

排序	山东				江苏			
	行业	产值（亿元）	税收收入（亿元）	万元产值税收贡献（元）	行业	产值（亿元）	税收收入（亿元）	万元产值税收贡献（元）
6	煤炭开采和洗选业	2087.3	130.9	627.1	化学原料和化学制品制造业	17529.3	336.9	192.2
7	通用设备制造业	8517.8	116.5	136.8	电气机械和器材制造业	16910.3	333.1	197.0
8	非金属矿物制品业	8113.1	107.9	133.0	石油加工、炼焦和核燃料加工业	2163.4	330.9	1529.5
9	医药制造业	4270.2	105.5	247.1	专用设备制造业	5943.4	283.5	477.0
10	专用设备制造业	6504.3	103.6	159.3	金属制品业	6411.6	217.8	339.7

（三）受集聚度不高制约，产业配套能力弱

汽车行业，“整零”协同效应差，一方面缺乏有较强竞争力的中高级轿车产品，乘用车国内市场占有率不足7%；另一方面尚未形成竞争优势突出的产业集群，发动机、电机、电池、钢材、型材、变速箱、方向机、高档轮胎等有70%以上需从省外购进。2015年，我省汽车制造业实现产值6569.9亿元，税收155.6亿元，万元产值税收贡献236.8元，分别比江苏低558.9亿元、266.6亿元、355.4元。电子信息行业，本地配套率尚不足60%，而广东、浙江、江苏配套率均在88%以上；集成电路等核心基础部件产量不足全国的1%，浪潮集团的服务器产量居全国领先地位，生产基地主要分布在济南和深圳，济南基地所需集成电路、显示器等元器件80%来源于南方省份。装备制造行业，关键基础配套能力不足，为整机和成套设备配套的轴承、液气密封件、模具、齿轮、紧固件等基础件，泵、阀、风机等通用件，工业自动化控制系统、精密仪器仪表等测控部件，质量和

可靠性不高，品种规格不全，省外采购比例超过50%。2015年，我省装备制造业实现总产值42720.9亿元，贡献税收706.6亿元，分别低于江苏29543亿元、1534.5亿元，装备制造业税收差距占工业税收差距的77.6%，是工业税收差距的主要来源。（见表4）

表4　　2015年鲁、苏装备制造业指标对比

行业	省份	产值（亿元）	税收总额（亿元）	万元产值税收贡献（元）
金属制品业	山东	5882.4	88.5	150.4
	江苏	6411.6	217.8	339.7
	差距（江苏一山东）	529.2	129.3	189.3
通用设备制造业	山东	8517.8	116.5	136.8
	江苏	8803.8	419.7	476.7
	差距（江苏一山东）	286.0	303.2	339.9
专用设备制造业	山东	6504.3	103.6	159.3
	江苏	5943.4	283.5	477.0
	差距（江苏一山东）	−560.9	179.9	317.7
汽车制造业	山东	6569.9	155.6	236.8
	江苏	7128.8	422.2	592.2
	差距（江苏一山东）	558.9	266.6	355.4
铁路、船舶、航空航天和其他运输设备制造业	山东	2219.6	66.2	298.3
	江苏	4032.8	115.2	285.7
	差距（江苏一山东）	1813.2	49.0	−12.6
电气机械和器材制造业	山东	6607.5	90.1	136.4
	江苏	16910.3	333.1	197.0
	差距（江苏一山东）	10302.8	243.0	60.6
计算机、通信和其他电子设备制造业	山东	5534.6	77.3	139.7
	江苏	19334.4	407.2	210.6
	差距（江苏一山东）	13799.8	329.9	70.9

续表

行业	省份	产值（亿元）	税收总额（亿元）	万元产值税收贡献（元）
仪器仪表制造业	山东	884.8	8.8	99.5
	江苏	3698.8	42.4	114.6
	差距（江苏－山东）	2814.0	33.6	15.1
合计	山东	42720.9	706.6	165.4
	江苏	72263.9	2241.1	310.1
	差距（江苏－山东）	29543.0	1534.5	144.7

（四）受产业链条短制约，产品附加值较低

我省资源消耗类行业初级产品比重大，深加工产品比重低，附加值和税收贡献率不高（见表5）。煤化工行业，以新型气化技术为龙头的煤化工项目少，精细化率偏低，主要生产尿素、焦炭、甲醇等市场饱和甚至过剩产品，醋酐、醋酸等中级产品产能仅占全省煤化工行业总产能的1.4%，导致70%的产品在省内消化。钢铁行业，我省钢材以普通质量的低端非合金钢材和低合金钢材为主，非合金钢占67%，比全国主要钢企高12个百分点，船舶、汽车、高档家电所用特种钢材省内无法满足。青岛四方机车所用钢板、铝板、不锈钢板、碳钢板、型材等有80%需从省外购进。平板玻璃行业，原片占全国的10.6%，但钢化玻璃、中空玻璃、夹层玻璃等高附加值产品仅占全国的6.1%、8.5%和1.5%。有色金属行业，铝、铜加工比率低，我省铝材与电解铝之比为1.3左右，铜材与电解铜之比为0.6左右，而江苏已基本退出电解铝生产，转向铝型材深加工。炼化行业，全省85%以上地炼企业产品结构雷同，以汽柴油等初加工产品为主，上下游产品关联度低，影响产出效益提高。2015年，我省石油加工、炼焦和核燃料加工业实现产值7215.6亿元，高于江苏5052.2亿元；税收495.1亿元，仅高于江苏164.2亿元；万元产值税收贡献686.2元，比江苏低843.3亿元。纺织服装行业，我省纺纱能力居全国第1位，但纱布与服装的比例仅为20∶1，而江苏为5∶1。医药行业，我省原料药和低价药比重偏高，终端制剂产品仅占全省医药产业主营收入的20.5%，江苏为41%；我省制剂与原料药产值的比例为1∶2，而江苏为2∶1。食品行业，精深加工食品产值占食品工业总产值的40%左右，而发达国家的占比达70%以上。2015年，广东省保健食品主营业务收入和利润分别是我省的6倍和15.3倍。此外，我省自20世纪80年代以来，一直实行

鼓励涉农产业发展的政策，农副产品初加工、涉农产品制造等行业所占比重大。2015 年，我省化肥产量达 617.5 万吨，大中型拖拉机产量有 16.5 万台，分别是江苏的 3 倍和 2 倍。由于涉农工业享受低税率、退税等政策，属于典型的低税行业，因此行业优势难以转化为财税优势。

表 5　　　　2015 年鲁、苏六大高耗能行业指标对比

行业	省份	产值（亿元）	税收总额（亿元）	万元产值税收贡献（元）
石油加工、炼焦和核燃料加工业	山东	7215.6	495.1	686.2
	江苏	2163.4	330.9	1529.5
	差距（江苏一山东）	－5052.2	－164.2	843.3
化学原料和化学制品制造业	山东	17314.2	188.9	109.1
	江苏	17529.3	336.9	192.2
	差距（江苏一山东）	215.1	148.0	83.1
黑色金属冶炼和压延加工业	山东	5028.8	63.6	126.5
	江苏	9913.4	129.3	130.5
	差距（江苏一山东）	4884.6	65.7	4.0
有色金属冶炼及压延加工业	山东	6748.4	89.6	132.8
	江苏	3932.7	51.2	130.2
	差距（江苏一山东）	－2815.7	－38.4	－2.6
非金属矿物制品业	山东	8113.1	107.9	133.0
	江苏	4824.9	117.2	242.9
	差距（江苏一山东）	－3288.2	9.3	109.9
电力、热力生产和供应业	山东	3973.7	317.0	797.7
	江苏	4391.5	369.4	841.2
	差距（江苏一山东）	417.8	52.4	43.5
合计	山东	48393.8	1262.1	260.8
	江苏	42755.2	1334.9	312.2
	差距（江苏一山东）	－5638.6	、72.8	51.4

(五)受工艺设计水平制约,难以满足个性化消费需求

我省家具、服装、陶瓷等行业自主创新设计能力不强,产品更新换代慢,模仿生产现象较为普遍,缺乏引领消费时尚的潮流产品,同质化现象突出。家具行业,广东省有设计公司 300 家,我省仅有 20 家,部分企业与广东设计机构合作,平均每设计一个系列产品需支付研发费用 50 万~80 万元,且由于文化差异,产品与市场脱节的现象时有发生。建筑陶瓷行业,存在轻创新、轻设计、重模仿、重拷贝的问题,主要从广东佛山以及西班牙、意大利等地直接购买设计方案。纺织服装行业,与之相配套的流行预测、款式设计、品牌代理、展览公司、模特公司等上下游产业发展滞后,纺织产品高档面料自给率不及 50%,服装大众化产品占比高,缺少个性化、时尚化、定制化产品。船舶行业,除渔船以外,其他各类船型基本依赖国外或省外设计;个别海洋装备设计单位仅能设计浅海钻井装备,高端、新型海洋装备设计以跟踪模仿为主,一直未能掌握设计的话语权,致使我省很多已通过国际认证的配套产品很难进入船舶、海工装备的产业链。

(六)受品牌塑造能力制约,市场潜力没有得到充分发挥

重点调度的全省 165 家重点企业,在营销模式选择上,40%的企业仅有线下直销一种模式;家具、服装产品销售 70%以上仍以卖场为主,其他形式如独立店、体验馆等处于起步阶段。纺织服装行业,在"2015 胡润服装家纺行业品牌价值榜"九大上榜品牌中,福建有 3 个,上海和浙江各有 2 个,江苏、北京各有 1 个,我省无一品牌上榜。建筑陶瓷行业,我省大部分卫生洁具等建筑陶瓷产品贴牌广东等企业品牌进入市场,企业贴牌利润低,不贴牌没市场。我省自有品牌产品价格在 30~60 元/平方米,而广东知名品牌产品价格达到 100 元/平方米以上。白酒行业,我省产量居全国第 2 位,但品牌影响力和经济效益较低,吨酒利润只有 0.24 万元,与贵州(7.16 万元)、江苏(1.07 万元)、四川(0.87 万元)相比,效益差距明显。企业标准化建设意识不强,如泉林纸业拥有了上百项技术专利,但在产品色度、包装、排放等地方标准、国家标准制定上相对滞后。

三、对策建议

针对我省重点行业和产品存在的上述问题,总的考虑是,在主动适应经济发展新常态,着眼于在更高层次上、以更广视角参与国内外竞争,按照"敲开核桃,一业一策"的指导思路,贯彻落实我省 22 个重点行业转型升级实施方案,顺应引领国内重大科技创新、区域布局调整的趋势,突出问题导向,选准提升路

径，促进我省工业产品围绕转型升级增品种、提品质、创品牌，提高供给体系的质量、效率和层次，推动我省制造业由粗放发展向集约发展转变，由注重速度向注重质量转变，由产品竞争向品牌竞争转变，由生产制造向创新创造转变，实现由制造大省向制造强省的新跨越。主要是抓好“六个一批”：

(一)产业链条延伸一批

瞄准我省制造业转型升级重大战略需求和未来产业发展制高点，定期研究和发布制造业重点领域技术创新路线图，借鉴江苏等地经验，整合现有技术改造资金，探索设立我省产业转型升级投资基金，通过激励奖励、风险分担、融资贴息等方式，引导传统产业进行自动化、智能化、数字化改造，推动产业链向研发设计、创新制造和市场营销环节延伸。一是钢铁、有色金属、石化、煤化工、玻璃、水泥等高耗能产业要“推陈出新”。在化解过剩产能的同时，鼓励企业发展高技术、高附加值、低消耗、低排放的新工艺和新产品，大力发展精品钢材、高性能金属复合材料、高标号水泥和特种水泥、烯烃、芳烃、钢化玻璃、镀膜玻璃及石化深加工产品，开发多功能复合型和特种产品，进入产业链条的“战略环节”。二是汽车、船舶、工程机械等高端装备制造业要“固本培元”。加快突破核心和系统集成技术，实现重大装备国产化，提高汽车和新能源汽车整车中高档产品的比例，做优做强船舶和海洋工程装备制造业，重点增加高端数控机床、石油化工设备、发动机、轨道交通、工业机器人、航空航天、核电装备、节能环保装备、高端基础零部件等产品的研发生产。三是新一代信息技术、新材料、生物医药等新兴产业要“抢占高地”。着力突破新兴产业发展的瓶颈制约，促进高新技术产业化，在大规模集成电路、云计算、新一代网络与通信、物联网、生物技术药品、海洋药物、新型医疗器械、高性能碳纤维、玻璃纤维及复合材料，高性能酚醛树脂、氟材料、先进陶瓷、石墨烯、超导材料等前沿产品和领域，加快形成一批先进的规模化生产能力。

(二)集约集聚带动一批

针对我省“进多出少”、配套能力不足等问题，对产业聚集度高、辐射带动作用强、税收贡献大的产业集群，在财政投入、金融信贷、土地指标等方面给予重点扶持，提高企业的配套协作能力。一方面，强化龙头企业的引领带动作用。实施“鲁企领军行动”，推动生产要素高度聚集和有效整合。依托浪潮集团、积成电子等企业，打造省会城市群电子网络信息产业集群；依托北船重工、中集来福士等企业，打造胶东半岛高端船舶和海洋工程装备产业集群；依托青岛海尔、潍坊迈赫等企业，打造工业机器人和智能家电产业集群；依托中通客车、福田汽车等企业,打造新能源汽车产业集群。另一方面,强化中小企业配套协作。借鉴昆山、重庆等地围绕笔记本制造反推上游产品、布局完整产业链的经验,依托区域支柱产业、龙头企业、总成产品,按照"缺什么,补什么"的原则,引进和培育上游企业和关联企业。开展"一企一技术"活动,发展一批主营业务突出、竞争力强、成长性高、专注于细分市场的"专精特新"企业和"科技小巨人"。引导中小企业与大企业通过专业分工、服务外包、订单生产等多种方式,建立协同创新、合作共赢的协作关系。

(三)科技创新研发一批

重点实施四大工程:一是"千人万企"工程。从政府有关部门、科研机构、高等院校中选派1000名科技政策辅导员进驻10000家企业,在政策解读、项目申报、技术指导等方面,为企业提供"套餐式"服务。二是产品技术升级换代工程。设立专项奖励资金,谋划一批重大基础研究专项、重大科技攻关专项、重大科技示范专项,在技术改造、技术引进、科研立项等方面尽可能优先安排,集中突破一批核心关键技术,引进吸收一批填补国内空白的先进技术,开发一批具有较强市场竞争力的高端产品。三是集成创新示范工程。借鉴上海研发公共服务平台建设经验,依托行业协会、龙头企业等,整合集成相关领域的创新资源,规划建设一批省级重大创新平台,构建一批技术创新公共服务网络,组建一批产业技术创新战略联盟。四是科技成果产业化工程。参照江苏"苏科贷"的做法,设立科技成果转化风险补偿专项资金池,建立科技创新及产业化项目专业评价评估机制,加强科技成果产业化示范基地建设,加快推动成果产业化。

(四)质量品牌培育一批

落实好《关于推进山东品牌建设的意见》,设立自主品牌建设专项资金,实施好三大计划:一是品牌创建计划。围绕食品、建材、轮胎、纺织服装等领域,在政府采购、政府性投资及补助、国有企业投资等方面制定扶持措施,引导企业树立品牌意识,积极注册国内外商标,申报专利,扩大宣传,争创名牌,实现由品牌加工向自主品牌转变。比如我省规模较大的建材工业,要以发展优质地板、高档陶瓷和卫生洁具等高端产品为方向,引导本地产品使用属地标识,提升区域品牌的整体形象。同时,支持优势企业借鉴如意集团收购德国瑞纳、法国SMCP品牌的经验,收购国外知名品牌,提升国内外市场的知名度。二是精品铸造计划。大力弘扬"工匠精神",把质量放在第1位,健全完善"首席技师"和"有突出贡献技师"选拔管理制度,塑造技能人员对产品精心打造、精工制作的理念,创精品、提质量、赢市场。比如,我省的白酒行业,围绕打造具有山东特色的芝麻香型、低度浓香型两大系列品牌，加强基础技术研究，提升行业准入标准，适当控制生产总量，提高产业集中度，集中优势力量争创全国名优品牌。三是制造业“标准化＋”计划。支持企业、科研院所、行业协会主导或参与国际、国家和地方标准的制定、修订工作；引导行业协会、产业联盟和产业集群企业制定联盟标准等团体标准；鼓励企业在质量、安全、环保等方面采用国际先进标准，提升产品质量和安全性、可靠性、稳定性。

(五)创意设计塑造一批

重点开展三大行动：一是“创意设计＋”行动。积极建设省级创意研发机构，培育创意设计产业园区(基地)、骨干企业和重点品牌，引进、培养创意设计人才，提升创意设计能力。围绕生活日用品、礼仪休闲用品、家用电器、服装服饰、家居用品、数字产品、食品、文化体育用品等，加强新技术、新工艺、新装备、新材料、新需求等设计、应用研究，把先进的设计思想和理念融入于产品研发设计之中，改进、提升产品的外观、质量、花色、品种等。二是个性化定制推广行动。以服装鞋帽、珠宝首饰、家居用品等为重点，以满足用户体验为核心，鼓励企业利用电子商务平台等大数据资源，提高精准制造、精准营销能力，开展个性化、规模化定制生产，促进创意设计和制造系统集成。三是广告策划推介行动。大力培育规模化、品牌化广告企业，加强与国内外广告创意知名企业的合作，广泛招揽天下英才，提升广告企业的创意策划能力，为推广我省产品提供支撑。

(六)扩大市场开拓一批

坚持国内国外、线上线下相结合，创新营销手段，搭建营销平台，拓展市场空间，满足和引领市场需求，努力实现由“多进少出”向“优进扩出”转变。在开拓国内市场方面，抓住长江经济带、环渤海经济圈、中原经济区等建设机遇，搭建供需对接平台，为企业提供市场需求信息服务，引导企业积极填补国内空白。支持省内企业之间加强协作，建立营销联盟，抱团开拓市场。结合对口支援和经济协作，推动优势企业与受援地开展产业合作，带动优势产品进入中西部市场。定期组织开展我省工业产品推介会，积极组织企业参加中博会、专博会等各类在国内外有重大影响力的经贸活动，充分利用鲁韩、鲁港、鲁台等会展活动，推介山东自主品牌，扩大本省产品的知名度和影响力。在开拓国际市场方面，以深度参与“一带一路”、中韩自贸区建设等为契机，落实好我省与国家发改委签订的推进国际产能合作委省协同合作框架协议，在税务指导、融资支持、法律服务等方面加强帮扶，鼓励钢铁、水泥、电解铝等行业到境外建设生产销售网络，推动产品、技术、服务的“全产业链出口”。鼓励支持机械、电子、冶金、家电、造纸、纺织等领域的优势企业，到东南亚、中亚、非洲、俄罗斯等国家和地区建立地区性营销中心，带动生产设备及其零部件和相关产业产品的出口。在开拓网络市场方面，借助“好品山东”网络平台服务系统，开展“鲁货网上行”活动；围绕优势行业和重点产品，依托龙头企业或集群，建立区域性电子商务平台，提高网络营销能力。深化与阿里巴巴等大型电商的合作，加快“千县万村”电商项目在山东的落地、试点和推广，充分利用淘宝网“特色中国”山东地方馆，积极宣传地道的山东特产。

（山东省发展和改革委员会综合处　完成时间：2016 年 6 月）

新旧动能转换篇

关于提高我省开放型经济发展水平问题的研究

习近平总书记视察山东时明确要求我们，要“适应经济全球化新形势，实行更加积极主动的开放战略，充分利用沿海的独特地理位置，努力塑造开放型经济发展新优势”。李克强总理在 2014 年政府工作报告中指出，要“构建开放型经济新体制，推动新一轮对外开放，倒逼深层次改革和结构调整”。姜异康书记强调，要从战略高度看待开放型经济的发展，掌握主动权，打开新局面，下好先手棋，打好主动仗。郭树清省长提出，必须充分认识对外开放与对内开放的一致性，以开放促改革、促发展、促转型。中央、省领导的一系列讲话为山东发展开放型经济指明了方向，明确了任务。我们要进一步认清形势，把握机遇，以更加积极的姿态、更加主动的作为、更加有力的举措，努力提高我省开放型经济的发展水平。

一、我省开放型经济发展面临的新形势

目前世界经济正在深度调整，国内经济进入转型发展新时期，我省发展开放型经济，机遇和挑战并存。

（一）国际经济形势正在发生深刻变化

世界经济复苏艰难曲折。2008 年爆发的国际金融危机，使世界经济格局受到巨大冲击，发达国家存在的诸多制度性缺陷，不是一朝一夕所能修复的，世界经济可能在较长时期内处于低速增长态势。目前，美国经济复苏势头趋稳，但结构性债务与失业问题并未解决。欧洲经济增长由负转正，进入弱复苏状态，但走势分化。日本经济依靠政策刺激出现短期复苏，但结构性改革难有进展。新兴经济体增长总体相对较快，但面临外需疲弱、内生动力不足、通胀压力上升等问题，近期在一些国家中增速明显放缓。这些情况表明，我们面临的外需动

力短期内不会显著增强，外贸出口难以保持过去那样的持续高增长态势。

全球产业分工持续调整。金融危机爆发以来，美国将“再工业化”作为重塑竞争优势的重要战略，大力发展先进制造业，鼓励科技创新，引导海外制造企业回归本土。欧盟实施“新工业革命”，重点培育可再生能源、高能效建筑、原材料革新等九大优先领域。巴西、印度等也发布了工业振兴计划。需要特别关注的是，美国的“再工业化”不是简单的产业回归，而是更高层次的转型发展，新一轮工业革命的萌芽正在孕育。受综合成本上涨的影响，新兴经济体的劳动密集型产业特别是低端制造环节加速向低收入国家转移。我们在全球价值链中将面临两头受压的局面，必须抢抓新一轮技术革命的重要机遇，加快转型升级。

国际经贸格局深刻变化。近年来，WTO 多边贸易体制发展步履维艰，大国间经贸规则博弈日趋激烈。美国大力推动新一代国际经贸规则，试图通过 TPP（跨太平洋伙伴关系协定）、TTIP（跨大西洋贸易与投资伙伴关系协定）谈判，形成新的全球贸易投资准则，掌握经贸规则主导权。同时，发达国家纷纷调整了外贸战略。2010 年，美国提出了“出口倍增计划”，将中国列为主要目标市场，并迫使中国开放政府采购市场。发达国家及一些新兴经济体采取限制进口措施，加大本国市场的保护力度，导致贸易摩擦明显上升，涉案产品从传统农产品、低附加值工业品，扩展到高附加值产品。我们必须加大改革力度，积极探索应对措施，加快转变外贸发展模式。

国际引资竞争更加激烈。金融危机导致各种形式的保护主义加剧，全球资金流动性紧缩，国际大企业的投资实力和投资意愿下降，全球跨国直接投资大幅萎缩。欧美通过“再工业化”战略，吸引海外资金回流，还通过加强国际合作、放宽准入限制、加大优惠政策支持等方式吸引更多的跨国投资。发展中国家的投资环境不断提升，吸引外资的能力明显增强，与印尼、越南、泰国、印度等周边国家的投资环境相比，我国已经不再具有明显优势。国际引资竞争更加激烈，给我省优化利用外资结构、引导外资参与产业转型升级带来新的挑战。

（二）我国开放型经济发展为我省提供了战略机遇

上海自贸区可为我省打造对外开放新高地提供借鉴。目前，上海自贸区建设全面推开，进展顺利。应在负面清单管理、准入前国民待遇、服务业开放、金融创新、资本项目可兑换等多个领域进行探索，为建立促进投资、贸易、金融便利化的体制机制积累可推广、可复制的经验。今后国家将在试点基础上，选择若干具备条件的地方发展自由贸易园（港）区。青岛正在积极申报自由贸易港区，这将为我省打造开放型经济发展新高地提供重要机遇。

“一带一路”将开创全方位对外开放新格局。“一带一路”是中央根据全球形势的深刻变化,统筹国内、国际两个大局作出的重大战略决策。我国将以国际大通道为依托,以重大战略项目为抓手,以沿线中心城市、重点港口城市、产业园区为支撑,构建一批全面开放的国际经济合作走廊和海上战略支点,并通过政策沟通、道路连通、贸易畅通、货币流通、民心相通的"五通",深化经贸、产业、能源、金融、生态合作,逐步形成区域大合作格局。这为我省依托独特的地理位置优势,开创对外开放新格局提供了难得的机遇。

双边、多边经贸合作关系将为我省对外交流合作拓展新空间。目前,国家正积极推进中韩、中日韩、中澳、区域全面经济伙伴关系(RCEP)等自由贸易协定谈判,这为我省向日本、韩国、东盟等周边国家拓展发展空间提供了难得的机遇。更重要的是,我省是中日韩自贸区战略合作的主阵地,在我省建设中日韩地方经济合作示范区是国家优化对外开放布局的部署,是国家赋予我省的神圣使命和全新课题。

(三)先进省市的经验为我省发展开放型经济带来有益启示

近年来,为有效应对国内外发展环境的新变化,全面提高开放型经济发展水平,部分先进省市调整思路、创新举措,取得了积极成效,值得我省学习借鉴。

一是更加注重战略导向。先进省市根据形势变化,站在全国和大区域战略合作的高度,超前谋划开放型经济发展的空间布局。广东省抓住建设21世纪"海上丝绸之路"的战略机遇,提出了与港澳台和泛珠战略合作、布局东盟及开拓中东、北非的总体思路,正引导形成区域深度融合发展的新格局。江苏省探索提出了四个"先行一步"的发展思路,推进外经贸体制改革,扩大服务业和战略性新兴产业开放,增创苏州工业园区、昆山深化两岸产业合作试验区优势,加快与上海自贸区全方位对接。

二是更加注重龙头带动作用。坚持突出重点、壮大实力,在协同发展中谋求更高层次、更广空间的开放发展。辽宁围绕大连的龙头地位,着力打造东北亚经贸枢纽和功能服务区,建立起了全球最大的塑料期货和油脂期货市场,大连的主要金融指标跃居东北地区首位,实际利用外资占辽宁的一半,有力地带动了全局的开放发展。北京依据自身定位,借力京津冀都市圈,与天津、河北一道,打破自家的"一亩三分地",着力推进区域协同发展对接机制建设,突出国家首都、国际城市定位,重点发展金融保险、文化创意、信息服务等高端服务业,逐步向外转移低端制造业。

三是更加注重比较优势。立足区位及发展优势,坚持以内涵式发展为战略基点,加快构筑内外联动、布局合理的开放型经济新优势。广东充分发挥毗邻港澳、与港澳台经济往来频繁、合作密切的优势,以加工贸易转型升级开拓国际市场，以深化合作、率先实现粤港澳服务贸易自由化为目标，推进外贸战略转型发展，打造扩大开放的重大平台，引导高端资本聚集。福建发挥对台优势，以规划区域的开放开发为重点，实行特定区域台资项目核准特殊政策，由两岸共同发起成立海峡产业投资基金，推出一批事业单位，招聘一批台湾专才，打造开放发展的要素流入高地。

四是更加注重优化环境。广东在全国率先提出了建立法治化、国际化营商环境的五大任务，使开放型经济发展的保障基石落到实处，成为该领域的领先者。浙江省积极探索外资准入前国民待遇加负面清单管理模式，完善"招大、引强、选优"机制，大力引进世界500强等优质外资项目。天津滨海新区力推开放型信息平台建设，争取年内建成国内首个跨境电子商务全供应链一体化服务平台，对仓储、物流、金融、营销等所有服务环节提供一站式服务，降低企业成本，吸引世界电商在中心商务区形成产业聚集。

二、我省开放型经济发展站在了新的历史起点上

改革开放30多年来，我省紧紧把握沿海开放、邓小平南方讲话、应对入世、全球产业转移等历史性机遇，以1984年青岛、烟台沿海开放为标志，由点及面，由东向西，先后经历了80年代到90年代末的探索、打基础阶段，新世纪加入WTO后的快速发展阶段和金融危机后的稳步提高阶段，对外开放的广度和深度不断拓展，开放型经济发展取得重大成就。2013年，我省进出口总额2671.6亿美元，外商投资140.5亿美元，境外投资45.1亿美元，分别是2001年的9.2倍、3.9倍和32.2倍。

(一)我省开放型经济发展的主要特点

1. 全面开放的整体格局基本形成

目前，我省形成了从沿海到内地，从经济到科技、文化、教育等领域的全方位、多层次、互动发展的开放型经济发展格局。沿海各市发挥区位优势，广泛吸收境外投资，大规模承接国际产业转移，成为我省开放型经济发展的龙头和引擎。中西部各市充分发挥自身优势，在产业优化升级、农业对外开放、境外上市等方面走出了各具特色的发展道路。2013年，我省已与世界220多个国家和地区建立了经贸关系，与66个国家建立了189对友城关系，在130多个国家和地区设立了境外机构。

2. 促进转型发展的作用不断增强

对外开放促进了思想解放和观念更新，促进了体制改革和机制创新，为我

省转型发展注入了强大动力和活力。一是积极引导跨国公司投资高端产业，已有 189 家世界 500 强企业在电子信息、汽车、造船、工程机械等行业投资。二是外资进入服务业领域也逐步向旅游开发、研发中心、金融保险、服务外包等高端领域拓展，促进了山东产业结构的调整和行业竞争力的提高。三是通过大力实施“走出去”战略，获取了能源资源，引进了技术人才，提升了产业竞争力。如山东临工与沃尔沃实现战略合作，共同研发技术，共享全球销售平台，企业规模效益快速提升。2013 年，实现销售收入 101 亿元，合资 7 年增长 7 倍多；装载机销量稳居全国第 1 位，比行业内第 2 名至第 7 名企业的总和还多。

3. 对外开放不断向纵深拓展

近年来，我省始终坚持“引进来”“走出去”协调发展。通过引进通用东岳汽车、威亚发动机、亚泰森博等一批投资规模大、技术含量高和产业带动性强的外资大项目，持续推动我省自主创新、产业升级、区域协调发展；同时加快实施“走出去”战略，境外投资和对外工程承包快速发展，外派劳务数居全国第 1 位，境外投资额、对外承包工程额均居全国第 2 位，青岛海尔、烟台万华、潍柴动力、南山集团等一大批企业成为全国践行“走出去”战略的佼佼者。积极推动对外开放由第二产业向一、三产业扩展，农产品出口连续多年居全国首位，服务业已成为外商投资的新热点。2013 年，服务业实际利用外资 67.9 亿美元，占利用外资总额的比重已达 48.3%。

（二）我省开放型经济发展的比较优势和发展潜力

1. 独特的地理位置优势

我省地处环渤海经济区和长三角经济区的交汇部，是“一带一路”的重要结合点，具备构建全方位开放大格局的独特区位优势。毗邻韩日，与韩日贸易往来频繁，分别吸引了韩日对华投资的 50% 和 10%，打造中日韩自贸区桥头堡条件优越；我省位居新欧亚大陆桥的桥头堡，拥有 3345 公里的黄金海岸线，有8 市与新丝绸之路北线基本重合，积极融入国家“一带一路”发展战略的区位优势明显。交通基础设施保障能力较强，拥有 7 个沿海港口，港口货物吞吐量 11.8 亿吨，是北方唯一一个拥有 3 个过亿吨大港的省份；已建成 8 个民用机场，开辟了 300 条国内外航线；全省铁路营运里程达 4404 公里，高速公路通车里程达 4994 公里。

2. 产业发展体系比较完备

我省基本形成了基础雄厚、门类齐全、承载能力较强的产业发展体系，为扩大出口、引进外资、开展国际合作打下了坚实基础。农业经济总量居全国第 1 位，是全国重要的商品粮基地。工业门类齐全，轻工、化工、冶金、建材、机械、纺织等行业在全国占据重要地位，山东能源集团、魏桥集团进入2013年世界500强，46家企业进入2013年中国企业500强，承接国际高端产业转移能力不断增强。现代服务业快速发展，生产性服务业与一、二产业加速融合，服务贸易规模扩大，服务外包快速成长，推动我省开放型经济发展的承载能力不断增强。

3．市场消费增长潜力巨大

众多的人口、广阔的市场，是我省吸引外资、开展国际经济合作的重要支撑。我省城镇化率刚刚突破50％，与70％～80％的国际水平相比，还有很长的路要走。大力实施新型城镇化，不仅可以为建筑、机械、汽车、医疗、电气设备等行业带来巨大的投资机会，更重要的是可以将广大农民工的流动性消费转化为定居性消费，这必将创造出巨大的消费和投资需求。目前，我省正在大力实施以市为单位整体推进县域经济发展的重大举措，随着县域经济的发展壮大，城乡居民的消费需求将得到进一步释放。

4．开放平台的承载能力较强

目前，全省省级以上经济开发区、高新技术开发区、保税港区等各类园区共171家，数量居全国之首。载体布局较为合理，产业集群初步形成，总体呈现出增速平稳、调整加快、内涵提升的趋势。2013年，园区进出口、实际到账外资等主要开放指标占全省的比重均超过50％，为承接国际产业转移、推动加工贸易转型升级、助推中西部开发开放和扩大对外贸易搭建了承载力较强的开放平台。

5．科技及人力资源的支撑保障能力较强

科技创新能力、高素质人力资源是提升开放型经济发展水平的支撑和保证。济南量子技术研究院等一批国家级科研机构的落户、青岛海洋国家实验室等一批国家级研发平台的建立，为加速我省产业转型升级、提升国际竞争力提供了坚实基础。目前，我省15～65岁人口占全省总人口的73％，普通高等院校有140所，在校生170万人；各类中等职业学校有732所，在校生140万人。这些为产业双向转移对高素质劳动力的需求提供了保障。

6．改革创新步伐不断加快

近年来，我省积极推进机制体制改革，努力优化开放发展的政策环境。改革工商注册制度，大力缩减行政审批事项，简政放权，努力打造国内行政审批最少省份。大力发展民营经济，着力推进国企改革，出台了促进民营经济发展的45条意见；加快制定国企改革方案，内资、外资及国资、民资平等参与竞争的市场环境正逐步完善。颁布并实施了金融改革22条、服务业发展30条等重大改革举措，促进现代服务业跨越发展。这些都为我省进一步提高开放型经济发展水平创造了有利条件。

(三)我省开放型经济面临的挑战

1. 开放合作意识不够强

受思想不够解放和思维定式的影响,依赖传统路径的多,敢闯敢试、敢为人先的少;习惯小而全、自成体系的多,善于借助外力、外智,用世界眼光谋划发展的少;在工作推进中,相互协作、主动配合的意识不够强,积极融入国家重大开放战略的步伐不够快,全方位拓展开放型经济发展的空间受到制约。开放合作意识相对落后,是导致我省与广东、江苏等省份在开放型经济发展水平上存在差距的重要原因。根据国家发展改革委员会 2012 年发布的《中国区域对外开放指数报告》,我省综合排名仅居全国第 10 位。2013 年,我省外贸依存度为 30.3%,比广东(108.7%)、江苏(57.6%)、浙江(55.4%)分别低 78.4 个、27.3 个、25.1 个百分点;利用外资分别仅为江苏、广东、辽宁的 42%、56%和 48%。

2. 出口产品的竞争力亟待提高

我省出口商品结构以资源类和劳动密集型为主,技术含量不高,在国际分工价值链中处于中低端。在出口产品中,传统的农产品、纺织服装和机电产品占全省出口总额的 70%左右,高新技术产品的出口占比不足 13%,低于全国 14 个百分点;全省服务贸易规模较小,2013 年进出口总额 613.5 亿美元,服务外包处于起步发展阶段。具备自主知识产权、自主品牌、自主营销渠道的产品比重较低,出口商品定价和营销话语权缺失,综合效益低。

3. 传统竞争优势正在逐步削弱

我省劳动力供需形势已发生明显变化,劳动力成本逐年提高,人工工资已是越南、印度等周边国家的 2～3 倍,这必将压缩我省纺织服装、农副产品、机械制造等传统比较优势行业的市场盈利空间,转型发展迫在眉睫。家电、机械等传统优势产业本地配套能力不强,严重影响重大项目落地。而昆山开发区在引进仁宝、戴尔等 IT 产业龙头的同时,十分注重提升产业配套能力,吸引 300 多家配套企业落户,培育了大中小企业分工合作、上下游联动、配套功能完善的产业集群,形成了世界最大的笔记本电脑生产基地。

4. 区域开放程度不均衡

东西部发展不均衡是制约我省提升全面开放水平的重要因素。青岛、烟台、威海三地的外贸总量占全省的一半以上,实际使用外资额占 60%以上,其他 14 个市对外贸易和利用外资额不高,东西部开放差距大。从区域板块上看,山东半岛蓝色经济区的进出口总额在四大板块中"一枝独秀",占比接近全省的 80%,比排在第 2 位的省会城市群经济圈高出近 65 个百分点。东、中、西分工明确、协调发展的全方位开放型经济发展格局还需加快完善。

5. 营商环境有待进一步优化

目前，我省的营商环境虽然有了较大改善，但与先进省份相比，还不能很好地适应开放型经济发展的新要求。比如，我省通关便利化水平不够高，关检手续复杂，口岸信息化建设有待加强；配套服务不够完善，服务于国际经济合作的中介机构和国际型人才不足，外商生活便利化方面还有较大欠缺。上海、江苏、辽宁等兄弟省市把优化投资环境特别是软环境，作为提高对外开放水平的重要举措。辽宁省全面实施通关“无纸化”改革，加强海关、检验检疫协作，积极推行一次申报、一次查验、一次放行“三个一”工程，努力提升通关的便利化水平，有力地推动了对内、对外开放的双向拓展。

三、提高我省开放型经济发展水平必须创新思路、明确重点

（一）总体思路

初步考虑，当前和今后一个时期，提高我省开放型经济发展水平的总体思路是，深入贯彻党的十八大和十八届三中全会精神，以习近平总书记系列重要讲话特别是视察山东重要讲话为指引，按照省第十次党代会和十届七次、八次全会部署，以深化改革开放为动力，以转型发展为目标，坚持巩固基础与增创优势相结合、统筹推进与突出重点相结合、对内开放与对外开放相结合、“走出去”与“引进来”相结合，大力推进对外贸易转型升级以质取胜，引导外资积极参与区域发展和产业转型，支持企业参与全球产业链布局，着力在更新开放理念、优化开放布局、创新开放路径、完善开放体制上实现新突破，加快形成以国际化企业为主体、以区域性重点城市为基础、以开放型产业体系为支撑的对外开放新局面，全面提升开放型经济发展水平，为加快建设经济强省提供有力支撑。

（二）发展目标

到 2020 年，全省开放型经济发展新优势基本形成，发展布局进一步优化，开放广度和深度进一步拓展，体制机制进一步完善，抵御国际市场风险的能力进一步增强。

1. 加快推动对外贸易向提升质量效益转变

服务贸易、高新技术、机电和自主知识产权产品的出口比重持续提高，紧缺能源、原材料、高技术和惠民消费品进口规模不断扩大，在培植以技术、品牌、质量、服务为主要内容的外贸竞争新优势上实现新突破。到 2020 年，全省货物贸易进出口总额达到 5000 亿美元，年均增长 10%左右。服务贸易占全省对外贸

易总额的比重提高到30%以上,自主品牌产品的出口额占全省的比重提高到30%,一般贸易进出口额占全省的比重提高到70%以上,把加工贸易转型成为跨国公司研发制造的重要基地。

2. 加快推动利用外资向推进产业升级转变

围绕我省产业转型发展的重点领域,有效承接新一轮国际产业转移,扩大服务业对外开放,引导外资合理投向,在促进产业转型升级上实现新突破。到2020年,全省实际利用外资力争突破230亿美元,年均增长9%左右,其中服务业占比达到50%左右,超过300家世界500强企业在我省投资。

3. 加快推动"走出去"向提高国际化经营水平转变

支持企业到境外建立研发、制造、销售体系,鼓励省内优势企业转移富裕产能,深化境外资源、能源互利合作,培育壮大一批国际工程承包商带动重大装备和技术出口,建设一批境外经贸、技术合作区,融入国际产业发展体系,在全球布局产业链上实现新突破。争取到2020年,境外投资中方投资额达到120亿美元,年均保持15%的增长。

4. 加快推动开放载体向集约高效创新发展转变

做大做强"两区一圈一带",强化招商平台建设,加快青岛自由贸易港区和临沂商城内贸、外贸一体化建设,推进海关特殊监管区整合提升,提高园区开放水平,培育一批国际化企业集群,在打造我省对外开放新高地上实现突破。

5. 加快推动国内合作向深化内涵、提升层次转变

积极融入环渤海合作机制,不断强化与长三角、珠三角等东部发达地区的合作,积极参与中原经济区、淮海经济区、大京九经济区等周边经济区建设,深化与中西部地区的全面合作,建设引领环渤海经济转型发展的新引擎,打造周边经济合作发展的新高地,在区域合作培植经济发展新优势上实现突破。

(三)我省提升开放水平的战略重点

1. 科学谋划开放型经济发展布局

(1)提升"蓝黄",打造我省开放型经济的龙头。紧紧抓住国家实施丝绸之路经济带、海上丝绸之路、中日韩地方经济合作示范区等重大战略的有利时机,以山东半岛蓝色经济区和黄河三角洲高效生态经济区为载体,充分发挥蓝黄两区开放程度高、经济实力强、辐射带动作用大的优势,打造一流的国际化营商环境,设立和建设青岛自由贸易港区,加快建设青岛财富管理中心,大力发展金融、服务贸易、海洋经济等高端产业,积极推进青岛中德生态园、日照国际海洋城、潍坊滨海产业园等中外合作园区建设,规划发展山东黄金海岸养老健康文化休闲旅游聚集带,将蓝黄两区打造成全球重要的高端产业聚集区,使之成为

我省开放型经济的排头兵和主力军，带动我省开放型经济实现新跨越。

(2)拓展"一圈"，建设我省开放型经济的示范区。发挥济南核心城市的科技、人才、产业优势，着力发展高端产业、高端技术、高端产品，将其建设成具有较强国际竞争力和影响力的区域性经济中心、国际化开放城市；加快发展金融保险、信息产业、服务外包等现代服务业，着力发展高端产业、高端技术、高端产品，打造实体经济发展新高地；提高劳动密集型出口产品的质量和档次，扩大机电产品和高新技术产品的出口，积极推动先进技术、关键零部件、国内短缺资源和节能环保产品进口，实现对外贸易新跨越；加快培育以技术、品牌、质量、服务为核心竞争力的新优势，发挥济南市对周边城市的辐射带动作用，形成分工协作和优势互补的开放型经济格局，将省会城市群经济圈建设成为全省开放型经济的示范区。

(3)深挖"一带"，形成开放型经济新的增长极。我省西部地区的发展水平和发展实力与东部地区和中部地区都有一定差距，加快发展的要求尤为迫切，发展潜力和动力非常大。积极推进西部经济隆起带的战略实施，深入挖掘开放型经济的后发潜力，着力扩大开放型经济的发展规模，提升发展质量，进一步增强对国际资本和产业的吸纳和承载能力，加快经济的国际化进程。加快西部地区外贸发展方式的转变，促进外贸发展向质量效益、提高产品竞争力和市场占有率转变，大力提升对外贸易规模。巩固扩大劳动密集型产品、农产品等传统优势产品的出口。着眼于传统产业的挖潜改造和新兴产业的培植，大力发展生物医药、精细化工、高端装备、现代物流等产业，打造鲁苏豫皖邻边经济开放高地，努力形成我省开放型经济新的增长极。

2. 积极纳入国家开放型经济总体格局

(1)加快融入"一带一路"战略规划。加快融入国家"一带一路"战略规划，有助于增进我省与周边地区、与亚欧国家的经济往来，对我省开放型经济的持续快速发展具有重要而深远的意义。紧紧抓住推进"一带一路"建设的重要战略机遇期，大力实施"走出去"战略，加强陆海统筹，以沿线国家"五通"为主要内容，创新对外合作模式。进一步深化产业合作，积极推动我省装备制造业走出去、过剩产能转出去、技术标准带出去，鼓励具有自主知识产权和较高水平的电子信息、通信等行业企业，以及工程机械、轻工纺织等有实力的企业到境外投资兴业。鼓励省内有实力的企业开展境外基础设施投资，拉动我省设备、技术和服务出口。积极扩大我省企业与东南亚、中亚、西亚、俄罗斯的能源资源合作，建设一批能源资源合作板块示范区。加大青岛、日照等"一带一路"的枢纽建设，积极发展成为新亚欧大陆桥的桥头堡。加强文化交流，大力弘扬中国传统文化，密切人文交流合作。积极构建东亚海洋合作平台，合作建设海洋经济示范区、海洋科技合作园、境外经贸合作区和海洋人才培训基地。

(2)积极推进中日韩地方经济合作示范区试点建设。2012年5月，中国、日本、韩国签署协定，在山东省共建中日韩地方经济合作示范区。出于政治原因，我省与日本的合作进展缓慢，2013年率先启动了中韩地方经济合作示范区试点工作。青岛等7市分别与日本、韩国地方政府签署了谅解备忘录；青岛港、烟台港、日照港、威海港与韩国釜山港签署了战略联盟框架协议，组成了“4＋1”联盟。目前各市正在规划建设中韩、中日产业合作园区。要抓住中日韩地方经济合作示范区的建设契机，进一步加强与日韩在新兴产业、高端制造业、现代服务业等领域的合作与交流。支持中韩、中日合作创新产业园建设，推进与日韩在创新研发领域开展高端合作。建立中日韩港口战略合作联盟，增加集装箱运输航线，共同发展集装箱联运与国际中转、物流配送等航运物流业务。开展中韩海陆联运汽车直达运输，积极推进中韩铁路轮渡项目。探索中日韩双边或多边检验检疫合作机制，加强进出口贸易、食品安全及相关领域的互信互认合作。探索与日韩间电子口岸(单一窗口)数据交换标准建设，建立三地电子商务认证体系和物流配送体系。建立东北亚地区标准及技术法规共享平台，实现与日韩技术标准对接。

3. 打造开放型经济产业体系

(1)努力扩大服务业对外开放。我省服务业开放程度低，竞争力弱，是经济发展中的一块“短板”。壮大和发展服务业需要进一步深化改革、扩大开放。我省已把服务业发展作为今后一段时期的重要任务。鼓励外资在我省以合资、合作方式举办营利性或非营利性医疗机构，逐步取消境外资本的股比限制。鼓励外资兴办职业技能培训、养老和社会福利机构，合作举办高等教育机构，有序推进普通高中教育和文化产业对外开放。支持利用外资发展金融保险、科技信息、现代物流、服务外包、旅游会展、评级评估、会计审计、法律服务、品牌创意、人力资源等现代服务业，打造服务业发展的新优势，以服务业开放推动我省经济转型发展。

(2)加快推进高技术产业发展。充分发挥外资大项目的技术溢出效应，在科技含量较高的产业和企业中加速累积比较优势，加快引进国外研发机构来我省投资、进行研究开发，吸引一批高层次人才、高新技术产品，引进一批新材料、新医药、新信息、新能源和高端装备等外资大项目。加快推进济宁惠普软件人才基地建设，以IT产业园为载体，着力引进惠普的主要合作伙伴微软、甲骨文、谷歌、塔塔等国际知名企业入驻，吸引上下游配套、关联性软件开发和硬件生产企业集聚，把济宁打造成国际知名的软件人才和产业基地。着力完善我省科研成果转化机制、创业孵化机制和技术转移推进机制，加强公共创新平台建设，推动高技术产品研发。引导科技研发资源有效整合,加大对重大科技平台和高技术产业化的扶持力度,大力推进研发成果化、成果产业化,培育发展一批具有自主知识产权的高技术企业,使之成为提高我省开放型经济水平的强大支撑。

(3)着力提升我省制造业的开放层次。山东省是制造业大省,工业增加值连续多年居国内首位,但产业技术水平总体不高,离制造业强省还有较大差距。要着眼于参与国际竞争与合作,支持骨干行业和重点企业加大技术改造的步伐,积极融入国际生产制造和加工配套分工体系。支持省内优势企业主动参与国际标准起草编制工作,抢占国际竞争话语权。积极推进高端产业利用外资,充分发挥外资大项目孵化器和产业培育领头羊的作用,积极推进我省商用飞机、重型汽车、高档轿车、数控机床、大型工程机械、游艇、大型重型装备、专用成套设备等高端装备,以及精细化工、农产品精深加工、高端消费品等高端产业利用外资,合作共赢,打造优势产业集群。加快国外先进技术的引进、消化、吸收、再创新,改造我省传统产业,大力发展精深加工和高附加值产品,努力扩大品牌产品的出口比重,增创国际竞争新优势。

(4)有效利用国外贷款。国外贷款项目在引进资金的同时,还引进了先进的技术设备、管理方法、信息知识和相关人才,示范带动作用明显。要着眼于经济社会转型发展,创新使用领域,重点围绕职业教育、节能减排、生态林业、海洋生态保护、垃圾处理、建筑节能等领域,积极争取国外优惠贷款对我省社会事业的支持,以项目为载体,促进管理和技术水平的提升。

4. 加快建设开放型经济平台载体

(1)推进青岛自由贸易港区设立。上海自贸区的设立,为上海市金融服务业等产业的加快发展带来新契机。截至 2014 年 2 月底,自贸区聚集的金融机构已达到 1383 家,其中包括 43 家持牌金融机构,1 家国际能源交易中心,102 家股权投资企业、融资租赁公司等金融机构,147 家金融信息服务公司,超过 1000 家投资和资产管理公司。要积极做好我省青岛自由贸易港区申报工作,争取尽早获批,力争经过 3～5 年的努力,将青岛自由贸易港区建设成投资贸易便利、航运服务完善、金融功能健全、辐射联动作用突出、监管高效便捷、法制环境规范的自由贸易港,助推我省开放型经济发展实现突破。

(2)推进临沂商城内贸、外贸一体化发展试点。学习借鉴义乌国际商贸城的发展模式,引入义乌成熟的市场运营方式和管理经验,创新发展模式、机制体制,加速商流、物流、资金流、信息流"四流融合",拉长产业链,完善供应链,提升价值链,着力提高临沂商城的国际化、信息化、品牌化水平,将临沂商城打造成现代产业体系建设的先导区、流通体制改革创新的先行区、大型商贸物流企业总部的首选区、中国北方最大的商品集散地。结合临沂商城的改革试点,在全省范围内推广内贸、外贸一体化发展经验，力争在统筹国际、国内两个市场方面实现突破。

(3)推进海关特殊监管区建设。充分利用济南、潍坊综合保税区，青岛前湾、西海岸保税区，青岛、威海出口加工区，烟台保税港区等海关特殊监管区的政策优势，加快推进特殊监管区的建设进度，促进海关特殊监管区扩规模、上水平。支持引导重点外向型企业设立保税仓库，开展保税物流。支持开发区大力推进开放型经济发展，超前谋划、合理布局，对达到设立海关特殊监管条件的园区，支持申请设立海关特殊监管区，争取在没有设立海关特殊监管区的市实现重点突破。

(4)提升园区开放水平。开发区是改革开放的先行区、外商投资的密集区和新兴产业的集聚区。当前，开发区普遍存在着先行先试活力不足、政府管理职能过多、产业集聚度不高、产业发展定位不明确等问题。应进一步明确园区在开放型经济发展中的功能定位和发展方向，集聚高端要素资源，积极推进体制机制创新，增强发展新动力，增创发展新优势。国家级开发区重点围绕高端制造业、高端服务业、高新技术等产业，发展成为我省的人才高地、自主创新示范区和高端产业集聚区。省级开发区重点依靠科技创新，立足于资源优势、区域特色、主导产业，延伸拉长产业链条，打造成为全省承接产业转移和招商引资的重要平台，推进工业化和城镇化融合发展。

(5)培育国际化企业集群。引导优势企业确立国际化发展战略，立足两个市场、两种资源谋划企业发展。鼓励优势企业采取跨国并购、境外上市、与国内外企业强强联合等形式优化资本结构，扩大经营规模，培育国际品牌，提高国际竞争力。推动省内优势企业在全球整合资源链，拓展国际经营网络，扩大国际市场份额，树立国际品牌，培育一批源自我省的跨国企业集群，增创我省参与国际竞争的新优势。

5. 推动对外贸易扩规模、上水平

(1)培植形成以技术、品牌、质量为核心的出口竞争新优势。实施科技兴贸战略，引导企业加大科技创新投入，突破核心关键技术，培育自主出口品牌。以计算机及通信技术产品、电子技术产品、计算机集成制造技术、高档工程机械等为重点，提高骨干企业的技术装备水平，提高机电产品、高新技术产品的出口比重；推进出口农产品质量安全示范区建设，扩大优质农产品的规模，提高农产品的出口份额，打造山东农产品的出口品牌；以家纺、面料、服装等产品为重点，发挥如意、鲁泰、迪尚等骨干出口企业的带动作用，加快技术创新和品牌建设，巩固纺织服装的出口优势。

(2)推进服务贸易扩大规模。按照“突出重点，分类指导，统筹推进，加快发展”的思路，推动服务贸易扩大规模。以济南、青岛国家级外包城市为龙头，加快发展，带动烟台、潍坊、淄博、威海、东营、日照等城市“多点特色”发展，形成信息技术、技术性业务流程、知识流程和呼叫中心四大服务外包产业集群；推进齐鲁动漫游戏产业基地、青岛动漫产业园、烟台动漫产业基地等专业园区建设，发展对外文化信息服务、数字出版服务和印刷服务，培育具有山东特色的文化艺术等产品的服务出口，扩大文化贸易规模；引导金融保险、商业服务、海外工程、律师咨询、运输物流、文体旅游等领域企业，提高核心竞争力，提升服务层次和水平，提高服务贸易的国际竞争力，扩大山东品牌的国际影响力。

(3)实施市场多元化战略。把握中日韩区域经贸合作契机，深入挖掘日韩市场潜力，提高日韩市场占有率；适应欧美消费结构的变化趋势，加快出口商品的结构性调整，巩固欧美高端市场份额；研究新兴市场国家的消费特点，制定针对性的营销模式，拓展拉美、非洲、中东、南亚等新兴市场。加快与境外目标市场有影响力的电子商务平台的对接，鼓励企业利用国际电子商务平台开拓市场的政策措施，支持企业利用网络平台“在线”开拓国际市场。鼓励企业把出口产品的价值链延伸到境外批发和零售终端，在境外设立地区性营销中心，并购销售渠道，开设品牌连锁店，逐步建立起自主营销和服务网络。加快“走出去”，带动出口，鼓励具有竞争优势的企业到境外投资，开展境外加工装配，辐射周边市场，实现我省优势产品的“产地多元化”。

(4)推进加工贸易转型升级上水平。以经济开发区、高新技术产业开发区、出口加工区、保税港区、综合保税区为主要载体，大力承接国际高新技术产业、先进制造业高端环节和战略性新兴产业转移，吸引跨国公司投资兴办高水平加工贸易项目，扩大高技术含量、高附加值产品出口；鼓励和引导加工贸易企业引进先进技术、更新设备和加强自主研发，逐步从简单加工向精深加工，从低端制造向核心元器件设计、研发、制造，从代加工向代设计和自创品牌发展；推进加工贸易由东部沿海为主向中西部地区协调发展转型，鼓励引导东部劳动密集型加工贸易企业到中西部劳动力输出地投资建厂，促进东、中、西部地区协调发展；增强加工贸易中技术先进的中间材料和基础部件的国内制造和供货能力，延长国内产业链，以加工贸易技术进步带动一般贸易商品结构的优化升级，推动加工贸易上水平、增效益。

6. 积极拓展对外合作空间

(1)全球布局产业链条。企业到境外投资建设原材料供应基地、研发中心、生产基地、销售网络，在全球范围内布局产业链，对提高国际竞争力具有较强的推动作用。例如，如意集团通过境外投资拉伸产业链，自 2010 年以来，先后投资 7 亿美元在澳大利亚、日本、韩国等地收购了牧场、棉田、服装品牌等，形成了多元化的发展模式,目前境外投资收益已达到集团总收益的50%。借鉴和推广如意模式,鼓励企业到发达国家高新技术企业和研究机构密集区进行研究与开发性投资,并购海外具有科技资源的企业,建立海外技术研发平台,利用发达国家的人力、资本、信息等优势,最大化地获取先进国家的技术外溢成果;到劳动力等生产要素价格较低的东南亚、非洲及拉美地区,建设劳动密集型产业生产基地,在全球布局产业链上实现突破。

(2)推动富余产能向境外转移。把境外投资作为落实我省化解过剩产能、转方式调结构的一项重要措施。鼓励优势企业以多种方式"走出去",优化制造产地分布。按照优势互补、互利共赢的原则,发挥我省产业的技术、装备、规模优势,在全球范围内开展资源和价值链整合;引导水泥、平板玻璃等市场半径较小的产业向基建投资旺盛地区转移,引导钢铁、氧化铝、橡胶轮胎、石油化工、纸浆造纸和木材加工等原材料对外依存度高的产业,向资源所在国转移前端加工环节,消化国内产能,"腾笼换鸟",为经济转型发展腾出空间。

(3)深化境外资源能源互利合作。我省重要的能源资源储量不足,开采潜力有限,经济结构对能源资源的依赖度又比较高,资源能源约束趋紧。引导有实力的大型企业围绕煤炭、铁矿、铜矿、铝土矿、黄金矿、木材、棉花、农产品等我省经济社会发展紧缺的资源,到境外建设新的战略生产基地,提高企业的国际竞争力和综合效益,缓解我省能源资源瓶颈约束。在有条件的地区稳步开展能源资源产品初加工和深加工,构建长期、安全、稳定的境外战略性资源供应基地,为我省经济发展提供资源保障。

(4)深化国内重点区域的经济合作。我省作为环渤海地区的重要组成部分,积极融入环渤海合作机制,借力国家统筹规划发展环渤海经济带,把我省打造成为引领环渤海经济转型发展的新引擎。不断强化与长三角、珠三角、京津冀等东部发达地区的合作,引进发达地区的优质高效产业,主动承接北京的教育医疗文化、科研机构、企业研发中心等功能机构向我省转移。积极参与中原经济区、淮海经济区、大京九经济区等周边经济区建设,打造周边经济发展合作新高地。深化与中西部地区的全面合作,用足用好国家及西部地区出台的优惠政策,积极参与西部能源基地、资源精深加工基地的开发建设。

四、提高我省开放型经济发展水平的对策建议

(一)解放思想,更新观念

加快推进我省由外向型经济向开放型经济跨越,要进一步解放思想,抢抓

机遇。应树立世界眼光，科学准确地把握世界经济大势，加强战略思维，统筹国际、国内两个大局，把山东置于世界经济大格局中去审视和把握。进一步增强开放意识、机遇意识、责任意识、大局意识和长远意识，把“蓝黄”两区作为扩大开放的重要突破口，把“一圈一带”作为扩大开放的新的增长极，更新开放理念，创新开放路径，以更大的气魄推进对外开放，打造山东开放型经济新优势。

（二）深化改革，创新体制机制

建立内外联动、互利共赢、安全高效的开放型经济体系，要立足当前，着眼长远，注重加强体制机制建设。要把深化开放、提高开放型经济发展水平作为全省加快转变经济发展方式的重要途径，进一步加强对开放型经济工作的组织领导和协调指导。创新省部会商机制，重点推进“一带一路”衔接融入，中日韩自贸区、青岛自贸港区、海关特殊监管区设立，临沂商城国际贸易综合改革试点建设等重大事项；创新部门协同机制，统筹开放区域布局、平台建设、产业规划，形成工作合力；创新重大外资项目高层推进机制，实行领导负责制和“一事一议”，推动重大项目落地；创新督促考核激励机制，将开放型经济的主要指标列入科学发展综合考核评价体系，加大权重。

（三）整合政策，加大支持力度

完善政策支撑保障体系是发展开放型经济的关键环节。研究完善对外贸易转型发展资金扶持政策，整合现有资金、基金向开放型经济倾斜。制定境外投资财政资金支持管理办法，落实好出口退税、税收抵免政策。鼓励政策性、开发性金融机构加强融资模式和金融产品创新，支持有条件的企业在全球布局产业链。落实好推进企业上市政策，鼓励符合条件的企业在境外上市。充分运用“内保外贷”、开具出口信用证、出口保函等，创新融资担保方式。加大政策性进出口信贷及境外投资贷款的支持力度，搭建中小外经贸企业与进出口银行“统贷统还”平台。

（四）加大培养、引进人才的力度，推动人才国际化

抓住跨国公司研发活动全球化进程加快的机遇，加大高层次人才培养、引进的力度。根据引进人才的类别与层次，给予创业启动资金、科研启动资金、科研经费、安家补贴等扶持。创新引才机制，充分利用全球智力资源，加快建设国际化人才高地。建立海外人才培训基地，实施海外培训计划，提升本土人才的国际化素质。建立健全与国际接轨的人才培养开发、评价发现、流动配置、激励保障和管理服务机制，为高层次人才创新创业提供良好环境。加大教育改革力

度，更新培养观念，创新培养模式，突出培养本土具有国际化水平的人才，推动人才国际化。

(五)综合施策，优化营商环境

营造优良、高效的环境，构筑强大的社会支撑，要综合施策，坚持不懈，持续推进。继续深化外商投资和境外投资行政审批改革，减少审批事项，简化审批流程。加快完善电子报关网络，推行“一次申报、一次查验、一次放行”通关模式，优化“属地报关，口岸验放”等便利措施，构建高效率、低成本的口岸“大通关”体系。进一步简化出入境手续，促进人员往来便利化。鼓励发展西餐、韩餐、日本料理、酒吧、健身等餐饮和健康休闲场所，城市道路、超市商场、旅游景点等公共场所增设外文标识，增加外商生活和出行便利。借鉴江苏省的做法，在居留、就医、社会保障、子女落户及入学等方面为外商提供便利，切实解决外商在鲁的后顾之忧。

(六)完善基础设施，全面拓宽开放通道

加快全省公路、铁路、机场、港口等现代综合交通体系建设，发展多式联运，打通我省对外经济走廊。制定港口资源整合优化方案，加快形成以青岛港为龙头，以烟台、日照港为两翼，以其他港口为补充的“大口岸”体系，加强疏港路网建设，进一步提升我省在东北亚国际航运综合枢纽和国际物流中心的地位。加快机场建设，加密、巩固和开辟国际客货运航线，畅通空中通道。

当前我省正处在加快发展开放型经济的关键时期，建议近期重点做好以下几项工作：

(1)适时召开全省加快发展开放型经济工作大会，统一思想认识，明确发展目标和重点任务，更新开放理念，增强开放意识，营造发展开放型经济的良好氛围。

(2)成立加快发展开放型经济工作领导小组，由主要领导任组长，统筹重大问题、重大项目和重大政策的协调、指导工作。建立对外开放部门联席会议制度，协调解决工作推进中的具体问题。

(3)建议有关部门尽快开展财政税收、金融保险、境外投资、人才保障等政策研究，完善政策支撑保障体系；研究提出对外开放大通道体系建设方案，为开放提供基础设施支撑；研究提出推进通关便利化、人员往来便利化和生活便利化的具体措施，进一步优化营商环境。

(山东省发展和改革委员会综合处　完成时间：2014 年 4 月)

关于加快山东发展动力转换的调研报告

近年来，我国资源、人口、土地红利不断消减，出口、投资、房地产等拉动增长的传统引擎明显动力不足，原有的要素投入、外延扩张效应已见边际，经济发展的条件和环境已经发生重大改变。能否适应新的发展形势，在经济增速下台阶的同时，实现质量效益上台阶，关键在于能否实现发展动力有序接续和转换。为此，山东省发改委成立课题组，就加快我省发展动力转换问题赴省外及省内部分市县、企业进行实地调研，形成本调研报告。

一、加快发展动力转换迫在眉睫、势在必行

2014 年，我省生产总值接近 6 万亿元，公共财政收入迈上 5000 亿元台阶，正处在由大到强转变的关键节点。加快培育新的增长点，转换发展动力，由规模速度型粗放增长转向质量效率型集约增长，是当前我省经济工作的当务之急。

第一，经济发展进入新常态，必须加快动力转换。我省自 2012 年开始生产总值保持个位数增长，转入中高速发展新阶段，经济社会发展出现了许多新的特征。这不仅仅体现为经济增速的放缓，实质上是增长动力的转换、经济结构的再平衡。突出表现为：一是经济发展的牵引力由第二产业向第三产业转变，三次产业间融合发展、跨界发展、协同发展的态势更加明显；二是需求结构中的投资率明显下降，消费率明显上升，消费成为需求增长的主体；三是是动力结构中的人力、资源粗放投入明显下降，技术进步和创新成为决定成败的“胜负手”。在这些升降变化中，先进生产力不断产生和扩张，落后生产力不断萎缩和退出，将涌现出一系列新的增长点，形成新的增长动力。我们要正确认识、积极适应、科学引领新常态，加快转变发展方式、培育经济增长的新动力，实现“调速不失速，量增质更优，换挡不掉挡”。

第二，继续“走在前列”，必须加快动力转换。2014 年 11 月，习近平总书记在视察山东一周年之际作出了“四个加大、一个着力”的重要批示，要求山东积极开拓保持经济社会持续健康发展的新途径，努力在全面建成小康社会进程中走在前列。这既是新常态下对我省经济社会发展的明确定位和科学指导，也是对全省各级各部门的严峻考验。目前，我省经济总量和公共财政预算收入均居全国第 3 位，但人均 GDP 在全国只排第 10 位；居民人均可支配收入居全国第 8 位，在综合发展水平上与广东、江苏、上海等省市还有一定差距。全省经济工作会议要求，坚持以习近平总书记视察山东重要讲话和重要批示精神为指引，以“走在前列”为目标定位，实现“一个定位、三个提升”。对此，我们要对标先进、正视差距，以更高的目标鼓足干劲，以更宽的视野激发热情，勇做“泰山石敢当”，当好全国转型发展的排头兵。

第三，提高发展的质量、效益，必须加快动力转换。经过这些年的调整和发展，我省的产业结构已经具备了较好的基础和条件，但产业的结构性矛盾依然较为突出，发展的质量和效益不高。2014 年，我省地方财政收入占 GDP 的比重为 8.4%，而广东为 11.8%，江苏为 11.1%。具体而言，一是服务业占比仍然较低。我省服务业近年来实现了快速发展，2014 年服务业占比达到 43.5%，但是仍然低于全国平均水平 4.7 个百分点。二是传统行业比重过高。工业产值排名前三的化工、农副产品加工和纺织业，均为资源型产业，初级产品多，产业链条短。高附加值和高科技含量的产品较少，高技术产品中有自主知识产权的不足 1/3。三是创新能力亟待提升。重要科技成果实现产业化的比例仅为 20% 左右。创新人才特别是领军人才缺乏，驻鲁两院院士仅有 37 人，工业企业 R&D 人员为 17.8 万人。在当前产能过剩与有效供给不足并存的情况下，加快产业结构调整，只有依靠结构优化、效率提高、创新驱动推动发展的新动力，才能为经济增长开启更为广阔的空间。

第四，稳定经济增速，必须加快动力转换。化解各种矛盾和风险，跨越“中等收入陷阱”，实现现代化，根本要靠发展，而发展必须有合理的增长速度。经济增速适度放缓，挤出了原有的一些“泡沫”，能够为缓解资源约束、加快转型发展释放空间；但如果增长稳不住，反而会对促改革调结构形成制约。2015 年以来，受国际大宗商品价格下跌、市场需求疲弱等影响，与全国一样，我省主要经济指标增幅均处于近年来的较低点，经济下行压力有增无减。传统发展动力受市场波动和价格变化的冲击较大，高新技术、服务业和民营经济虽然增长较快，但仍是发展的“短板”，短期内无法消除传统行业回调的影响，增长动力转换“青黄不接”。把握好稳增长与调结构的平衡，就必须加快经济体制改革和结构调整，积极培育新的经济增长点，实现发展动力有序接续，从根本上稳住经济，稳定市场预期，提振发展信心，为新常态下的产业升级和改革开放赢得空间。

第五，深化经济体制改革，必须加快新旧动能转换。近年来，我省各级各部门深刻把握新常态带来的机遇与挑战，对省委、省政府加快工作指导重大转变，以提高发展的质量、效益为中心的部署要求认识更加到位、理解更加深刻，“敢为、会为、有为”的意识不断增强。但是，与一些先进省市相比，部分地方政府职能转变不到位，政府治理能力不够高，不同程度地存在干预过多、监管不到位的问题，还没有真正转到经济调节、市场监管、社会管理、公共服务上来。部分重点领域和关键环节的改革相对滞后，经济市场化程度不够高，在一定程度上阻碍了产业优势的发展。加快发展动能转换，培育新的增长点，客观上要求政府部门更加善于运用市场的手段、改革的办法和法治的思维想问题、作决策，有助于倒逼经济体制改革，加快转变政府职能。

二、省内外加快动能转换的经验、做法及启示

在全球经济深度调整和我国“三期叠加”影响持续加深的情况下，各地顺应发展趋势，加快转换发展动能，培育新的比较优势，在变革产业发展模式、促进经济提挡升级方面创造了许多新经验、新启示。

（一）把创新驱动作为加快动能转换的核心战略

当前，新一轮科技革命和产业变革风起云涌，科技前沿不断延伸，产业更新换代日趋加快，创新成为引领发展的第一动力。只有突出创新驱动，才能掌握发展与竞争的主动权，已成为各地共识。上海市围绕建设有全球影响力的科技创新中心，以应用为导向，以企业为主体，更加注重协同创新，深化科技体制改革。2015 年 4 月份，上海依托研发公共服务平台，免费向首批 1000 家中小微企业和创新团队发放了总规模 1 亿元的科技创新券。创新券采用网络认证，事前申请、事后补助的方式，不设竞争环节。凭借此券，企业或团队可获得最高 10 万元的资金资助，共享使用大型科学仪器设施，并享受约 380 家技术平台提供的研发服务。江苏省扎实开展创新型省份建设，设立了成果转化专项引导资金，对企业重大自主创新项目开辟审批、核准、备案绿色通道，打造中国（南京）软件谷等重大平台，成为我国首个累计专利申请总量过百万件的省份，区域创新能力连续六年居全国首位，科技进步贡献率达 59%，并成功争取苏南国家自主创新示范区获得国务院批复。青岛市启动实施了“千帆计划”，实行普惠性政策措施，变“先拿钱，后干活”为“先干活，后补助”，突出企业自身的技术创新需求，政府提供精准服务，让政府的公共服务与企业的实际需求更合拍，一年多时

间发起设立了各具特色、错位竞争的孵化器及区域天使投资组合基金 9 只，规模 9.9 亿元。威海市把创新平台建设作为提高创新能力的基础，建设公共研发、科技孵化、公共检测、公共设计、综合服务五大类公共创新服务平台，建立大型科学仪器设备、人才与项目云等资源集成与开放共享机制，加快培育发展研发设计、技术转移转化等科技服务业，有力助推了全市高新技术产业发展。

(二)把产业升级作为加快动力转换的中心环节

在国际金融危机的巨大冲击下，谁能抢占科技与产业发展的制高点，加快实现经济转型升级，谁就能在世界经济格局变迁中占据有利位置，牢牢把握经济发展的主动权。各地都在加紧寻找产业新动力、更新增长“发动机”。浙江省以“四换三名”(积极推进“腾笼换鸟”、机器换人、空间换地、电商换市，着力培育名企、名品、名家)战略为引领，大力实施龙头企业培育、空间平台优化、重大项目带动、创新平台推动、政策要素支撑等五大工程，推动块状经济向现代产业集群转型，抱团打造 14 个省级产业集聚区，为经济发展汇聚了新能量。新昌高端装备制造业集群、昆山电子信息产业集群、慈溪家电产业集群、义乌小商品产业集群等一大批百亿元甚至千亿元级产业集群的快速发展，使得浙江这个陆域面积居全国倒数第 2 位的资源小省，创造了全国第 4 位的经济总量，成为中国经济最具活力的省份之一。天津市制定了 18 个重点产业规划，以规划为统领，以创新为引领，以民用航空、新能源汽车、智能装备制造等为重点，优先发展一批持续进行研究开发与技术成果转化、拥有企业核心自主知识产权的高新技术企业，并通过政府优先采购、定向采购、减轻企业负担等措施，支持战略性新兴产业发展，着力形成以创新型企业为主体、以创新组织网络和商业模式为依托的产业集群。烟台市深入推进“抓产业、促发展”工作，制定实施了 28 个细分工业行业提质发展扶持意见，集中打造汽车、工程机械、海工装备等 15 个产业基地及国际葡萄·葡萄酒城、中国食品名城、黄金产业名城、节能环保产业城等 4 个产业名城，目前已形成了 3100 亿元的机械制造、2500 亿元的电子信息，以及食品加工、黄金、现代化工三个过千亿元的五大支柱产业集群。济宁市立足于从资源型城市向高科技信息产业新城转型，大力实施“新硅谷”战略，持续放大惠普基地的带动效应，设立了 2 亿元的产业发展引导基金，密集出台了一系列政策措施和行动计划，吸引了惠普、甲骨文、中兴通讯、大唐电信等一大批国际、国内 IT 产业巨头落户，信息产业年均增幅高达 40%，全市产业结构明显优化。

(三)把转变政府职能作为加快动能转换的重要保障

随着改革的深入和市场经济体系的完善，原先一部分曾经强有力且有效的政府直接推进经济发展的方式，已经呈现或将会呈“边际效用递减”趋势。政府要从不必要的行政审批、直接抓产业项目、过分“保速度”中退出来，把主要职能转到加强制度创新、加强社会保障、营造良好的营商环境上来，由经济发展直接的“推动者”向“服务员”转换，更加关注经济发展的社会动力源的开发和维护。上海市在探索新技术、新产业、新模式、新业态“四新”经济的发展过程中，坚持从政府导向转向市场导向，从目标导向转向问题导向，从单纯的技术导向转向创新导向，从能力导向转向应用导向，放弃政府主导，不搞预设的产业定位，把主要精力放在做大做强龙头企业、优化初创企业成长环境和切实解决实际困难上，为创新创业企业发展营造更大的市场空间。浙江省全面推行政府权力清单制度，依法公开权力运行流程，逐步实现省级政府部门一般不再直接向企业分配和拨付资金，不再直接向企业收取行政事业费，形成了营商环境“加一”、综合成本“减一”的新优势；放宽外商投资准入，探索实行外资准入前国民待遇加负面清单管理模式，完善“招大、引强、选优”机制，大力引进世界500强等优质外资项目。济南市在推行“一号通”“一表通”等审批新模式的基础上，制定了《绩效考核办法》《网上运行管理办法》等细则，实行审批“倒计时制”，进一步优化了办事程序，提升了服务质量。淄博市突出强化企业的主体作用，全面优化营商环境，在全省率先向社会公布了《市级行政审批事项目录》，实行建设项目“联审代办”、市与区县联网在线审批和“一费制”改革，审批时限平均提速30%以上，让全社会创新创业的活力迸发。

（四）把统筹区域、城乡作为加快动能转换的重要支撑

城乡、区域发展不平衡，是经济的巨大韧劲、潜力和回旋余地的主要所在。推动城乡一体化、促进农业转移人口市民化，纵深实施区域战略，培育和形成经济新的增长点和支撑带，将为经济发展持续注入强大的动力。重庆市科学划分功能区域，推进形成都市功能核心区、都市功能拓展区、城市发展新区、渝东北生态涵养发展区和渝东南生态保护发展区五大功能区，重视平等发展的重要性，承认发展的差异性，注重发展的均衡性，保障各地区平等的发展权、发展的多样性、发展成果各地区共享，转变区域发展关系，由恶性竞争走向共赢发展；转变区域资源占有关系，从各自为战到全市优化配置，沿着“转变发展方式”和“理顺发展关系”两条路径，推进区域经济发展战略转型。广东省积极推进劳动力和产业“双转移”，着力推进珠三角地区劳动密集型产业加快向东西两翼、粤北山区转移，推进东西两翼、粤北山区的劳动力向当地二、三产业和珠三角地区转移，推进产业转移和劳动力转移有机结合，成为推动经济转型升级的“新引擎”。莱芜市作为全省统筹城乡发展的改革试点市，把全市2246平方公里作为

一个整体统筹谋划，大力推动城乡规划布局、产业发展、基础设施建设、公共服务、就业和社会保障、社会管理服务“六个一体化”，促进工业向园区、土地向规模经营、人口向城镇“三个集中”，深化农村产权制度、户籍制度等各项改革，城乡差距明显缩小，初步构建起统筹城乡一体化发展新格局。临沂市把突破县域经济作为富民强市的主战场，自 2014 年起在“三年倍增”基础上，启动实施以构建现代产业体系为总抓手、以构建现代城镇体系为大平台、以构建民生保障体系为根本出发点的“三年提升”计划，力争到 2016 年县域地方公共财政收入比 2010 年翻两番，实现新一轮倍增目标，且取得了较好效果。

国内外发展动力转换的新趋势和新特点，给我们如下有益启示：第一，发展动力转换是新旧动能有序接续的过程，既要对传统增长动力进行优化提升，又要加快发展培育和发现新的增长点，不是推倒重来、另起炉灶，而是要循序渐进、优化增强。第二，发展动力转换的根本推动力是改革开放。新常态下，更要着眼于更高视野、更高层次，用足、用好改革开放这个攻坚克难、迎接挑战的最大法宝。第三，发展动力转换重在转变政府职能。各级各部门要充分发挥市场的决定性作用，从习惯于抓大企业、大项目转向推动大众创业、扶持小微草根企业发展，从偏好给优惠政策转向着重营造良好的营商和生活环境，破解共性瓶颈问题，搭好公共平台，催生全社会创新创业的“新常态”。第四，发展动力转换要聚焦靶心，抓住关键环节，集中各类资源，选准切入点和突破口精准发力。

三、我省培育发展新动力的突破口和着力点

加快发展动力转换，要深入落实习近平总书记“四个加大、一个着力”的批示精神，按照省委“一个定位、三个提升”的要求，坚持立足当前与长远发展相结合、改造提升传统动力和培育壮大新兴动力相结合、开拓发展空间与优化经济结构相结合，努力打造全社会创新创业和增加公共产品、公共服务“双引擎”，实现经济提质增效、行稳致远。当前，要继续坚持行之有效的政策措施和工作导向，积极适应新形势和新要求，立足山东当前的短板和问题，找准突破口和着力点，集中全力、重点突破。应重点抓好以下五个方面的工作：

（一）创新创业

大众创新创业是保持“中高速”的新动力、迈向“中高端”的新途径，是未来经济社会发展的“新引擎”。习近平总书记在 2014 年经济工作会议上强调，市场要活，创新要实，政策要宽，要营造有利于大众创业、市场主体创新的政策制度环境。2014 年，我省总人口有 9789 万，居全国第 3 位；研究生在校生 7.4 万

人，普通本专科在校生 179.7 万人，中等职业学校在校生 94.8 万人。要真正将“人口红利”转变为“人才红利”，要把握六个关键：一是加快构建众创空间。推广青岛高新区“蓝贝创客计划”经验，发挥行业领军企业、创业投资机构、社会组织等社会力量的主力军作用，构建一批低成本、便利化、全要素、开放式的众创空间。力争创建创业大学。二是降低创新创业门槛。深化商事制度改革，简化新型孵化机构住所登记手续，采取一站式窗口、网上申报、多证联办等措施为创业企业工商注册提供便利。对众创空间等新型孵化机构的房租、宽带接入费用和用于创业服务的公共软件、开发工具给予适当财政补贴。三是完善创新创业公共服务。综合运用政府购买服务、无偿资助、业务奖励等方式，支持中小企业公共服务平台和服务机构建设，促进科技基础条件平台开放共享。加强电子商务基础建设，完善专利审查快速通道，对小微企业的核心专利申请予以优先审查。四是完善创业投融资机制。开展互联网股权众筹融资试点，规范和发展服务小微企业的区域性股权市场，培育发展天使投资群体，鼓励银行业金融机构为科技型中小企业提供金融服务。五是加强财政资金引导。发挥财政资金的杠杆作用，通过市场机制引导社会资金和金融资本支持创业活动。发挥财税政策的作用支持天使投资、创业投资发展，培育发展天使投资群体。六是鼓励科技人员和大学生创业。实施好国家“千人计划”、泰山学者等人才引进工程，建立“绿色通道”。积极推进科技成果使用、处置和收益管理改革试点，完善科技人员创业股权激励机制。推进实施大学生创业引领计划，加大职业教育改革步伐。

（二）互联网经济

互联网与传统产业的结合正在提速，尤其是 2015 年以来，互联网经济的热度一浪高过一浪，有媒体甚至将 2015 年称为“传统行业互联网化元年”，互联网正加速渗透进传统产业，改变甚至颠覆着传统产业的生产、经营模式。有专家预言，中国将迎来继“人口红利”后的下一个红利——“大数据红利”。从量上来说，山东具有很好的互联网产业基础，2014 年，全省电子商务交易额约 1.3 万亿元，增长 25%左右。但目前我省的互联网产业发展薄弱，其对实体经济的强大改造力、拉动力完全没有体现出来。2014 年，广东、浙江两省电子商务交易额分别是我省的 2.1 倍和 1.6 倍；我省知名互联网服务平台较少，尚无一家进入全国前 30 位的 B2B、B2C 网站；我省仅有 23.6%的企业自建或使用第三方互联网平台开展互联网营销。我们要切实抓住互联网时代的机遇，围绕商品交易、服务供给、要素支撑等重点方向，结合我省的产业特色，用 3～5 年的时间打造一批具有国际或区域影响力的平台型交易中心，形成一批协同发展的平台经济产业链，做到“四个迎头赶上”：一是要在电子商务发展上迎头赶上。对“好品山东”“韩都丽舍”等重点平台加大扶持力度，在城市引导各主要商业集团、龙头企业线下线上相结合，打造自己的平台；在农村积极培育特色“淘宝村”；在青岛、临沂、烟台等市开展跨境电子商务试点等。二是要在服务业领域开拓上迎头赶上。积极发展互联网＋金融、互联网＋物流、互联网＋汽车、互联网＋教育、互联网＋娱乐、互联网＋医疗等，着力培育新产业、新业态，加速现代服务业“裂变”。三是要在互联网与特色产业融合上迎头赶上。面向全省重点特色产业区域，扶持区域特色产业研发设计、销售推广、专业物流等网络平台服务。推动移动互联网与特色农业产业化融合，形成一、二、三产业全产业链融合发展的农业新型经营体系。四是要在智慧城市建设上迎头赶上。工信部、发改委等部委正在推进“宽带中国 2015 专项行动”，将推动一批城市成为“全光网城市”，4G 网络覆盖县城和发达乡镇。我们要抢抓这一机遇，大力推进宽带建设，优化信息基础设施，实施好国家智慧城市试点工程，全方位、多层次地推进互联网与经济社会、生产生活的融合发展。

（三）智能制造

李克强总理在 2015 年的政府工作报告中指出，要实施“中国制造 2025”，坚持创新驱动、智能转型、强化基础、绿色发展，加快从制造大国向制造强国转变。我们要抓住新一轮科技革命和产业革命带来的重要机遇，把智能制造作为制高点、突破口和主攻方向，加快信息与制造技术深度融合，实施好“四大工程”，着力推动我省由制造大省向制造强省转变、由生产型制造向服务型制造转变。一是传统产业信息技术改造提升工程。推进“机器换人”改造，大力推广应用工业机器人；推进“生产线和生产系统”改造工程，应用信息技术开展全流程改造提升；推进“数控一代”和“智能一代”产品创新工程，开发高附加值的新型产品。二是重点行业智能工厂应用示范工程。研究实施国家智能制造政策，先期组织实施智能制造试点示范专项行动。选择钢铁、石化、纺织、轻工、电子信息等领域，围绕推广普及智能制造单元—智能车间—智能制造系统—智能工厂，分期分批开展试点示范，逐步实现车间级、工厂级的智能化改造。三是智能制造公共服务平台建设工程。发挥龙头企业的引领作用，建设工业核心软件和服务网络等智能制造公共服务平台，组织智能制造科技成果与产业对接，支持“产学研需”智能制造项目对接。四是智能制造示范基地建设工程。省市联手推动建设智能制造示范基地，重点在工业机器人、智能专用装备、数控系统及加工设备等领域培育建设智能装备制造示范基地，促进智能制造企业、项目、技术、资金、人才等要素向基地加速集聚，加速我省制造业转型升级。

（四）新型园区

产业园区是产城融合的载体，是城市发展新的增长点。经过多年发展，产业园区经历了第一代的“工业园”、第二代的“产业园”，正在加速向第三代的“产业社区”转变。比如，沈阳新经济产业园以发展高科技服务业为主导，注重产业链整合及上下游配合，扶持园区产业发展急需的配套服务业，完善城镇社区的服务功能，为高新技术产业打造了一个“宜研、宜业、宜商、宜居”的聚合之地。近年来，我省产业园区建设取得了长足发展。目前，全省各类开发区共有241家，其中，国家级开发区32家、省级开发区139家，未纳入国家名录的还有70家。下一步，要加快转型发展、提档升级。在建设目标上，要实行“生产、生态、生活”兼顾，实现制造业与服务业“双提升”、产业功能与城市功能“双融合”、高科技产业与高级人才“双落地”。在产业布局上，注重布局战略性新兴产业，用高技术提升优势产业，突出创新驱动、内生增长、科学发展。注重特色发展、延链集聚，培植壮大一批自主创新能力强和发展潜力大的成长型中小企业，努力形成产业集聚优势。在开展模式上，积极引入专业的园区开发商和园区运营商，实现市场化运作和公司化运营。如：上海市紫竹高新技术产业开发区是我国首个以民营企业为开发主体的国家级高新区；广西北海电子产业园，由政府引进龙头企业，由龙头企业建设园区平台。在服务平台上，引进和发展非政府性质的公共服务机构和专业化中介机构，为园区企业提供全方位的专业化服务，逐步形成信息、配套、物流、融资、人才、市场、核算、人脉和特色产业发展平台的新“八通一平”，进一步提升园区的投融资功能、服务功能、基础功能、文化功能，努力推动产业社区向城市特色功能区嬗变。

（五）特色集群

我省产业门类齐全，企业数量众多，但企业缺大少强、产业集中度低、产业链条短、价值链不高的问题比较突出。我们应很好地学习借鉴江苏、浙江发展特色产业集群的经验、做法，培植产业集群，打造“板块经济”，实现“三个强化”：一是强化特色优势。鼓励各地坚持错位融合，不贪大求全、面面俱到，全力培植1～2个在全国乃至全球拥有行业话语权的特色产业集群。比如，青岛的新型数字家电、潍坊的动力机械、东营的石油装备、淄博的新材料等已经过千亿元的高新技术产业集群，都具备这种实力。二是强化龙头带动效应。鼓励各地围绕主导产业培植骨干企业和科技成长型企业，引导资源、资金、技术、人才加速集聚，做大企业规模，放大品牌效应，提高龙头企业的核心竞争力和辐射带动能力。三是强化集聚配套。支持龙头企业创办专业园区，剥离非核心业务，发展专业化配套企业；引导中小企业积极承接，提高专业化协作水平；抓好产业链招商和以商招商，延伸拓展产业链条。

四、改造提升传统发展动力的主攻方向

（一）推动投资由“总量扩张型”向“内涵效益型”转变

发挥投资“驾辕之马”的作用，优化投资结构，提高投资效益，放大投资的引导作用和乘数效应。一是加大创新投资力度。金融危机之后，主要经济体围绕新一代互联网、生物技术、新能源、高端制造等七大战略新兴产业展开了新一轮增长竞赛，纷纷推出各自的创新增长战略。企业层面更是不断加大创新投资强度，有76%的跨国企业计划在未来三年内增加企业的创新投资。我们要缩小与发达国家的技术差距，在新一轮增长竞赛中保持优先地位，必须加大推动创新的投资力度，特别是对企业创新研发投入的财政、科技资金的支持力度。二是加大技术改造投资力度。过去十几年，我国制造业投资以扩张产能为主，技术改造和技术升级属于薄弱环节。从成功实现技术追赶的国家经验来看，技术引进与消化吸收的经费比例均达到1∶3左右，而我们还不足1∶0.5。我们不仅要引进技术，而且还要消化、吸收、再创新，把创新的后发优势体现出来。要开展广泛的、持续的技术升级改造，努力推动我省制造业向高端、高科技的更高层级迈进。三是加大公共产品和服务投资。公共产品和服务的投资是提升社会发展水平的基础，是全面建成小康社会的前提。抓住国家推进新型城镇化的机遇，创新投融资方式，加大对城际交通、城市地下管网、保障性安居工程、节能环保、农业水利、农村道路交通、公共配套设施等基础设施工程的投资力度。鼓励和引导社会资本进入市政公用事业，参与城市经营。四是加大人力资本投资。树立人才资源是第一资源的观念，把人力资源建设作为经济社会发展的根本动力。韩国于1997年左右出现严重的劳动力短缺，为了应对这一局面，韩国政府于1999年制定实施了“21世纪脑力韩国计划”，5年内多培育出2000多名理科博士和数万名技术人才，确保了制造业领域优势。江苏、浙江等省市转变招商理念，加大财政支持力度，全力推进领军型创新创业团队引进培育计划，以人才带技术、带项目、带资金，取得了明显成效。

（二）推动消费由实物消费向服务消费转变

扩大内需，特别是扩大消费需求是确保经济稳定增长的根本立足点。当前内需结构正从低收入、低支出、低品质需求向相对的高收入、高支出、高品质需

求转型，在大城市中居民消费已由实物消费为主走上实物消费与服务消费并重的轨道，新一轮结构消费升级开始加快，个性化、多样化消费渐成主流，通过创新供给激活需求的重要性显著上升。下一步，我们要加大收入分配改革力度，提高居民的收入水平，提高居民的消费能力；要顺应消费升级趋势，大力培育和发展移动互联网、健康养老、文化旅游、节能环保等新兴消费，培育新的消费增长点；要抓住电子商务快速发展的机遇，改善消费环境，拓展消费渠道，支持电子商务创新发展，促进网络购物、物流配送等加快发展，促进消费潜能释放，打造消费升级版。

（三）推动进出口由“大进大出”向“优进优出”转变

金融危机以来，国际经济陷入低迷状态，形势错综复杂。我省对外开放面临着外部需求显著减少、传统竞争优势逐步减弱、国际竞争日趋激烈、投资和贸易保护主义上升等压力。我国已连续 19 年成为遭遇反倾销、反补贴调查最多的国家，加之劳动力成本持续攀升、资源约束日益加重，“大进大出”的模式已经难以为继。2015 年一季度，全国进出口总值同比下降 6%，我省进出口总值更是同比下降了 18.1%。必须培育以技术、品牌、质量、服务为核心的出口竞争新优势，促成“优进优出”的开放型经济新格局。“优进”，不仅要“解急需”，而且还要“补短板”，重点加大对紧缺先进技术、关键设备、短缺资源和重要零部件的进口，更好地弥补资源和技术的不足，促进结构调整和技术升级。“优出”，不仅要出口高档次、高附加值产品，而且还要推动产品、技术、服务的“全产业链出口”。在努力推动外贸转型、有效利用外资的基础上，通过对外投资、产能合作和商品出口“三位一体”的协作推进，增强我省的比较优势，实现更高的国际化水平。

五、努力为发展动力转换营造良好环境

要推进政府服务理念、内容、方式、手段创新，减少政府对微观经济活动的干预，把政府经济管理职能转到主要为各类市场主体提供优质服务和创建适应市场经济要求的法律制度和政策环境上来。

一要整合要素资源。在充分发挥市场配置资源基础性作用的同时，通过采取政策引导等有效措施，打破行政管理体制壁垒，推进生产要素的自由流动，实现交通同网、能源同体、信息共享、生态共建、环境同治、人才同用，确保生产要素配置最优化和经济效益最大化，建立健全省内资源要素无障碍流动的制度保障。

二要健全市场竞争机制。推进国有企业公司制股份制改革，引导企业建立

健全现代企业制度。积极推进投资主体多元化，按照平等准入、公平待遇原则，支持民间资本参与国有企业改革，引导民营经济加强制度、管理、技术等方面的创新，努力形成各种所有制经济平等竞争、相互促进的发展格局。

三要完善产业发展政策。认真梳理创新创业、民间投资、外贸出口、小微企业发展等方面的政策法规，并根据发展需要及时修订完善。切实抓好产业政策和规划落实，建立规划政策执行效果评价机制。

（山东省发展和改革委员会综合处　完成时间:2015 年 6 月）

关于主要生产要素对山东经济增长贡献情况的研究报告

“十一五”以来，我省 GDP 增速逐步回落，由 2006 年的 14.7%回落到 2015 年的 8%，回落 6.7 个百分点。这既受经济发展阶段和国内外发展环境变化的影响，也有资本、劳动、土地等生产要素供应趋紧、增速回落的制约。但全要素生产率增速放缓，对经济增长的贡献较弱，是当前经济增速回落的根本原因。我们会同山东省统计局、人行济南分行等单位的人员，对主要生产要素对我省经济增长的贡献情况进行了深入分析，形成了本调研报告。

一、现状及变化趋势

课题研究过程中，我们突出资本、劳动、土地等主要生产要素及全要素生产率，测算了“十一五”以来各指标增长率和贡献率的变化情况，辅之以相关的数据资料，分析了各要素对经济增长的贡献情况。其中，资本增长率、劳动增长率、土地增长率、全要素增长率，是指资本投入、劳动投入、土地投入、全要素生产率的增长速度。资本、劳动、土地增长率指标根据某一时点的资本存量、全社会就业人员和建成区面积等基础指标直接计算所得，全要素增长率是运用相关数据模型测算所得；各要素增长率加权汇总之和等于 GDP 增长率。资本贡献率、劳动贡献率、土地贡献率、全要素生产率贡献率，是指资本（资本存量）、劳动、土地、全要素生产率对经济增长的贡献情况，四项均采用模型计算得出，相加等于 100%。资本存量是指经济社会在某一时点上的资本总量，增量资本的投入便是投资，一旦投资行为完成便形成新的时点上的资本存量。全要素生产率是指在各种生产要素的投入水平既定的条件下所达到的额外生产效率，其来源主要包括技术进步、组织创新和制度优化等。

经认真测算，“十二五”期间，我省全要素生产率对经济增长的贡献率有所提升，但与资本、劳动等要素投入相比，贡献能力相对较弱。2006～2015 年，我省资本、劳动、土地等要素投入对经济增长的贡献率平均分别为73.89%、3.5%和3.69%，合计达81.08%，而全要素生产率对经济增长的贡献率平均仅为18.92%。(见表1、附件)

表1　2006～2015年山东省主要要素、全要素生产率对经济增长的贡献情况　单位：%

	GDP增长率	主要要素增长率			全要素生产率增长率	主要要素贡献率			全要素生产率贡献率
		资本	劳动	土地		资本	劳动	土地	
2006年	14.70	25.33	2.04	1.65	2.85	73.29	4.37	2.92	19.42
2007年	14.20	22.72	2.04	1.10	4.32	62.60	4.92	2.05	30.42
2008年	12.00	21.60	1.75	0.87	3.80	60.75	5.59	2.01	31.64
2009年	12.20	25.41	1.72	4.74	−1.98	101.62	3.02	11.57	−16.22
2010年	12.30	21.17	1.71	1.42	2.65	70.93	4.26	3.24	21.57
“十一五”平均	**13.07**	**23.23**	**1.85**	**1.94**	**2.30**	**73.73**	**4.34**	**4.31**	**17.62**
2011年	10.90	19.78	1.31	1.28	3.05	64.37	4.19	3.48	27.96
2012年	9.80	19.34	1.06	1.27	1.41	78.59	3.70	3.38	14.34
2013年	9.60	17.16	0.40	1.04	2.62	68.46	1.49	2.78	27.27
2014年	8.70	15.51	0.40	1.03	1.40	79.54	1.34	3.08	16.05
2015年	8.00	14.53	0.20	0.53	1.25	81.74	0.60	2.05	15.61
“十二五”平均	**9.40**	**17.25**	**0.67**	**1.03**	**1.94**	**74.18**	**2.09**	**3.08**	**20.65**
2006～2015年平均	**11.22**	**20.20**	**1.26**	**1.49**	**2.12**	**73.89**	**3.50**	**3.69**	**18.92**

(一)资本对经济增长的贡献率最大，但资本增长率有所放缓

“十一五”以来，我省资本增长率逐年回落，变动趋势与全国及江苏、浙江、广东等省份基本一致，2015年增速为14.53%，比2006年回落了10.8个百分点。同期，我省资本对经济增长的贡献率由2006年的73.29%上升至2015年的81.74%，处于震荡攀升的状态(2009年受宏观调控政策影响，投资大幅增长，带动资本增速偏高，贡献大幅提升)，而江苏、浙江、广东三省的资本贡献率震荡下行。2006～2015年，我省资本贡献率平均为73.89%，分别比江苏、浙

江、广东约高 9.2 个、23.6 个和 5.3 个百分点，高出全国水平约 0.6 个百分点，是拉动山东经济增长的主要动力，同时也体现出我省经济增长对资本投入的依赖度较高。

从融资看，我省社会融资规模总量偏小，直接融资占比偏低(见图 1)。“十一五”以来，全省社会融资规模先升后降，2015 年末为 7599.7 亿元，比 2013 年最高峰时下降 3243.2 亿元，分别比江苏、广东低 3794.3 亿元和 3165.3 亿元。我省直接融资占社会融资规模的比重较低，2015 年为 26.1%，分别比江苏、浙江低 1.3 个和 6.1 个百分点。每元信贷投入产生的 GDP 由 2006 年的 1.4 元下降到 2015 年的 1.1 元，资金产出效率呈下降态势。

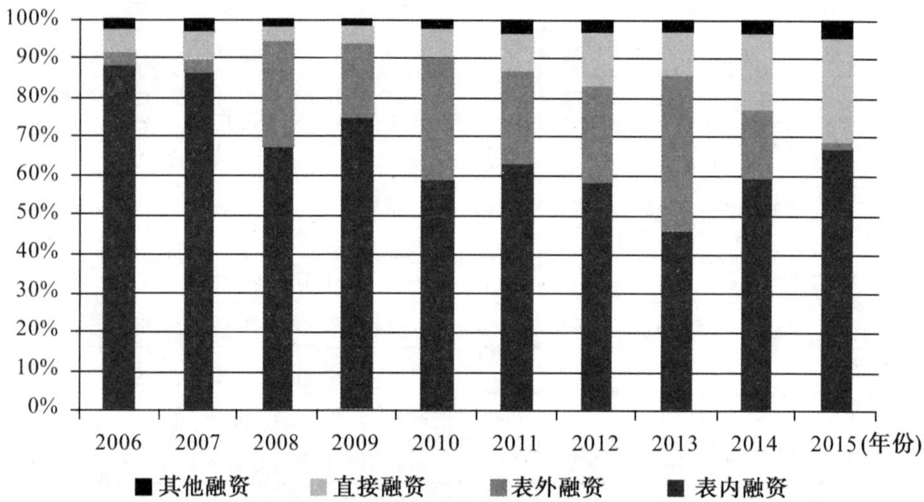

图 1　山东历年社会融资规模构成

从投资看，我省固定资产投资总体呈现“一升双降”。“一升”：投资总量规模持续扩大，支撑作用更加突出。我省全社会固定资产投资由 2005 年的 9307.3 亿元提高到 2015 年的 47381.5 亿元，连续多年居全国第 1 位，年均增速达 20.1%。“双降”：投资效果系数(GDP 增加量/固定资产投资额)和投资政府收入系数(财政收入增加额/固定资产投资额)呈现“双降”态势，投资边际效益逐年降低，投资拉动后劲不足。投资效果系数从 2006 年的 0.3173 逐年下降至 2015 年的 0.0755，下降 76%；投资政府收入系数从 2006 年的 0.025 下降至 2015 年的 0.011，下降 56%。“十二五”期间，我省每亿元固定资产投资新增的 GDP 比江苏、浙江、广东分别少 291 万元、200 万元和 1039 万元，新增的财政收入分别比江苏、浙江、广东少 7 万元、7 万元和 27 万元。(见图 2、图 3)

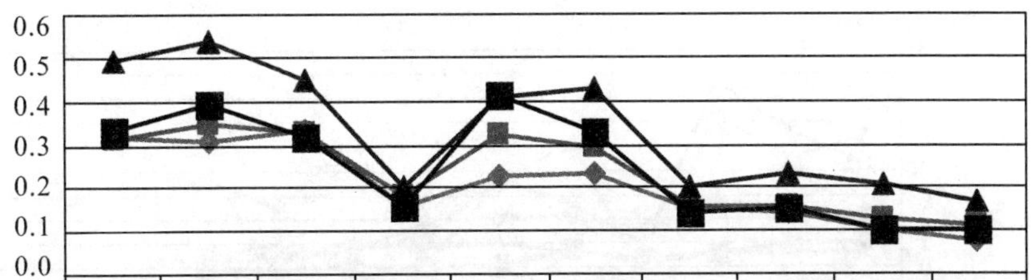

	2006年	2007年	2008年	2009年	2010年	2011年	2012年	2013年	2014年	2015年
山东	0.3173	0.3092	0.3340	0.1557	0.2265	0.2313	0.1488	0.1418	0.0987	0.0755
江苏	0.3121	0.3486	0.3296	0.1834	0.3220	0.2920	0.1561	0.1583	0.1284	0.1095
广东	0.4956	0.5407	0.4496	0.2019	0.4061	0.4280	0.2021	0.2333	0.2058	0.1666
浙江	0.3304	0.3939	0.3168	0.1550	0.4147	0.3279	0.1390	0.1494	0.1026	0.1017

图 2　2006～2015 年鲁、苏、浙、粤投资效果系数对比

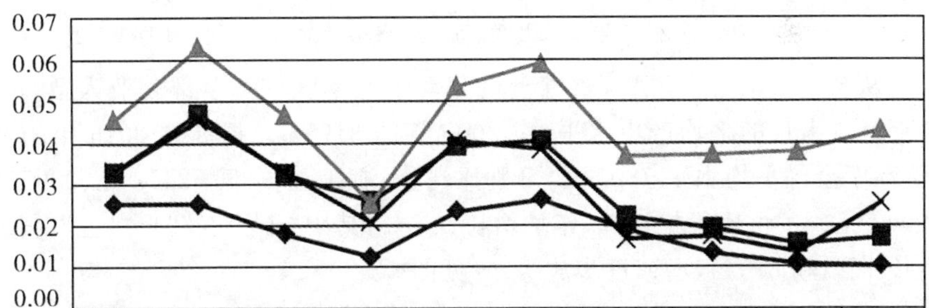

	2006年	2007年	2008年	2009年	2010年	2011年	2012年	2013年	2014年	2015年
山东	0.025	0.025	0.018	0.013	0.024	0.026	0.019	0.014	0.011	0.011
江苏	0.033	0.047	0.033	0.026	0.039	0.041	0.022	0.020	0.016	0.017
广东	0.046	0.063	0.047	0.025	0.054	0.059	0.037	0.037	0.038	0.043
浙江	0.033	0.046	0.033	0.021	0.041	0.039	0.017	0.018	0.014	0.026

图 3　2006～2015 年鲁、苏、浙、粤投资政府收入系数对比

(二)劳动对经济增长的贡献率最低，劳动增长率明显回落

从劳动增长率看，我省总体较低，“十一五”“十二五”时期分别增长 1.9%和 0.7%，逐年明显回落，2015 年仅增长 0.2%，低于全国平均水平，与浙江持平，高于江苏，低于广东。从劳动对经济增长的贡献率看，2015 年贡献率仅为 0.6%，比浙江、广东和全国平均水平分别低 0.17 个、6.71 个和 0.45 个百分点。(见图 4)2006～2015 年，平均贡献率为 3.5%，比资本、全要素生产率、土地等贡献率分别低 70.39 个、15.42 个和 0.19 个百分点，对经济增长的贡献最小。

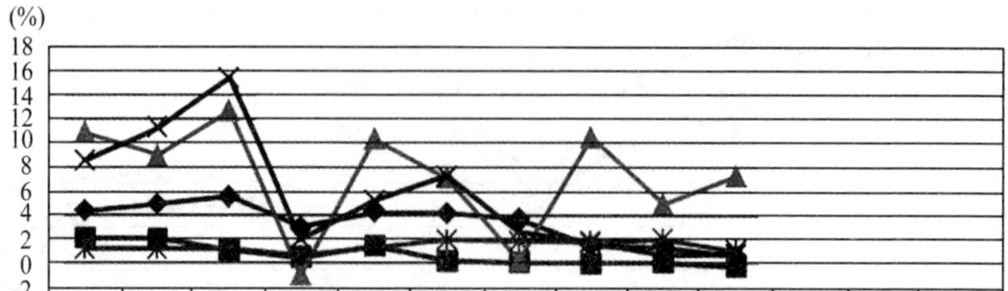

	2006年	2007年	2008年	2009年	2010年	2011年	2012年	2013年	2014年	2015年	“十一五”平均	“十二五”平均	2006～2015年平均
山东	4.37	4.92	5.59	3.02	4.26	4.19	3.70	1.49	1.34	0.60	4.34	2.09	3.50
江苏	2.12	2.08	1.08	0.51	1.45	0.24	0.09	0.03	0.10	-0.22	1.73	0.05	1.02
广东	10.90	9.01	12.69	-1.00	10.33	7.11	0.25	10.48	4.94	7.31	9.86	5.34	7.81
浙江	8.56	11.28	15.43	1.99	5.25	7.31	2.66	1.76	0.70	0.77	12.61	2.53	8.36
全国	1.18	1.22	1.20	0.66	1.39	1.97	1.83	1.78	1.99	1.05	1.39	1.76	1.55

图 4　2006～2015 年全国及鲁、苏、浙、粤劳动对经济增长的贡献情况

从全员劳动生产率看，我省全员劳动生产率（GDP/全部就业人数，反映了全部就业人员的平均产出水平）由 2005 年的 31752 元提高到 2015 年的 95177 元，高于全国平均水平 7805 元，分别比江苏、浙江、广东低 52173 元、20955 元和 20060 元。按可比价格计算，年均增长 9.7%，其中“十一五”“十二五”时期分别增长 11%和 8.5%，增速逐步放缓。（见图 5）

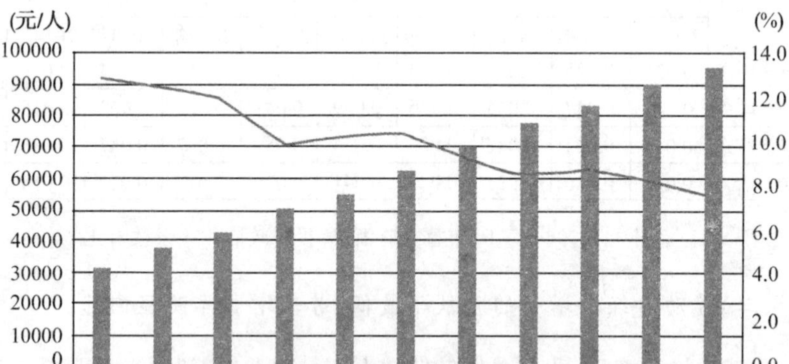

	2005年	2006年	2007年	2008年	2009年	2010年	2011年	2012年	2013年	2014年	2015年
总量	31752	37117	42814	50425	54314	61704	70397	76708	84098	90130	95177
增长速度	12.8	12.4	11.9	9.9	10.3	10.4	9.3	8.5	8.8	8.3	7.6

图 5　山东全员劳动生产率及增长速度

（三）土地贡献率小幅回落，利用效率较低

2014 年，我省建设用地总规模为 279.2 万公顷，较 2005 年增加 37 万公顷，

年均增幅为1.6%，增速低于江苏、浙江。受建设用地规模增长缓慢影响，土地对经济增长的贡献率较低，"十二五"时期平均为3.08%，比"十一五"时期下降1.23个百分点。2015年，我省土地对经济增长的贡献率为2.05%，分别比江苏、浙江、广东、全国低1.03个、0.95个、1.15个、3.68个百分点。（见图6）

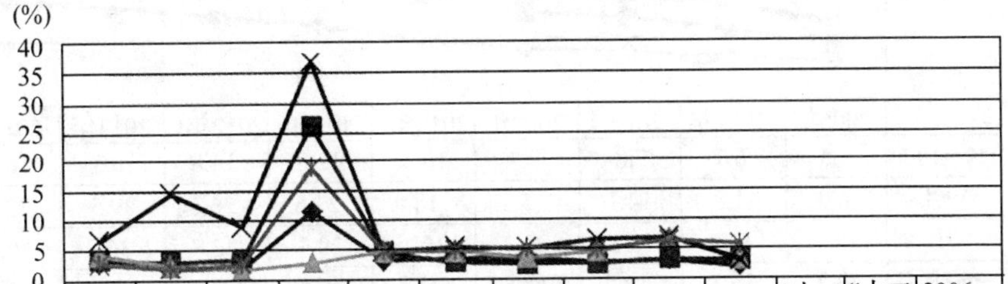

	2006年	2007年	2008年	2009年	2010年	2011年	2012年	2013年	2014年	2015年	"十一五"平均	"十二五"平均	2006～2015年平均
山东	2.92	2.05	2.01	11.57	3.24	3.48	3.38	2.78	3.08	2.05	4.31	3.08	3.69
江苏	3.52	3.08	3.48	26.10	4.58	2.91	2.54	2.59	3.28	3.08	5.93	3.38	6.11
广东	4.26	2.39	1.69	2.89	4.71	4.69	3.67	4.55	6.80	3.20	2.96	5.06	3.75
浙江	6.69	14.69	8.94	37.00	4.85	5.45	5.28	6.64	6.90	3.00	10.35	4.64	7.64
全国	2.82	1.97	2.67	18.87	4.82	4.96	5.31	4.94	6.43	5.73	2.96	5.91	3.97

图6　2006～2015年鲁、苏、浙、粤土地贡献率对比

从土地利用效率看，2014年，我省每公顷建设用地产出的GDP为212.8万元，分别比江苏、浙江、广东低76.5万元、104.5万元和131.5万元；我省每公顷建设用地产生的公共财政预算收入为18万元，分别约为江苏、浙江、广东的56%、55%和44%。（见图7、图8）

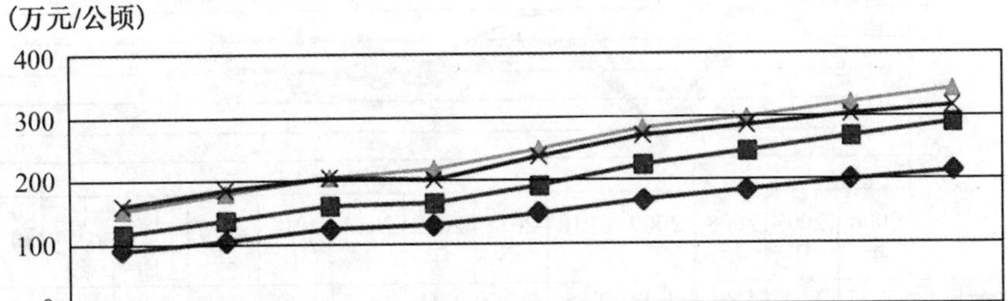

	2006年	2007年	2008年	2009年	2010年	2011年	2012年	2013年	2014年
山东	89.0	103.6	123.2	128.9	146.9	167.9	182.8	199.8	212.8
江苏	116.3	136.8	160.2	163.4	192.2	225.4	245.2	268.5	289.3
广东	151.7	178.8	205.6	218.2	249.1	283.0	300.2	323.4	344.3
浙江	161.2	185.1	204.5	201.3	237.1	270.8	285.7	304.3	317.3

图7　2006～2014年鲁、苏、浙、粤单位建设用地产出GDP

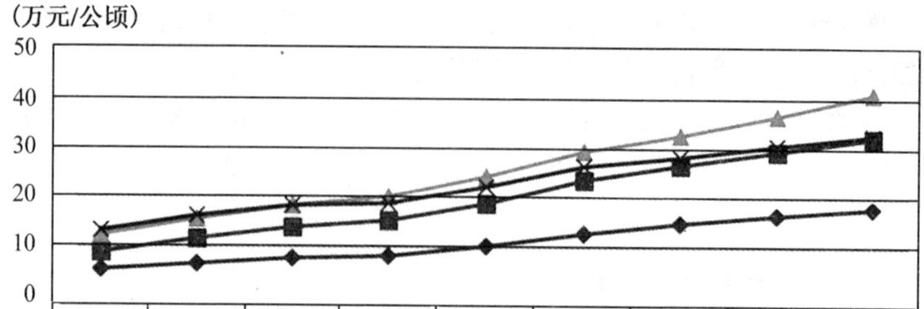

	2006年	2007年	2008年	2009年	2010年	2011年	2012年	2013年	2014年
山东	5.5	6.7	7.8	8.4	10.3	12.8	14.8	16.5	18.0
江苏	8.9	11.8	14.1	15.3	18.9	23.6	26.6	29.5	32.1
广东	12.4	15.7	18.5	20.2	24.4	29.3	32.7	36.7	40.9
浙江	13.3	16.3	18.4	18.8	22.3	26.4	28.3	30.6	32.6

图 8　2006～2014 年鲁、苏、浙、粤单位建设用地财政收入

(四)全要素生产率增速回落,对经济增长的贡献率低于全国平均水平

从增速看,“十一五”以来,我省全要素生产率增速总体呈现震荡回落态势,由“十一五”时期的 2.3%回落至“十二五”时期的 1.94%。2006～2015 年,我省全要素生产率年均增长 2.12%,分别低于江苏、浙江 1.12 个和 1.24 个百分点,与广东和全国平均基本持平。2015 年,我省全要素生产率增长 1.25%,分别低于江苏、浙江、广东 2.77 个、1.01 个和 0.74 个百分点。(见图 9)

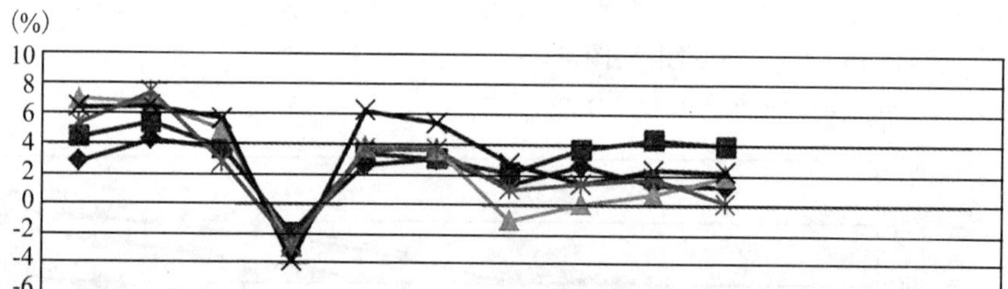

	2006年	2007年	2008年	2009年	2010年	2011年	2012年	2013年	2014年	2015年	“十一五”平均	“十二五”平均	2006～2015年平均
山东	2.85	4.32	3.80	-1.98	2.65	3.05	1.41	2.62	1.40	1.25	2.30	1.94	2.12
江苏	4.47	5.47	3.76	-1.94	3.45	3.11	2.15	3.76	4.38	4.02	3.01	3.48	3.24
广东	7.01	6.75	4.97	-2.87	3.87	3.73	-0.99	0.13	0.77	1.99	2.74	1.32	2.06
浙江	6.44	6.51	5.73	-3.81	6.29	5.47	2.82	1.42	2.37	2.26	4.03	2.71	3.36
全国	5.41	7.45	2.80	-2.77	3.69	3.69	1.04	1.42	1.82	0.16	2.73	1.33	2.02

图 9　2006～2015 年全国及鲁、苏、浙、粤全要素生产率增速变动情况

从贡献率看,“十二五”期间,我省全要素生产率对经济增长的贡献率比“十一五”时期有所提升,但由于增速回落,与全国及江苏、广东、浙江相比,贡献率仍相对偏低。2015 年,我省全要素生产率对经济增长的贡献率仅为 15.61%,回落到 2010 年以来的较低水平,分别低于江苏、浙江、广东 31.63 个、12.66 个和 9.32 个百分点。2006～2015 年,我省全要素生产率对经济增长的平均贡献率为 18.92%,分别低于全国、江苏、浙江、广东 2.22 个、9.22 个、14.79 个和 0.93 个百分点。(见图 10)

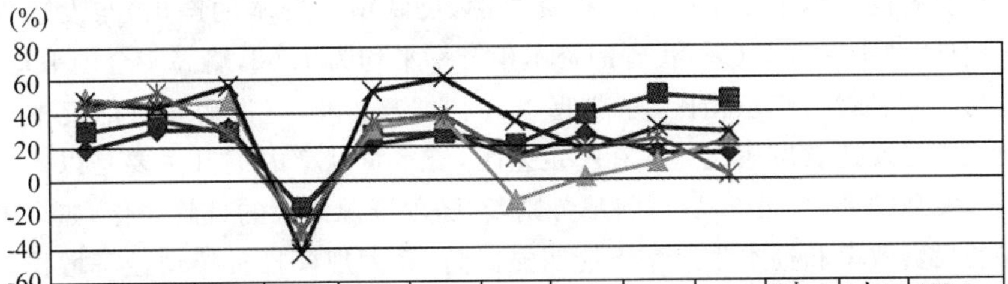

	2006年	2007年	2008年	2009年	2010年	2011年	2012年	2013年	2014年	2015年	“十一五”平均	“十二五”平均	2006～2015年平均
山东	19.42	30.42	31.64	-16.22	21.57	27.96	14.34	27.27	16.05	15.61	17.62	20.65	18.92
江苏	30.02	36.72	29.57	-15.66	27.17	28.27	21.32	39.15	50.34	47.24	22.87	36.34	28.14
广东	49.75	45.31	47.82	-29.62	31.18	37.28	-12.10	1.55	9.96	24.93	22.29	15.53	19.85
浙江	47.37	44.26	56.74	-42.82	52.89	60.79	35.19	17.26	31.05	28.27	34.06	33.14	33.71
全国	42.58	52.47	28.90	-29.44	34.86	38.82	13.22	18.22	24.92	2.34	24.12	16.92	21.14

图 10　2006～2015 年全国及鲁、苏、浙、粤全要素生产率对经济增长的贡献情况

总体来看,过去我省经济发展对要素投入的依赖程度较高,大规模要素投入为经济快速增长作出了重要贡献。经济发展进入新常态,市场环境、资源潜力、环境容量等正在发生根本转变,传统动力和规模优势正在逐步丧失,资本、劳动、土地等要素的边际贡献率不断减弱,对经济增长的高贡献率难以持续,而技术进步、组织创新和制度优化等带来的全要素生产率对经济增长的贡献率明显不足,经济增长从要素驱动转向创新驱动迫在眉睫、势在必行,加快供给侧结构性改革、提升供给效益、提高全要素生产率已成为决定经济转型发展、行稳致远的关键。

二、反映的突出问题

从供给侧看,经济增长主要来源于生产要素投入的增加和全要素生产率的提高。通过以上分析可以看出,我省仍处于以要素投入为主的发展阶段,但要素边际产出不断下降,全要素生产率对经济增长的贡献率偏低。

(一)投资边际效益不断下降,资本要素拉动经济增长的成本不断攀升

我省固定资产投资率一直偏高,从2006年的50.8%逐年增加至2015年的75.2%,远高于国际经验认可的35%左右合理水平。"十二五"期间,我省固定资产投资率分别是江苏、浙江、广东的1.11倍、1.25倍和1.85倍。高投资率可以带动经济增长、扩大就业,但过高的投资率会加剧一些行业的盲目扩张和重复建设,导致一些行业产能过剩和库存积压,投资边际效益不断下降。

我省的资本生产率(GDP/投资总额,反映单位资本的产出)与发达省份相比偏低。"十一五"以来,我省的资本生产率平均为1.62,略高于全国平均水平,但与江苏、浙江、广东相比,分别低0.13、0.39、1.23,这说明我省的资本要素拉动效率与发达省份相比还存在一定差距,资本贡献率的提升主要是以资本大量投入实现的。(见表2)从目前趋势判断,随着资源约束的日趋强化,如果未来我省的投资效率和资本生产率不能明显提高,靠大规模投资拉动经济增长的边际成本将继续攀升,粗放式投资主导型的增长模式将难以为继,无法支撑未来经济中高速增长。

表2　　2006～2015年全国及鲁、苏、浙、粤等省资本生产率

省份及全国＼年份	2006	2007	2008	2009	2010	2011	2012	2013	2014	2015
山东省	1.97	2.06	2.00	1.78	1.68	1.75	1.65	1.54	1.43	1.33
江苏省	2.16	2.12	2.06	1.82	1.91	1.87	1.70	1.66	1.57	1.53
广东省	3.27	3.31	3.30	2.96	2.86	3.16	2.96	2.74	2.62	2.42
浙江省	2.26	2.43	2.51	2.32	2.42	2.30	2.03	1.87	1.71	1.61
全国	1.98	1.96	1.83	1.54	1.62	1.55	1.43	1.32	1.24	1.20

(二)人口红利正在减弱,劳动要素对经济增长的贡献后劲不足

从2008年开始,我省劳动年龄人口(15～64岁)占总人口的比重出现向下拐点,呈波动下降态势,由2007年的74.8%回落至2015年的71.2%。与此同时,总抚养比(每100名劳动年龄人口要负担的0～14岁和65岁及以上人口数)由2007年的33.7%上升至2015年的40.5%。横向看,2014年,我省劳动年龄人口比重为72.7%,比全国平均水平低0.7个百分点,分别比江苏、浙江、广东低1.5个、5.7个、2.6个百分点;总抚养比为37.5%,比全国平均水平高1.3个百分点,比江苏、浙江、广东分别高2.7个、9.9个、4.6个百分点。(见表3)

表 3　　2014 年全国及鲁、苏、浙、粤劳动年龄人口比重及总抚养比

指标	全国	山东	江苏	浙江	广东
劳动年龄人口比重(%)	73.4	72.7	74.2	78.4	75.3
总抚养比(%)	36.2	37.5	34.8	27.6	32.9

在就业结构和各产业劳动生产率方面，我省与苏、浙、粤也存在明显差距。作为农业大省，我省第一产业从业人员占比较高，分别高于江苏、浙江、广东 11.3 个、17.1 个、8.2 个百分点。第一产业就业人员占比较高直接影响了整体劳动生产率水平。(见表 4)另外，高素质劳动者比重较低，也是造成我省劳动生产率比苏、浙、粤低的重要原因。根据 2015 年 1%人口抽样调查，我省 6 岁以上人口中，大专以上学历的比重为 12.6%，分别比江苏、浙江低 3.8 个和 2.1 个百分点。

表 4　　2014 年全国及鲁、苏、浙、粤就业人员结构及劳动生产率

指　标		全国	山东	江苏	浙江	广东
就业人员构成(%)	合　计	100	100	100	100	100
	第一产业	29.5	30.6	19.3	13.5	22.4
	第二产业	29.9	34.7	43.0	49.7	41.4
	第三产业	40.6	34.6	37.7	36.8	36.2
劳动生产率(元)	全部平均	82492	90130	136730	108241	110252
	第一产业	24844	23354	38754	35238	22722
	第二产业	117472	126142	150909	103656	122634
	第三产业	100340	114507	172101	141619	151384

(三)资源环境压力增大，土地要素对经济增长的贡献率难有大的提升

由于土地的承载能力有限，在技术和其他要素不变的前提下，单位土地上过多的要素投入会导致规模报酬下降。并且，土地作为稀缺资源，其供给的有限性本身也是制约经济发展的瓶颈。

从土地供应规模看，“十三五”时期，资源环境承载力进一步逼近“天花板”，严格保护和节约利用国土资源的形势更为紧迫，国家在划定了 18 亿亩耕地红线的基础上又启动永久基本农田划定工作。继续实施大规模、高强度的国土资源开发活动，资源难以承载，政策也不允许。“十一五”以来，我省建设用地规模

年均增速为1.6%左右,预计"十三五"时期我省建设用地规模的增速难有明显提高,依靠增加土地要素投入拉动经济增长将难以持续。

从土地使用效率看,人多地少是我省的基本情况,我省人均耕地面积和建设用地面积均低于全国平均水平,并且土地利用效率也低于江苏、浙江、广东等省的水平。以土地利用水平较高的青岛市经济技术开发区为例,园区面积小于苏州工业园区不到2%,但公共预算财政收入仅为苏州工业园区的40%左右。加上部分基层政府推崇大园区、大工业,企业也热衷于占地、圈地,粗放、低效利用土地的问题仍较突出。

(四)全要素生产率偏低,对经济增长的支撑作用有待提高

全要素生产率偏低:受发展阶段影响,我省经济增长目前还主要依靠资本、劳动、土地等生产要素的投入;同时,受发展方式影响,我省创新能力不强、资源配置不优,需要更好地练内功、增后劲。

创新能力方面:一是创新投入不足。研发经费总量偏少,在GDP中的占比较低。2015年,我省全社会研发投入占GDP的比重约为2.23%,分别比江苏、浙江、广东低0.1个、0.32个和0.27个百分点。研发投入不足,从源头上严重影响了我省创新能力的提升。二是创新资源的开放共享不够。现有平台主要面向技术研发前端,注重专业性,忽视关联性和协同性,没有发挥出"1+1>2"的链式协同效应,"中场"作用未能充分发挥。三是科技成果转化率不高。我省每年仅有20%左右的科技成果实现转化,科技成果转化难、支撑经济转型升级的先进技术不足两方面问题共存,大部分科研人员缺乏面向市场研发、转化的动力,科技成果转化为现实生产力远远不够,在末端阻碍了创新引领带动效应的实现。

资源配置方面:一是不公平。民营企业面临的"玻璃门""弹簧门""旋转门"问题依然存在。名义上对民营企业实施"非禁即入",但在现实操作中仍存在种种变相准入障碍,还存在"民企歧视"。此外,有些商业银行贷款门槛偏高,存在"嫌小爱大""惧贷、惜贷"现象,民营中小企业议价能力低,融资难、融资贵问题仍较突出。二是不集中。目前我省在资源配置方式上普遍存在"撒芝麻盐"现象,产业配套能力弱,不利于形成集群效应。比如电子信息行业,本地配套率尚不足60%,而广东、浙江、江苏的配套率均在88%以上。部分企业需要到省外寻求资源配套,以浪潮集团为例,其服务器产量居全国第一,生产基地主要分布在济南和深圳,济南基地所需集成电路、显示器等元器件却有80%来源于南方省份。三是不科学。长期以来,六大高耗能行业一直是我省工业的支柱,占用了大量的公共资源。从用电量分析,2014年,我省在实现等量增加值情况下,工

业用电量为服务业用电量的 10 倍以上。全社会用电中,工业用电占比高达 80.3%,分别比江苏、浙江、广东高 3 个、6.2 个和 14.3 个百分点。我省石化、化工、建材、钢铁、有色金属五大高耗能行业的用电量占工业用电量的比重高达 65.4%,分别比江苏、浙江、广东高 34.2 个、46.5 个和 41.7 个百分点;三大现代装备制造业用电量占工业用电量的比重仅为 6.9%,分别比江苏、浙江、广东低 15 个、9.2 个和 16.1 个百分点。(见表 5)资源配置的不科学,导致我省很多高新技术产业得不到有效支持,限制了产业转型升级的进度,影响了全要素生产率的提高。

表 5　　重点工业行业用电量对比情况　　单位:亿千瓦时

工业行业	山东		广东		江苏		浙江	
	电量	占比	电量	占比	电量	占比	电量	占比
石　化	78	2.4%	61	1.8%	31	0.8%	16	0.6%
化　工	434	13.4%	141	4.1%	403	10.4%	180	6.9%
建　材	279	8.6%	357	10.3%	202	5.2%	158	6.1%
钢　铁	349	10.8%	160	4.6%	509	13.1%	77	3.0%
有色金属	975	30.2%	100	2.9%	65	1.7%	60	2.3%
五大高耗能行业小计	**2115**	**65.4%**	**819**	**23.7%**	**1210**	**31.2%**	**491**	**18.9%**
通用专用设备	118	3.7%	101	2.9%	279	7.2%	186	7.1%
交通运输设备	42	1.3%	80	2.3%	102	2.6%	59	2.3%
电气电子设备	60	1.9%	614	17.8%	467	12.1%	174	6.7%
三大现代装备制造业小计	**220**	**6.9%**	**795**	**23.0%**	**848**	**21.9%**	**419**	**16.1%**
其他行业	895	27.7%	1839	53.3%	1815	46.9%	1688	65.0%
合　计	**3230**	**100.0%**	**3453**	**100.0%**	**3873**	**100.0%**	**2598**	**100.0%**

三、对策建议

新常态下,要保持经济平稳较快增长,必须告别传统的经济发展方式,加快新旧动能的转换和衔接。一方面,要着力提升全要素生产率,促进经济增长由要素驱动向创新驱动转变；另一方面，要立足现有基础，运用市场化机制，合理调配各类资源要素，努力优化要素投入。我们要加速推进转型发展和提质增效，促进新旧动能“双轮驱动”、供需两端统筹协调，实现短期稳增长和长期促发展的双赢。近期内，建议重点抓好“七个强化”：

（一）强化科技协同创新

一是依托龙头企业、产业技术创新战略联盟及各类研发平台，采取产学研结合、“众包”创新等模式，每年集中突破200项左右具有引领作用的共性关键核心技术。二是围绕轨道交通、海工装备、工业机器人等关键领域，整合集成创新资源，规划建设一批省级重大创新平台，构建一批技术创新公共服务网络，组建一批产业技术创新战略联盟。三是参照江苏“苏科贷”做法，设立科技成果转化风险补偿专项资金池，建立产业化项目专业评价评估机制，加强产业化示范基地建设，加快推动科技成果产业化。四是深入实施“泰山学者”工程和“泰山产业领军人才”工程，省级层面每年重点推动100项重大高科技成果、100名高层次人才的引进，产生“引一个高端人才，带一个创新团队，育一个新兴产业”的衍生效应。

（二）强化要素高效配置

一是对建设用地、环境容量等有限资源建立竞争性配置机制，在企业举证、专家论证、部门认证的基础上，优先配置给技术标准领先的好项目、大项目。二是探索建立节能量、排污权和碳排放权等市场化交易机制，建设覆盖全省、辐射周边的区域性交易中心。三是借鉴浙江省资源要素市场化配置综合配套改革经验，在亩产效益综合评价排序机制、差别化资源要素价格机制、“腾笼换鸟”激励倒逼机制、便捷高效要素交易机制等方面，积极开展改革探索。四是综合运用法律、行政、经济手段，大力开展已批未开发土地清理处置活动，通过有偿收回、分割转让、项目嫁接等方式提高土地利用率。五是积极发挥电力的资源配置作用，推进电力体制改革和电力市场建设，有序放开输配以外的竞争环节电价；支持现代服务业、先进制造业等企业参与电力直接交易，降低用电成本；完善峰谷分时电价政策，充分发挥价格信号引导电力消费的作用。

（三）强化金融服务创新

一是深入开展地方金融改革试点，积极争取民营银行牌照，重点发展小微金融机构、小额贷款公司、区域资本市场和风险投资市场，弥补融资体系对新经济和私营经济发展支撑的不足。二是深入推进中韩自贸协定下的中韩金融合作,通过股权众筹、区域股权市场合作试点,开辟新的融资渠道;加快青岛财富管理金融综合改革试验区和济南区域金融中心建设,围绕离岸金融中心、高端私募理财、跨境投融资等领域,打造金融政策洼地。三是加快推动投贷联动、资产证券化等试点建设,加大商业银行不良资产处置力度,不断丰富区域资产处置方式和资产证券化类型,拓展商业银行信贷投放空间和规模。四是提高贷款审批效率,引导各金融机构通过提前续贷审批、设立循环贷款、分期偿还贷款本金等措施,进行"无缝对接",提高效率。五是落实债权人联席会议制度,对贷款余额5亿元以上且债权银行3家以上的客户,全部组建债权人委员会,妥善处理已暴露的债券、贷款违约和担保圈风险。六是完善政银企风险处置合作机制,加快不良资产核销处置。严厉打击恶意逃废金融债务、非法集资等金融违法犯罪活动,守住不发生系统性、区域性金融风险的底线。

(四)强化产业提质增效

一是着力扶持"百千万"企业。坚持分类施策、精准扶持,在全省集中打造100家综合竞争力进入国内同行前三位、具有国际影响力的航母企业和1000家成长型龙头骨干企业、10000家"专精特新"小微企业,形成有核心竞争力的优秀企业群体。二是着力扶持高端智能制造企业。精心筛选、打造200个智能车间、50个智能企业、20个智慧园区试点,统筹省级工业提质、增效、升级等专项资金,给予奖补。三是着力扶持企业"两化融合"。省工业转型升级引导基金加大对智能化技术改造的投入,重点培育100家"互联网制造业"应用示范试点,加快推进研发设计创新、生产流程优化和商业模式再造。四是着力扶持科技型中小企业。实施科技金融融合工程,构建"创业投资+债权融资+上市融资"多层次创业融资服务体系,完善科技金融综合服务平台,促进创业、创新、创投联合驱动。

(五)强化有效投资

一是开展投资环境自查活动,坚决取消对民间资本单独设置的附加条件和歧视性条款,切实营造权利平等、机会平等、规则平等的投资环境。二是开展降低企业成本专项活动,围绕正税清费、"营改增"、降低"五险一金"费率和生产物流成本等领域,对各级出台的降成本政策措施开展全面自查和督导检查,未落实到位的限期整改。三是积极开展"千人万企"服务,完善"鲁企通"、投资项目在线审批监管等平台,为企业提供"套餐式"服务,帮助企业解决热点、难点问题。四是深化重点领域投融资体制改革,加大PPP项目推进力度,构建合理回报机制,引导社会资本进入垄断性、资源性、公用事业行业。五是积极发展混合所有制经济，支持社会资本参与重组改造，分批次梳理“5＋4”过剩产能行业国有企业债务资产处置清单，淘汰一批落后产能和“僵尸”企业，有效盘活存量资源。

（六）强化新人口红利释放

一是努力提高人口素质，巩固提升基础教育，持续加强职业教育，健全完善高等教育，着力培养适应产业发展的专业人才；发展在职培训、公益培训，构建劳动者终身培训体系。二是扩大现代新市民群体，深化城乡一体化户籍改革和社会保障制度建设，坚持“人、地、钱”三挂钩，落实进城农民“三权不变”，加快“三个市民化”进程，引导农村劳动力向城镇转移。三是优化劳动力资源配置，建立更加灵活的全省劳动力市场，取消省内城市间人口流动障碍，促进就业人口在全省间自由流动；大力推进一、二、三产业融合发展，促进人口由低效率产业向高效率产业转移。四是强化创业辅导服务。选择 30 家示范性众创孵化平台、200 家以上创业示范社区，运用专项资金、引导基金等，给予重点扶持；设立“鲁创名师”创业导师人才库，依托各地创业大学等载体，加大对创业人才的培训和服务。

（七）强化观念、思路更新

一是转变思想观念。充分认清过去主要依靠“有形要素驱动”的经济增长方式已经难以为继，牢牢把握全要素生产率才是新常态下经济增长的核心驱动力，巩固和树立全要素生产率增长观。二是加强学习培训。以全要素生产率为主题，组织开展系列讲座和培训，不断提升专业素养和业务能力。三是加大执行力度。构建完善鼓励科技创新、优化各类要素配置的政策体系，大力推进供给侧结构性改革，确保各项政策措施尽快落地生效。四是强化目标考核。将全要素生产率提高纳入科学发展考核体系，加大科技创新、节能减排、集约利用等统筹推进力度，使全要素生产率在经济转型升级中发挥更重要的作用。

附件

附表 1　　**2006～2015 年江苏主要要素增长及贡献率情况**　　单位：%

	GDP增长率	资本增长率	劳动增长率	土地增长率	全要素生产率增长率	资本贡献率	劳动贡献率	土地贡献率	全要素生产率贡献率
2006 年	14.90	21.19	1.10	2.02	4.47	64.34	2.12	3.52	30.02
2007 年	14.90	19.38	1.06	1.77	5.47	58.12	2.08	3.08	36.72
2008 年	12.70	18.12	0.49	1.69	3.76	65.88	1.08	3.48	29.57
2009 年	12.40	20.95	0.54	9.05	−1.94	89.05	0.51	26.10	−15.66
2010 年	12.70	20.07	0.60	2.17	3.45	66.80	1.45	4.58	27.17
“十一五”平均	**13.51**	**19.94**	**0.76**	**3.30**	**3.01**	**69.47**	**1.73**	**5.93**	**22.87**
2011 年	11.00	19.10	0.07	1.26	3.11	68.58	0.24	2.91	28.27
2012 年	10.10	18.58	0.03	1.02	2.15	76.05	0.09	2.54	21.32
2013 年	9.60	15.58	0.01	0.98	3.76	58.23	0.03	2.59	39.15
2014 年	8.70	13.16	0.02	1.09	4.38	46.28	0.10	3.28	50.34
2015 年	8.50	11.91	−0.05	1.00	4.02	49.90	−0.22	3.08	47.24
“十二五”平均	**9.58**	**15.63**	**0.02**	**1.07**	**3.48**	**60.22**	**0.05**	**3.38**	**36.34**
2006～2015 年平均	**11.53**	**17.76**	**0.39**	**2.54**	**3.24**	**64.72**	**1.02**	**6.11**	**28.14**

附表 2　　**2006～2015 年广东主要要素增长及贡献率情况**　　单位：%

	GDP增长率	资本增长率	劳动增长率	土地增长率	全要素生产率增长率	资本贡献率	劳动贡献率	土地贡献率	全要素生产率贡献率
2006 年	14.10	21.71	3.07	2.22	7.01	35.09	10.90	4.26	49.75
2007 年	14.90	20.33	3.18	1.37	6.75	43.29	9.01	2.39	45.31
2008 年	10.40	18.65	2.44	0.71	4.97	37.80	12.69	1.69	47.82
2009 年	9.70	16.00	3.96	1.12	−2.87	127.74	−1.00	2.89	−29.62
2010 年	12.40	20.38	3.20	2.15	3.87	53.78	10.33	4.71	31.18

续表

	GDP增长率	资本增长率	劳动增长率	土地增长率	全要素生产率增长率	资本贡献率	劳动贡献率	土地贡献率	全要素生产率贡献率
“十一五”平均	**12.28**	**19.40**	**3.17**	**1.51**	**2.74**	**64.89**	**9.86**	**2.96**	**22.29**
2011年	10.00	18.69	1.54	1.77	3.73	50.92	7.11	4.69	37.28
2012年	8.20	17.43	0.09	1.19	−0.99	108.18	0.25	3.67	−12.10
2013年	8.50	18.22	2.54	1.49	0.13	83.42	10.48	4.55	1.55
2014年	7.76	16.35	1.07	1.95	0.77	78.30	4.94	6.80	9.96
2015年	8.00	15.84	1.40	1.00	1.99	64.55	7.31	3.20	24.93
“十二五”平均	**8.49**	**17.30**	**1.32**	**1.48**	**1.32**	**74.07**	**5.34**	**5.06**	**15.53**
2006～2015年平均	**10.37**	**18.35**	**2.24**	**1.49**	**2.06**	**68.58**	**7.81**	**3.75**	**19.85**

附表3　2006～2015年浙江主要要素增长及贡献率情况　单位:%

	GDP增长率	资本增长率	劳动增长率	土地增长率	全要素生产率增长率	资本贡献率	劳动贡献率	土地贡献率	全要素生产率贡献率
2006年	13.60	20.83	2.31	3.61	6.44	37.37	8.56	6.69	47.37
2007年	14.70	19.89	7.33	3.90	6.51	29.77	11.28	14.69	44.26
2008年	10.10	19.71	2.39	3.58	5.73	18.89	15.43	8.94	56.74
2009年	8.90	16.21	3.02	8.87	−3.81	103.83	1.99	37.00	−42.82
2010年	11.90	17.35	1.23	2.45	6.29	37.01	5.25	4.85	52.89
“十一五”平均	**11.82**	**18.78**	**3.24**	**4.46**	**4.03**	**42.98**	**12.61**	**10.35**	**34.06**
2011年	9.00	16.90	1.05	2.12	5.47	26.45	7.31	5.45	60.79
2012年	8.00	15.17	0.47	1.73	2.82	56.86	2.66	5.28	35.19
2013年	8.20	14.13	0.47	2.07	1.42	74.33	1.76	6.64	17.26
2014年	7.62	12.41	0.15	2.03	2.37	61.35	0.70	6.90	31.05
2015年	8.00	12.03	0.20	1.00	2.26	67.96	0.77	3.00	28.27
“十二五”平均	**8.16**	**14.11**	**0.47**	**1.79**	**2.71**	**59.69**	**2.53**	**4.64**	**33.14**
2006～2015年平均	**9.98**	**16.43**	**1.84**	**3.11**	**3.36**	**50.29**	**8.36**	**7.64**	**33.71**

附表 4　　2006～2015 年全国主要要素增长及贡献率情况　　单位：%

	GDP增长率	资本增长率	劳动增长率	土地增长率	全要素生产率增长率	资本贡献率	劳动贡献率	土地贡献率	全要素生产率贡献率
2006 年	12.70	16.83	0.44	1.39	5.41	53.41	1.18	2.82	42.58
2007 年	14.20	17.17	0.46	1.10	7.45	44.34	1.22	1.97	52.47
2008 年	9.70	16.82	0.32	1.03	2.80	67.22	1.20	2.67	28.90
2009 年	9.40	19.88	0.35	5.87	−2.77	109.91	0.66	18.87	−29.44
2010 年	10.60	18.79	0.37	1.94	3.69	58.94	1.39	4.82	34.86
“十一五”平均	**11.30**	**17.89**	**0.39**	**2.25**	**2.73**	**71.52**	**1.39**	**2.96**	**24.12**
2011 年	9.50	18.16	0.41	1.79	3.69	54.25	1.97	4.96	38.82
2012 年	7.90	17.89	0.37	1.62	1.04	79.64	1.83	5.31	13.22
2013 年	7.80	16.69	0.36	1.49	1.42	75.06	1.78	4.94	18.22
2014 年	7.30	14.82	0.36	1.76	1.82	66.67	1.99	6.43	24.92
2015 年	6.90	13.79	0.26	1.50	0.16	90.88	1.05	5.73	2.34
“十二五”平均	**7.88**	**16.26**	**0.35**	**1.63**	**1.33**	**75.41**	**1.76**	**5.91**	**16.92**
2006～2015 年平均	**9.58**	**17.07**	**0.37**	**1.94**	**2.02**	**73.34**	**1.55**	**3.97**	**21.14**

（山东省发展和改革委员会综合处　完成时间：2016 年 7 月）

关于企业在“四新”促“四化”发展中存在的制约因素及建议

山东省第十一次党代会提出，要把加快新旧动能转换作为统领经济发展的重大工程，通过发展新技术、新产业、新业态、新模式，实现产业智慧化、智慧产业化、跨界融合化、品牌高端化，促进经济转型升级提质增效。这对于加快实现山东由大到强的战略型转变、在全面建成小康社会中走在前列，具有重大的战略意义和现实意义。

同时，也要看到，目前企业在推进“四新”“四化”过程中仍有不少困难，对于这些困难还存在症结找不准、原因讲不清、措施不得力等问题，如果解决不好，将成为下一步推进动能转换的重要制约。为深入了解企业在发展“四新”、促进“四化”过程中存在的问题，掌握企业的政策诉求，更好地发挥企业在加快新旧动能转换过程中的关键作用，近期山东省发改委组织力量，对 17 市 313 家企业开展了书面调研。

此次书面调研，我们围绕新旧动能转换精心设计了新技术和新产品研发及新业态、新模式应用等 8 个方面的问题，既包括传统企业改造升级，也涵盖新材料、新能源等新兴产业培育发展；既涉及产品前端生产，也涉及后端营销管理。企业层面，既有大中型企业集团，也注重了解中小微企业的意见、情况，既调度沿海发达地区企业的情况，也汇总西部地区企业的诉求，覆盖范围广，涉及产业多，力求更全面、更系统地反映各行各业的情况。调研中，我们坚持问题导向，分类别整理了企业在推进“四新”“四化”过程中反映的问题 1600 余条，汇总了有关人才引进、财税支持等方面的政策诉求 500 余条。现将有关情况梳理报告如下：

一、企业进行新技术和新产品研发面临的主要制约因素

一是人才方面。调研中，有 201 家企业集中反映，新技术和新产品研发面临的主要制约因素是人才问题，占参与调研企业总数的 64%。问题主要集中在

人力资源成本较高，高端、专业技术人才缺乏，新兴产业人才培养力度不够，对于高层次研发人员的引进难度大等方面。山东航天九通车联网等反映，高等院校由于专业设置和师资的限制，缺乏相关行业专业人才的培养，无法满足企业对技术岗位人员的需求；山东众阳软件有限公司、山东凤凰制药股份有限公司等企业反映，在人才培养和引进上投入了大量人力、物力，但效果甚微，真正符合企业需求的高层次对口人才很难引进；山东鲁阳股份有限公司反映，国外专家就医、语言交流、子女学习等方面的需求尚不能得到有效满足，人员和技术交流工作开展存在一定困难；潍坊恒涛节能环保有限公司反映，高级人才难求，一名高级技术人才年薪一般在几十万元甚至几百万元，即便引进，由于受设备配套不完善等方面限制，也难以发挥应有作用。

二是资金方面。调研中，有 197 家企业集中反映，新技术和新产品研发面临的主要制约因素是资金问题，占参与调研企业总数的 63%。问题主要集中在中小企业融资难、贷款难，各级扶持资金向中小微企业及民营企业倾斜力度不大，企业研发配套资金不到位、不及时等方面。泰华智慧产业集团股份有限公司、山东鲁南机床有限公司、山东广域科技有限公司等企业反映，中小企业自有资金少，受无抵押、银行信贷资金抽紧等因素制约，融资渠道不通，开展创新活动往往是“心有余而力不足”；青岛海纳光电环保有限公司反映，产业政策倾斜不明显，国家级扶持资金向中小微企业及民营企业输送较少，导致企业新技术和新产品研发活动受到一定制约；孚日控股集团有限公司反映，每年职工的“五险”总费用达 1.68 亿元，其中企业缴纳 1.24 亿元，社保负担已成为制约劳动密集型产业发展的突出问题；山东鹰翼航空科技有限公司反映，其所从事的工业级无人直升机研发制造是一个新领域，研发投入大，需要持续性的资金投入，实现批量生产需要解决工业最小起订量的资金，因为对外融资非常困难，无法完成批量产品生产，尚未实现销售订单，目前几个关键项目处于暂停阶段。

三是创新风险方面。调研中，有 150 家企业集中反映，新技术和新产品研发面临的主要制约因素是创新风险问题，占参与调研企业总数的 48%。问题主要集中在技术创新及新产品研发不确定因素多、难度大、风险高、开发期长、市场推广不易等方面。青岛博智汇力生物科技有限公司反映，企业进行新技术和新产品研发面临的最大制约因素是资金投入回报率和市场认可度的不确定性；烟台万华化学集团股份有限公司反映，自主研发技术进行成果转化，安全审批规定要经历小试、中试和工业化试验三个阶段，安监部门不受理审批试验装置，原则上未审批的装置不能进行生产，而试验装置投入巨大，单套投资数达千万元甚至上亿元，若实验完后一次性报废，不能转为生产，企业损失大。

四是政府服务方面。调研中，有 79 家企业集中反映，新技术和新产品研发面临的主要制约因素是政府服务方面的问题，占参与调研企业总数的25%。问题主要集中在行政审批服务、知识产权保护等方面。山东伊莱特重工股份有限公司反映，项目申报程序烦琐，个别项目在进行过程中，前面手续提交的证明文件，后期手续仍然要求提供，有些国家层面都不要求提交的证明材料，地方还要求提供；山东新华医疗器械股份有限公司反映，现有产品开发模式偏重于快速对接市场，可靠性分析、失效分析、寿命试验等占研发工作的比重较低，缺少有实力的相关第三方服务机构支持；九阳股份有限公司、山东卓创资讯集团有限公司等企业反映，侵权容易维权难，企业专利产品一经投放市场即被仿制、假冒、伪造，有的维权时间长达2～4年，而在此过程中侵权技术产品仍可正常经营，企业新产品开发、技术发明、申报专利的积极性受到挫伤。

二、企业应用新业态、新模式方面存在的困难和问题

一是企业准备不足。调研中，有139家企业集中反映，企业应用新业态、新模式方面存在的困难和问题是自身准备不足，占参与调研企业总数的44%。问题主要集中在对新业态、新模式的认识不充分，技术人才储备欠缺等方面，同时一些生产经营状况较好的企业尚未考虑新业态、新模式应用问题。山东商业集团反映，作为较早介入现代实体零售业的企业，其内部积累了大量的实体零售行业专业人才，但是严重缺乏既懂得电子商务又精通实体零售业务的高端复合型人才，这在一定程度上影响了新业态、新模式的进行和效果；滕州瑞达化工有限公司等反映，企业对应用新业态、新模式认识不足、不到位，传统行业受多年经营模式、经营理念、惯性思维等因素的影响，对新业态、新模式不能积极主动地认识、接纳。同时，策划、开发、维护方面的技术力量和人才储备不足，制约企业推进信息化工程和产业智慧化。

二是推广难度较大。调研中，有99家企业集中反映，企业应用新业态、新模式方面存在的困难和问题是推广难度较大，占参与调研企业总数的32%。问题主要集中在试错成本较高、传统模式制约、无序竞争影响等方面。青岛红领集团有限公司反映，在新业态方面，虽然消费市场已经升级，但是个性化定制市场认知需要一定过程，在新模式方面，从技术到营销模式、生产模式、组织模式发生大变革，无从参考，在探索实践过程中会遇到挫折和失败；山东玉皇化工集团有限公司、山东东明石化集团等企业反映，对于新业态、新模式而言，原有的组织架构、管理都有可能对其产生阻碍作用，两者之间的平衡是难点；青岛百川通达机械有限公司反映，同行业“拼价格”竞争成为普遍现象，企业疲于销售纷争，难以研究发展新业态、新模式。

三、企业在推进产业智慧化和智慧产业化过程中存在的问题

一是认识浅。调研中，有97家企业集中反映，在推进产业智慧化和智慧产业化过程中存在的问题是认识浅，占参与调研企业总数的31%。企业普遍反映，企业对智慧产业化和产业智慧化认识不到位、不充分，更谈不上相关规划的制定实施。山东星源矿山设备集团有限公司反映，产业智慧化、智慧产业化，对于县域企业来说是新事物、新名词，企业经营者或高层管理人员不能很好地把握其中内涵，其推广应用更无从谈起；尧舜牡丹生物科技有限公司、山东同大集团有限公司等企业反映，基于资金投入、利润回报不明确，智慧化驾驭方法不明确、时机不成熟等因素考虑，很多企业的观念更趋于保守观望；东阿阿胶股份有限公司反映，企业对智慧技术方面及所涉及的新设备、新技术等了解得较少，不能从产业智慧技术的最高点进行中药行业智慧化的构思、设计和实施。

二是基础差。调研中，有87家企业集中反映，在推进产业智慧化和智慧产业化过程中存在的问题是基础差，占参与调研企业总数的28%。从反映的情况来看，在设备配套以及企业自身发展等方面，企业推进产业智慧化、智慧产业化的基础相对薄弱。泰安东新合源热传输科技有限公司反映，生产等应用型人才相对缺乏，现在企业的技术应用型人才普遍呈现老龄化趋势，部分年轻人特别是“80后”“90后”就业的年轻人，更愿意到金融部门就业，不愿意投身制造业从事技术性的工作；威海金太阳反映，产业智慧化的进程需要对产品以及制造工艺过程进行技术升级改造，目前基础设施配置偏低，缺少大量定制化的专业设备；中车四方股份有限公司反映，在产业智能化的推进过程中，缺乏设备互联、工业网络、数据交换、信息采集等标准支撑，缺乏有实力的整体解决方案供应商和集成商，顶层设计落地困难。

三是成本高。调研中，有80家企业集中反映，在推进产业智慧化和智慧产业化过程中存在的问题是成本较高，占参与调研企业总数的26%。企业反映，在推进产业智慧化、智慧产业化过程中，资金投入量大、周期长，在一定程度上会加重企业生产经营的负担。山东联润新材料科技有限公司反映，该企业定位做差别化产品，差异化产品批量小、转换快、品种翻改次数多，由于翻改品种停台时间增加，生产效率下降，导致单位产量分摊的成本相应增加；青岛华涛汽车模具发展有限公司反映，机器人换人耗资巨大，需要更大规模的场地建立新生产线；中农源城乡(北京)科技发展有限公司反映，信息安全保障系统需不断升级，信息安全保障成本较高。

四是进展慢。调研中，有70家企业集中反映，在推进产业智慧化和智慧产

业化过程中存在的问题是进展较慢，占参与调研企业总数的22%。在这些企业中，有40多家尚未考虑实施产业智慧化、智慧产业化；另外，正在推进的企业反映进展相对缓慢，成效不够明显。山东唐骏欧铃汽车制造有限公司反映，企业正在大力推进产业智慧化，但是新能源电动物流车仅实施了基于平台的车辆运行监控系统，距离完全融合的物联网还有不少距离；石横特钢集团有限公司反映，系统配套的软件与企业实际运行情况的融合较难，实施成本高，运行难度大，在企业层面仍需要稳妥推进。

四、企业在跨界融合中存在的困难和问题

一是配套不足。调研中，有110家企业集中反映，在跨界融合中存在的困难和问题是配套不足，占参与调研企业总数的35%。企业反映，跨界融合处于发展初期，在人才、政策、资金等方面存在不少短板，尤其是在数字化基础设施建设方面还需要进一步加大力度、加快节奏。新凤祥集团、青岛智慧云谷智能科技有限公司反映，制造业与互联网跨界融合存在平台支撑不足、核心技术薄弱、应用水平不高等问题，在跨境融合中，缺少政策、资金、媒体等资源支撑；山东科汇电力自动化股份有限公司反映，宽带网速慢，且宽带成本高、地址匮乏，“假宽带”“假提速”问题依旧存在，运营商之间互联互通的质量需要进一步改进；青岛即发集团股份有限公司反映，信息基础标准缺乏，很多产业的信息平台和信息系统遵循各自制定的规范，导致企业间、平台间、组织间很难实现信息交换与共享，“各自为政，圈地服务”的情况比较普遍，生产企业信息化网络之间难以做到兼容。

二是意愿不强。调研中，有101家企业集中反映，在跨界融合中存在的困难和问题是意愿不强，占参与调研企业总数的32%。从企业反映的情况来看，跨界融合难度大、风险高，有的企业专注于某个行业，业务发展较好，涉及跨界融合通常会比较慎重；有的企业所属行业专业性强，没有考虑跨界融合问题。道中道国际控股有限公司反映，新行业需要经过培育期、成长期、成熟期等几个阶段，融合过程较长；山东沃森农业科技有限公司反映，产业链一般纵向发展，“隔行如隔山”，跨界融合有风险。

三是能力不够。调研中，有96家企业集中反映，在跨界融合中存在的困难和问题是能力不够，占参与调研企业总数的31%。企业反映，缺乏对跨界融合的深入研究，没有形成跨界融合的系统思路；同时，受人才、技术、平台等因素制约，大部分企业在跨界融合中没有迈出实质性步伐。宝德龙健身器材有限公司、乐陵胜利新能源有限责任公司等企业反映，受制于自身人才与技术储备不

足，以及对技术领域的陌生，需要借助外脑和第三方技术服务机构进行帮扶；中车四方股份有限公司反映，缺乏其他业界的研发资源和关键部件的研发设计、制造加工能力，短时间内难以实现高端装备制造关键技术的突破。

五、企业在培育高端品牌中存在的问题

一是品牌培育推广难度大。调研中，有99家企业集中反映，在培育高端品牌中存在的问题是推广难度大，占参与调研企业总数的32%。很多企业反映，品牌意识不强、推介成本高两大因素，制约着品牌的培育和推广，导致企业不愿培育品牌，很难推广品牌。山东齐都药业有限公司、山东阳成生物科技有限公司等企业反映，企业营销意识淡薄，对品牌的理解、定位不深，对高端品牌认识不足，认为品牌建设应该是大企业的事情，没有把产品和品牌真正地联系在一起，没有把品牌作为企业保持长期竞争力的有价值的无形资产来重点培养；梁山中集东岳车辆有限公司反映，生产一线员工在理论学习、专业培训方面深度不够，员工懂原理、会识图的不多，往往是师傅带徒弟、凭习惯性经验操作，在遵守控制、安全生产等工作纪律方面不够严格，致使产品质量和安全生产存在隐患，一定程度上影响了高端品牌的培育；山东友帮生化科技有限公司反映，培育高端品牌离不开品牌策划和品牌宣传，需要大量的资金支持，受限于企业的规模和市场范围，很难短时间内扩大品牌的影响力。

二是品牌保护机制不健全。调研中，有96家企业集中反映，在培育高端品牌中存在的问题是品牌保护机制不健全，占参与调研企业总数的31%。很多企业反映，政府在品牌培育保护中存在措施不到位、不及时以及商标注册时间长等问题，市场环境需要进一步优化。山东万腾电子科技有限公司反映，其品名“万腾”商标被抢注，影响品牌的宣传推广，正在注册的其他商标周期较长，耗时约12个月；山东格瑞德集团有限公司反映，企业对高端品牌的培育重视程度及投入力度都相当大，但目前市场上行业产品的质量参差不齐，假冒伪劣产品仍然存在，严重影响了企业的品牌美誉度。

三是高端品牌“走出去”困难。调研中，有70家企业集中反映，高端品牌“走出去”困难，占参与调研企业总数的22%。很多企业反映，对国际市场信息把握不准、国际通行规则研究不深、技术含量低等因素，制约了高端品牌“走出去”的步伐。济南二机床集团有限公司反映，企业成功实施福特项目，但在“走出去”的过程中经常遇到世界各国政策法规理解不到位、语言文化差异等问题，项目实施存在风险；山东丰源轮胎制造股份有限公司反映，海外市场高端品牌培育中产生的广告、知识产权维权、商标注册等费用耗资巨大。

六、企业关于以“四新”促“四化”的政策诉求

在认真研究分析的基础上，我们选取了企业反映集中度比较高的几个方面进行梳理报告。从占参与调研企业的比例情况看，反映以下诉求的企业数量都达到40%以上。

一是加强人才队伍建设。主要是加大人才培养、引进的力度，优化人才发展环境。巨鑫源集团、临沂众泰汽车零部件制造有限公司等企业提出，应给予企业引进人才的财政补贴，并加大补贴扶持的力度；山东常林机械集团股份有限公司提出，对引进人才过程中遇到的特殊问题，可采取一事一议、特事特办方式解决，设立引进高层次创新创业人才专项扶持资金，对经评审确定的高层次创新创业人才给予资金补助，确保高端人才在子女入托入学、家属安置等方面享受优惠政策，海外留学人才在居留、出入境和落户等方面享受绿色通道相关待遇，对经过审核评定的特别优秀的人才和重要项目给予数额更大的资金扶持或更优惠的政策扶持；山东航天九通车联网提出，政府、大中专院校及社会培训力量应与新兴行业的企业互联互通，为企业培养适应“四新”建设的基层技术型人才。

二是加大指导、服务力度。要从顶层设计、指导咨询、试点创建等方面加大政府的服务力度。山东新星集团有限公司提出，政府应进一步加强对技术创新的统筹协调引领，加强顶层设计，细化扶持政策，切实把技术创新作为加快企业转型升级和地方经济社会发展的重要推动力；山东天勤矿山机械设备有限公司提出，政府部门应加强企业关于以“四新”促“四化”的教育，多组织企业有关负责人学习相关知识，加强企业负责人对当前政策的理解与认识；山东星火知识产权服务有限公司、天柱五金等企业提出，应由政府牵头组织咨询机构、企业家、专家学者等对重点企业的转型升级策略进行问诊，定期举办转型经验座谈会，分领域为企业提供可供咨询的专家名单；青岛泰德汽车轴承股份有限公司提出，应开展新业态、新模式试点示范创建，推广具有代表性和可模仿、可复制的新模式和新业态，促进企业交流、共享创新经验；泰山钢铁集团有限公司提出，对制约企业融合发展的标准、认证、安全、机制等问题应进行重点研究和有序突破，支撑企业融合创新。

三是强化激励扶持作用。要从财税、基础研发、政府采购等方面持续发力，完善企业的创新激励机制，推动企业的创新活力充分涌流。威智医药有限公司提出，应加大财政对企业科技的投入，以研发方向为主进行重点支持，为自主技术创新成果转化活动提供资金支持或者奖励；对技术转让、技术开发和与之相

关的技术咨询、技术服务的收入免征营业税，对高新技术研发提供经费。巨鑫源集团提出，应扩展融资渠道，降低企业在新旧动能转换中的成本与风险，以帮助企业稳定、快速发展；山东丰源轮胎制造股份有限公司提出，政府应增加对重要基础研究的投入和支持，为中小企业的持续创新和健康发展创造有利条件，推动建立企业、科研院所、高校和下游用户共同参与的创新战略联盟，提高成果的转化率，扩大成果的推广；中通客车控股股份有限公司提出，建议政府能把具有自主知识产权的产品纳入政府采购优先目录，使用政府资金的采购活动和国家重大项目建设要优先采购具有自主知识产权的产品；卡松科技股份有限公司提出，在企业开展技术创新过程中，政府应建立"全程化"激励机制，从产品调研、立项、研发、试生产、试应用、全面生产、全面推广应用等各个环节进行政策引导与激励，形成激励链条化，实现常态化。

四是加快实施品牌战略。要发挥好政府在品牌培育、推广、保护过程中的应有作用，大力提升新经济发展的核心竞争力。青岛明月集团有限公司提出，应加快落实品牌战略，宣传推广本地区自主品牌，举办各类主题商品展，集中展示本地区自主品牌商品，择优统一组织参加国内大型商品展销会，帮助企业名优产品进行市场宣传与推广；威智医药有限公司提出，应帮助企业拓宽品牌推广渠道，促进品牌培育体制建设，同时，完善知识产权保护法规，加大自主知识产权保护和鼓励制度，为中小企业提供特殊支持。

七、几点建议

对调研中企业反映比较集中的问题和诉求，我们在认真借鉴江苏、上海、重庆等省市先进做法的基础上，研究提出如下政策建议供参考。

第一，加强人才支撑。一是加大各类人才培养力度。如省级和市级部门每年分别选送一定数量的企业家到国外培训、优秀科研人才到海外一流大学和科研机构开展合作研究。二是突出技能型人才培养。以国家中职改革发展示范学校和全国一流技师学院为依托，打造一批国家级示范性技工院校，培养一批专业骨干。三是有效吸引外籍人才。特别是要为外籍人才来鲁发展提供便利、高效服务，如为外籍高层次人才申办永久居留身份证、签证和停留、居留证件等开通急事急办的"绿色通道"等。

第二，加强研发保障。一是强化基础研究。加大对新动能重点优势领域基础研究的支持力度，逐步扩大与国家自然科学基金委的联合基金规模，引导企业和社会力量增加基础研究投入。二是强化风险补偿。对投资种子期企业、初创期企业发生的投资损失，财政按实际投资损失比例给予补偿；提高首台(套)

重大技术装备及关键核心零部件保险补偿上限。三是强化正向激励。研究制定以增加知识价值为导向的分配政策，完善对创新人才的股权、期权、分红等激励办法。

第三，加强财税金融服务。一是实施重点行业升级改造贷款贴息政策。建议省财政对装备制造、高端化工等十大产业结构调整遇到困难的投资项目贷款，按银行一年期贷款基准利率的50%给予财政贴息。二是降低小微企业税负。提高小微企业年应纳税所得额上限，对年应纳税所得额低于50万元(含50万元)的小微企业，按其所得减50%计入应纳税所得额。三是完善中小微企业小额贷款保证保险政策。安排财政资金支持中小微企业小额贷款保证保险，对保费和产生不良贷款的本金损失部分进行补贴。四是降低企业融资成本。加强对企业融资过程中中介机构和有关部门收费行为的监督，取消贷款融资服务中一切不合规收费，严肃查处以贷转存、存贷挂钩、借贷搭售等变相提高利率的行为。五是加快发展制造业融资租赁业务。支持企业“以租代购”，助推制造业“机器换人”和智能升级。

第四，加强平台建设。一是建立工业运行大数据平台。运用大数据等信息化手段，融合各方面涉及工业的指标数据，打造互联互通、信息共享的工业经济运行监测平台体系。二是构建科技成果中试熟化载体。支持重点领域和重点区域建设产业技术研究院、工程实验室、工程(技术)研究中心、重点实验室和产业共性技术创新平台。三是完善科技成果信息服务平台。打造科技服务云平台，建设一批线上服务分平台和线下服务分中心；探索建立山东科技要素交易中心。四是建立科技创新进口用品共享平台。对纳入共享平台的科技创新用品(即省内科学研究机构、高等院校购置的用于科技创新的用品，包括免税进口的科技创新用品)，在全省范围内充分共享使用。

(山东省发展和改革委员会综合处　完成时间:2017年6月)

关于新旧动能转换考核指标体系的研究

遵照山东省委、省政府的指示与要求，近期省发改委对新旧动能转换考核指标体系进行了深入研究。经与省考核办、省重大办、17 市和省直有关部门充分沟通，我们研究提出了考核指标体系的初步设计方案，并将其单列 200 分纳入 17 市经济社会发展综合考核中。现将有关情况报告如下：

一、指标设计的几点原则

一是充分体现新旧动能转换要求。设计新旧动能转换指标，总的考虑是聚焦新技术、新产业、新业态、新模式“四新”和产业智慧化、智慧产业化、跨界融合化、品牌高端化“四化”，与区域、城乡、陆海、节能减排“四大统筹”和精简高效的政务生态、富有活力的创新生态、彰显魅力的自然生态、法治诚信的社会生态“四大生态”相衔接，注重体现近期重大项目的推进情况，力求用较少的指标，真实客观地反映各地动能转换成效和工作推进程度。

二是坚持共性和差异性相结合。此次指标设计中，形成了“5＋2＋2”的体系格局。其中，设置了 5 项共性指标，这有利于指导各地统一思想、明确重点，统领全省新旧动能转换工作，更加全面地反映全省面上的推进情况。同时，考虑到各地目标、要求、基础条件不同，设置了 4 项差异指标：设置 2 项优势拓展指标，目的是推动各地放大相关领域的自身优势，在全省形成示范带动作用；设置 2 项短板提升指标，目的是“倒逼”各地加快补齐发展短板，增强动能转换的后劲。

三是指标选择注重可获得、可操作性。本指标设计主要依托当前统计制度体系，适当进行拓展延伸，方便获取数据。同时，采用定量方式，所选指标均可量化，有益于考核结果的可比性。考虑到各市发展基础的差异，部分共性指标由占比及提高幅度形成复合指标，以充分反映发展成果，更好地体现公平性。

四是指标安排避免重复。原1000分定量考核指标体系中,部分指标涉及改革、创新、开放等内容,能够反映出相关领域新旧动能转换程度,体现新旧动能转换“三大动力”的推进情况,对指导、推动各地加快相关工作起到重要作用。为避免重复,增强考核体系的科学性、针对性,新增的200分新旧动能转换指标将不再涉及上述内容。

二、几点说明

(一)关于共性考核指标(见表1)

1. 区域创新能力指数及提升指数

区域创新能力是指一个地区将新知识转化为新产品、新工艺、新服务的能力,表现为对区域社会经济系统的贡献能力。该指标是一项复合指标,涵盖科技进步贡献率、规模以上工业企业R&D经费支出占主营业务收入的比重、每万人发明专利拥有量、人才发展指数等共25项指标(见表2)。设置复合指标,一方面能够衡量各市创新发展的综合实力,另一方面可以涵盖创新类主要指标,避免指标过多过碎,方便考核。

2. 新经济增加值占生产总值的比重

新经济增加值占比是指新技术、新产业、新业态、新模式等“四新”经济增加值占GDP的比重,涵盖13个二级指标和69个三级指标(见表3)。主要考虑的是该指标反映产业转型发展的成效,有利于推动各地加快产业融合发展,打造支撑新旧动能转换的优势产业。

3. 全员劳动生产率及提高幅度

全员劳动生产率指根据产品的价值量指标计算的平均每一个从业人员在单位时间内的产品生产量。该指标反映经济发展的质量效益水平,是衡量一个地区企业生产技术水平、经济管理水平、职工技术熟练程度和劳动积极性的重要指标,有利于推动各地加快提高经济发展的质量效益。

4. 文化及旅游产业发展水平

该指标是一项复合指标,由文化及相关产业增加值占生产总值的比重、旅游消费总额2项分指标组成。设置该指标能够反映一个地区文化及旅游产业的发展程度,有利于弘扬传承齐鲁优秀传统文化,助推旅游业打造发展新优势,全面提升经济发展软实力。

5. 非水可再生能源发电占比及提高幅度

非水可再生能源发电指风能、太阳能、生物质能、地热能、海洋能等除水能外的非化石能源发电量。该指标反映绿色生态水平，有利于推动各地建立清洁低碳、安全高效的现代能源体系，支撑产业绿色发展。（万元 GDP 能耗、万元 GDP 用水量 2 项指标已经列入各市 1000 分定量考核指标体系）

（二）关于差异化指标

差异化指标主要针对各市发展的优势特色和突出短板进行设置。具体考核实施中，指标实现程度由各市提出初步意见，考核责任部门审核确定，根据最终完成情况进行考核（见表 1、附件）。

（三）关于指标权重

200 分新旧动能转换指标中，共性指标和差异化指标各 100 分。5 项共性指标中，每项指标权重为 20 分。4 项差异化指标中，2 项“优势拓展”指标各 20 分，2 项“短板提升”指标各 30 分，主要是引导各地在加快优势领域发展的同时，更加注重补齐发展短板。

三、相关建议

建议新旧动能转化考核工作经省领导同志审定同意后，在省考核办的统一领导下，由省发改委会同省重大办组织实施。各指标由考核责任部门与各市进行对接，提出具体考核办法，尽快启动考核工作。

表 1　　2017 年度各市新旧动能转换考核指标体系

（一）共性考核指标

指标名称	考核责任单位
区域创新能力指数及提升指数	省科技厅
新经济增加值占生产总值的比重	省统计局
全员劳动生产率及提高幅度	省统计局
文化及旅游产业发展水平	省委宣传部、省文化厅
非水可再生能源发电占比及提高幅度	省发改委

（二）各市差异化考核指标

地市	指标名称	指标类型	考核责任单位
济南市	金融业增加值占比及增长率	优势拓展	省金融办
	软件和信息技术服务业收入增长率	优势拓展	省经信委
	县域经济增加值占生产总值的比重及提高幅度	短板提升	省发改委
	民营经济增加值占生产总值的比重及提高幅度	短板提升	省统计局
青岛市	主要海洋产业增加值占生产总值的比重	优势拓展	省发改委
	新增驰名商标和省名牌数量	优势拓展	省工商局、省质监局
	技术合同交易额增长率	短板提升	省科技厅
	跨境电商进出口额增长率	短板提升	省商务厅
淄博市	医药产业主营业务收入增长率	优势拓展	省统计局
	电子信息产业主营业务收入增长率	优势拓展	省统计局
	省级以上开发区产业集中度	短板提升	省商务厅、省科技厅
	规模以上工业企业万元增加值能耗下降率	短板提升	省统计局
枣庄市	高端煤化工产业主营业务收入占规模以上工业企业主营业务收入的比重	优势拓展	省统计局
	高端装备制造业企业主营业务收入占规模以上工业企业主营业务收入的比重	优势拓展	省统计局
	非采掘业主营业务收入占规模以上工业企业主营业务收入的比重	短板提升	省统计局
	电子信息产业主营业务收入增加量及增长率	短板提升	省统计局
东营市	石化增加值增长率高于工业增加值增长率的幅度	优势拓展	省经信委
	湿地保护率	优势拓展	省林业厅
	制造业增加值高于石油和天然气开采业增速幅度	短板提升	省经信委
	技术合同交易额增长率	短板提升	省科技厅

续表

地市	指标名称	指标类型	考核责任单位
烟台市	化学原料和化学制品业主营业务收入增长率	优势拓展	省统计局
	技术市场交易额增长率	优势拓展	省科技厅
	专用设备制造业主营业务收入增长率	短板提升	省统计局
	金融业增加值增长率	短板提升	省金融办
潍坊市	电子信息产业主营业务收入增长率	优势拓展	省统计局
	土地适度规模经营比重	优势拓展	省农业厅
	规模以上装备制造业主营业务收入增长率	短板提升	省经信委
	新增企业上市挂牌数量	短板提升	省金融办
济宁市	高新技术企业年度新认定数量	优势拓展	省科技厅
	新材料产业主营业务收入增长率	优势拓展	省统计局
	规模以上工业企业原煤消费量	短板提升	省发改委
	电子信息产业主营业务收入增长率	短板提升	省统计局
泰安市	服务业投资增长率高于固定资产投资增长率的幅度	优势拓展	省发改委
	制造业设备工器具投资占制造业固定资产投资的比重及提高幅度	优势拓展	省统计局
	黄河滩区脱贫迁建投资计划完成率	短板提升	省发改委
	规模以上信息传输、软件和信息技术服务业企业主营业务收入增长率	短板提升	省发改委
威海市	新医药与医疗器械产业主营业务收入增长率	优势拓展	省统计局
	碳纤维及复合材料产业主营业务收入增长率	优势拓展	省经信委
	健康服务业主营业务收入增长率	短板提升	省发改委
	电子信息产业主营业务收入增长率	短板提升	省统计局

续表

地市	指标名称	指标类型	考核责任单位
日照市	高端钢铁产品主营业务收入占钢铁全部产品主营业务收入的比重	优势拓展	省统计局
	蓝色经济增加值占地区生产总值的比重	优势拓展	省发改委
	省级以上经济园区规模以上工业企业增加值占规模以上工业企业增加值的比重及提高幅度	短板提升	省商务厅
	高新技术产业产值占规模以上工业企业总产值的比重及提高幅度	短板提升	省统计局
莱芜市	节水灌溉装备制造业主营业务收入增长率	优势拓展	省统计局
	清洁能源装备制造业主营业务收入增长率	优势拓展	省统计局
	高端钢铁产品和钢铁深加工主营业务收入增长率	短板提升	省经信委
	新材料产业主营业务收入增长率	短板提升	省统计局
临沂市	社会货物物流总额增长率	优势拓展	省发改委
	市场采购贸易方式出口额	优势拓展	省商务厅
	引进和培育省级以上领军人才数量	短板提升	省人社厅
	规模以上工业企业万元增加值能耗下降率	短板提升	省统计局
德州市	“三品一标”认证面积占食用农产品产地面积的比重及提高幅度	优势拓展	省农业厅
	承接京津冀战略性新兴产业转移项目投资额增长率	优势拓展	省发改委
	高新技术产业产值占规模以上工业企业总产值的比重	短板提升	省统计局
	省市级重点示范镇基础设施公共服务类项目投资增长率	短板提升	省住建厅

续表

地市	指标名称	指标类型	考核责任单位
聊城市	有色金属产业深加工主营业务收入占规模以上有色金属行业企业主营业务收入的比重及提高幅度	优势拓展	省统计局
	“三品一标”认证面积占食用农产品产地面积的比重及提高幅度	优势拓展	省农业厅
	规模以上工业企业万元增加值能耗下降率	短板提升	省统计局
	县域经济增加值占生产总值的比重及提高幅度	短板提升	省发改委
滨州市	高端铝产业增加值占规模以上工业企业增加值的比重及提高幅度	优势拓展	省经信委
	农村电子商务网络零售额及增长率	优势拓展	省商务厅
	知识产权质押融资金额及增长率	短板提升	省金融办
	规模以上工业企业万元增加值能耗下降率	短板提升	省统计局
菏泽市	生物医药产业主营业务收入增长率	优势拓展	省统计局
	电子商务专业村数量	优势拓展	省商务厅
	黄河滩区脱贫迁建投资计划完成率	短板提升	省发改委
	高新技术企业年度新认定数量	短板提升	省科技厅

表 2　　区域创新能力监测评价指标体系

一级指标	二级指标	序号	三级指标	备注
区域竞争力(0.4)	创新实力	1	科技进步贡献率(%)	定量评价
		2	全社会研发(R&D)经费支出占地区生产总值(GDP)的比重(%)	
		3	科技公共财政支出占公共财政支出的比重(%)	
	企业创新	4	高新技术企业数量(家)	
		5	规模以上工业企业 R&D 经费支出占主营业务收入的比重(%)	
		6	有研发机构的规模以上工业企业占规模以上工业企业的比重(%)	
	产业创新	7	高新技术产业产值占规模以上工业企业总产值的比重(%)	
		8	高新技术产业开发区营业总收入(亿元)	
区域创新能力(0.4)	创新人才	9	每万名就业人员中研发人员数(人)	
		10	国家重大人才工程累计入选人数(人)("千人计划""万人计划"、科技部创新人才推进计划)	
		11	省级人才工程累计入选人才数(人)(泰山学者、泰山产业领军人才)	
	创新产出	12	年登记技术合同成交额(亿元)	
		13	每万人发明专利拥有量(件)	
	创新载体	14	国家级重点实验室、工程技术研究中心数量(个)	
		15	省级重点实验室、工程技术研究中心数量(个)	
		16	国家级科技企业孵化器数量(个)	
		17	国家级众创空间(含星创天地)数量(个)	
		18	国家级技术转移示范机构数量(个)	
区域创新创业生态(0.2)	创新服务	19	研发费用加计扣除占企业研发经费的比重(%)	
		20	高新技术企业减免税占企业研发经费的比重(%)	
		21	互联网普及率(%)	
	创新环境	22	每万人拥有的大专及以上教育程度人口数(人)	定性评价
		23	党委、政府出台实施创新驱动发展战略的决定或意见及配套政策,如文件数量及实施效果等	
		24	拥有能抓创新、会抓创新、抓好创新的科技管理队伍	
		25	特色工作,如形成一批高端人才、引领型企业、优势产业和较强竞争力的品牌,形成富有活力的政策环境和尊重知识、尊重人才、尊重创新的社会氛围,创新发展水平和创新特色优势获得普遍认可	

表 3　“四新”增加值统计指标体系

一级指标	二级指标	三级指标	数据来源	频率
新技术(24)	高技术产业(6)	医药制造业增加值	省统计局	季报
		航空、航天器及设备制造业增加值	省统计局	季报
		电子及通信设备制造业增加值	省统计局	季报
		计算机及办公设备制造业增加值	省统计局	季报
		医疗仪器设备及仪器仪表制造业增加值	省统计局	季报
		信息化学品制造业增加值	省统计局	季报
	高技术服务业(9)	信息服务增加值	省统计局	季报
		电子商务服务增加值	省统计局	季报
		检验检测服务增加值	省统计局	季报
		专业技术服务业的高技术服务增加值	省统计局	季报
		研发与设计服务增加值	省统计局	季报
		科技成果转化服务增加值	省统计局	季报
		知识产权及相关法律服务增加值	省统计局	季报
		环境监测及治理服务增加值	省统计局	季报
		其他高技术服务增加值	省统计局	季报
	科技企业孵化器(7)	孵化器孵化基金总额	省科技厅	专项调查
		孵化器内企业获得风险投资额	省科技厅	专项调查
		孵化器投入资金总额	省科技厅	专项调查
		在孵企业总收入	省科技厅	专项调查
		当年获得风险投资额	省科技厅	专项调查
		孵化器总收入	省科技厅	专项调查
		投资收入	省科技厅	专项调查
	研发经费(R&D)(2)	企业研发经费	省科技厅	专项调查
		非企业研发经费	省科技厅	专项调查

续表

<table>
<tr><th>一级指标</th><th>二级指标</th><th>三级指标</th><th>数据来源</th><th>频率</th></tr>
<tr><td rowspan="25">新产业
(25)</td><td rowspan="4">现代农业
(4)</td><td>设施农业增加值</td><td>省统计局</td><td>专项调查</td></tr>
<tr><td>设施养殖增加值</td><td>省统计局</td><td>专项调查</td></tr>
<tr><td>设施水产养殖增加值</td><td>省统计局</td><td>专项调查</td></tr>
<tr><td>现代农业服务业增加值</td><td>省统计局</td><td>专项调查</td></tr>
<tr><td>战略性新兴农业(1)</td><td>战略性新兴农业增加值</td><td>省统计局、农业相关部门</td><td>专项调查</td></tr>
<tr><td rowspan="7">战略性新兴制造业(7)</td><td>节能环保产业增加值</td><td>省统计局</td><td>季报</td></tr>
<tr><td>新一代信息技术产业增加值</td><td>省统计局</td><td>季报</td></tr>
<tr><td>生物产业增加值</td><td>省统计局</td><td>季报</td></tr>
<tr><td>高端装备制造业增加值</td><td>省统计局</td><td>季报</td></tr>
<tr><td>新能源产业增加值</td><td>省统计局</td><td>季报</td></tr>
<tr><td>新材料产业增加值</td><td>省统计局</td><td>季报</td></tr>
<tr><td>新能源汽车增加值</td><td>省统计局</td><td>季报</td></tr>
<tr><td rowspan="8">战略性新兴服务业(8)</td><td>新一代信息技术服务业增加值</td><td>省统计局</td><td>季报</td></tr>
<tr><td>高端装备制造服务业增加值</td><td>省统计局</td><td>季报</td></tr>
<tr><td>新材料服务业增加值</td><td>省统计局</td><td>季报</td></tr>
<tr><td>生物服务业增加值</td><td>省统计局</td><td>季报</td></tr>
<tr><td>新能源汽车服务业增加值</td><td>省统计局</td><td>季报</td></tr>
<tr><td>新能源服务业增加值</td><td>省统计局</td><td>季报</td></tr>
<tr><td>新环保服务业增加值</td><td>省统计局</td><td>季报</td></tr>
<tr><td>数字创意产业增加值</td><td>省统计局</td><td>季报</td></tr>
<tr><td rowspan="5">新服务企业(5)</td><td>互联网与现代信息技术服务企业营业收入</td><td>省统计局</td><td>专项调查</td></tr>
<tr><td>新技术与“双创”服务企业营业收入</td><td>省统计局</td><td>专项调查</td></tr>
<tr><td>现代生产性服务企业营业收入</td><td>省统计局</td><td>专项调查</td></tr>
<tr><td>新型生活性服务企业营业收入</td><td>省统计局</td><td>专项调查</td></tr>
<tr><td>现代综合管理企业营业收入</td><td>省统计局</td><td>专项调查</td></tr>
</table>

续表

一级指标	二级指标	三级指标	数据来源	频率
新业态(15)	互联网平台(10)	第三方互联网生产服务平台营业收入	省经信委	专项调查
		第三方互联网生活服务平台营业收入	省经信委	专项调查
		第三方互联网科技创新平台营业收入	省经信委	专项调查
		第三方互联网公共服务平台营业收入	省经信委	专项调查
		第三方其他互联网平台营业收入	省经信委	专项调查
		互联网出行平台营业收入	省统计局	专项调查
		互联网医疗平台营业收入	省统计局	专项调查
		互联网教育平台营业收入	省统计局	专项调查
		互联网游戏平台营业收入	省统计局	专项调查
		四众平台营业收入	省统计局	专项调查
	电子商务(5)	企业电子商务销售额	省统计局	专项调查
		企业电子商务购买额	省统计局	专项调查
		电子商务平台交易金额	省统计局	专项调查
		网上零售额	省统计局	专项调查
		电子商务交易单位营业收入	省统计局	专项调查
新模式(5)	互联网金融(2)	互联网金融企业营业收入	人民银行济南分行	专项调查
		互联网金融交易额	人民银行济南分行	专项调查
	城市商业综合体(3)	城市商业综合体租金总额	省统计局	专项调查
		城市商业综合体自营、联营单位销售额(营业额)	省统计局	专项调查
		城市商业综合体租赁单位销售额(营业额)	省统计局	专项调查

附件 关于各市差异化考核指标的解释说明

一、济南市

1. 金融业增加值占比及增长率(优势拓展类指标)。2016 年,济南市实现金融业增加值 720 亿元,占全市生产总值的比重达到 11%。随着区域性金融中心建设的加快推进,济南市金融业的发展优势将进一步凸显。

2. 软件和信息技术服务业收入增长率(优势拓展类指标)。济南是全国第二家中国软件名城,拥有浪潮集团、中创软件等行业龙头企业,目前正积极创建国家大数据综合试验区。2016 年,软件和信息技术服务业实现收入 2151.5 亿元,居全省首位。

3. 县域经济增加值占生产总值的比重及提高幅度(短板提升类指标)。济南县域经济实力总体不强。2016 年,县域经济增加值仅占全市生产总值的 42.9%,济阳县生产总值居全省 137 个县(市、区)第 81 位,长清区居第 84 位,平阴县居第 106 位,商河县居第 125 位。

4. 民营经济增加值占生产总值的比重及提高幅度(短板提升类指标)。济南民营经济发展相对滞后。2016 年,民营经济增加值仅占全市生产总值的 37.2%,低于全省 13.9 个百分点。

二、青岛市

1. 主要海洋产业增加值占生产总值的比重(优势拓展类指标)。海洋经济是青岛最大的发展特色,青岛市"十三五"规划纲要中提出,要建设国际先进的海洋发展中心。2016 年,青岛实现海洋生产总值 2515 亿元,增长 15.7%,占生产总值的比重达到 25.1%。

2. 新增驰名商标和省名牌数量(优势拓展类指标)。作为全国著名的"品牌之都",青岛拥有海尔、海信、青啤等一批知名品牌。截至 2016 年年底,青岛市有效注册商标总量 10.76 万件,行政认定驰名商标 123 件,省著名商标 459 件,山东名牌产品 264 个,省服务品牌 79 个,居国内同类城市前列。

3. 技术合同交易额增长率(短板提升类指标)。目前,青岛市科技成果转化率过低,与同类城市相比,科技成果直接转化成为本地生产力贡献不够,存在"墙内开花墙外香"的问题。

4. 跨境电商进出口额增长率(短板提升类指标)。作为国家批复的跨境电商综合试验区,与杭州、郑州等先期获批的试点城市相比,青岛仍存在总量规模不够大、发展步伐不够快、对外贸发展方式转变支撑带动作用不强等问题。

三、淄博市

1. 医药产业主营业务收入增长率(优势拓展类指标)。作为"国家十大医药产品出口基地”“国家火炬计划生物医药产业基地”，淄博市医药产业基础雄厚，医药产业经济规模和综合实力居全省首位。2016 年，医药产业实现主营业务收入 645.16 亿元。

2. 电子信息产业主营业务收入增长率（优势拓展类指标）。该产业是淄博市增长最快的新兴产业。2016 年，规模以上企业实现主营业务收入 642 亿元，产业利润率和利税率均列全省前三位。未来将实施电子信息产业精准转调行动计划，力争到 2021 年，规模以上企业达到 300 家以上，主营业务收入突破 2000 亿元。

3. 省级以上开发区产业集中度（短板提升类指标）。淄博市工业经济规模大，但布局相对散乱，综合竞争力不强。目前，已对 10 家省级经济开发区进行统筹布局，积极打造错位发展、优势互补的园区发展格局。

4. 规模以上工业企业万元增加值能耗下降率（短板提升类指标）。淄博市作为老工业城市，转型发展过程中受资源环境约束问题突出。2016 年，规模以上工业企业万元增加值能耗下降 10.3%，但节能减排的空间仍然较大。

四、枣庄市

1. 高端煤化工产业主营业务收入占规模以上工业企业主营业务收入的比重（优势拓展类指标）。枣庄市煤化工企业、固定资产总额、产品种类等位居全国前列，是全国为数不多的煤气化、煤焦化产业链齐全的地区。2016 年，煤化工实现主营业务收入 280 亿元，纳税 5.8 亿元。

2. 高端装备制造业主营业务收入占规模以上工业企业主营业务收入的比重（优势拓展类指标）。装备制造业是枣庄市第一大主导产业，拥有一批国家级（省级）产业基地和驰名商标、著名商标。2016 年，装备制造业实现主营业务收入 878.1 亿元，占全市规模以上工业企业的比重达 23.6%，高新技术企业数量占全市的 72.9%。

3. 非采掘业主营业务收入占规模以上工业企业主营业务收入的比重（短板提升类指标）。作为国家资源枯竭型城市转型试点市和列入《全国老工业基地调整改造规划》的老工业城市，目前以煤炭开采为主的采掘业在产业体系中仍占有较大比重，这是枣庄产业结构偏重的主要原因和短板所在。

4. 电子信息产业主营业务收入增加量及增长率（短板提升类指标）。产业支撑和带动作用不强，“十二五”末，电子信息制造企业主营业务收入 123 亿元，在全省电子信息产业中占比仅为 1%。目前，枣庄正在全力建设鲁南大数据中心，但信息产业发展仍处于铺摊子、扩规模阶段。

五、东营市

1. 石化增加值增长率高于工业增加值增长率的幅度（优势拓展类指标）。

东营目前是我国石化产业最为集中、规模最大的地级市，现有石化企业128家，原油一次加工能力6800万吨/年，占全国的1/10。东营市将以东营港开发区为主体，打造临港石化产业基地，进一步推进石化产业空间布局优化，加快内涵式集聚发展，放大产业优势。

2. 湿地保护率(优势拓展类指标)。湿地是东营市的优势自然资源，在经济社会发展中的地位和作用极其重要。保护和利用好湿地资源，充分发挥湿地的强大生态服务功能，对于加快东营新旧动能转换和美丽新东营建设具有重要意义。

3. 制造业增加值高于石油和天然气开采业增速幅度(短板提升类指标)。制造业及石油和天然气开采业是东营工业的两大主体，是工业转型升级的主战场。设置该项指标有利于鼓励非油产业发展，符合东营自然资源禀赋和产业结构特点，符合国家对东营产业发展的定位和新旧动能转换的要求。

4. 技术合同交易额增长率(短板提升类指标)。东营境内高校院所少，企业自主创新能力不强，需加快引导企业强化与省内外高校院所的科技合作，支持企业转化承接高校院所的科技成果，推动创新，助力提升。

六、烟台市

1. 化学原料和化学制品业主营业务收入增长率(优势拓展类指标)。化工产业是烟台的优势产业。2016年，该市化学原料和化学制品业主营业务收入954.8亿元，增长10.9%。2017年目标为主营业务收入过千亿元，增长12%。

2. 技术市场交易额增长率(优势拓展类指标)。烟台市创业创新氛围浓厚。2016年，烟台技术市场交易额56.2亿元，居全省第2位，增长14.2%。

3. 专用设备制造业主营业务收入增长率(短板提升类指标)。2016年，烟台专用设备制造企业主营业务收入780亿元，增长0.7%。拥有烟台中集来福士海洋工程公司、烟台杰瑞石油服务集团公司、山东鸿达建工集团有限公司等200多家专用设备制造企业，但没有形成较强的产业集群效应，龙头企业受市场波动影响较大。

4. 金融业增加值增长率(短板提升类指标)。2016年，全市实现金融业增加值276.12亿元，仅为济南、青岛的四成左右。人民币存贷款余额、保费收入、证券交易额等金融业指标在全省属于下游水平。

七、潍坊市

1. 电子信息产业主营业务收入增长率(优势拓展类指标)。电子信息产业是现代产业体系的重要组成部分和有力支撑。2016年，潍坊市电子信息产业统计内规模以上企业182家，实现主营业务收入625.07亿元，增长16.91%；实现利润68.52亿元，增长15.39%，实现利税81.55亿元，增长14.65%。虽然电子信息产业主营业务收入居全省第5位,但增幅居全省第2位。特别是龙头企业——歌尔集团发展迅速,2016年主营业务收入已达192.7亿元,增长42.4%。

2. 土地适度规模经营比重(优势拓展类指标)。随着城镇化和农业现代化的进程,农村劳动力大量转移,农户承包土地的经营权流转明显加快,发展适度规模经营已成为必然趋势。潍坊作为全国农业综合改革试点市,2016年土地适度规模经营比重达到64.6%,居全省第1位(青岛为62%)。

3. 规模以上装备制造业主营业务收入增长率(短板提升类指标)。装备制造业是潍坊的支柱产业,产业基础雄厚,部分产品技术填补了国内空白,但也存在产业集中度和产品外向度低、产业链条短、自主创新能力较弱等问题,成为工业转型升级的制约和短板。

4. 新增企业上市挂牌数量(短板提升类指标)。在新旧动能转换过程中,上市挂牌将对企业发展产生全方位、深层次的带动作用。2016年,潍坊有291家企业挂牌上市,其中,新增新三板挂牌企业19家,新增区域性股权交易市场挂牌企业272家,再创历史新高。但融资额度仅有7.5亿元,数值较小。

八、济宁市

1. 高新技术企业年度新认定数量(优势拓展类指标)。近年来,济宁市高新技术产业发展迅速,2016年产值达到1634亿元,增速高于全市规模以上工业企业增速4个百分点,已成为拉动经济增长、助推产业转型的重要力量。下一步,要围绕扩大高新技术产业的发展优势,积极支持培育科技型企业。

2. 新材料产业主营业务收入增长率(优势拓展类指标)。近年来,济宁新材料产业实现了较快发展,形成了生物新材料、电子新材料、纺织新材料、化工新材料、金属新材料、稀土储氢材料等特色新材料产业,并逐步成为全市新的支柱产业。

3. 规模以上工业企业原煤消费量(短板提升类指标)。济宁是煤炭资源大市,也是能源消费大市,煤炭消费比重过高,资源环境瓶颈约束明显。必须加快优化能源结构,提高煤炭的利用效率,走出一条绿色环保的可持续发展路径。

4. 电子信息产业主营业务收入增长率(短板提升类指标)。目前济宁信息产业尚处于起步阶段,呈现出基数低、增速快、潜力大的特点,尚未形成有效的经济贡献能力。

九、泰安市

1. 服务业投资增长率高于固定资产投资增长率的幅度(优势拓展类指标)。服务业是泰安市发展的优势产业。2016年,全市服务业完成增加值1550.36亿元,占比达到46.7%,初步形成以服务业为主导的“三二一”现代产业新格局。

服务业投资是衡量服务业发展潜力的重要指标，2016年泰安市服务业投资占全部投资的比重达到49.8%，高于全省平均水平4个百分点。

2. 制造业设备工器具投资占制造业固定资产投资的比重及提高幅度（优势拓展类指标）。工业设备工器具投资是指制造业企业购置或自制的达到固定资产标准的设备、工具、器具的价值。工业设备工器具投资占固定资产投资的比重是衡量装备制造业发展速度的重要指标。2016年，泰安市装备制造业增加值占规模以上工业企业增加值的比重达39.8%，高于全省平均水平10.4个百分点。

3. 黄河滩区脱贫迁建投资计划完成率（短板提升类指标）。山东省委、省政府将黄河滩区脱贫迁建列为全省新旧动能转换重大工程加以推进，计划用3年时间解决滩区居民防洪安全和安居问题。其中，涉及泰安市东平县约4.6万人。

4. 规模以上信息传输、软件和信息技术服务企业主营业务收入增长率（短板提升类指标）。近年来，泰安市信息技术产业呈现加快发展的良好态势，但总体规模仍然偏小，带动能力不强。2016年，泰安市信息传输、软件和信息技术服务业增加值达54.68亿元，增长17.3%，占服务业的比重为3.5%。

十、威海市

1. 新医药与医疗器械产业主营业务收入增长率（优势拓展类指标）。新医药与医疗器械产业是威海市的特色产业和支柱产业。目前，威海市已成为全国最大的医疗器械生产基地，获评"省级医疗器械新型工业化产业示范基地"。2016年，全市新医药与医疗器械产业实现主营业务收入524.2亿元，同比增长15.1%。

2. 碳纤维及复合材料产业主营业务收入增长率（优势拓展类指标）。威海是首个国家级碳纤维及复合材料产业基地、国家先进复合材料高新技术产业化基地，拥有碳纤维制备及工程化国家工程实验室等国家级创新平台，发展碳纤维及复合材料产业基础雄厚、优势突出。2016年，碳纤维及复合材料产业实现主营业务收入381.8亿元。

3. 健康服务业主营业务收入增长率（短板提升类指标）。这一方面考虑到威海市健康服务业规模偏小，相关产业起步相对较慢，另一方面也符合威海市大力发展健康产业、争取率先建成全国健康城市的工作推进需要。2016年，威海市健康服务业实现主营业务收入42.92亿元，增长15.5%。

4. 电子信息产业主营业务收入增长率（短板提升类指标）。2016年，威海市电子信息产业主营业务收入947.7亿元，占全省的比重为9.2%，居全省第3位。但客观来看，威海市电子信息产业主要以电子产品制造业为主，云计算、物联网等新一代信息技术产业发展规模仍然有限。

十一、日照市

1. 高端钢铁产品主营业务收入占钢铁全部产品主营业务收入的比重(优势拓展类指标)。日照市钢铁产值占规模以上工业企业总产值的比重为1/4左右,是最主要的临港支柱产业,也是传统产业转型升级的核心领域之一。目前,日照市正依托山钢精钢基地、日钢ESP项目等,大力发展热轧薄板等高端产品,建设钢铁及配套产业园,打造先进钢铁制造基地。

2. 蓝色经济增加值占地区生产总值的比重(优势拓展类指标)。日照市是山东半岛蓝色经济区“两个重要增长极”之一的鲁南临港产业集聚区,产业结构以涉海临港产业为主。进一步拓展蓝色经济发展空间,是日照市新旧动能转换的重要方向。

3. 省级以上经济园区规模以上工业企业增加值占规模以上工业企业增加值的比重及提高幅度(短板提升类指标)。“突破园区,聚力招引”(招商引资、招科引技、招才引智)是日照市实施新旧动能转换、培育新的经济增长点的“头号工程”。该指标能够反映工业经济集聚、集群、集约发展水平。

4. 高新技术产业产值占规模以上工业企业总产值的比重及提高幅度(短板提升类指标)。日照市高新技术产业产值占规模以上工业企业总产值的比重较低,2016年低于全省平均水平10.5个百分点。大力发展高新技术和战略性新兴产业,是日照市“十三五”规划战略性任务之一,也是“四新”“四化”的主攻方向。

十二、莱芜市

1. 节水灌溉装备制造业主营业务收入增长率(优势拓展类指标)。节水灌溉产业是增强农业可持续发展能力的必由之路,高度发达的节水灌溉产业是实现农业现代化的重要条件,是农业领域实现“四新”“四化”的重要突破点。莱芜是全国节水灌溉装备制造产业基地,发展基础较好。

2. 清洁能源装备制造业主营业务收入增长率(优势拓展类指标)。清洁能源是推动经济转型发展的客观需要,是助推新旧动能转换的重要引擎,大力发展清洁能源装备制造业,有助于持续提供经济发展新动能。莱芜清洁能源装备制造业发展基础较好,正在积极推进阿尔普尔空气源热泵项目,大力发展中德共建清洁能源小镇。

3. 高端钢铁产品和钢铁深加工主营业务收入增长率(短板提升类指标)。莱芜因钢立市、因钢强市,钢铁产业是莱芜的传统支柱产业,也是传统产业转型升级的核心领域之一。目前,莱芜正依托莱钢、泰钢等钢企,大力发展H型钢、特种钢、不锈钢等高端产品,努力建设国家级钢铁产业转型示范城市。

4. 新材料产业主营业务收入增长率(短板提升类指标)。新材料产业是国家确定的七大战略性新兴产业之一。莱芜是国家新材料产业化基地,新材料产业具有较好的潜力。

十三、临沂市

1. 社会货物物流总额增长率(优势拓展类指标)。物流业是临沂的特色优势产业,物流成本优势明显,拥有全国最发达的物流网络,是全国商贸物流集散中心,社会物流总额排在全省第2位,物流业比重居全省首位。目前,临沂正在全力推进物流业转型升级,有望将其培育成为推动经济发展的新动能。

2. 市场采购贸易方式出口额(优势拓展类指标)。临沂商城是全国生产资料市场中唯一试行市场采购贸易方式的市场。扩大市场采购出口规模,对于调整外贸产品结构、促进外贸增长具有直接的拉动作用,是临沂市加快内外贸融合发展、增创动能转换新优势的重要途径。

3. 引进和培育省级以上领军人才数量(短板提升类指标)。人才是推动新旧动能转换的重要支撑。目前临沂市高层次领军人才基础较为薄弱,为此提出了每年引进泰山学者等相当层次领军人才100名的目标。

4. 规模以上工业企业万元增加值能耗下降率(短板提升类指标)。合理控制能源消费总量,以较少的能源消耗支撑经济社会健康发展,是推动新旧动能转换的重要方面,也是实现经济可持续发展的关键要求。临沂是能源消费大市,控制好规模以上工业企业能耗增幅,对于集约高效利用能源、推动新旧动能转换具有重要意义。

十四、德州市

1.“三品一标”认证面积占食用农产品产地面积的比重及提高幅度(优势拓展类指标)。德州是农业大市,发展“三品一标”,有助于推动现代农业加快发展,同时也是实现农业转型升级、加强农产品质量安全监管的主要抓手,是农业领域推动新旧动能转换的重要途径。

2. 承接京津冀战略性新兴产业转移项目投资额增长率(优势拓展类指标)。德州是纳入京津冀协同发展规划的重要城市,并被赋予“一区四基地”的功能定位,需要把“四新”“四化”项目作为招商引资的重点,进一步优化全市产业结构。

3. 高新技术产业产值占规模以上工业企业总产值的比重(短板提升类指标)。德州市高新技术产业发展水平相对较低。2016年,高新技术产业产值占规模以上工业企业总产值的比重仅为29.4%,比全省低4.4个百分点。

4. 省市级重点示范镇基础设施公共服务类项目投资增长率(短板提升类指标)。德州是国家级新型城镇化试点城市,要在推广“两区同建”模式的基础上,推动就地城镇化向以县域和中心镇为主的城镇化转型,进一步提高城镇化发展质量。

十五、聊城市

1. 有色金属产业深加工主营业务收入占规模以上有色金属行业主营业务收入的比重及提高幅度(优势拓展类指标)。有色金属是聊城的优势产业,2016年主营业务收入占全市总量的16.8%。有色金属行业的成功转型,对全市工业特别是传统产业新旧动能转换的顺利推进具有较强的示范引领作用。

2."三品一标"认证面积占食用农产品产地面积的比重及提高幅度(优势拓展类指标)。聊城是农业大市,发展"三品一标",有助于推动现代农业加快发展,同时也是实现农业转型升级、加强农产品质量安全监管的主要抓手,是农业领域推动新旧动能转换的重要途径。

3. 规模以上工业企业万元增加值能耗下降率(短板提升类指标)。聊城是能耗大市,2017年一季度,全市规模以上工业企业能耗增长17.1%,高于全省平均水平11.8个百分点,居全省第2位。

4. 县域经济增加值占生产总值的比重及提高幅度(短板提升类指标)。聊城市县域经济实力总体不强,各市县生产总值均未超过500亿元,冠县的生产总值居全省137个县(市、区)第85位,东阿县居第119位。

十六、滨州市

1. 高端铝产业增加值占规模以上工业企业增加值的比重及提高幅度(优势拓展类指标)。滨州铝产业基础雄厚,电解铝产能636万吨,各种铝材加工能力达到700万吨。提高产品附加值,推动铝产业向高端、高质、高效迈进,是滨州加快新旧动能转换的重要任务。

2. 农村电子商务网络零售额及增长率(优势拓展类指标)。滨州是农业大市,特色农产品种类丰富、美誉度高,建成了较为完善的农村电商公共服务体系,有较好的发展优势和发展前景。2016年,全市农村电商销售额170亿元,同比增长77.08%。

3. 知识产权质押融资金额及增长率(短板提升类指标)。滨州是国家知识产权质押融资试点城市,目前已累计完成专利权质押融资10.33亿元。加快知识产权质押,有利于加快滨州市金融创新的步伐,改善金融生态。

4. 规模以上工业企业万元增加值能耗下降率(短板提升类指标)。2017年一季度,全市规模以上工业企业能耗增长18%,高于全省平均水平12.7个百分点,居全省首位。

十七、菏泽市

1. 生物医药产业主营业务收入增长率(优势拓展类指标)。生物医药产业是菏泽的优势产业,2016年菏泽拥有145家规模以上生物医药企业,实现主营业务收入669.8亿元,规模居全省第1位。

2. 电子商务专业村数量(优势拓展类指标)。菏泽是国家级电子商务示范城,电子商务专业村数量居全省首位,已成为推动全市经济发展的新动能。

3. 黄河滩区脱贫迁建投资计划完成率(短板提升类指标)。山东省委、省政府将黄河滩区脱贫迁建列为全省新旧动能转换重大工程加以推进,计划用 3 年时间解决滩区居民防洪安全和安居问题。其中,涉及菏泽市约 14 万人,是全省涉及人员最多的市。

4. 高新技术企业年度新认定数量(短板提升类指标)。菏泽市高新技术产业发展较为薄弱,是经济发展的短板,需要进一步加强。要围绕高新技术产业发展,积极支持培育科技型企业。

(山东省发展和改革委员会　完成时间:2017 年 6 月)

宏观经济运行篇

新形势下山东省进一步加强和改善宏观管理研究

宏观调控是政府调节经济运行的主要手段之一，对于弥补市场失灵、促进经济平稳健康发展具有十分重要的意义。在进一步完善社会主义市场经济体制，深化改革、转型发展的新形势下，加强和改善宏观调控，不仅要发挥好中央宏观调控的统领作用，而且还要充分调动省级政府的积极性，增强省级宏观管理职能，有针对性地解决经济增长、区域发展中不平衡、不协调等突出问题，推动经济平稳运行、社会和谐稳定。

一、省级宏观管理的内涵、特征及必要性

（一）省级宏观管理的内涵

宏观调控是一个国家政府的重要经济职能。所谓宏观调控，是指市场经济条件下，一国政府使用经济和非经济手段对国民经济宏观运行进行引导、调节和控制，从而实现国民经济持续、稳定、健康发展的过程。

我国宏观调控的实施以中央政府为主，同时省级政府也发挥着一定的调控职能，即省级宏观管理，这主要是指省级政府以中央政府的宏观调控政策为指导，以国家的经济社会发展战略和规划为依据，以本省域经济活动为客体，综合运用计划（规划）手段、经济手段、法律手段和必要的行政手段，对全省经济的运行、总量、结构等进行调节和控制，实现本省经济持续、稳定、健康发展的过程。

（二）省级宏观管理的特征

与中央宏观调控相比，省级宏观管理在任务、形式等方面，存在许多特点。

1. 省级宏观管理具有双重性

中央宏观调控属于决策性调控，而省级宏观管理具有决策性和执行性双重

特征。一方面，省级宏观管理必须贯彻执行中央的调控要求，在调控的原则、方向等方面没有决定权，不能越权干预，更不能另搞一套；另一方面，省级宏观管理在调控的方式、目标以及调控项目的选择等方面具有一定的自主权，同时还要指导市、县两级政府的经济管理工作，具有部分决策性职能。

2. 省级宏观管理目标更具针对性

中央政府立足全局，制定的宏观调控政策大多是一般性的、原则性的；而省级政府结合本省实际、贯彻中央宏观调控要求制定的省级宏观管理政策则比较具体，针对性更强。比如，产业政策，中央提出产业结构调整的原则、方向和总体目标，省级政府根据本省产业基础、资源禀赋等条件，制定细致、具体的目标。

3. 省级宏观管理手段更具灵活性

中央宏观调控在政策手段选择上也具有原则性和一般性的特征。省级宏观管理可以在运用中央宏观调控手段的基础上，辅以多种手段，来保障宏观管理目标的实现。

（三）省级宏观管理的必要性

具体而言，实施省级宏观管理的必要性主要来自以下几个方面：

1. 省级宏观管理是国家宏观调控体系的有机组成部分

省级宏观管理是国家宏观调控体系大系统中的子系统，是国家宏观调控中的二次宏观调控，是在贯彻中央宏观调控指导方针、政策、原则和任务的基础上，对省域经济运行进行的再调节。特别需要强调的是，省级政府作为中央宏观调控的重要执行者，其宏观管理职能具有一定的自主性，即在中央宏观调控的大框架下，根据本省实际进行必要的预调、微调，并指导和制约市、县级政府贯彻落实调控要求。

2. 加强省级宏观管理是适应我国区域差异性的客观需要

我国区域发展极不平衡，东部沿海地区整体发展水平较高，少数省区人均收入已经达到高收入国家水平；中西部地区经济发展水平相对比较滞后，有些地区甚至仍以传统农业经济为主。不同地区经济发展水平差异巨大，导致发展中所面临的任务和要求也各不相同。如果只从国家层面来进行统一宏观调控、“一刀切”，往往难以兼顾差异和公平，从而难以保证在最优层面上实现国家调控目标。因此，加强省级宏观管理既符合国民经济发展的全局要求，又兼顾省情差异和经济社会发展的客观需要。

3. 加强省级宏观管理是提升国家宏观调控效果的必然选择

宏观调控效果如何，关键在落实。省级政府是起着决定性作用的重要一环，比中央政府更具信息优势，也更了解地方实际。因此，中央在制定规划计划和宏观政策时，要为各地政府因地制宜加强宏观管理留出合理的空间，这既有利于保证中央政府的权威性，又能够充分调动地方政府的积极性，从而提高宏观调控的效果。比如，转变经济发展方式，调整优化经济结构，提高发展质量效益，最终都要落实到省级层面；再比如，省内区域协调发展、产业转型升级、提升自主创新能力、优化资源配置、调整投资结构等，也都需要省级宏观管理加以推动。

二、山东省宏观管理的历程、成效与问题

（一）山东省宏观管理的历程

宏观调控体系的形成是对政府和市场关系认识不断深化的过程，伴随着我国经济体制改革进程而不断发展和完善。改革开放30多年来，山东省宏观管理走过了一个从逐步探索到初步形成再到继续深化的过程。

第一阶段：初步探索时期（1978～1992年）——从行政调控向市场调控的探索。

改革开放后，各种管制逐步放松，由于当时仍处于短缺经济时代，山东和全国一样都面临着物价上涨的压力，治理通货膨胀成为20世纪80年代宏观经济管理的主要任务。同时，山东省对省级宏观管理的范围和方式也开始了一个艰难的探索过程。1978年春，山东省在鲁西北开始推行农业生产责任制，逐步放松对农业的指令性控制。1979年9月，山东开始在58个国营工业企业中实行扩大经营管理自主权的试点工作。1980年，开始实行劳动力多种就业方式的改革，推行劳动合同制，同时也开始“分灶吃饭”的财政体制改革。从1985年开始，山东省地方预算内安排的基本建设投资，不论有无偿还能力，新开工和续建项目一律实行贷款，取消无偿拨款。在农村实行合同订购和市场收购相结合，放开消费品价格。同时，按照自然特点和经济条件，将山东省划分为鲁西北平原、海岛区、沂蒙山区等不同区域，采取不同的开发方针、政策和措施，实行分类指导。1987年，烟台在国内率先进行住房制度改革，逐步试点住宅商品化，拉开了中国住房制度改革的序幕。同年，山东省政府出台《关于加快金融体制改革的决定》，要求强化金融宏观管理，发展资金市场和城市信用社、信托投资公司等多种金融机构，增强基层银行的经营活力。在这期间，山东省还实施了“科教兴鲁”“海上山东”等发展战略，用科技教育、海洋经济和对外开放推动山东经济发展。1989年11月，中国计划学会和山东省计委在山东淄博召开了全国宏观调控问题座谈会。

综合来看，这一时期山东的省级宏观管理以行政计划为主要的调控工具，

开始逐步放松管制和行政指令控制，并从1987年开始尝试运用财政政策和货币政策等间接调控手段，不断探索用财政、金融、科技、价格等手段来对经济运行进行宏观调节。由于运用较少、操作不熟练，效果不明显。

第二阶段：初步建立时期（1992～2002年）——以财政政策、金融政策、产业政策为基础的宏观管理体系建立。

1992年初，邓小平"南方讲话"为中国改革开放指明了方向，党的十四大又把社会主义市场经济作为中国经济体制改革的目标，中国经济建设进入了一个新的时期。与此相适应，中国的宏观调控政策体系也逐步建立起来。从经济运行历程来看，这一个时期的宏观调控可以划分为两个阶段：前一个阶段是从1992年到1997年，这个时期的主要任务是防止经济过热；后一个阶段是从1998年开始到2003年，这一时期的主要任务是防止经济过冷。1994年，山东省开始在50家国有大中型企业中进行企业改革，又逐步开展县域企业的产权制度改革，开始探索现代企业制度。到2000年，全省国有大中型企业改革和三年脱困目标基本实现。在企业发展方面，山东改变传统的以国有资本为主的发展思路，积极吸引社会投资和外资，拓宽企业融资渠道。1992年，中国首家投资基金——淄博乡镇企业投资基金公开发行。1993年，山东省第一家上市公司——青岛啤酒有限公司在上交所上市交易。同年，该公司还在香港成功发行H股，成为国内第一家在香港公开发行H股的企业。1994年9月6日，山东省华能发电股份有限公司股票在美国纽约股票交易所成功挂牌交易，成为中国第一家以纽约股票交易所作为第一市场直接挂牌上市的公司。1997年开始农业产业化的改革试点。1998年起开始实施高新技术产业跨世纪工程和淮河流域工业污染源达标排放倒计时治理"零点行动"，开始探索利用科技和环保等政策实现调控目标。针对东南亚金融危机对经济增长带来的影响，山东通过加强基础设施建设、加快结构调整步伐、整顿和规范市场经济秩序、积极扩大内需、实施多元化的对外开放战略等，实现了经济社会持续快速发展。

在这一时期，山东省宏观管理已经初步形成了以财政政策、金融政策、产业政策为主要特点的宏观管理政策体系，开始关注环境保护等在宏观管理中的作用。在管理手段上转向以经济、法律等间接管理手段为主，配合以行政计划等直接管理手段，而且开始注意各种宏观管理政策和工具之间的配合使用，但也有各个具体政策之间存在矛盾减弱政策合力等问题。

第三阶段：继续深化时期（2003年至今）——管理目标、手段、效果不断深化。

随着中国在2001年年底成功加入世贸组织（WTO），中国的对外开放全面提速，经济国际化水平迅速提高，中国越来越深地融入到经济全球化的浪潮中。

我国的市场化改革也在深度拓展，国内自由竞争的格局逐步形成。这一时期也可以分为两个阶段：从 2003 年到 2007 年的宏观调控主要以防止经济过热为主，而 2008 年至今的宏观调控则以防止经济过冷为主。2003 年，山东省继续推进国有企业投资主体多元化改革和现代企业制度建设。2004 年，山东省、市国有资产监督管理机构建立，国企改革继续深化，同时非公有制经济也快速发展。在农业方面，2003 年开始全面停征乡村公益金，逐步取消农业特产税，放开粮食收购市场，对种粮农民进行直接补贴。2005 年开始进行农村土地承包经营权流转，推进政策性农业保险试点，加大信贷支农力度。在区域发展方面，2003 年积极开展生态省建设试点，2004 年实施了“三个突破”（东部突破烟台、中部突破济南、西部突破菏泽），2007 年提出“一体两翼”的区域发展战略，后来又提出经济文化强省战略，2013 年形成了山东半岛蓝色经济区、黄河三角洲高效生态经济区、省会城市群经济圈和西部经济隆起带的“两区一圈一带”区域战略。

在具体的宏观政策方面，2006 年开始严格控制土地、信贷规模和全面清理新开工项目，优化投资结构。2008 年国际金融危机爆发以后，制定了 21 条扩内需保增长的政策措施，扩大社会固定资本投资，鼓励金融机构扩大信贷规模，积极落实家电、汽车等下乡和以旧换新政策，刺激居民消费，全力稳增长、控物价、调结构、增效益。到 2009 年第二季度，山东经济增长下滑趋势得到有效遏制，主要经济指标逐步企稳回升。同年，为保增长和调结构，山东省还制定了 10 个重点产业调整振兴规划、40 个特色产业调整振兴意见和 13 个新兴产业加快发展的指导意见，出台了扶持工业发展的 22 条政策措施，大力发展服务业，开始试点省直管县财政体制改革。到 2011 年，宏观经济开始复苏，稳定物价成为宏观管理的首要任务。同时努力扩大内需，积极防范和化解财政风险，以保持经济持续快速发展与转变经济发展方式和调整经济结构顺利进行。2013 年发布了《进一步深化省以下财政体制改革的意见》，下划省级部分收入，完善出口退税等分担机制。此外，加大了简政放权力度，分三批取消和下放审批事项 230 项，投资核准事项减少 40%，行政事业性收费由 87 项缩减为 25 项。

这一时期山东省级宏观管理的体系不断完善，管理目标日益聚焦在经济增长、物价稳定、充分就业等经济目标方面，管理手段更多依赖财政收支结构的调整、金融信贷政策的市场化和多元化、产业政策的引导以及规划的指引作用，管理手段的搭配使用逐渐增多，管理效果不断提高。

（二）山东省宏观管理的成效

看待省级宏观管理的成效，一方面，要放到国家宏观调控的大背景下来分析，既要看山东一般性管理目标的实现程度，也要看山东宏观管理与国家宏观调控成效的拟合程度；另一方面，还要看是否符合山东实际，以及结构性等管理目标的实现程度。具体可以从以下两个方面分析：

1. 总量管理目标（包括经济增长、物价稳定和充分就业三个方面）

一是经济保持平稳增长。“十一五”期间，全省生产总值连续突破 2 万亿元和 3 万亿元，年均增长 13.1%，人均生产总值由“十五”末的 2400 美元提高到 6000 美元，公共财政收入年均增长 19.6%。2013 年，全省实现生产总值 5.46 万亿元，增长 9.6%，人均生产总值达到 9094 美元；公共财政收入达到 4560 亿元，增长 12.3%，税收收入占财政收入的比重达到 77.5%，经济综合实力大幅提升。山东经济发展总体趋势与全国保持高度一致，具有高度的拟合性。（见图 1）

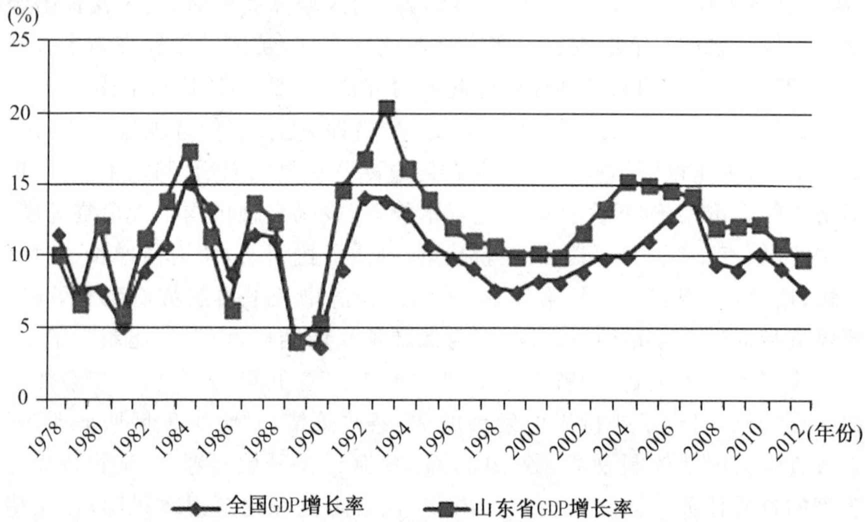

图 1 经济增长率对比

二是物价水平基本稳定。相比于国家来说，省级政府的物价管理面临着更多的困难，因为资本、劳动力等生产要素和各种商品都能够在全国不同省份自由流动，这种高流动性导致商品价格具有很高的弹性，从而增加了省级政府物价管理的难度。从山东省与全国物价水平变化的走势来看，我省居民消费物价指数和全国的具有高度的一致性，随着市场化宏观管理体系的建立，这种拟合程度在不断提高。自 1996 年中国经济实现“软着陆”以来，山东的居民消费物价指数大多保持在 0～5%之间，只在少数年份略高于 5%。西方新兴宏观经济学认为，3%～5%的通胀水平是一种温和的通胀，是经济增长的“润滑剂”。2013 年全省居民消费价格上涨 2.2%，2014 年一季度为 1.6%，低于全国平均水平 0.7 个百分点，较低的物价水平为省级宏观管理留出了更大的调整空间。（见图 2）

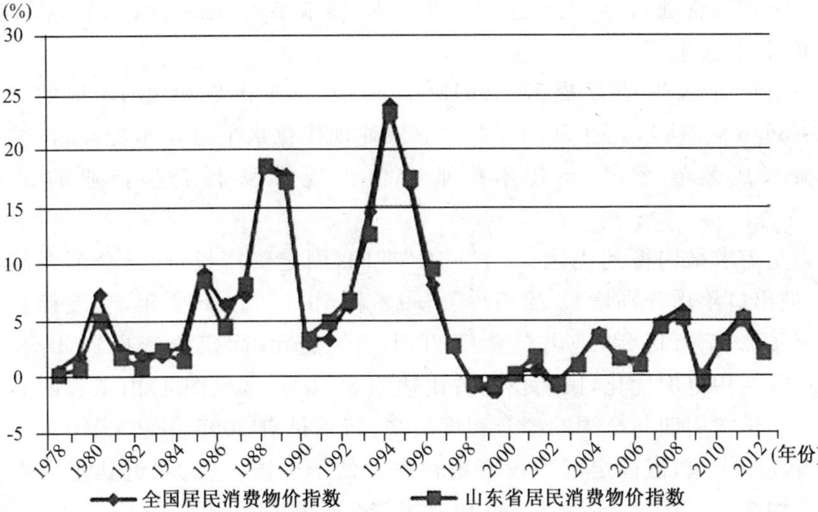

图 2　居民消费价格指数对比

三是就业规模不断扩大。城镇新增就业、农村劳动力转移就业连续 8 年双过百万，2013 年分别完成 119.98 万人和 133.3 万人，城镇登记失业率为 3.24％，低于 4％的管理目标。2000 年以来，山东省的城镇登记失业率一直低于全国平均水平，并基本上保持在低于 4％的国际公认范围内。考虑到摩擦性失业、结构性失业等因素，我省的自然失业率会高一些，但仍低于国家 4.8％～5.6％的水平(见图 3)。这说明山东省级宏观管理在保障充分就业方面采取的措施得力，管理效果十分明显，考虑到我省人口总量较大，这个成绩的取得更加来之不易。

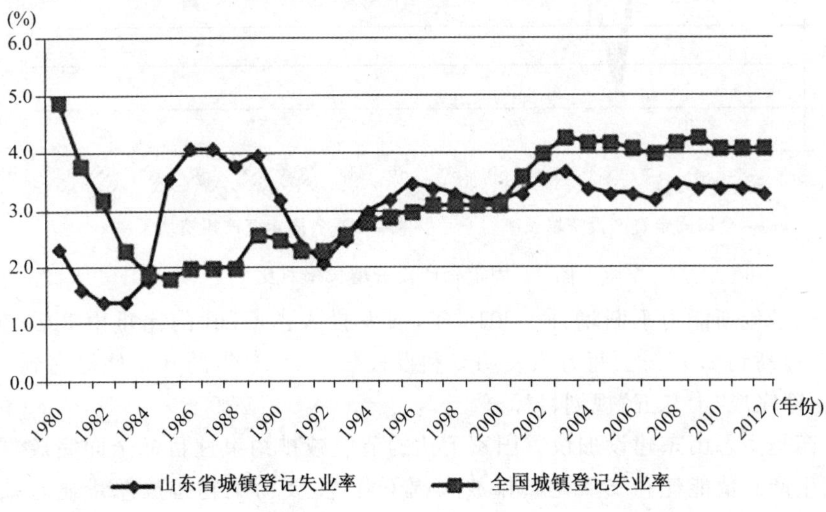

图 3　城镇登记失业率对比

2.结构性管理目标(主要包括产业水平、需求结构、创新能力、节能降耗、区域发展、社会民生等)

一是产业水平明显提升。2013年,三次产业比例由2010年的9.1∶54.3∶36.6调整到8.7∶50.1∶41.2。农业现代化水平进一步提高,传统产业调整振兴成效显著,高新技术产业产值占规模以上工业企业的比重达到30.2%。

二是需求结构得到优化。“十一五”期间,固定资产投资、社会消费品零售总额、进出口年均分别增长22.5%、18.9%和19.6%。2013年,实现社会消费品零售额2.17万亿元,进出口总额2671.6亿美元,固定资产投资3.58万亿元。投资结构更加优化,民间投资占比达到80.8%。(见图4)山东省的固定资产投资增长率周期与全国的拟合程度较高,特别是自2006年以来,山东经济增长速度高于全国,但固定资产投资增长率却低于全国,这说明近几年山东省的经济结构在不断优化,转变经济发展方式的效果不断显现。

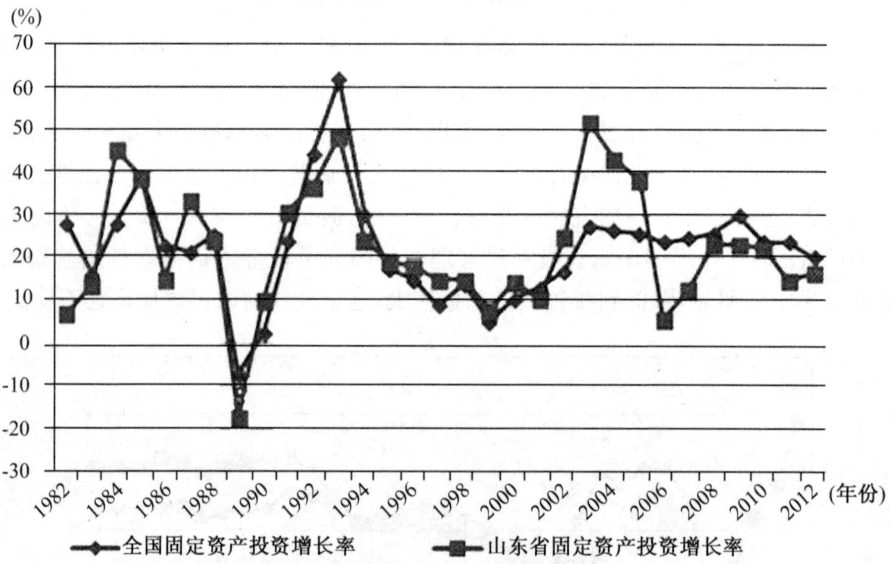

图4　固定资产投资增长率对比

三是创新能力不断增强。2013年,研发投入占GDP的比重由2010年的1.5%提高到2.17%。每万人发明专利授权数由2010年的0.4件提高到0.92件,超额完成“十二五”规划目标。

四是生态山东建设加快。国家下达的节能减排约束性目标全面完成,单位地区生产总值能耗和二氧化碳排放大幅下降,主要污染物排放总量显著减少,大气污染防治体系基本建立。能源结构进一步优化,2013年,新能源装机占总装机的比例达到9.5%。

五是区域发展更趋协调。2013年,山东半岛蓝色经济区、省会城市群经济圈对全省经济增长的贡献率分别达到46.4%和33.9%,黄河三角洲高效生态经济区、西部经济隆起带发展加快,经济增速均超过全省平均水平1.3个百分点。县域经济实力不断增强,公共财政收入过10亿元的县(市、区)达到112个。

六是社会民生全面改善。"十一五"期间,财政对民生投入的资金累计达到7004.5亿元。2013年,民生投入占财政支出的比重达到57.2%,比2010年提高6.2个百分点。城镇居民人均可支配收入和农民人均纯收入分别达到28264元和10620元,农民收入增幅高于城镇。社会保障体系进一步健全,医药卫生体制改革不断深化。全面完成保障性安居工程建设任务,城镇化率由2010年的49.7%提高到53.75%。

综合以上分析,山东省级宏观管理的成效比较明显,基本完成了国家的各项宏观调控任务,保证了山东经济社会发展目标的实现。

(三)当前山东省宏观管理存在的主要问题

党的十八大和十八届三中全会提出,让市场在资源配置中起决定性作用,要全面深化改革,完善社会主义市场经济体制;习近平总书记的系列重要讲话和视察山东时的重要讲话强调,山东要加快结构调整,实现"凤凰涅槃""腾笼换鸟";山东省委、省政府指出,要加快工作指导的重大转变,率先建成小康社会:这都对省级宏观管理提出了新的要求。目前看,我省宏观管理主要存在以下几个方面的问题:

1. 地位、职能还不够明确

省级宏观管理虽然实际上已经发挥了十分重要的作用,但是其地位还未得到普遍承认,学术界也多有争论,目前我国还没有专门的省级宏观管理的法律法规。同时,省级宏观管理的职能定位还不清晰,发改部门虽然具有规划、计划以及综合协调等职能,但大量财政、金融、产业等管理权限分散于财政、人民银行、经信、环保、国土等部门,各部门之间既存在职能交叉,也存在管理空白,并且沟通协调机制也未完全建立,导致省级宏观管理随意性较大、协调性不强,在一定程度上影响了省级宏观管理政策的制定和执行。

2. 调控目标仍不够明晰

与中央宏观调控的经济增长、物价稳定、充分就业、国际收支平衡四大目标相比,省级宏观管理的目标不明晰。省级政府既承担着发展经济、稳定物价、促进就业的总量调控任务,也面临着项目审批、市场监管、保障民生、环境保护等具体的事项，既要落实中央宏观调控的各项政策，又要结合本地的实际来制定政策。对多个目标之间如何权衡取舍，省级宏观管理未能明晰界定，这导致政策之间的摇摆以及相互矛盾，抵消了宏观管理的效果。

3. 手段比较单一

中央宏观调控包括财政、税收、利率、汇率、存款准备金率、再贴现率、法律法规、行政审批、行政指令、道德规劝等多种具体手段。金融、财政等手段多集中在中央，省级政府更多地运用财政补贴、转移支付、信贷规模的小幅调整、地方法规、行政审批等进行调节。同时，由于地方政府能够用于宏观管理的财政资金有限，许多大项目的审批权都在中央职能部门，省级宏观管理手段的局限性制约了管理效果。

4. 政策措施还有待加强

要看到，与先进省市相比，山东省经济总量虽然较大，但人均水平相对较低，经济社会发展存在一些矛盾和问题。比如，产业结构仍不够合理，民营经济发展相对滞后，能源消耗总量、污染物排放总量仍然过多，创新能力不够强，等等。特别是 2014 年国家加快化解过剩产能，我省任务十分艰巨，转型升级的压力依然较大，省级宏观管理在促转型方面的措施需要进一步强化。

三、山东省宏观管理目标与手段的选择

（一）宏观管理总体目标

1989 年，我国在《国民经济和社会发展计划报告》中第一次明确提出“宏观调控目标”的概念，将目标体系具体分解为经济增长、投资、财政、金融和物价五大方面的指标。随着改革开放的深化，面向全国的宏观调控目标体系框架已经形成并日益完善；然而，省级宏观管理目标却在理论探讨和实际运行中没有达成共识。课题组认为，目前省级宏观管理目标的选择要充分体现经济发展的阶段性特征。既要配合中央政府维护经济总量平衡，也要切合省情加强结构调整。总的目标是：在国家宏观调控指导下，通过综合运用各种管理手段，引导经济活动的微观行为，实现全省资源的合理配置和产业结构优化，最大限度地促进全省经济持续、平稳、健康发展。

1. 经济平稳增长

省级宏观管理的首要目标是保持经济平稳增长和质量效益提高。目前，山东与全国一样，经济正处在由高速增长向中高速增长转变、提质增效的关键阶段，省级宏观管理既要实现经济增长的“调速”，又不能“失速”。必须坚持“稳中

求进"的工作总基调,防止出现"大起大落"。要把发展速度控制在一个合理区间,具体来讲,其"上限"是山东"十二五"预期的年均增长9%,"下限"是全国的年均增长7%。在此基础上,根据全省经济发展现状、资源状况、社会承载力、世界经济发展新趋势,确定政策的导向和力度、资金投入的不同格局和份额,引导和规制微观经济,实现省域经济的持续、平稳、健康发展。

2.保持物价稳定

保持物价稳定主要是指保持本省物价总水平的稳定,既要防止通货膨胀,也要防止通货紧缩。在目前发展阶段,主要是居民消费价格年涨幅一般控制在3%左右。省级宏观管理必须从本省经济社会发展实际和居民承受能力出发,采取强有力的措施,利用国家储备、国家投放来影响和校正市场结构,强化政府调节市场的职能,通过政府对市场的有序管理与调节,影响物价总水平,提高市场化程度,把物价上涨控制在社会可接受的范围之内。

3.实现充分就业

就业是最大的民生问题。山东作为人口大省,解决就业的任务尤其繁重。当前,我省既面临青年劳动力的就业问题,也面临经济转型带来的结构性失业和再就业问题,还面临农村劳动力的转移就业问题。就业结构性矛盾更加复杂,劳动力供给和市场需求在结构上不相匹配、劳动者技能和岗位需求不相适应的矛盾更加突出,"招工难"和"就业难"问题并存,技能人才和普通工人双短缺问题日益突出。在省级宏观管理中,需要把扩大就业摆在更加突出的位置,实施就业优先战略,实行更加积极的就业政策,建立经济增长与扩大就业的联动机制,通过结构调整和加快发展服务业提高就业弹性,把城镇登记失业率控制在4%以内。

4.调整产业结构

产业结构的调整和优化是经济发展永恒的主题。只有合理的产业结构,才能保持经济的平稳增长,并取得最佳效益。对山东来说,调整产业结构的主要任务,就是实施高端、高质、高效的产业发展战略。一是选择培植能牵引全省经济发展的主导产业。二是大力发展对全省经济平稳增长起保证作用的基础产业。三是拉长产业链条,促进产业融合,使产业结构由"二三一"向"三二一"转变,向以资本、技术密集型产业为主转变。四是遵循工艺流程升级、产品升级、功能升级和链条升级的路径,实现从贴牌生产转向自主设计生产、自主品牌生产,提升产业竞争力。五是实现实体经济与虚拟经济的均衡发展,夯实实体经济基础,发挥虚拟经济对实体经济效益的促进作用。

5.统筹重大基础设施

"生产力布局优化"是十八届三中全会决定赋予宏观调控的新内涵。作为省级宏观管理，统筹全省重大基础设施是优化生产力布局的重要体现。一方面，根据各地区的经济社会发展状况，在省内区域间进行合理布局，为产业转型发展服务，为实现经济平稳增长服务；另一方面，重大基础设施作为基本的公共品投资和建设的特点决定了由省级政府管理才能更有利于优化生产力布局，遵循区域经济发展规律。同时，统筹和建设重大基础设施也在改善和保障民生中发挥着不可替代的作用，是改善和保障民生的迫切需要。现阶段，在统筹重大基础设施过程中，需要切实采取政策措施吸引众多社会资本投资。比如，面向社会公开招标，鼓励和吸引社会资本以合资、独资、特许经营等方式参与建设营运；以缩减投资核准范围、放宽市场准入等具体办法提升民间投资，等等。

6.实现分配公平

省级宏观管理要站在社会整体利益的高度，处理好效率和公平的关系，兼顾效率和公平，再分配更加注重公平。一是通过税收等经济手段、法律手段来调节社会分配。二是健全资本、知识、技术、管理等由要素市场决定的报酬机制，提高资源配置和使用效率。三是完善以税收、社会保障、转移支付为主要手段的再分配调节机制，促进权利公平、机会公平、规则公平。四是加强城乡、区域、行业收入分配调节，逐步缩小收入分配差距，促进共同富裕，让发展成果更多、更公平地惠及全体人民。当前，省级宏观管理首要解决的任务是实现基本公共服务均等化，使所有居民在基本公共服务领域享有同样的权利，获得大致相当的基本公共服务水平。以推进政府机构改革和新型城镇化为抓手，更有效地提供公共服务。深化财政体制改革，建立健全以提供优质公共服务为取向的公共财政制度。

7.提高对外开放水平

山东独特的地理位置，决定了对外开放是影响全省经济发展的重要变量。目前，提高对外开放水平的主要任务是坚持“引进来”和“走出去”相结合，构建开放型经济新体制。一是适应经济全球化新形势，实行更加积极主动的开放战略，优化商品出口结构，稳定和扩大国际市场份额。二是发挥进口对结构调整的支持作用，扩大省内急需的资源能源、先进技术、关键设备和零部件进口。三是推进国际贸易综合改革试点，创新加工贸易模式，形成有利于推动产业集群发展的体制机制。四是加快电子口岸建设，增开国际客货运航线，发展多式联运，形成横贯东中西、联结南北方的对外经济走廊。五是推进中日韩地方经济合作示范区建设。六是积极参与“丝绸之路经济带”和“海上丝绸之路”建设，形成全方位开放的新格局。

8.完善基本经济制度

公有制为主体、多种所有制经济共同发展的基本经济制度是中国特色社会主义制度的重要支柱，也是社会主义市场经济体制的根基。因此，作为省级宏观管理的目标之一就是完善基本经济制度。处理好政府和市场的关系，更加公平地对待各种所有制经济。一是公有制经济和非公有制经济都是社会主义市场经济的重要组成部分，都是我国经济发展的重要基础。实施宏观管理既要毫不动摇地巩固和发展公有制经济，坚持公有制经济的主体地位，发挥国有经济的主导作用，不断增强国有经济的活力、控制力、影响力，也要毫不动摇地鼓励、支持、引导非公有制经济发展，激发非公有制经济的活力和创造力。二是在保护产权、使用生产要素、参与市场竞争、法律保护、市场准入、依法监管等各方面，以政策和制度促使各种所有制经济平等、公平、公正、统一。三是积极发展混合所有制经济。既要发展国有资本控股的混合所有制经济，也要鼓励发展非公有制资本控股的混合所有制经济。

9. 实现区域协调发展

区域经济协调发展的过程是政府发挥作用并由政府来推动的过程。建立合理的区域分工与协作体系是山东区域经济、也是国民经济健康发展的重要基础。现阶段，山东实现区域协调发展，关键是深入实施“两区一圈一带”发展战略。一是完善并创新区域政策，重视跨区域、次区域规划，提高区域政策的精准性。二是发挥东部地区的龙头带动作用，加快发展蓝色经济、高效生态经济，推动各种资源更多地向中西部地区倾斜。三是着力打造一批特色优势产业高地，形成区域联动协同效应，使产业发展不但具有一定的比较优势和潜力，而且还具有较强的市场适应力、占有力和竞争力，使区域经济发展在新的基础和层次上有所突破和飞跃。四是构建经济紧密型和一体化发展的省会城市群经济圈，加快建设西部经济隆起带，增强区域发展的活力和动力。

10. 促进生态文明

当前，山东与全国一样，面临资源约束趋紧、环境污染严重的严峻形势，扭转生态环境恶化的趋势已刻不容缓。必须把生态文明建设放在突出地位，处理好经济发展和生态建设的关系，努力建设美丽山东。在省级宏观管理中，要以建设生态山东为抓手，促进生态领域改革和经济体制改革良性互动。一是加快调整优化能源结构，推进工业、建筑、交通和公共机构节能，加强生态修复和保护，加快健全生态文明制度。二是把尊重自然、顺应自然、保护自然的理念融入经济社会发展全过程，建立碳交易等现代市场机制。三是落实最严格的耕地保护、水资源管理和环境保护制度，全力推进环境治理和生态修复工作，促进资源节约和循环利用。

(二)宏观管理目标体系

根据上述省级宏观管理的总体目标,按照全面建成小康社会的目标和中国特色社会主义"五位一体"总布局的基本要求,从"十三五"时期山东所处的发展阶段出发,选取能涵盖改革和发展关键领域、需要着力实现的重点任务,并能相互衔接的宏观管理指标,构成了一个多层次的目标体系。(见下表)

"十三五"时期山东省宏观管理目标体系表

类别	序号	指标名称	属性
经济发展	1	地区生产总值(亿元)	预期性
	2	居民消费价格指数	预期性
	3	城镇化率(%)	预期性
转型升级	4	服务业增加值占地区生产总值的比重(%)	预期性
	5	税收占公共财政收入的比重(%)	预期性
	6	民营经济市场主体(万户)	预期性
	7	过剩产能化解率(%)	预期性
科教文卫	8	研发经费占地区生产总值的比重(%)	预期性
	9	每万人口发明专利授权数(件)	预期性
	10	义务教育均衡发展和中职学校标准化完成率(%)	预期性
	11	人才发展指数	预期性
	12	文化及相关产业增加值占地区生产总值的比重(%)	预期性
	13	公用卫生服务改善率(%)	预期性
人民生活	14	居民人均可支配收入(元)	预期性
	15	城镇登记失业率(%)	预期性
	16	城镇净增就业人数(万人)	预期性
	17	居民基本养老保险人数(万人)	约束性
	18	居民基本医疗保险人数(万人)	约束性
	19	新增保障性住房(万套)	约束性
	20	人口自然增长率(‰)	约束性

续表

类别	序号	指标名称	属性
对外开放	21	外贸进出口总额(亿美元)	预期性
	22	实际到账外资(亿美元)	预期性
资源环境	23	耕地保有量(亿亩)	约束性
	24	单位工业增加值用水量降低率(%)	约束性
	25	农业灌溉用水有效利用系数	预期性
	26	非化石能源占一次能源消费的比重(%)	约束性
	27	单位地区生产总值能源消耗降低率(%)	约束性
	28	单位地区生产总值二氧化碳排放降低率(%)	约束性
	29	主要污染物排放削减率(%)	约束性
	30	空气细颗粒物($PM_{2.5}$)浓度改善率(%)	预期性
	31	森林覆盖率(%)	约束性

注:主要污染物指化学需氧量、氨氮、二氧化硫、氮氧化物。

(三)宏观管理手段

要有效实现省级宏观管理目标,需要综合运用各种宏观管理手段,概括起来,主要有以下几种:

1.计划手段

计划是省级宏观管理的重要手段之一。通过强化计划手段的宏观引导、统筹协调功能,有利于充分发挥对政府公共预算安排、金融资本运用、资源合理配置等政策措施的综合导向作用,引导一定资源向重点产业、区域流动,保持宏观经济稳定、均衡和健康发展,促进经济转型升级。省级计划管理按照时间跨度包括三个方面:发展战略、中长期规划、年度计划。一是要在研究制定全省发展思路的基础上,提出一定时期的发展战略。发展战略是省级政府对省区长远发展的构想,是制定发展政策的基本依据,具有全局性、展望性和长期性。二是根据发展战略目标和重点,制定中长期规划。发展规划是省级政府对一些重要领域、重大问题有关发展意图的中长期工作部署,具有指导性、方向性和纲领性。它对省级政府有约束力,对内是省级政府各部门、各地市协调行动的计划,对外是统一认识,动员各方面力量和资源完成计划目标的行动报告。三是围绕分解落实中长期规划目标任务,编制省政府年度工作计划,把政府的发展意图贯穿到全省经济社会发展活动中。年度计划是中长期计划在各年的具体工作安排,是对中长期经济社会发展目标的落实,由于年度计划需经同级人民代表大会审议通过后启动实施，因此具有很强的约束力和可操作性。

2.产业政策手段

产业政策是省级政府宏观管理的重要经济手段之一。它是以发展为目标，以改革作保证，协调价格、税收、金融、财政、外贸以及计划等管理手段的综合政策体系，主要由产业布局政策、产业结构政策、产业技术政策和产业组织政策等组成。产业政策比其他宏观管理机制更着重于调节供给。当供求在总量和结构上产生矛盾时，政府既可以通过税收、信贷等手段来引导需求结构的变化，也可以从调节供给着手，通过制定相应的产业政策，促进供给总量的有效增长。就产业政策的作用时间来说，也往往比其他宏观管理机制的作用时间更长。其他宏观管理机制一旦完成了短期内均衡市场供求的任务后，就会效应递减，而产业政策的调节效应却能在更长的时期内发生作用。

3.财政政策手段

财政政策手段是指为了实现既定的财政政策目标而选择的具体工具或方式方法。一般说来，主要包括预算、税收、公债、财政支出等手段。地方财政政策虽然在政策调控类型、政策手段运用、政策规范程度、政策作用范围上与中央有所不同，但在财政政策实现目标、实施条件、传导机制上与中央政府是相同的。比如，在政策实施目标上，实现经济的可持续发展、通过促进科技进步转变经济发展方式、实现充分就业和实施社会保障等是完全相同的。在政策实施条件上，在中央宏观政策出台后，地方政府所采取的财政政策应在时机和政策类型方面与中央保持一致。在政策传导机制上，地方财政政策与中央均是通过影响消费、投资和出口实现对总需求的调节，均是通过提高企业技术进步、优化产业结构等方面实现对总供给的调节。所以，通过强化地方财政政策的运用，可以有效地增强地方政府的管理能力，也不会违背中央政府的调控目标。

4.金融政策手段

金融政策手段即通过央行调节准备金率、再贴现和公开市场业务来调节货币供应量，通过调整利率需求，控制通货膨胀。省级金融政策不能超越中央一级调控，但是，可以在其调控范围内自主管理。比如，中央银行只核定省区再贷款的总规模，在总规模控制下，再贷款在全省范围内怎样合理配置，这就是省级自主管理的问题。这就要求省级金融机构必须认真贯彻执行国家的货币政策，金融政策目标必须与中央调控目标在总体上保持一致性，在遵循中央统一政策的前提下，发挥省级自主管理的职能。省级分行能够使用的间接管理手段十分有限，主要是信贷计划管理和定向贷款。在具体使用中，一是要与计划手段相结合，配合计划的实施，满足经济发展对资金的需要；二是与产业政策相结合，明确支持什么、限制什么。

5. 价格政策手段

价格的涨落变化，都会引起生产、流通、消费领域的相应反应和利益结构的变化，对需求和供给之间的平衡关系产生重大影响，对宏观经济具有较强的调节功能。省级政府既是中央物价政策的坚决执行者，同时也是从本省经济和社会发展水平出发，结合中央政策因地制宜地制定物价政策，促进区域经济健康发展的主体。

6. 土地政策手段

土地政策手段包括土地供给数量管理和土地供给结构管理。一是土地供给数量管理。这是土地宏观管理的主要内容，主要通过供求机制和价格机制对经济社会发展产生影响。比如，经济过热时，通过减少供地量或提高地价以抑制需求，迟滞投资实现，从而减缓经济增长速度；经济过冷时，与财政、货币等金融政策配合使用，增大供地量或降低地价，促进经济发展。土地供给数量的控制主要通过存量和增量两个方面的控制来实现。由于土地的稀缺性，增量土地供给是有限的，应积极盘活存量建设用地，同时把节约集约利用土地放在首位，重点盘活存量土地供给，严格控制建设占用耕地、林地、草原和湿地，执行最严格的节约用地制度。二是土地供给结构管理。通过实施土地用途管制，加强土地规划计划执行，调整不同用途土地的供应，促进产业结构调整和产业优化升级。按照国家产业政策的要求，适时调整供地政策，对禁止性项目停止供地，对限制性项目提高供地标准和条件，对国家重点建设项目和重大基础设施建设项目保障用地。

7. 法律手段

法律手段是指依靠法制力量，通过制定和运用经济法律来调节经济活动，主要包括经济立法和经济司法，具有权威性、稳定性和公开性的特点。经济立法由立法机关制定各种经济法规，保护市场主体权益。经济司法由司法机关按照法律规定的制度、程序，对经济案件进行检察和审理，制止和纠正经济发展过程中的消极现象，打击和惩办各种经济犯罪活动，实现市场经济的有序化和规范化，为国民经济正常运行和健康发展提供法制环境。法律手段可以使经济活动有法可依，将经济主体行为纳入法制轨道，引导经济主体活动，预防、打击违法行为，保障和创造良好的经济秩序，实现经济调整的预期目标。

8. 技术手段

作为一种制度安排，标准可以作为一种宏观管理的有效工具和手段，实现三个方面的效果：一是规范市场秩序。市场的正常运行必须在一定的规范下进行，包括法律体系、技术规范等，标准从本质上属于技术规范的范畴。完善的法律体系和健全的标准体系是市场经济正常运行的必要条件，标准是对市场进行规范和整顿最有力的一道门槛。二是促进产业结构升级。标准与自主创新之间存在着良性的互动关系。一方面，标准能够推动自主创新，一项标准“产生—实施—修订”的过程，就是科学技术和经验“创新—应用—再创新”的过程；另一方面，标准也是科技创新的推广扩散平台，能够积极引领科技的创新发展，加速科技成果的转化推广。三是引导可持续发展。标准可以规范和促进资源的可持续利用。通过制定和实施对水、土壤、森林、矿产、海洋等自然资源保护与合理利用的标准，规范、促进和引导资源保护和合理利用，限制高消耗、高污染、低效率的生产方式，最大限度地减少废弃物的产生，实现自然资源的永续利用，使可持续发展战略真正落到实处。

9.信息手段

科技与信息化正在引领发展转型，带动经济社会变革。发挥信息手段在宏观经济预警和诚信体系建设等领域的重要作用，运用科技信息手段规范管理、创新监管、提高宏观管理水平，有助于加速形成现代化行政管理理念，重塑政府管理的结构和形态。

10.行政手段

行政手段是指凭借政权的力量和权威，以行政部门体系为渠道，通过发布强制性的命令、指示、规定等行政方式来调节经济活动。行政手段具有权威性、直接性、强制性、速效性，是宏观管理的辅助手段。当整体和个体利益不一致时，当企业的局部利益和全局利益发生冲突时，由政府根据社会和公众利益采取一定的行政手段来调节，效果明显；在间接调控不易发生作用的领域，如生态平衡、资源保护等，以及在应对突发事件如重大灾害等方面，行政手段快捷、明确、奏效快等优势就显现出来，可减少不必要的损耗；当经济手段滞后、法律手段不足时，运用行政手段可以保证实现及时灵活的调节。但是，行政手段是短期的非常规手段，必须反映客观经济规律的要求，不能片面强调和过多运用，否则将不利于市场作用的正常发挥，甚至会产生消极后果。

综合来看，每种宏观管理手段都有其优点和局限性，它们作用的范围、方向和程度都有所不同，单独运用一种手段进行宏观管理，常常难以达到预期目标。因此，在进行省级宏观经济管理时，要善于综合利用各种手段，形成合力。

四、加强和改善山东省宏观管理的基本思路

（一）夯实宏观管理的基础

在全面深化改革、完善和发展社会主义市场经济体制背景下，加强和改善

宏观管理必须有一定的基础条件。只有具备这样的基础条件，宏观管理的针对性、科学性和有效性才能发挥出来。要加强和改善宏观管理，首先要夯实宏观管理的基础。

1. 深化行政审批制度改革，切实转变政府职能

宏观管理是在市场充分发挥对资源配置起决定性作用的基础上，对市场或市场主体的调节或引导，而不是对市场经济的过多干预。政府职能的"越位"和"缺位"，既影响了市场机制作用的正常发挥，也势必影响宏观管理的成效。因此，一要简政放权，有效减少行政干预。应按照十八大、十八届三中全会及国务院机构改革和职能转变方案的精神，进一步减少对微观事务的管理。减少和下放投资审批事项，减少和下放生产经营活动审批事项，减少资质资格许可和认定。市场机制能有效调节的经济活动，一律取消审批，对保留的行政审批事项要规范管理、提高效率。取消不合法、不合理的行政事业性收费和政府性基金项目。二要深化行政管理体制改革，加快转变政府职能。应优化政府的组织结构，深化机构改革，机构改革要与职能转变相结合。应优化政府的机构设置、职能配置、工作流程，完善决策权、执行权、监督权既相互制约又相互协调的行政运行机制。三要切实提高省政府管理的科学化水平。推动政府职能向创造良好发展环境、提供公共服务、维护社会公平正义、加强市场监管和社会管理、强化环境保护职责等方面转变，为实现经济文化强省建设新跨越提供强有力的保障。

2. 完善省域市场体系，规范市场秩序

市场是政府宏观管理的对象和载体，政府调节市场，市场引导企业。一个统一开放、公平诚信、竞争有序的市场体系，既是市场在资源配置中起决定性作用的基础，也是政府实施宏观管理的基础。一要加快形成现代市场体系。在建立和完善山东省产品市场的同时，着力推进资本、劳动力、土地等要素市场建设。加快形成企业自主经营、公平竞争，消费者自由选择、自主消费，商品和要素自由流动、平等交换的现代市场体系。二要建立公平、开放、透明的市场规则。实行统一的市场准入制度，结合国务院和山东省实际，探索制定负面清单。在制定负面清单的基础上，凡在山东省的各类市场主体皆可依法平等进入清单之外领域，"法无禁止即可为"。鼓励外商对山东省进行投资，按照国家政策和WTO规则，探索对外商投资实行准入前国民待遇加负面清单的管理模式。在工商注册制度便利化、资质认定项目等方面取得明显成效。三要加强全社会信用体系建设。通过征信系统，建立和完善个人、机构的信用记录。在此基础上，建立信用奖惩机制，褒扬诚信，惩戒失信，培育履约守信的行为规范，提高全社会的信用水平，建设法治化营商环境。四要强化市场监管体系建设。实行统一

的市场监管，清理和废除妨碍全省统一市场和公平竞争的各种规定与做法，严禁和惩处各类违法实行优惠政策的行为，反对地方保护，反对垄断和不正当竞争。

3. 夯实宏观管理的信息基础

政府的宏观管理离不开信息的收集、处理、分析、判断。信息是宏观管理各项工作的前提和依据，是宏观管理各组织机构之间沟通联系、协调行动的纽带和桥梁，也是提高宏观管理成效的重要支撑。要建立和完善山东省基础信息数据库工作，在现有的各类信息数据库的基础上，建立分门别类的行业信息数据库。强化对全省服务业、文化产业、新兴产业、社会事业及中小企业等方面的信息统计工作。加强对"两区"有关信息数据的统计、整理、分析工作。既要注重政府及其所属机构的信息统计工作，又要注重收集各研究机构、大专院校及其研究机构、各种学术团体的信息数据。增强政府统计工作的系统性和规范性，引导规范各类信息统计活动。依法统计、科学统计，使统计信息能够全面、真实、客观地反映经济社会发展实际。加强对全省经济信息资源的开发和信息内容服务，建立健全全省信息数据共享机制，使之更好地为各级政府决策服务。

（二）赋予经济政策手段在省级宏观管理中的新内容、新作用

在符合国家政策精神的前提下，作为省级政府，要完善和创新财政、金融、产业、价格、收入分配、土地、消费、投融资、区域协调发展及外经、外贸等经济政策手段，充分发挥其在省级宏观管理中的作用。

1. 财政政策

财政政策是主要的宏观管理手段，要充分发挥财政政策对宏观经济的调节作用。一要深化预算管理改革，实施全面规范、公开透明的预算制度。建立"全口径"的政府预算制度，全面编制公共财政、政府性基金、国有资本经营、社保基金预算等，把政府的全部收支都纳入预算管理，继续公开省级"三公"经费预算和部门预算，扩大市县预算公开试点范围，推进市县部门预算和"三公"经费预算公开。要研究编制政府综合预算，使各类预算有机衔接，相互补充，努力形成"预算编制有目标，预算执行有监控，预算完成有评价，评价结果有反馈，反馈结果有应用"的管理格局，真正建立起"花钱必问效，无效必问责"的监控管理机制。二要完善省对下转移支付制度。扩大一般性转移支付规模，建立一般性转移支付增长机制，稳步提高省对下一般转移支付的比重。重点完善县级基本财力保障机制。清理、整合、规范专项转移支付项目，严控新设专项转移支付项目，加大对专项转移支付项目的监督力度。三要加快税收制度改革。继续全面落实中央结构性减税政策，贯彻执行中央出台的各项减税清费政策，优化发展

环境。加快"营改增"改革步伐。适时调整城镇土地使用税和耕地占用税政策，进一步完善地方税收体系。关注国家资源税、消费税、房地产税、环境保护税、城建税改革的动态，及时研究、制定山东省贯彻落实意见。努力提高税收在财政收入中的比重。四要进一步调整支出结构。压缩一般性行政开支，特别是"三公"经费。加大对民生保障和基本公共服务领域的投入力度。严格控制、规范产业发展类支出，减少竞争性领域的投入，加大对规划编制、创业补助、创新奖励、教育培训、节能减排及公共服务平台建设的投入力度。五要完善政府债务管理体制和工作机制，防范和化解债务风险。探索对政府债务实行限额控制、分类管理。规范政府举债融资行为，防止出现系统性、区域性政府债务风险。加强对各地市债务情况的分析与考核。

2.金融政策

金融是现代经济中调节宏观经济的重要杠杆。应在贯彻和执行中央金融政策的前提下，加快建设与山东省实体经济相适应、市场化水平较高的现代金融体系。一要支持和推动山东金融市场创新发展。支持银行业机构开展跨业跨区合作，不断增强贷款投放的能力。优化信贷资金投向，提高资金使用效率。发挥好政策性银行的扶持引导作用。用足、用好保险资金运用政策，加强与保险资产管理机构的对接，扩大保险资金在山东省的投资渠道。发展股权交易市场，建成以资本要素为特征的金融综合交易平台。努力构建较为完善的要素市场体系，合理设计品种结构、数量规模和区域分布，促进各类要素交易市场规范有序发展。发挥期货市场功能，配合市场机构开发有关农副产品、海洋产品等期货品种。进一步发挥期货市场在定价、风险管理和推进经济转型升级等方面的作用。二要发展和规范各类地方金融组织。进一步发挥民间资本在村镇银行改革发展中的作用。继续做好小额贷款公司试点工作。有序发展融资性担保机构，切实增强融资增信提级功能。加快发展融资租赁公司，促进实体企业设备升级和技术进步。全面深化农村信用社改革，把我省农村信用社改造为运作规范、风险可控的银行类金融机构。加强中小法人银行机构管理，完善法人治理结构和高管人员任职管理制度，提高其持续发展能力。继续引导符合条件的大型企业集团组建财务公司，提高资金运营能力；推广建立市县金融服务中心、金融超市，做好投融资信息发布、金融产品推介、政策咨询、财务顾问等服务工作。三要发挥金融服务促进我省经济转型升级的重要作用。制定金融支持高新技术产业开发区发展的政策意见，加快形成与企业创新相适应的科技金融发展新模式。加大对先进制造业、服务业、传统产业改造升级以及绿色环保等领域的资金支持力度。进一步发展消费金融，促进消费升级。创新城镇化建设投融资机制，支持新型城镇化发展。建设济南区域金融中心和青岛财富管理中心。努力将济南建设成为立足山东、辐射周边省份、在全国有较大影响的黄河中下游地区金融中心。利用青岛市的已有基础和蓝色经济区的龙头地位，把青岛市建设成为国内领先、面向国际的新兴财富管理中心。四要加快金融业对外开放。推进中日韩地方经济合作示范区金融业务先行先试。争取将青岛市列为自由贸易区金融先行试点城市，逐步建设成为面向日韩的离岸金融中心。继续加强与世界银行、亚洲开发银行等国际金融组织的合作。加强与京沪及其他境内外金融中心的交流合作，主动承接金融产业转移和金融功能外溢；做好对“走出去”企业的金融服务。鼓励境内外金融机构提供跨国并购贷款、股权融资服务，建立对外承包工程融资担保平台，综合运用内保外贷、外保内贷及出口信用保险等金融手段，为我省企业开展对外贸易、投资和工程承包活动提供有力支持。鼓励跨国公司在我省设立区域性投资总部、结算中心等功能性机构。

3. 产业政策

在市场经济中，产业政策具有导向作用。我省应充分利用产业政策的导向作用，与其他经济政策相协调，促进我省产业结构转型升级，实现经济发展方式的根本转变。一是加快发展现代农业，持续推进千亿斤粮食产能建设，保证我省粮食产量持续稳步提高，推进畜牧业标准化规模养殖，加快现代海洋渔业建设，大力发展农产品深加工，延长农业产业链，创新农产品流通方式和流通业态，加强农村各类基础设施建设。二是同步推进传统工业的转型升级和战略性新兴产业发展。把技术创新放在工业发展全局的核心地位。要加快传统产业改造升级的步伐，通过政策激励、引导，鼓励传统产业通过产品设计、技术、工艺、管理、营销等方面的创新和变革，延长产业链，增加附加值，获得新的竞争优势。大力发展战略性新兴产业，把培育和发展战略性新兴产业作为转方式调结构的重要切入点，使之成为我省的先导性、支柱性产业。立足我省的优势，重点发展新材料产业、新一代信息技术产业、新能源产业、节能环保产业、新医药和生物产业、海洋开发产业和高端装备制造产业，坚定不移地化解过剩产能。三是加快发展服务业，特别是现代服务业。切实把服务业放到转方式调结构的战略重点位置，作为打造山东经济升级版、推动经济长期健康发展的新引擎。力争到2020年，服务业总量显著扩大，就业容量明显增加，体制机制更加完善，开放水平全面提高，市场竞争力持续增强，总体发展规模、质量和层次与经济文化强省建设的要求相适应；服务业增加值占生产总值的比重达到50％左右，基本形成服务业占主导地位的经济结构。政府要加强对服务业发展的规划引领，在财政投入、购买公共服务范围、保障和优化土地供应、价格政策、融资渠道、人才引进等方面，对服务业发展给予政策倾斜。要简政放权，优化服务业的发展环境；深化服务业改革，扩大开放；激励服务业领域创业，推动服务业创新发展。

4. 价格政策

价格是市场机制的核心，价格监管是市场监管的重要组成部分，是政府职责所在。要完善主要由市场决定价格的机制，凡是能由市场形成价格的都交给市场，政府不进行不当干预。地方政府要做好价格监测预警工作，健全价格调控预案，利用价格调节机制调节市场供求，防范和应对价格异常波动，增强政府对价格的调控能力，保持市场价格总水平基本稳定，保障和改善民生。推进水、石油、天然气、电力、交通、电信等领域的价格改革，完善居民用水、用电、用气阶梯式价格制度，健全促进节能减排的差别价格机制。推进药品、医疗、教育、交通等公用公益事业价格改革，放开竞争性环节价格。建立和完善服务价格政府指导价、政府定价目录管理制度。政府定价范围主要限定在重要公用事业、公益性服务、网络型自然垄断环节，提高透明度，接受社会监督。完善农产品价格形成机制，注重发挥市场形成价格的作用；依法严厉查处违法行为，严格查处哄抬物价、串通涨价等操纵价格的行为，维护正常的市场和价格秩序，维护和促进公平竞争。

5. 收入分配政策

形成合理有序的收入分配格局。一是保护劳动所得，努力实现劳动报酬增长和劳动生产率提高同步，提高劳动报酬在初次分配中的比重。健全工资决定和正常增长机制，依法规范企业分配行为，理顺分配关系，引导企业在发展生产和提高经济效益的基础上合理增加职工工资。完善落实最低工资保障制度，切实加强监督检查。二是改革机关事业单位工资和津贴补贴制度。建立公务员和企业相当人员的工资水平调查比较制度，完善科学合理的职务与职级并行制度，适当提高基层公务员的工资水平；结合分类推进事业单位改革，建立健全符合事业单位特点、体现岗位绩效和分级分类管理的工资分配制度。三是完善以税收、社会保障、转移支付为主要手段的再分配调节机制，加大税收调节力度。建立公共资源出让收益合理共享机制。完善慈善捐助减免税制度，支持慈善事业发挥扶贫济困的积极作用。四是规范收入分配秩序，完善收入分配调控体制机制和政策体系，建立个人收入和财产信息系统，保护合法收入，调节过高收入，清理规范隐性收入，取缔非法收入，增加低收入者的收入，扩大中等收入者的比重，努力缩小城乡、区域、行业收入分配差距，逐步形成“橄榄形”分配格局。

6. 土地政策

坚决贯彻落实国家关于最严格的耕地保护和节约用地制度，严格执行土地利用总体规划，确保全省耕地总量和基本农田保护面积不减少、建设用地总规模不突破。实行差别化的土地利用和管理政策，在符合产业政策和区域发展政策的前提下，引导新增建设用地指标向城镇化重点地区、重点区域倾斜，保障重点产业、重点建设项目和保障性住房建设项目用地需求。严格限制“两高一低”、低水平重复建设和产能过剩行业的用地需求；通过优化建设用地格局，拓展建设用地空间、推进低效利用建设用地的二次开发利用、提升各类开发区（园区）的用地效益、鼓励多层工业厂房建设等措施，实现土地资源的高效配置和节约集约利用；推进集体建设用地使用权流转试点，探索实行集体建设用地使用权抵押和作价入股。探索建立农村土地承包经营权和农村宅基地自愿有偿退出机制，有效减少农村居民点占地面积；建立城乡统一的建设用地市场。完善土地租赁、转让、抵押二级市场。

7. 消费政策

针对我省消费率长期偏低的现实，必须努力释放有效需求，构建扩大消费的长效机制。利用收入分配政策，保证我省城乡居民收入随着经济发展正常增长，夯实促进消费需求的物质基础。完善社会保障体系，减轻居民的生活压力，减少居民的预防性储蓄，使整个社会释放出巨大的消费潜力。注重改善消费预期和消费环境，增强居民的消费意愿，让居民大胆消费、放心消费、健康消费，坚决打击危害消费者健康的事件，引导居民科学消费、理性消费、绿色消费、节约型消费。注重培育新的消费热点，激发农民的消费需求，建立增加农民收入的长效机制，提高农民的实际购买力。

8. 投融资政策

充分发挥市场配置资源的决定性作用，确立企业在投资活动中的主体地位。界定政府投资范围，规范政府投资行为。保护投资者的合法权益，营造有利于各类投资主体公平、有序竞争的市场环境，促进生产要素的合理流动和有效配置；国有资本投资运营要服务于国家和省战略目标，更多投向关系国家安全、国民经济命脉的重要行业和关键领域，重点提供公共服务、发展战略性产业、保护生态环境、支持科技进步，国有资本要逐渐退出竞争性领域，国有资本投资项目应允许非国有资本参股，大力鼓励非国有资本投资。优化民间资本的投资环境。清理和修改不利于民间投资发展的法规政策，切实保护民间投资的合法权益。引导民营企业有重点、有步骤地开展境外投资，加强、完善对民营企业境外投资的宏观指导和政策支持，利用各种金融政策为民间资本融资创造有利条件。

9. 区域协调发展政策

要紧紧围绕“两区一圈一带”的区域发展总体格局制定和实施发展政策。继续坚持“面上推开，点上突破，融合互动，一体发展”。“蓝黄”两区、省会城市群经济圈、西部经济隆起带等要充分发挥各区域的比较优势，打造各区域发展的新亮点。各个区域产业要协作互补，资源要素共享。加快区域内基础设施建设，实现各大区域重大基础设施互联互通，支持区域经济协调发展。坚持全省“一盘棋”，加强各个区域的合作对接，发挥区域契合、政策叠加优势，实现良性互动，促进我省经济发展水平整体提升。

10. 外经外贸政策

推动对内开放和对外开放相互促进、“引进来”和“走出去”更好结合，促进国内外要素有序自由流动、资源高效配置、市场深度融合，形成对外开放新格局；保持对外贸易稳定增长，优化对外贸易结构，推动出口从传统的生产成本优势向新的核心竞争优势转化。拓展多元国际市场，巩固扩大欧、美、日等发达经济体市场，大力拓展俄罗斯、南亚、中东、非洲、拉美等新兴经济体市场，深度挖掘东盟等自贸区市场的潜力。落实国家及省有关政策，规范和减少进出口环节收费，加快出口退税进度，为全省外贸发展创造良好的贸易环境；提升利用外资水平，强化利用外资重点，把承接国际产业转移和促进省内产业结构升级相结合，加快现有外资企业增资发展，增强利用外资的综合效应；大力实施“走出去”战略，加强对外投资和经济合作发展的布局规划与产业指导，创新境外经贸合作区发展模式，建设一批省级境外经贸合作区，推动省内企业与央企对接合作，拓展海外工程市场，培育源自山东的跨国公司。加快重点行业在全球的布局，引导省内龙头企业在全球范围内整合产业链，在研发、生产、销售等方面开展国际化经营，提高跨国经营管理水平。推动企业通过并购和参股方式获得境外研发中心、营销网络和国际知名品牌。

（三）构建省级宏观管理体系和运行机制

省级宏观管理要能发挥出其应有的效果，必须构建省级宏观管理机制，从预警、决策、执行监督、反馈等方面，形成科学、合理的宏观管理机制。

1. 建立宏观管理指标监测体系

宏观管理指标体系是宏观管理实施的基础和前提，为宏观管理的决策、实施提供依据。国民经济是一个规模庞大、结构复杂、功能综合、因素繁多的经济系统，管理的内容牵涉多个方面，而且不同时期的管理内容、目标不尽相同，因此管理指标不仅包含多个指标，而且这些指标要标准化、系列化。这套指标监测体系既要反映经济增长，又要反映社会财富的分配；既要反映供给，又要反映需求；既要反映生产，又要反映消费；既要反映经济发展，又要反映社会进步等。

2. 建立宏观管理预警机制

宏观管理预警是指宏观管理有关机构或部门通过对一系列宏观管理指标的监测及分析，认为这些指标达到或逼近管理指标的临界值，由此宏观经济会发生重大变化，预先发出警报，或向宏观决策机构提出对策建议，以引起决策机构警觉并采取措施预防或挽救的过程。要建立宏观经济预警信号系统、景气调查系统、景气分析系统。建立宏观管理预警机制的目的，就在于使宏观管理部门准确把握宏观经济运行的动态，根据宏观经济周期性波动的特点和各种特征对宏观经济运行的趋势进行超前判断，以采取有效措施予以调整。

3. 建立宏观管理决策机制

省级管理的决策主体就是省政府，而不是省政府所属有关机构或部门。作为与省级宏观管理有密切关系的有关机构或部门，对省级宏观管理有建议权，对本部门职能范围之内的事项可以发布有关政策措施。但是涉及全省经济社会发展的重大问题，相关政策措施也应由省政府决策实施，以省政府的名义出台或发布。省政府的决策建立在各个机构或部门和下级政府的监测、分析、建议的基础上，是对各种分析、建议的综合运用。要建立完善科学的决策机制，可定期召开有关职能部门的联合会议，并邀请有关专家参加，对近期的宏观经济运行状况进行分析。决策之前要分析各方面情况，倾听各方面意见，考虑各种可能的后果，避免拍脑袋决策、"一把手"决策，盲目决策，切实做到民主决策、科学决策。

4. 建立宏观管理执行监督机制

在宏观管理政策措施正确的前提下，宏观管理效果能否有效，管理目标能否实现，关键在于政策措施是否充分实施执行。由于部门利益、行业利益、地方利益的客观存在，宏观管理的实施可能会打折扣，要建立相应的经济监督、行政监督、法律监督、社会监督机制。建立健全监察部门会同相关业务部门开展落实省委、省政府重大决策部署和专项重点工作的检查监督机制，加大行政问责力度。充分发挥人大、政协、媒体、社会舆论的监督作用。坚决纠正和查处有令不行、有禁不止的行为，维护中央的方针政策和省委、省政府政策的统一性、权威性和有效性。

5. 建立宏观管理反馈机制

宏观管理的绩效评价可以用管理政策实施后国民经济的实际运行状况与管理预期目标的接近程度衡量。国民经济运行各项指标或大部分指标越逼近管理预期目标，说明宏观管理的效果越好；否则，说明管理效果欠佳。国民经济的实际运行受多种因素的影响，各种管理政策的侧重点不同，发挥作用的时间不同，政策协调发挥作用的强度不同，管理政策的综合效果也会不同。无论出现什么样的结果，需要及时进行总结、反馈，探索建立宏观管理案例库，总结成功经验，吸取失败教训，为宏观管理提供理论和实践依据，不断提高政府的宏观管理水平。

(四)在创新宏观管理中实现权力和责任同步下放、放活和监管同步到位

按照党的十八大、十八届三中全会精神，经济体制改革是全面深化改革的

重点,核心问题是处理好政府和市场的关系,使市场在资源配置中起决定性作用和更好地发挥政府的作用。市场决定资源配置是市场经济的一般规律,而科学的宏观管理、有效的政府治理是发挥社会主义市场经济体制优势的内在要求。一方面,要积极稳妥地从广度和深度两方面推进市场化改革,大幅度减少政府对资源的直接配置,推动资源配置依据市场规则、市场价格、市场竞争实现效益最大化和效率最优化;另一方面,要加强和改善政府的宏观管理水平,推进政府治理体系和治理能力现代化。

全面正确地履行政府职能,要做到"两个同步",即权力和责任同步下放、放活和监管同步到位。

权力与责任是对等的,有权必有责,权责需一致。政府要最大限度地减少对微观事务的管理,只要市场机制能够有效调节的经济活动,一律取消审批,对保留的审批事项要规范管理、提高效率。直接面向基层、量大面广、由地方管理更为方便有效的经济社会事项,一律下放地方和基层管理。作为省级政府权力下放,一是向市场下放,二是向基层政府下放。作为基层政府,同样要正确履行其职能,切实加强公共服务、市场监管、社会管理、环境保护等职责,不能对市场机制能够调节的经济活动进行干预。接受下放的权力,责任同样增加。要把权力关进制度的笼子里,让权力在阳光下运行。要优化政府的机构设置、职能配置、工作流程,完善决策权、执行权、监督权既相互制约又相互协调的行政运行机制,突出责任落实,确保权责一致。对权力下放后的不作为、乱作为、胡作为、各种寻租和推卸责任的行为要坚决查处。

发挥市场机制的有效调节作用与加强和改善政府宏观管理并不矛盾。在充分发挥市场这只"看不见的手"的作用的同时,还要发挥政府这只"看得见的手"的作用,弥补市场失灵。要彻底改变政府既当"裁判员"又当"运动员"的双重身份,变全能型政府为服务型政府。政府的职能主要集中在市场基本制度、规则的制定、监督执行、政策引导等方面,主要为市场主体服务和创造良好的发展环境。要整顿和规范市场经济秩序,强化政府对市场经济秩序的监管,创造公平竞争的市场环境。良好的市场经济秩序,是市场经济得以正常运转的前提。维护市场经济秩序,是政府的重要职责,必须加强政府的监管职能和服务职能。

(山东省发展和改革委员会综合处　完成时间:2014 年 5 月)

山东省宏观经济运行情况研究报告

近期，山东省发改委组织精干力量，就宏观经济进行情况进行了认真研究，形成了本报告。

一、2012年以来山东经济社会发展情况

2012年以来，面对错综复杂的国内外经济形势，山东省委、省政府带领全省上下深入贯彻落实党的十八大和十八届三中、四中全会精神，以习近平总书记系列重要讲话和视察山东重要讲话、重要批示精神为指引，紧紧围绕“四个全面”战略布局，坚持稳中求进的工作总基调，加快工作指导重大转变，按照“一个定位、三个提升”的要求，科学务实、积极作为，攻坚克难、锐意进取，稳增长、促改革、调结构、惠民生、防风险各项工作取得新的成绩。

（一）综合实力进一步增强

2014年，全省生产总值达到5.94万亿元，比2011年增长30.8%，2012～2014年年均增长9.4%，高于全国平均水平1.8个百分点；城镇登记失业率3.3%，比2011年下降0.05个百分点，2012年以来城镇新增就业和农村劳动力转移就业年均分别达到119.5万人和134万人，连续11年实现“双过百万”；居民消费价格年均上涨2.1%，物价水平保持稳定。农业基础牢固，粮食产量实现“十二连增”，总产量达到919.3亿斤，占全国的7.6%；工业生产平稳，规模以上工业企业增加值年均增长10.8%。三大需求支撑有力，2014年固定资产投资、社会消费品零售总额分别达到41599.1亿元和25111.5亿元，比2011年增长66.9%和46.3%，年均增长18.6%和13.5%；进出口总额达2771.2亿美元，利用外商直接投资152亿美元，实际对外投资44.1亿美元，分别比2011年增长17.8%、36.2%和78.5%，年均分别增长5.6%、10.8%和21.3%。质量效益稳步提升，2014年地方一般公共财政预算收入达到5026.8亿元，比2011年增长

45.5%，年均增长13.3%；城乡居民人均可支配收入分别达到29222元和11882元，比2011年分别增长34.7%和41.5%，年均分别增长10.5%和12.3%。

（二）全面改革进一步深化

按照中央确定的时间表、路线图，我省累计推进69项重点改革事项，先后召开15次全面深化改革领导小组会议，审议有关改革文件62个，出台改革文件或法规140多个，承担国家改革试点150多项，组织省级试点100多项。

在政府职能转变和简政放权方面，公布了省、市、县三级行政审批事项目录清单、行政权力清单和省级政府部门责任清单，累计削减省级行政审批事项400项；连续两年修订了政府核准的投资项目目录，累计取消下放核准事项73项。政府机构改革任务基本完成。

在商事制度改革方面，大力推进工商登记制度便利化，积极推进“三证合一”试点，新增市场主体“井喷式”增长。2014年，新登记市场主体125万户，比上年增长81.2%。

在农村改革方面，90%以上的行政村（社区）和67.7%的耕地完成确权登记颁证，农村土地经营权流转面积达到2155.8万亩，供销社综合改革等改革试点扎实开展。

在企业改革方面，深化省属国有企业改革，完善国有资产管理体制，推进省属经营性国有资本统一监管，11户国有资本投资运营公司改建和组建工作基本完成，划转部分国有资本充实社会保障基金，山东省社会保障基金理事会正式挂牌，国有资本收益综合收取比例提高到13.7%左右；全面健全省属企业内部治理结构，设立并规范股东会、董事会、管理层和监事会，建成独立董事和外部监事人才库，完善企业财务制度，加强审计监督，建立防止利益冲突的体制机制。出台了加快民营经济发展的意见，民间投资占全部投资的比重保持在80%以上，民营企业已超过外资企业成为第一大出口贸易主体。

在创新投融资体制方面，减少和取消财政对竞争性行业的直接补助，探索引导基金、政府购买服务、政府与社会资本合作等方式，省级发起设立17只政府股权投资引导基金；共储备政府和社会资本合作（PPP）项目600多个，总投资额达到5000多亿元。直接融资规模继续扩大，2014年全省股票、债券直接融资达到3918.3亿元，是2012年的2.16倍；截至2015年上半年，全省上市公司和新三板挂牌企业分别达到250家和196家。制定了山东省社会信用体系建设规划和工作方案。

在财政金融改革方面，加快省以下财政体制和省级预算管理改革，稳步推进“营改增”试点，省级专项转移支付由243项减少到71项，省对下一般性转移支付占比达到60.8%，省、市、县三级全面公开预决算，政府债务管理机制进一步健全；着力发展普惠制金融，出台实施了金融改革发展的22条意见，全省股权交易市场框架基本形成，新型农村合作金融改革试点在全省推开，民间金融阳光化工作进展顺利，小额贷款公司、融资性担保机构、民间融资机构等都保持较快增长。青岛国家财富管理金融综合改革试验区建设取得积极成效。

在分配领域改革方面，完善工资正常增长机制，出台了提高基层干部、教师待遇和改善欠发达地区津贴、补贴等政策，积极推进县以下机关建立公务员职务与职级并行制度，制定了国有企业负责人薪酬制度改革办法，连续6年调高了社会最低工资标准。制定了公务用车制度改革方案。深化住房制度改革，着力解决房改遗留问题，实施了省直单位无房职工一次性补偿工作。

在社会事业改革方面，实施了高等教育分类改革，建立健全了职业教育体系，将中职教育双证互通试点扩大到所有合格学校，出台了包括课程、中考和校长职级制试点在内的基础教育综合改革意见，教育领域改革走在全国前列；制定了事业单位改革总体意见和10个配套文件，事业单位分类改革在全省范围内全面展开；率先开展全省统筹的居民大病保险制度，84个县186家县级公立医院综合改革试点进展顺利。市场、价格、医疗、科技、文化、生态文明、民主法制等领域改革继续深化。

（三）产业结构进一步优化

三次产业结构由2011年的8.8∶52.9∶38.3调整为今年上半年的7.6∶46.8∶45.6。深入实施农业十大产业振兴和五个农业特色产业发展规划，加强千亿斤粮食产能建设，加快推进“渤海粮仓”“海上粮仓”示范工程，科技对农业增长的贡献率达到60.2%，农作物耕种收综合机械化水平达到80.3%，分别比2011年提高2.2个和3.3个百分点。新型农业经营主体蓬勃发展，全省规模以上农业龙头企业达到9200家，农民合作社达到13.2万户，家庭农场达到3.8万家。坚持“敲开核桃”和“一业一策”，制定实施了六大传统产业转型升级指导计划、全省工业转型升级行动计划和22个制造业行业转型升级实施方案，规模以上工业企业达到40756家，比2011年增加4943家；工业技术改造投资达到12221.2亿元，年均增长20.9%；主营业务收入达到14.3万亿元，年均增长12.8%。制定实施了钢铁、水泥、电解铝、平板玻璃、船舶、炼油、轮胎等7个行业严重过剩产能化解的意见，开展了对钢铁、电解铝、船舶等行业建成违规项目的清理整顿。出台了加快服务业发展的30条政策和促进信息消费、养老、健康等服务业发展的实施意见，发挥企业、机构和行业协会的作用，分17个行业研究制定服务业行业转型升级方案，同时相应采取了进一步的政策措施。2015年上半年全省服务业增加值占生产总值的比重达到45.6%，比2011年提高7.3个百分点。在全国工商联的有力指导和支持下，成功举办“全国知名民营企业入鲁助推转调创”洽谈会，累计签约合同项目2234个，投资合同金额达2.9万亿元；精心组织“台湾山东周”“香港山东周”等经贸活动，惠普、大众、现代、三星等196家世界500强企业相继落户山东。

（四）创新步伐进一步加快

山东省委、省政府出台了深入实施创新驱动发展战略的23条政策意见，着力调动科技创新人才的积极性，促进科技成果转化为现实生产力，大力培植新兴业态，激发各类市场主体的活力。2014年，全省研发投入占生产总值的比重达到2.19%，高新技术产业的产值占比达到31.4%，分别比2011年提高0.33个和4.1个百分点。全省开展研发活动的企业有4611家，占总数的11.4%，比2011年提高3.6个百分点；拥有研发人员43.2万人，比2011年增加23.8万人。截至2014年年底，全省共有国家工程技术研究中心36个、国家级企业技术中心152个、国家级科技企业孵化器55个、国家级科技合作基地34个、院士工作站306个。国家超算济南中心、海洋科考船、济南国家新药研发综合大平台等项目陆续建成投用，青岛海洋科学与技术国家实验室等重大创新平台建设取得积极进展，一批关键共性技术实现新突破，发明专利申请量、授权量分别年均增长44.5%和21.6%，企业牵头实施的省自主创新专项占比达到92%以上。

（五）基础设施进一步夯实

超前谋划、全力推动了一大批既利当前更惠长远的交通、能源、水利等基础设施建设，对稳投资特别是稳增长发挥了重要作用。2014年，全省基础设施投资达到5130.7亿元，比2011年增长85.9%，年均增长23%。“三纵三横”快速铁路网规划获得国家批复，全省综合交通网中长期发展规划和民航、高速公路发展规划编制出台。“十二五”规划的20个重点铁路项目全部开工在建，青荣城际、瓦日、邯济扩能改造、胶新电化等铁路建成通车，济青高铁、黄大、青连、石济客专等重大铁路项目开工建设。2014年，全省铁路通车里程5065公里，比2011年增加888公里。济南至乐陵高速公路建成通车，莘县至南乐等4条高速公路开工建设，全省高速公路通车里程达到5108公里，比2011年增加758公里。青岛新机场获得国家批复，济南机场南指廊主体完工，烟台蓬莱机场投入运营，日照机场开始试飞。2014年，全省旅客吞吐量、货邮吞吐量分别为3200万人次、35万吨，比2011年分别增加790万人次、4万吨。2014年，全省沿海港口货物吞吐量达到12.9亿吨，比2011年增加3.2亿吨。加快实施“外电入鲁”战略，锡盟至济南、榆横至潍坊特高压输电工程开工建设，上海庙至临沂特高压大通道获批开展前期工作；华能临沂、华电淄博、天源热电等大型电源项目建成投运。三年累计投入水利建设资金583亿元，南水北调东线山东段工程正式通水，胶东调水主体工程基本完工，引黄济青改扩建等重大水利工程进展良好，共完成20座大中型病险水库水闸除险加固工程，累计解决1119.3万农村居民和118.1万农村学校师生的饮水安全问题。

（六）区域发展进一步协调

为促进全省区域经济协调发展，针对不同的资源禀赋和发展潜力，先后推动山东半岛蓝色经济区、黄河三角洲高效生态经济区上升为国家战略，积极实施省会城市群经济圈、西部经济隆起带建设两大省级战略，率先实现了区域战略对省域全覆盖，形成了“两区一圈一带”区域发展新格局。深入实施“蓝黄”两大国家战略，青岛西海岸新区成为第九个国家级新区，青岛蓝色硅谷发展规划获国家批复，实施了蓝色产业领军人才团队支撑计划，已扶持2批34个蓝色产业计划项目，优势产业集群和特色产业园区快速发展，黄河三角洲高效生态经济区累计开发未利用地面积51万亩。省会城市群经济圈一体化进程加快，济莱协作区在交通、通信、医疗、户籍等同城化方面迈出重要步伐。西部经济隆起带加快崛起、后劲彰显，省级以上重点龙头企业达到303家，聊城、菏泽两市和东平县纳入国家中原经济区规划并享受中部地区有关优惠政策，支持菏泽科学发展政策得到较好落实。山东被确定为国家“一带一路”规划海上战略支点和新亚欧大陆桥经济走廊沿线重点地区。县域经济发展成效明显，出台了推动县域科学发展整体提升综合实力的意见，开展了县域经济科学发展试点。2014年，地方公共财政预算收入过30亿元、50亿元、100亿元的县（市、区）分别达到44个、24个和4个。积极推进新型城镇化建设，编制了新型城镇化、农村新型社区和新农村发展规划，实施了“百镇建设示范行动”，全省常住人口城镇化率达到55%，比2011年提高4.1个百分点。援疆、援藏、援青、对口支援三峡库区、扶贫协作重庆和对口帮扶贵州等工作进展顺利。

（七）生态环境进一步改善

出台了大气污染防治规划和一期行动计划，实施了分阶段逐步加严的大气污染物排放地方标准，在全国率先建立了基于环境空气质量改善的生态补偿制度。2014年，淘汰黄标车、老旧车109万辆，是国家下达我省任务的2.55倍。加快治理重点流域水污染，南水北调沿线治污工程全部完工，小清河水质全部优于规定标准，在国家组织的淮河、海河流域治污考核中分别连续七次和五次荣获第1名。加快能源结构调整，累计关停小火电机组130万千瓦，积极推进利用核电、风电、太阳能和生物质能等清洁能源，新能源发电装机占比达到11.2%，比2011年提高4.5个百分点。编制了应对气候变化规划，淄博、临沂两市纳入国家生态文明先行示范区建设试点，循环经济试点、资源枯竭型城市转型见到新成效。2014年，全省单位生产总值能耗比2011年下降14.8%；化学需氧量、氨氮、二氧化硫、二氧化氮等主要污染物排放总量分别为178万吨、15.5万吨、159万吨和159.3万吨，分别比2011年下降10.2%、10.4%、13%和11%。

（八）民生保障进一步加强

组织实施了全省基本公共服务体系建设行动计划，省政府确定的民生实事全部兑现。2014年，全省一般公共预算用于民生领域的支出占比达到77.1%，比上年提高1个百分点。扩大就业规模，提升就业质量，通过发放一次性创业补贴、岗位开发补贴、小额担保贷款等方式，鼓励创业，带动就业。在全国率先建立起统筹城乡的居民基本养老保险制度，居民养老保险基础养老金由每人每月55元提高到85元，截至2014年年底，各类养老床位达到52万张，每千名老年人拥有养老床位29张，比2011年分别增加16.8万张和5.5张。健康保障能力不断增强，每千人口医疗卫生机构床位数达5.11张，比2011年增加0.79张；全省人均期望寿命超过78岁，比全国高3.5岁。努力办好人民满意的教育，颁布实施学前教育规定，全面启动学前教育三年行动计划、义务教育均衡发展、改善义务教育薄弱学校基本办学条件和特殊教育提升计划，决定用两年时间解决城镇普通中小学大班额问题。2014年，学前三年毛入学率达到81.6%，比2011年提高7.7个百分点，比全国平均水平高出11.1个百分点；高等教育毛入学率达到45.05%，比全国平均水平高出7.55个百分点；平均每年为社会培养近90万名技术技能人才。出台了做好新形势下农民工工作的意见，在全国率先推进同工同酬政策的落实。加快建设保障性安居工程，超额完成了国家下达的目标任务。出台了加快发展文化产业的意见，全省美术馆、文化馆、公共图书馆全部免费开放，基层综合性文化服务中心的覆盖率达到40%，全省文化产业增加值达到2200亿元，比2011年增加764亿元。建立了精准扶贫机制，健全社会救助制度。安全生产、体育健身、妇女儿童、民族宗教、防灾减灾、经济动员等事业全面发展。

2015年以来，全省各级各部门认真落实国家各项宏观调控政策，结合实际采取了一系列针对性措施，初步抑制住了年初经济增速较快回落势头，主要经济指标增速总体保持在合理区间。经济社会发展呈现出以下六个突出特点：一是增速平稳。上半年,全省实现生产总值 29732 亿元,同比增长 7.8%,增幅与一季度持平。1～8 月份,完成固定资产投资 29154 亿元,增长 14.5%;社会消费品零售总额达 17494.9 亿元,增长 10.5%;居民消费价格同比上涨 1.2%;地方一般公共财政预算收入 3801.2 亿元,增长 9.6%,增幅比上半年提高 0.5 个百分点;进出口总额达 1550.2 亿美元,下降 16.3%,降幅比 1～7 月份收窄 0.3 个百分点。1～7 月份,实际到账外资 96.5 亿美元,增长 8.9%。二是结构趋优。1～8 月份,全省规模以上工业企业增加值增长 7.4%;1～7 月份,技术改造投资增长 14.7%,占工业投资的比重达到 54.5%。上半年,全省高新技术产业产值占工业总产值的比重达到 32.1%,比年初提高 0.7 个百分点;服务业增加值占生产总值的比重同比提高 1.7 个百分点。三是活力增强。上半年,全省发明专利申请量、授权量分别增长 37.8%和 44.3%。平均每天约登记市场主体 2928 户,同比每天多登记 538 户;新登记市场主体达到 52.7 万户。民营工业增加值增长 9.6%,民间资本占固定资产投资的比重达到 82.4%,民营企业超过外资企业成为第一大出口贸易主体。四是后劲积蓄。1～7 月,839 个国家重大工程包项目已开工 346 个,完成投资 443 亿元。120 个省重点项目已完成投资 400 亿元。全国民营企业洽谈会签约项目已落地 1585 个,到位资金 3702 亿元,分别占项目总数、落地项目总投资额的 71%和 19.3%。五是民生改善。上半年,财政用于民生领域的支出占全部支出的比重达到 78.7%,同比提高 1.9 个百分点;实现城乡居民人均可支配收入分别为 15700 元和 7232 元,分别增长 7.9%和 9.7%。1～8 月,开工保障性安居工程 45.4 万套,基本建成 20.1 万套,分别完成全年任务的 84.6%和 86%。六是社会稳定。1～8 月,城镇新增就业 94.4 万人,农村劳动力转移就业 106 万人,分别完成年度计划的 94.4%和 83.3%。食品药品、安全生产、防震减灾、社会治安等社会稳定工作形势良好。

关于 2015 年的全年走势,一方面,一些企业生产经营困难、亏损额增加,部分行业和地区分化态势明显,金融等领域风险防控任务艰巨,经济下行压力依然较大;另一方面,形有波动,势仍向好,稳的因素在不断增多,新的动能加快集聚,新增长点正在形成。综合分析,有利因素大于不利因素,经济发展的基本面稳固扎实,预计全年将实现 8%左右的增长。

二、未来三年山东经济发展展望

(一)经济增长的基础条件和预期速度

2015～2017 年是"十二五"收官及"十三五"开局的重要三年。总体来看,山东省对未来发展充满信心，有基础、有条件应对风险挑战，破解发展难题，实现经济社会持续、平稳、健康发展。

一是党中央、国务院高瞻远瞩、科学谋划，为我们“十三五”时期的发展指明了方向。党的十八大以来，以习近平同志为总书记的党中央，团结带领全国各族人民，锐意进取，励精图治，作出了“四个全面”战略布局，深入实施“一带一路”、京津冀协同发展、长江经济带三大战略，鼓励创新创业，实施“中国制造2025”和“互联网＋”行动计划等，为保持经济中高速增长、迈向中高端水平奠定了坚实基础。

2013 年 11 月，习近平总书记视察山东，指示我省要坚决打好转方式调结构这场攻坚战，切实做好保障和改善民生、创新社会治理这篇大文章，努力在科学发展、全面建成小康社会历史进程中走在前列。2014 年 11 月，习近平总书记又在中办回访山东的调研报告上批示，提出了“四个加大”“一个着力”“开辟新途径”“走在前列”的明确要求。习近平总书记的重要讲话和重要批示精神以及党中央、国务院的部署要求，对山东经济社会发展进行了精准定位和科学指导，为山东省谋划“十三五”发展指明了方向，提供了根本遵循。

二是山东省委、省政府紧密结合省情创造性地开展工作，努力探索具有时代特征、山东特点的科学发展道路。省委、省政府认真贯彻落实党中央、国务院的战略部署，进一步明确和完善发展思路。2013 年 12 月，召开省委十届七次全会，学习贯彻习近平总书记视察山东重要讲话精神，提出加快实现发展理念、发展定位、发展动力、发展途径、考核导向等五个方面工作指导的重大转变。2014 年 12 月，全省经济工作会议提出“一个定位、三个提升”的要求，明确要以在全面建成小康社会进程中走在前列为目标定位，提升发展标杆，提升工作标准，提升精神境界，奋力开创山东各项工作的新局面。2015 年 7 月，省委召开十届十二次全会，提出要全力打好稳增长、调结构主动仗，在八个方面取得新进展，把握好四个关键环节，即：在加快推进项目建设，加快传统产业转型升级，加快现代农业发展，加快培植壮大新产业、新业态，加快开放型经济发展，加快推进园区集聚、集约发展，加快促消费、扩需求，加快改善民生、繁荣社会事业等方面取得新进展，坚持以提高经济发展质量和效益为中心，坚持以全面深化改革为动力，坚持以实施创新驱动发展战略为引擎，坚持以切实加强法治建设为保障。

三是经过多年发展，山东省经济社会发展站在了新的起点上，支撑未来发展的基础坚实稳固。山东省地区生产总值连续迈上 4 万亿元、5 万亿元台阶，2015 年能够达到 6 万亿元以上，保持了经济持续、健康发展。我省固定资产投资连续多年稳居全国首位，一大批打基础、利长远的重大基础设施开工建设，对优化生产力布局、稳增长、促投资起到了以点带面的作用；消费拉动经济增长的基础性作用进一步发挥，基本公共服务水平持续提高，居民消费能力不断增强，体现消费升级需求的旅游、文化、信息、健康等保持较快增长，居民消费结构不断升级，市场需求潜力巨大。同时，我省转方式调结构迈出新步伐，经济发展质量持续改善。产业体系完备，制造业基础雄厚，抵抗风险的能力较强。深入实施创新驱动发展战略，现代农业、制造业和服务业等领域涌现出许多国内外领先的创新型企业，拥有专利技术和发明创造的中小企业蓬勃生长，大众创业、万众创新的政策环境向好，社会氛围浓厚。积极融入国家“三大战略”，“两区一圈一带”区域发展战略向纵深推进，区域协调互动发展潜力巨大；人民幸福感和满意度不断提高，社会保持和谐稳定；生态山东建设取得新成效，节约资源、保护环境的生产方式和生活方式正在形成；全面深化改革不断取得新进展，改革红利加速释放。山东具备了更加坚实的发展基础，经济韧性好、潜力足，回旋余地广阔，发展后劲持续增强。

2015年，我省地区生产总值预期增长目标为8.5%左右，实际增速在8%左右。2016～2017年，我省地区生产总值预期年均增长7.5%左右。主要考虑如下：一是体现了经济增长潜力和趋势。以改革开放以来、最近20年、最近10年为区间，我省地区生产总值年均增速分别为11.8%、11.9%和11.9%，同期全国增速分别为9.8%、9.6%和10%。参照以往我省对全国经济增长的贡献，综合全要素增长潜力，预计我省增速可达7.5%左右。二是体现了科学发展的导向。转方式调结构是“十三五”期间的重要任务，如果速度过高，要素供给、生态承载等各方面关系绷得过紧，各种风险将继续累积放大。确定7.5%左右的增速，主动降速换挡，为转型发展留出空间，有利于提高发展的平衡性、协调性和可持续性。三是体现了率先发展的导向。7.5%左右的增速可实现省第十次党代会提出的提前全面建成小康社会的目标，顺利完成习近平总书记提出的“走在全国前列”的任务要求。同时，7.5%左右的增长速度，也能够保障就业、财政收入的需要。在工作中，我们力争增长得再快一些，为经济平稳健康发展不断注入新的活力。

(二)依靠的主导产业和增长动力

在巩固、提升现有传统优势产业的基础上，顺应产业发展新趋势，以高端、高质、高效为方向，推动传统产业高端化、优势产业集群化、新兴产业规模化，着力培育新的经济增长点，加快打造现代产业新体系，增创产业发展新优势。

一是加快推动现代农业发展。我省主要农产品的产量均位居全国前列，农产品出口连续15年位居全国第一，预计到2017年，一产增加值可达到5700亿元左右。继续强化高产、优质、高效、生态、安全的理念，加快构建现代农业五大体系。(1)构建新型农业经营体系,规范引导土地经营权向专业大户、家庭农村、农民合作社、农业产业化龙头企业流转,继续推进农村集体资产股份制改造。(2)构建农业支持保护体系,着重增加节地、节水、节肥、节能、抗灾减灾等农业重大关键技术补贴,加强农产品市场调控。(3)构建新型农业社会化服务体系,大力发展经营性、农民互助合作组织,鼓励工商资本发展现代种养业、农产品加工流通和农业社会化服务。(4)构建农业科技创新体系,鼓励建设专业性农业企业孵化器,建立健全各类技术成果和农业知识产品交易市场,实施农业科技人才工程。(5)构建新型农村金融服务体系,继续积极扩大农村合作金融改革试点,创新农村金融产品和服务方式,稳步培育、发展农村资本市场,积极拓展"三农"保险,健全引导信贷资金和社会资金投向现代农业的激励机制。

二是加快推动传统制造向智能制造转变。山东传统制造业规模大、占比高,是宝贵财富,也是转型升级的重要领域。全省规模以上制造业企业占规模以上工业企业总数的96%左右;轻工、化工、机械、冶金、纺织、电子信息6个行业的主营业务收入均超过万亿元,其中轻工、化工、机械三大类超过2万亿元。传统制造业经过改造升级,会形成更新、更高的生产力。未来几年,立足技术积累和组织优势,应用推广智能制造、协同制造、绿色制造等先进技术和生产模式。加快低效落后产能及设备的淘汰步伐,为先进产能腾出环境容量和发展空间。山东将积极融入"中国制造2025"战略,发展壮大新一代信息技术、海洋工程装备、轨道交通等10个高端装备产业,培植提升新材料、生物医药、纺织服装等10个特色优势产业,形成省会城市群电子信息、胶东半岛海洋工程装备、黄河三角洲现代石油化工等10大优势产业集聚区,着力打造中国制造"山东版",实现由制造业大省向制造业强省的跨域。预计到2017年,二产增加值超过3.3万亿元,装备制造业的营业收入占比达到28%。

三是加快推动形成以第三产业为主导的产业结构。目前山东服务业的占比低于全国平均水平,差距就是潜力,特别是山东有近1亿人的内需市场,随着人民群众收入的提高和环境的改善,发展服务业具有良好的基础和巨大的空间。我省将充分发挥服务业助推增长和吸纳就业的作用,着力打造省会城市群现代服务业集聚区和胶东半岛高端服务业集聚区。重点发展研发设计、第三方物流、融资租赁、信息技术服务、节能环保服务、检验检测认证、电子商务、商务咨询、服务外包、教育培训、售后服务、人力资源服务和品牌建设等服务业,增强产业链上下游企业的协同能力,显著提升产业的整体素质和产品附加值。加快发展旅游休闲、体育健身、健康养生、文化娱乐、家政服务等服务业,实现拓展内涵、打造品牌、便民优先、引领时尚,满足不同层次的市场需求。预计到2017年,第三产业增加值超过3.4万亿元,占地区生产总值的比重达到47%。

四是加快推动新兴产业壮大，成为国民经济的支柱产业。新兴产业是未来发展的方向，也是实现“腾笼换鸟，凤凰涅槃”的根本所在。目前，山东新兴产业发展已初具规模，预计到2017年，新兴产业的营业收入占比可达15%。我们将顺应产业发展的新趋势，结合实际，打造一批新的特色和亮点。瞄准高端装备制造、现代医药、新一代信息技术、新材料等技术含量高、资源消耗少、经济效益好、发展潜力大的新兴产业，以攻克关键技术、膨胀产业规模、提高核心竞争力为主攻方向，加快形成经济增长新引擎。密切跟踪全球先进的科技方向，在云计算、量子通信、深海探测、极端制造、战略前沿材料、基因健康管理等领域，开展关键共性技术、工艺和装备研发攻关。顺应跨界融合和消费升级的趋势，大力开发社交娱乐、智能家居、创意日用品、可穿戴设备等高科技含量产品，催生新业态、新模式，激发和创造市场需求。

五是加快推动信息化融合发展，释放更大潜力。山东互联网规模优势较强，市场空间广阔，未来发展必须以信息化为依托，扩大信息技术应用，提升信息服务能力，推进“信息山东”建设，加快形成以信息化为创新要素的经济社会发展新形态。以机械、汽车、纺织、食品、电子、轻工、医药等行业为重点，推动机器人、大数据、人机交互、增材制造、智能物流管理等技术和装备应用，试点建设智能工厂和数字化车间，构建开放协作的智能制造产业生态。鼓励企业发展移动电子商务、农村电子商务、行业电子商务，加快发展基于互联网的教育、就业、医疗、养老、社会保障等益民服务。运用大数据和云平台有效打通底层数据、汇集碎片信息、对接海量需求，构建便捷高效的社会民生服务模式。预计到2017年，山东省“两化”融合水平指标达到86。

未来三年，既要深入夯实传统动力基础，又要不断培育形成新的动力支撑，实现经济社会持续、平稳、健康发展。(1)“三驾马车”协同发力。创新投融资体制，强化政府投资引导，撬动更多社会资本和民间资本，稳定投量，优化投向，注重投效，实现投资的内涵效益型增长。适应未来消费个性化、品质化、网络化和绿色化的趋势，以创新供给创造新需求，以消费扩大促进供给升级，推动由实物消费向服务消费扩展。坚持更加积极主动的开放理念，全面融入“一带一路”战略，提高利用全球资源推动发展的能力。初步预计，未来三年，投资、消费、进出口的平均增速分别为13%、10%和5%左右。(2)深化改革，释放红利。统筹考虑破解长期快速发展积累的深层次矛盾和问题，以市场体系、国有企业、财税金融、分配制度、事业单位、政府职能、营商环境等领域为重点，加大力度、调整政策、完善制度、理顺关系，在不过多增加经济社会成本的前提下，深入推进基础性、关键性改革。(3)鼓励“双创”，激发活力。健全政府促进就业责任制度，完善城乡均等的公共就业创业服务体系。总结推广创业沙龙、创业苗圃、创客空间、创新工场等新型孵化模式，构建一批低成本、便利化、全要素、开放式的众创空间。(4)统筹城乡，发挥潜力。以人为本推进新型城镇化，每年实现100万农业转移人口落户城镇，200万左右城中村居民市民化；优化城镇空间布局形态，强化城市群内部功能互补和联动升级；有序推进扩权强镇，加快美丽乡村建设和扶贫攻坚，为扩大内需提供广阔的空间。

(三)存在的主要问题和可能引发的风险

2015年以来，山东经济运行的增长动力与下行压力并存，经济企稳的基础尚不牢固，势头尚弱。

一是扩大内需面临较多困难。目前，全省工业生产者出厂价格和购进价格已经连续42个和39个月同比下降，反映出市场需求仍然不足。从投资看，全省新开工项目增长15.9%，但项目规模偏小，计划总投资下降5.5%，其中亿元以上新开工项目和计划总投资分别下降31.4%和33.9%。1～7月，受资金来源单一、新建项目少、部分项目进展缓慢等影响，供水、供热、燃气等城市基础设施建设投资同比下降11.5%。从消费看，房地产市场缓慢复苏，全省商品房平均去库存化周期为22个月；汽车、家电等大宗消费品增势减缓，销售额分别增长4.5%和9.6%，同比分别回落9.9个和10.1个百分点。

二是稳定外需难度加大。前8个月，全省进出口总额下降16.3%，其中，出口下降2.7%，进口下降30%。国际市场需求不旺，对美、欧、日、韩四大传统市场的出口依然低迷，对巴西、俄罗斯、印尼、印度等新兴市场的出口也出现了下降。我省大宗商品进口占全部进口的38.1%，而全国仅占17%左右。受大宗资源性商品价格大幅下跌影响，铁矿砂及其精矿、成品油、煤及褐煤的进口额均下降60%以上。此外，人民币贬值对进口也造成了一定影响。

三是行业和企业分化加重。从行业看，软件信息、生物医药、高端装备制造等新兴产业发展迅速，钢铁、水泥、工程机械等投资类行业开工不足、产能利用率低，以煤炭、石油为主的采掘业效益明显下滑。从企业看，拥有自主知识产权、加快技术改造、及时调整产品结构的企业逆势上扬；创新能力弱、适应市场慢的企业发展压力明显增大，有的被迫停产限产，甚至面临被市场淘汰的困境。1～7月份，全省亏损企业达到3263个，同比增长15.4%，亏损面达到8.1%，亏损企业的亏损额增长33.7%。

四是财政收入持续增收难度较大。1～8月，全省税收收入仅增长6.6%，受资源产品价格持续下滑等因素影响，与经济运行密切相关的增值税、企业所得税分别仅增长3%和6.4%，维持较低水平。同时，2015年必保的刚性增支达到620亿元，地方到期应偿还的债务数额较大，财政收支平衡困难。

五是金融风险防控形势依然严峻。实体经济担保圈、联保圈风险加大，部分企业的资金链风险凸显，全省保证类贷款占比较高，容易引发连锁反应。截至7月末，不良贷款率为2.14%，比年初提高0.28个百分点。资金进入实体经济的渠道不畅，金融机构信贷投放更趋谨慎，抽贷、限贷现象较为普遍。1～7月份，全省金融机构新增存款6122.8亿元，新增贷款3657.7亿元，同比分别少增368.6亿元和157.7亿元。

与此同时，一些深层次矛盾也将影响当前以及未来三年的山东经济发展。

一是产业结构还不够优。重化工业比重偏高，轻、重工业比达到31∶69，新兴产业规模较小、带动力较弱，服务业尤其是现代服务业发育相对滞后；产业同构问题比较突出，化解严重过剩产能压力较大。

二是创新能力还不够强。技术创新动力不足，科研成果转化和激励机制不完善。2014年，我省研发经费占生产总值的比重仅为2.19%。我省每万人发明专利授权量虽由2011年的0.6件上升到2014年的1.08件，但仍相对偏低。

三是对外开放水平还不够高。出口产品缺乏核心技术，我省自主品牌企业的出口比重只有12.8%，劳动密集型产品偏多，缺乏研发、设计、销售、融资等产业链条高端环节的产品和服务。2010～2014年，我省净出口额由195.4亿美元下降到123.8亿美元。有效利用全球要素资源推动发展的能力不足，与我省"一带一路"海陆交汇的战略枢纽地位还不相称。引进跨国公司战略性投资较少，外资主要集中于制造业领域，服务业利用外资的比例仅为35.7%。

四是基本公共服务还不够均衡。教育方面，教育资源配置滞后于城镇化进程，大班额现象比较突出，现代职业教育体系仍不够完善；医疗方面，基层医疗条件仍然较差，养老服务机构建设尚不能满足需求；就业方面，结构性矛盾日益凸显，既面临高校毕业生和就业困难人员的就业难，也面临一线普通工人和技术工人短缺的招工难；社会保障方面，待遇水平、统筹层次有待提高，社保基金结余持续增长的态势趋缓，跨地区、跨制度转移接续不够及时和顺畅。另外，农村新型社区建设受多种因素制约进度放缓，原有村庄改厨改厕、污水处理、冬季取暖等方面投入不足；按国家标准测算，全省还有贫困人口394万、贫困村7005个，扶贫攻坚任务艰巨。

五是文化资源挖掘利用得还不够充分。我省文化资源丰富，但经济文化融合发展还不够深，特色也不够鲜明。传统文化产业多，文化制造业占比超过50%，新兴产业特别是创意产业发展薄弱。

鉴于以上问题的存在，我们分析未来可能引发的风险主要包括五个方面：(1)动力接续风险。传统增长点相对疲软，新兴增长点虽增长迅速，但规模总体偏小。面对不同领域、不同来源的下行压力，必须特别注意防止出现上游与下游行业、工业与投资、内需与外需、实体经济与虚拟经济之间彼此传导、相互关联、循环下降的局面。(2)人口老龄化风险。我省人口老龄化水平超前于全国平均进程5年以上,“未富先老”问题突出;老年抚养比逐年攀升,将会一定程度上对消费、投资等带来影响。劳动力供给将迎来拐点,据测算“十三五”期间,我省劳动适龄人口将由7100万下降到不足6900万,人力资源优势下降,潜在劳动生产率的增速将由期初的7%逐渐下滑到期末的4%。(3)生态环境风险。我省经济社会发展与人口资源环境之间的矛盾依然突出,生态文明建设距离人民群众的热切期盼仍有差距。万元GDP能耗比沿海发达省份高30%~50%,是发达国家的3~6倍,主要污染物排放居全国前列,生态环境脆弱且形势严峻。(4)金融市场风险。银行贷款对担保抵押形式依赖度过大,有可能形成区域性、系统性风险。债券市场长期处于刚性兑付状态,实际违约问题得不到暴露,矛盾会不断集聚,到一定时候就会形成危机。资本市场也隐藏着透明度低的风险。(5)社会稳定风险。当前,社会利益格局和组织结构、文化心理结构正在发生重大变化,群众的利益诉求更加复杂多元。经济发展不平衡、贫富差距依然较大,将使各种潜在风险不断凸显,对创新社会治理、保持社会稳定提出新的挑战。

三、宏观经济政策建议

一是着力完善稳中求进的宏观经济政策。2012年以来,国家出台了一系列宏观调控政策,对经济保持平稳增长、加快转型发展发挥了重要作用。未来三年,世界经济仍在深度调整和缓慢复苏,我国处在三期叠加的关键时期。同时,我国积极的财政政策、稳健的货币政策还有较大的调控空间。建议在保持宏观经济政策稳定性和连续性的基础上,不断改进和创新宏观调控的方式和方法,拓展和丰富区间调控、定向调控、相机调控的内涵。建议考虑外贸顺差和进口下降较多的情况,增强汇率政策的调节作用,为经济平稳健康运行提供良好的宏观政策环境。

二是着力强化金融对实体经济的支持力度。当前,我国实体经济发展困难,其中企业融资难的问题依然十分突出。建议从两个方面采取改进措施:一方面,加强信用制度建设,企业要规范自己的财务制度,增强透明度;另一方面,银行要转变机制,主动了解客户,加强风险管理和对客户的评级能力,减少对抵押担保的依赖。要支持先进制造业及初创期、成长期的科技型小微企业加快发展,制定鼓励国有企业混合所有制改革、民营经济发展的金融支持政策,培育壮大一批具有国际竞争力的企业。加快现有政策性银行的改革步伐,研究设立国家中小企业发展基金、重点区域发展基金；加快民营银行的审批步伐，支持山东等有条件的地区新设民营银行；拓宽企业的直接融资渠道，打造广领域、多层次的资本市场，促进金融资本更多流入实体经济。

三是着力支持基础设施建设。随着东部沿海地区城镇化进程的加快，基础设施建设的任务十分艰巨。建议国家按照交通、能源、上下水等网络和人口的密度成比例的原则，加大对东部沿海地区重大基础设施的谋划和支持力度。支持加快融入国家快速铁路网和高速公路网，实现市市通高铁、县县通高速的目标，满足广大人民群众对便捷、高效出行的期盼。支持大型高效清洁煤电建设，加快实施“外电入鲁”，规划建设新的送电通道；谋划新的输气管道，提高天然气的利用水平。

四是着力健全支持“引进来”和“走出去”的政策体系。一方面，加强顶层设计，明确招商引资政策制定的大原则、大方向，并对省级引进的重点项目给予一定的土地、税收优惠政策。同时，给地方留出一定的政策空间，允许各地根据实际采取灵活多样的引资政策。另一方面，建议国家研究出台相关政策措施，支持各地利用好“一带一路”机遇，积极打造境外经贸合作区、建立健全省部会商机制等，引导和支持有条件的企业“走出去”，更好地参加国际产能合作，开拓国际市场。同时，也应把握好国际产能合作的领域、比重和进度，避免产生国内产业空心化。

五是着力加强对事关全局的重大事项的谋划。新中国成立以来的每个发展阶段，国家都谋划建设了一批诸如长江三峡、南水北调、西气东输、京沪高铁等事关全局长远发展的战略性重大工程，对优化全国生产力布局、释放长期投资预期、推动经济总量上规模，起到了重要的支撑和引领作用。未来几年，建议国家继续谋划一批重大事项。在重大基础设施互联互通方面，加快推进渤海海峡跨海通道前期工作，形成北连辽东半岛、东北亚，南接山东半岛、华东、中南，辐射长三角、珠三角地区的沿海运输大通道。统筹跨区域基础设施布局，加快建设中国沿海高速铁路山东半岛城市群高速铁路网，优化和完善全国路网结构。在促进区域协调发展方面，黄河是中华民族的母亲河，沿黄各省区人口和地区生产总值均占全国的 1/4 左右，在全国发展大局中的地位、作用举足轻重。建议支持山东等省份在国家区域发展战略中发挥更大作用，通过推动沿黄地区加强产业协作、提高黄河文化的承载力、加快发展生态旅游、合理调配黄河水资源等，补充提升“一带一路”战略内涵。推动京津冀、山东半岛、辽中南等城市群一体化发展，打造世界级的环渤海城市群。将支持沂蒙革命老区加快开发建设纳入“十三五”规划并给予政策倾斜，支持批复设立济南国家级新区。在打好扶贫攻坚战方面，全面开展精准扶贫，谋划推出一批农村重大基础设施建设工程包，加大对鲁西南及鲁西北地区的支持力度，适当降低中央预算内投资地方配套比例。在生态环境修复治理方面，山东作为全国重要的资源大省，矿产资源的大规模开发在为经济社会发展作出重要贡献的同时，也对生态系统造成了不同程度的破坏。以煤炭资源开发为例，目前采煤塌陷地面积超过100万亩，其中绝产面积超过40%，含耕地面积20万亩。此外，山东地下水超采问题也十分严重。建议将山东作为全国资源型生态环境恢复治理建设试点，在制度改革、规划研究、政策设计、资金安排、工程项目等方面给予统筹支持。在争创开放型经济新优势方面，山东海岸线长达3345公里，占全国的1/6，全省17市中有7个沿海城市。在推动中韩地方经济合作示范区建设的基础上，将示范区范围逐步扩大至山东半岛地区，择机启动在山东建设中、日、韩地方经济合作示范区，为中、日、韩自贸区奠定基础。支持山东创建中韩跨境电子商务综合试验区，建设日、韩、美等国跨境电子商务公共海外仓。

六是着力推动国家已出台的各项政策尽快落地。建议尽快制定出台有关指导性意见的实施细则和配套政策，进一步增强可操作性；细化政策措施的责任分工，持续加强政策贯彻落实的监督检查和跟踪问效；强化对政策实施的统一协调和具体指导，组织开展多种形式的政策宣传、权威解读和教育培训，最大限度地发挥政策效应。

（山东省发展和改革委员会综合处　完成时间：2015年9月）

新动能集聚助推山东经济提质

一、经济运行怎么样?

2017年以来,各级各部门以习近平总书记系列重要讲话和视察山东重要讲话、重要指示精神为指引,认真学习贯彻省第十一次党代会精神,牢固树立和贯彻落实新发展理念,牢牢把握走在前列的目标定位,坚持稳中求进的工作总基调,以供给侧结构性改革为主线,扎实推进新旧动能转换重大工程,全省经济运行继续呈现出总体企稳、稳中有进、进中向好的特点。1~8月份,全省规模以上工业企业增加值增长7%,同比分别加快0.5个百分点,比全国平均水平高0.3个百分点;社会消费品零售总额、外贸进出口分别增长10.2%和19.4%,同比分别加快0.1个和14.5个百分点;固定资产投资增长8.4%,比全国平均水平高0.6个百分点。

坚持用新常态的大逻辑研判经济形势,不仅要看到增速自身的变化,而且还要看到增速变化背后结构与动能因素的影响,由此判定经济运行是否稳健,增长基础是否扎实。这是当前和今后一个时期主动适应和积极引领新常态亟须强化的新思维。按照这一新思维深入分析,1~8月份全省经济发展的动力支撑主要表现为以下几个方面,可以概括为“五个正在”:

第一,供给侧结构性改革的积极效应正在加速释放。去产能取得新成果,为优质产能拓展了空间,带动了相关领域价格的回升,推动了工业增速提升和企业效益改善。降成本和去杠杆力度加大,累计实现“营改增”减税500亿元以上。投资拉动“补短板”,120个省重点建设项目完成投资816亿元,占年度计划的72.9%;交通、能源等重大基础设施投资增长31.6%,为支撑经济平稳较快增长发挥了关键作用。

第二,新旧动能转换的积极效应正在日益显现。省委、省政府实施新旧动能转换重大工程,得民心顺民意,统一了各级各部门的思想认识,调动了各方的积极性和创造性，为经济发展提供了强大动力。一是产业升级步伐加快。农业“新六产”加快发展，新型经营主体带动能力显著增强，规模以上农业龙头企业达到9400家；工业升级效应明显，装备工业增加值增长11%，成为支撑工业增长的首要动力；软件信息、医养健康、现代金融等新兴服务业的主营业务收入保持两位数以上增长。二是“四新”发展步伐加快。新技术、新产业增势强劲，高技术产业增加值增长10.9%，增幅高于规模以上工业企业3.9个百分点；工业机器人、光伏电池、城市轨道车辆、新能源汽车等产品的产量增速分别为24.4%、42.9%、131%和147.6%。新业态、新模式蓬勃发展，实物商品网上零售额增长39.2%。三是创新创业步伐加快。新增国家工程实验室2家、省级工程实验室(研究中心)90家，涉及战略性新兴产业领域的占到80%以上；省级以上科技企业孵化器达到148家。可以说，蓬勃壮大的新动能，既符合“进”的方向，也为我省经济增长的“稳”提供了不可或缺的增量支撑。

第三，改革开放的积极效应正在持续深化。“放管服”、商事制度、社会信用、国有企业等改革深入推进，优化了市场环境，助力企业减负增效。截至2017年8月底，全省实有市场主体764.1万户，户数同比增长13.6%，其中企业首次突破200万户，我省成为全国第三个拥有200万企业的省份。积极对接融入“一带一路”建设，预计对沿线国家和地区投资增长80%左右；外贸新业态不断发力，跨境电子商务一般出口增长10倍以上，是我省外贸增长较快的重要支撑因素之一。

第四，扩大消费需求的积极效应正在不断增强。顺应消费需求变化新趋势，扩大有效供给，满足有效需求，消费对经济增长的贡献率不断提高。2017年1～4月份，我省社会消费品零售总额增长9.8%，高于固定资产投资增幅0.2个百分点。这是自2011年固定资产投资统计口径调整以来，我省消费增幅首次超过投资，而且增幅差距有继续拉大的趋势，到1～8月份消费增幅已高出投资1.8个百分点。这是一个重要的转折性变化，表明我省经济正在从过度依赖投资增长加快向更加注重消费转变。

第五，统筹发展的积极效应正在持续扩大。在城乡统筹方面，全面启动新生中小城市培育和特色小镇创建工作，城市综合管廊、轨道交通、农村供暖等基础设施建设加速推进。在区域统筹方面，深入实施“两区一圈一带”发展战略，区域联动升级的新格局逐步形成，融入京津冀协同发展和环渤海地区合作发展取得新成绩。在陆海统筹方面，海洋装备制造、海洋化工、海洋生物医药、滨海旅游等海洋产业规模不断壮大，青岛蓝色硅谷国家海洋实验室、深海基地等海洋创新平台发挥有效作用，省级海洋工程技术协调创新中心达到44家。在节能减排统筹方面，规模以上工业企业能耗由升转降，同比下降0.1%，其中六大高耗能行业增加值仅增长0.2%，对规模以上工业企业能耗的拉动作用明显减弱。上述四个方面的统筹发展，进一步拓展了经济发展空间，增强了发展的协调性、包容性和可持续性。

二、对当前形势怎么看?

对于当前我省经济运行的基本面，可以作出三个初步的判断：一是“L”形走势已经基本稳住。当前经济下行的风险有所减弱，运行中“稳”的确定性明显增强，未来一个时期我省经济走势将从“降速”阶段过渡到“提质”阶段。二是短期小幅波动在所难免。7月份以来，受企业补库存周期结束、传统制造业投资边际效率下降等因素影响，我省工业、投资等部分指标增速有所放缓。经济运行保持平稳，并不意味着是一条直线。经济走势受多种因素影响，有趋势性因素，也有短期的偶然性因素，运行中难免会出现波动，这个月数据高一点、下个月低一点，只要是在一个相对较小的区间内波动，都属正常现象，不会改变整体走势。三是新的发展动能正在积聚。引领经济实现周期更替的重大科技进步尚在积蓄，新兴产业短时间内还不能完全代替传统产业，原有资源依赖型产业、产能和传统粗放生产方式的出清还要经历一个过程，经济运行正处在新一轮发展周期的孕育阶段。

全面辩证地看待和把握当前经济形势，既要坚定信心、把握大势，充分肯定成绩，保持发展定力，也要保持清醒头脑，坚持问题导向，进一步增强紧迫感和责任感，努力在复杂多变的形势环境中抓住机遇、赢得主动。特别要正确看待环保约束加严、化工行业转型升级、电解铝违法违规项目清理等因素对经济增速的影响，充分认识到这是我省主动作为、积极推进供给侧结构性改革、提高经济发展质量效益的重要举措，为吸引更多的“俊鸟”“靓鸟”腾出了空间，释放了经济发展的潜力和回旋余地。

三、下一步工作怎么办?

做好下一步经济工作，关键要坚持稳中求进的工作总基调，更好地把握“稳”和“进”的关系。一是把握好平衡。对“稳”与“进”的平衡要有长远的考量，“稳”不是无所作为，也不是强力维稳、机械求稳，而是要有所作为，加快结构优化和动能转换的步伐，实现“稳”与“进”的动态平衡。二是把握好时机。在经济下行压力比较大的情况下，一些地方往往把精力主要放在稳增长上，转型发展的主动性不强。当前全省经济总体企稳，必须抓住这个有利时机，在努力夯实回稳基础的同时,引导各方面把主要精力放到深化供给侧结构性改革、培育发展新动能上来,全力打好提质增效攻坚战。三是把握好度。既要防止盲目跃进、大干快上,也要防止畏首畏尾、无所作为;既要防止“太过”,也要防止“不及”,做到恰到好处。

在具体工作推进中,既要统筹兼顾、全面求强,也要突出重点、精准发力。要以新旧动能转换重大工程为统领,坚持增量崛起与存量变革并举、培育壮大新兴产业与改造提升传统产业并重,以“四新”促“四化”,实现传统产业提质效、新兴产业提规模、跨界融合提潜能、品牌高端提价值。要在加快规划编制、重大项目推进等工作的同时,加强全省统筹,围绕钢铁产业优化布局、港口整合、化工产业集聚发展、医养健康产业发展、新增长点培育、综合交通体系建设等方面,谋划和推进一批牵动全局的重要事项,努力在补足短板中打造优势,在破解难题中赢得主动,推动我省经济发展长期向好。

(山东省发展和改革委员会　完成时间:2017 年 9 月)

山东经济韧性好、潜力足、回旋余地大，具备长期稳定向好发展的基础和条件

经过改革开放近40年的积累，特别是党的十八大以来的快速发展，我省已经具备了坚实的物质基础和体制机制保障，形成了鲜明的发展优势，经济发展韧性好、潜力足、回旋余地大，长期向好的基本面没有变，持续增长的支撑基础和条件没有变，结构调整优化的前进态势没有变，正在向体量更庞大、形态更高级、结构更优化的阶段演进。

一、山东经济具有多样性，发展韧性好

山东产业体系完备、跨度较大，经济具有更强的韧性。农业增加值居全国第1位，蔬菜、水果、肉类、水产品产量以及农产品出口连续多年居全国第1位。建立起了比较完整的现代工业体系，拥有联合国产业分类中全部41个工业大类和197个中类，形成了一批规模大、实力强的优势产业。2016年，全省规模以上工业企业实现主营业务收入15万亿元，居全国第2位，其中轻工、化工、机械、冶金、纺织、电子信息6个行业的主营业务收入均超过万亿元，形成了海尔、浪潮、兖矿、晨鸣等一批拥有较强竞争力的优势企业。产业结构更趋合理。2016年，三次产业占比调整为7.3∶45.4∶47.3，实现了由“二三一”到“三二一”的历史性转变，服务业成为拉动我省经济增长的主要动力和吸纳就业的最大容纳器。产业转型升级步伐的不断加快，为经济发展提供了强有力的支撑保障。

山东资源禀赋突出，经济发展先天条件优越。山东海岸线长达3345公里，占全国的1/6，是北方唯一拥有三个过3亿吨大港的省份。已经探明矿藏资源128种，占全国已发现矿产品的70%，黄金、石膏、硫的储量居全国第1位，石油、金刚石、菱镁矿、花岗石等的储量居全国第2位。胜利油田是全国第二大油田，中原油田的重要采区也在山东，兖滕矿区是全国十大煤炭基地之一。2016

年，全省生产原油2295万吨，占全国的11%；煤炭产量达1.28亿吨，占全国的4%。丰富的资源要素，为发展奠定了坚实的物质基础，提高了山东经济应对复杂形势变化的能力。

2008年，金融危机导致当年全国经济平均增速大幅回落4.5个百分点，山东仅回落2.2个百分点。此后，与全国一样，山东经济增速逐步回落，但回落幅度一直低于全国及部分沿海省份，总体态势是缓中趋稳、稳中向好。应该看到，现在增长7.5%左右的经济增量已相当可观，按可比价格计算，2016年我省1天半创造的财富量就相当于1952年全年的财富量。

二、山东市场蕴含巨大需求，潜力后劲足

山东是人口大省，2017年全省总人口将突破1亿，发展新型城镇化和拉动内需的潜力非常大。据测算，我省城镇化率每提高1个百分点，就可以增加近100万城市人口，拉动城镇投资约5000亿元。随着新型城镇化规划和户籍制度改革的稳步实施，"三个市民化"进程将不断加快，预计到2020年我省城镇化率有望提升到65%，形成庞大的市场需求，将成为推动全省经济增长的主要动力。"十三五"时期，山东将持续加大交通、水利等事关发展长远和大局的重大基础设施的投入力度，加快实施一批投资规模大、带动能力强、社会效益好的重点项目，将形成以济南、青岛为中心的"1、2、3小时"综合交通圈，济南至青岛、全省相邻各市1小时通达，济南与省内各市2小时通达，省内各市之间、济南至周边省会城市3小时通达，覆盖7.7亿人、300多万平方公里。这将为山东增强可持续发展后劲提供新的空间。

山东最终消费占生产总值的比重稳定在40%以上，为经济持续健康发展发挥着"稳定器"的作用。近年来，我省居民收入显著增加，实现了居民收入增长和经济增长同步、劳动报酬增长和劳动生产率提高同步。2016年，城乡居民人均可支配收入分别达到34012元和13954元，收入的不断增加使居民消费能力大大增强。据测算，我省城镇居民人均每增加1元钱收入，将增加0.58元的消费支出；农村居民人均每增加1元钱收入，将增加0.64元的消费支出。到"十三五"末，我省将实现城乡居民人均收入比2010年翻一番的目标，据此推算城乡居民年均消费性支出将达到5.5万亿元左右。随着消费的个性化、多元化发展和消费模式的创新，新的消费热点正在不断涌现，为经济增长提供持续拉动力。

目前，山东人均生产总值已达到10193美元，已经迈入中高收入国家水平，正在由工业化中期阶段向后期阶段全面转换。根据国际经验判断，人均生产总

值达到1万～3万美元时，正是经济发展的快速增长期，市场需求将不断释放，未来山东具备更大的发展潜力。

三、山东发展空间广阔，回旋余地大

山东位于国家"一带一路"的重要交汇点，是全国由南向北扩大开放、由东向西梯次推进的重要节点。近年来，山东深度融入国际国内产业分工体系，塑造开放型经济新优势，经济外向度不断提高。2016年，全省实现进出口总额达到15466.5亿元，其中对"一带一路"沿线国家和地区的进出口额达到4133.6亿元，占全省进出口总额的26.7%；对外直接投资额达到129.8亿美元，是2012年的3.6倍。优越的区位优势、更加积极主动的开放战略，为山东更好地利用"两个市场、两种资源"创造了条件、赢得了主动、拓展了空间。

近年来，山东深入实施"两区一圈一带"区域发展战略，形成了联动性较强的融合互补、协同共进、梯度发展格局。随着基础设施一体化、优势产业集群和特色园区培育力度不断加大，东、中、西部的比较优势可以通过产业转移而得以保持，有利于以资源要素为纽带实现相互支撑，促进产业集中、价值提升，推动区域发展不平衡的格局转变为梯度发展的动力，为全省经济保持中高速增长和转型升级创造广阔的发展空间。

党的十八大以来，山东把全面深化改革作为关系经济社会发展全局的重大战略来抓，准确把握改革的节奏和力度，注重系统性、整体性、协同性，敢于涉险滩，敢于啃硬骨头，全省改革呈现出全面发力、多点突破、蹄疾步稳、纵深推进的良好态势，一批具有标志性、关键性的重大改革方案出台实施，简政放权、国企改革、财税改革、金融改革、农村改革等取得了实质性进展，各领域具有四梁八柱性质的改革主体框架已经基本确立。特别是围绕激活市场主体活力，持续深化"放管服"改革，着力打造"审批事项少，办事效率高，服务质量优"的政务环境。自2013年以来，省级先后分11批削减行政审批事项601项，提前完成本届政府削减1/2的目标任务；省级行政审批中介服务收费项目由116项减至35项，成为全国收费项目最少的省份之一。2016年，全省新登记各类市场主体471.7万户，超过改革前30多年的总量，市场主体数量跃居全国第2位。良好的营商环境，使山东正在加快成为全国新经济增长的集聚区。

山东传统文化积淀深厚，人民有着崇尚实干、不怕困难的优秀品格；党员干部贯彻中央决策部署的决心和信心坚定，思想认识统一，具有良好的政治生态。全省上下咬定发展不放松、齐心协力谋发展的氛围浓厚、愿望强烈，必将进一步凝聚全面建成小康社会的强大力量，为经济社会发展提供坚强的思想保障。

总的来看，山东近年来实现了平稳较快发展，生产总值先后迈上了5万亿元、6万亿元大关，2017年可突破7万亿元，经济发展已迈上了新的台阶。在这样的经济总量和规模优势下，山东在新旧动能转换中必将"大有可为"，后劲彰显，前景广阔。只要我们抢抓"窗口期"的重大机遇，主动作为、全面求强，就一定能够实现"凤凰涅槃，浴火重生"，在新的起点上继续"走在前列"。

（山东省发展和改革委员会　完成时间：2017年10月）

关于对部分重要政策实施效果进行评估的报告

为更好地掌握前期中央和我省出台的部分重要政策的实施情况，推动政策真正落地见效，并为下一步制定和完善政策提供支撑，山东省发改委重点选取了与企业密切相关的降低实体经济企业成本、促进外贸回稳向好、促进民间投资等三项重要政策的落实情况进行评估。期间我们组成三个小组分别赴我省东、中、西五市开展调研，每到一市均召开有关部门和重点企业座谈会，组织各市开展问卷调查，共发出调查问卷 600 份，收集调查问卷 465 份，调查范围既包括大中型企业集团，也包括中小微企业，既有沿海发达地区的企业情况，也汇总了西部地区的企业诉求，覆盖范围广，涉及产业多，力求更全面、更系统地反映各行各业的情况（问卷调查分析形成单独报告，见附件）。在此基础上，我们总结政策落实情况，分析实施效果，深入查找了存在的困难和问题，并提出了相关意见、建议。现将有关情况报告如下：

一、降低实体经济企业成本相关政策的落实情况

（一）政策落实及实施效果

近年来，各市结合当地企业发展实际，积极落实国家和省关于降低实体经济企业成本的系列政策措施，企业普遍反映享受到了政策红利，制度性交易成本、税费负担等得到不同程度的降低。问卷显示，在 465 家企业中，对国家降成本政策实施效果评价为“明显”的有 312 家，占 67%。但受经济增长活力不足、人工以及原材料成本大幅上涨等客观因素影响，企业在降低成本方面仍面临较大压力。

工作中，我省将降低企业成本作为供给侧结构性改革的重要任务，努力做到“三个坚持”，真金白银地给企业降成本。一是坚持从政府自身抓起。出台实

施了《关于深入推进供给侧结构性改革的实施意见》《关于减轻企业税费负担降低财务支出成本的意见》《关于进一步降低实体经济企业成本的实施意见》等文件。全面落实企业税收优惠，2017年上半年，共落实各项增值税优惠约207亿元，减半征收企业所得税9亿元。持续加大清理、规范涉企收费工作的力度，实现省定涉企收费基金项目"零收费"。二是坚持用改革的办法推进。出台《关于推进价格机制改革的实施意见》《山东省电力体制改革专项实施方案》等政策，加快推进土地、电力、天然气、成品油、交通运输等重点领域改革。我省31种资源品目中已有23种完成从价计征改革，矿产资源补偿费的费率降为零，价格调节基金停征。三是坚持从企业内部挖潜。出台《制造业劳动生产率提升计划(2016～2020)》，引导企业加强管理，压缩成本，提高产品竞争力。总结推广青岛红领"源点论组织管控模式"等20个创新成果，充分挖掘企业内部降成本的潜力。支持企业加快技术改造步伐。2017年以来，培育首批60个智能制造试点示范项目，生产效率提高20%，运营成本降低20%。

通过一系列政策措施的持续发力，我省降成本工作取得了积极的阶段性成果，2016年减轻企业负担近600亿元。从调研情况看，企业对政策实施效果的感受良好。一是企业部分运营成本下降。尽管受原材料、用工等成本大幅上涨的影响，当前企业生产成本偏高，但在降成本政策的综合作用下，在一些方面的生产成本有所降低。如2016年我省规模以上工业企业每百元主营业务收入中主营业务税金及附加为1.02元，同比减少0.02元；每百元主营业务收入中销售费用、财务费用、管理费"三项费用"为5.64元，与2015年持平。二是服务便利化水平提高。调研中90%以上的企业反映，政府审批环节不断简化，办事效率大幅提高。如临沂市兰山区远通汽贸集团等企业反映，"放管服"改革的深入推进，为企业营造了良好的服务环境，企业办事跑腿少了，效率高了，花钱少了。得益于政府服务效能的提升，市场主体活力不断增强。截至9月份，全省实有市场主体774.6万户，同比增长13.7%，其中企业突破210万户，我省成为全国第三个拥有200万企业的省份。三是企业盈利能力增强。2017年1～8月，我省规模以上工业企业主营业务收入利润率和成本费用利润率上升，同比分别从5.62%提高到5.68%，从6%提高到6.06%；企业亏损面下降，同比从8.11%降到8.05%。这在大、中、小、微型企业中均有反映，如：中国重汽反映，2016年全部电量享受到了省内最高的优惠幅度，共获得政策性优惠2000余万元，这既增加了企业利润，也为企业利润的持续提升增添了力量。滨州鲁北企业集团反映，受益于简并增值税税率，公司化肥产品的利润率提高2%。

(二)推进中存在的困难及问题

一是有的政策之间不协调。比如,福利企业增值税返还问题,威海市光威集团反映,财政部、国家税务总局文件(财税〔2007〕92号)规定,对安置残疾人单位取得的增值税退税免征企业所得税。而国家税务总局文件(国家税务总局公告2016年第33号)对福利企业增值税返还部分是否征收企业所得税没有明文规定。目前国税部门仍对福利企业增值税返还部分征收企业所得税。再比如,研发费用加计扣除政策,不同市县的税务部门,同一市县的国税、地税部门,针对企业研发项目的鉴定要求和标准还不够一致。

二是有的政策需要进一步扩大覆盖面。近年来,国家连续出台多项支持中小微企业发展的政策,在调研中发现仍有个别政策存在限制多、门槛高的现象。比如,在减税降费方面,根据企业所得税法及其实施条例的规定,企业要享受小型微利企业低税率的税收优惠,必须同时满足所属行业、从业人员、资产总额、应纳所得税额等方面的基本条件,并且必须是实行查账征收企业所得税的企业,财务健全,财务核算规范,能准确核算收入、成本费用、利润等。这些条件的设定对处于发展和起步阶段的小企业来说,客观上限制了其对税收优惠政策的享受力度。

三是有的政策执行不力。在用能方面,很多用电大户对电费成本敏感,急盼降低电费和扩大直购电的交易规模。在该项政策执行中,有些企业仅能享受照明用电价格优惠,降成本成效较为有限。在价格监督检查执法方面,随着简政放权力度的加大,一些涉企经营服务性收费项目不再实行政府定价管理,而由市场定价,有的经营者利用信息手段从事价格垄断等不正当价格行为,目前价格信用管理等制度还不够完善,事中、事后监管方式有待于进一步创新。

四是市场变化影响降成本政策的实效。受市场供需变化等因素影响,企业经营成本仍然偏高,特别是用工、原材料、物流等成本上升较快。调研中80%以上的企业反映,人工、能源、原材料等成本的大幅上涨,一定程度上抵消了降成本相关政策的效果,影响了企业的获得感,这在劳动密集型产业中表现得更为突出。如威海光威反映,自2016年开始,像金属材料、包装物、化工材料等各类基础原材料的价格大幅度上扬,其中部分有色金属和包装材料的采购成本的上涨幅度甚至超过了100%,达到近年来材料成本的最高峰。

(三)有关政策诉求及建议

一是加大用电、用气、用热价格改革。支持发电企业和电力用户参与直接交易,协商电价。支持天然气用户与上游供气商直接交易,协商确定气价。探索推进工业供热市场化改革，鼓励供热企业与工业用户直接交易，协商确定热价。二是创新金融支持政策。放宽业务准入限制，允许小微金融机构开展小额票据贴现业务，拓宽小微金融机构的发展空间。破除传统金融垄断，推进互联网金融发展。三是继续加大清费减负工作力度。进一步清理行政事业性收费和经营服务性收费，对行政审批前置中介服务收费、政府定价的经营服务性收费等，实行收费目录清单制度。四是强化原材料市场监管。完善应急机制，加强市场监管和执法力度，突出对钢坯、铁矿石等重要原材料价格的监测和检查，严厉打击囤积居奇、哄抬价格等行为，确保重要原材料市场价格基本稳定。五是支持企业内部挖潜增效。开展"对标挖潜，降本增效"活动，加大技术改造力度，加强精细化管理，聚焦聚力管理费用和人工成本，通过企业内部挖潜降本节支。

二、促进外贸回稳向好相关政策的落实情况

(一)政策落实及实施效果

受访外贸企业反映，各级各部门深入贯彻促进外贸稳定增长和提质增效系列决策部署，各项政策得到较好落实，企业普遍享受到了外贸服务方面的优惠政策。全省外贸进出口持续较快发展，经贸合作层次不断提升，开放型经济新优势加速培育。但受国际宏观环境及汇率波动等影响，部分外贸企业也面临不少困难和问题。

工作中，各级各部门强化职能、狠抓落实，密切合作、协调联动，形成了推动外贸发展的大格局，主要做到了"六个着力"：一是着力健全政策法规体系。2016 年以来，省政府先后出台 8 个配套政策文件，尤其是 2016 年 6 月印发关于促进全省外贸回稳向好的实施意见，提出了 21 条具体措施。2017 年 9 月 26 日，召开高规格的全省开放型经济发展大会，又出台了关于推进新一轮高水平对外开放的意见，在更高层次上推进外贸回稳向好。二是着力解决贸易融资难题。建立贸易融资项下风险分担与补偿机制，省财政出资 5 亿元，与各市财政、商业银行、担保机构形成 50 亿元的风险补偿资金。三是着力扩大出口信用保险的覆盖面。对出口信用保险的补助比例由 30％提高到 50％，重点支持新兴市场、小微企业和机电产品，一般贸易覆盖面超过 30％。四是着力推进贸易便利化。山东电子口岸上线运行，大通关协作机制逐步建立，实现了国际贸易"单一窗口"受理。五是着力加快出口退税进度。实施出口退(免)税办税时间标准化服务，开展出口退(免)税无纸化管理试点；出口退税一类企业数量实现倍增，

退(免)税额占到全省的35.1%。六是着力减轻企业负担。建立收费目录清单制度,2016年检验检疫系统减免收费5亿多元,海关涉企收费全部取消;全面试点免除查验没有问题的外贸企业的吊装移位仓储费用,已累计免除4000多万元。

在此推动下,全省外贸发展呈现出动力转换、结构优化、稳中有进的态势。从总量看,2016年,我省进出口增幅在全国前十位省市中位居第一。2017年1～8月,全省进出口、出口、进口分别增长19.4%、11.9%和30.2%,实现了持续较快增长。从结构看,2016年进出口贸易总额中服务贸易占比16.5%,机电产品占比33.6%,高新技术产品占比12.5%,加速从大进大出向优进优出转变。从发展方式看,2016年,30家外贸综合服务企业出口增长1.6倍,跨境电子商务出口增长45.3%,济南开放型经济新体制综合试点、青岛服务外包示范城市、威海服务贸易创新发展试点有序推进,新业态、新模式蓬勃发展。

(二)推进中的困难及问题

一是企业对外贸易中遇到一些困难和问题。67%左右的受访企业表示,在全球经济放缓、贸易保护主义抬头的大背景下,企业发展对外贸易受到诸多影响,主要表现在:人民币汇率波动对进出口造成一定影响,企业规避汇兑损失的难度较大;企业开拓国际市场投入大、见效慢、周期长;生产要素成本持续攀升,企业压力增大;缺少目标市场信息,对国外市场、专利、品牌、法律等方面了解不足;业务、财务、税务复合型人才缺乏;利用外资难度加大等。

二是发展外贸新业态的配套政策亟待健全。52%左右的受访企业反映,近年来,外贸新业态、新模式取得了长足发展,但相关的政策法规还不健全、不配套。主要表现在:有的地方缺乏落实服务贸易政策的具体措施,导致包含在出口产品价格中的产品设计、物流等服务费用,难以享受政策优惠;跨境电商"单一窗口"建设进程较慢,运行模式、基本功能、信息标准不统一,与部门系统对接不一致;企业提供的外贸综合服务多是简单的代理出口模式,缺乏提供深层次增值服务的能力;市场采购贸易主体的从业积极性弱,市场内供采客户聚集度不足,与试点市场相配套的基础较差;统计体系尚不健全,缺乏全口径统计,难以客观全面地反映发展情况和成效等。

三是在进出口通关方面有些政策需要进一步完善。39%的受访企业反映,在推进贸易便利化方面,一些具体环节还需要进一步完善提升。有的企业反映,目前在出口方面虽然很多查验费用不收了,但由查验带来的拖车、换铅封、改单等费用仍不可避免,个别地方验货效率低,需要排队,有的甚至因此赶不上船期。有的企业反映,虽然现在大部分口岸已开始执行出口报关无纸化,但如果遇到海关抽验，仍需提交纸质文件。如果遇到抽验不能马上提供纸质文件，海关无法及时验货，有可能错过船期。为防万一，企业还得制作纸质报关文件，这样“无纸化”和原来的有纸报关就没有多大差别了。有的企业反映，在对外贸易中有不良品时，返修品从国外返回时海关、税务手续繁杂，影响企业的反馈效率和反应速度，经常给企业和客户带来不必要的烦恼。这不仅需要进一步完善相关政策，而且还要创造性地抓好落实，使政策更好地惠及企业和群众。

（三）有关政策诉求及建议

一是加大外贸政策的扶持力度。提高能够打破国际垄断产品的出口退税率，简化出口退税流程；加大外贸人才引进、出口信用保险、进口设备、国际市场开拓等方面的补贴力度等。二是完善外贸新业态相关扶持政策。建立统一的跨境电商统计制度和办法，探索在通关、检验检疫、外汇、税收等方面支持外贸新业态发展的政策措施等。三是提高贸易便利化水平。加快推进国际贸易“单一窗口”受理，全面推行关检“一次申报、一次查验、一次放行”，全面实施进出口货物报检无纸化和通关单无纸化等。四是推进退税流程便捷化。减少退税审批层级，缩短退税周期，推行出口退税疑点前置处理方式，扩大出口退税库银联网试点，完善出口退税无纸化退库。五是帮助企业开拓海外市场。政府或行业协会及时发布最新海外市场风险预警信息，扩大出口信用保险的覆盖面，探索小微企业出口信用统保。

三、促进民间投资相关政策的落实情况

（一）政策落实及实施效果

受访企业反映，近年来，各级各部门出台实施了多项促进民间投资增长的政策措施，得到了很好的落实，民间投资持续快速增长，占到了全部投资的近3/4。与此同时，民间资本在市场准入、资源配置等方面仍未完全享受到与国企同等的待遇，受经济周期规律、虚拟部门和实体部门之间失衡等多重影响，自2015年以来，民间投资增速有所放缓，民营企业投资意愿不足。

为激发民间投资潜力和创新活力，各级各部门应着力突破民间投资的重点领域和薄弱环节，破除体制机制障碍，提振投资信心，促进民间投资回稳向好。一是放宽准入限制。建立市场准入负面清单制度，去除对民间资本的各类不合理限制。比如，出台《关于加快发展养老服务业的意见》等政策文件，支持民间资本进入养老、医疗等领域；支持民间资本参与产能过剩行业国有企业兼并重

组和破产清算等。二是加强减税降费。开展涉企收费清理，全面清理规范经营性收费、中介服务收费。比如，自 2016 年年底至 2018 年年底，实施阶段性降低城镇土地使用税政策，2017 年上半年减轻企业税负约 7.5 亿元。三是创新金融服务。在全国率先设立资本市场发展直投基金，对齐鲁股权交易中心挂牌企业给予股权投资支持。在全国率先推广上线山东省融资服务网络平台，实现省、市、县三级“金融城域网＋银企融资对接”全覆盖，对接金额 1286.5 亿元。四是优化投资环境。省发改委取消下放核准、备案事项 62 项，下放率达到 50％以上；构建“阳光审批，勤廉发改”综合电子政务平台等四个综合性服务平台，积极推进在线服务。五是推广 PPP 模式。发起设立总规模 1200 亿元的 PPP 发展基金。开展 PPP“项目落地年”活动，截至 2017 年 4 月，纳入全国 PPP 综合信息平台的项目达 1161 个，概算投资额 1.3 万亿元，项目数量和投资额均居全国前列。

总体上看，各项政策在促进民间投资回稳向好，更好地发挥民间投资主力军作用等方面，取得了明显的效果。从增速看，2017 年 1～6 月份，民间投资完成 18334 亿元，同比增长 8.2％，高于全国平均增速 1 个百分点，比 2016 年同期提高 5.8 个百分点，呈现稳中有进的良好态势。从结构看，基础设施领域民间投资增长较快，同比增长 21.9％；过剩传统产业民间投资有所下降，如化学纤维制造、有色金属冶炼的投资分别下降 15.4％和 19.1％；先进制造业民间投资有所上升，汽车、医药、计算机电子设备的投资分别增长 17.1％、15.7％、10.5％；新兴领域加速崛起，文化体育、互联网和相关服务、信息技术服务等民间投资分别增长 36.6％、115.3％、61％。从布局看，大部分市保持了较快的增长速度，上半年，济南、日照、枣庄、烟台等 7 个市的民间投资增速均达到 10％以上，其中济南市民间投资增速达到 22.7％。

（二）存在的困难及问题

一是部分政策的差异性需要进一步增强。从信贷政策来看，银行类金融结构信贷政策存在“一刀切”现象，中小民营企业受资信等级低、缺乏有效抵押物等因素影响，难以得到银行资金的支持。公司债发行存在准入障碍，民营企业通过公开市场获得股权融资及债务融资较难。从税收优惠来看，“营改增”后，有些企业无抵扣项或少抵扣项，与税改前相比不减反增。根据有关部门调研，建筑类企业抵扣项较少，“营改增”之前只缴纳 3％的营业税，“营改增”之后，需缴纳 11％的增值税；文化服务企业人力投入较多，征收增值税时几乎没有可抵扣的进项税额，还不如征收营业税时税负低，这对新业态的影响较大。

二是部分政策的协调性需要进一步提高。在“放管服”方面，放权存在不同步、不协调的问题。如临沂市反映，已将固定资产投资项目备案全部下放到县区实施，但个别项目的环评、节能审查、消防验收等手续仍需市级或省级部门办理。在 PPP 推进方面，PPP 涉及财政、投资、金融、价格、招投标等多个方面，普遍缺少专门规定，更没有形成完整的政策体系，部门之间存在规定不协调、不统一的问题，许多 PPP 项目处于一事一议状态，民间资本参与度不高，制约了 PPP 模式的推广。

三是部分行业的标准规范需要进一步健全。有的企业反映，国家政策鼓励民营企业创新，但相关部门未能跟进，如莱芜希格斯集团研发的新型垂直和移动升降车库，由于和现行标准规范不完全一致，一直得不到生产许可，最终只能放弃，给企业造成较大损失。也有企业反映，交通运输部实施的《整治公路货车违法超限超载行为专项行动方案》规定，车货总高度从地面算起不超过 4 米，总宽度不超过 2.55 米，未充分考虑大中型农机尺寸和不可拆卸运输等问题，导致企业产品运输难，无法按期交货，同时也大大增加了企业的运输成本。

（三）有关政策诉求及建议

一是强化金融服务。建议由银监会和人民银行牵头，对贷款发放的评价机制、风险控制、行政追责中对民企的歧视性条款进行清理整顿，严格限制商业银行总行以文件或口头形式对民企抽贷。二是规范 PPP 项目操作。健全完善 PPP 政策法规体系，加快 PPP 项目管理体制和运营机制的创新，统筹把握好 PPP 项目的适用范围和运作方式等重要环节。三是加强行业标准的清理整顿。完善行业标准动态调整机制，对于一些不合时宜的行业标准进行及时清理，对于一些创新成果和新兴标准及时吸纳并完善标准体系。四是落实民营企业待遇。加大对政策落实的督查力度，及时发现、彻底清除隐形的“玻璃门”“弹簧门”，使民营企业更好地享受同等待遇。五是弘扬企业家精神。切实贯彻党中央关于“企业家精神”的决策部署，在人才管理、培育评价等方面，着力解决一批制约企业家发展的体制机制问题，努力营造企业家健康成长的环境，更好地发挥企业家的作用。

四、关于进一步抓好政策落实的几点建议

一要强化宣传解读。各市及有关部门要进一步增强政策服务意识，主动发布、解读与企业密切相关的政策信息；定期组织开展集中培训，提升基层政府人员的政策服务能力；完善提升政务服务平台，促进企业与政务服务“线上线下”互动，畅通为企业提供政策服务的渠道。

二要强化协调配合。坚持全省“一盘棋”,各级各部门要自觉服从上级决策部署,做到政令畅通、步调一致;加强各方面的统筹协调、密切配合,打好组合拳,切实形成政策合力。

三要强化督导落实。通过调查问卷和大数据等多种形式,定期收集政策落实情况、实施效果、企业感受,查找企业生产经营中存在的困难和问题,征求企业对政府服务的意见、建议等,努力为企业搞好服务、保驾护航。重视总结推广政府管理和服务中的好做法、好经验,主动曝光不作为、乱作为的案例。

附件　关于部分重要政策落实情况的调查分析

——基于对全省465家企业的问卷调查

为更好地了解、把握国家前期出台的部分重要政策的实施效果，省发改委委托17市，围绕企业在享受国家和省出台的降低实体经济企业成本、促进民间投资、促进外贸回稳向好等方面政策的落实情况、实施效果、存在问题、相关建议等，各自选择20～30家企业进行问卷调查。截至目前，共收回问卷465份，现将企业调查问卷情况简要分析如下：

一、关于降低实体经济企业成本相关政策的落实情况

大部分受调查企业表示享受过国家降低实体经济企业成本的相关惠企政策，降成本政策实施效果显著，有效降低了企业的税费、人工成本等负担，缩减了行政审批时间，促进了企业转型升级、提质增效，增强了企业实力。在465家企业中，对国家降成本政策落地后实施效果评价为“明显”的有312家，占67%；评价为“一般”的有84家，占18%；评价为“不明显”的有69家，占15%。总体看来，政策实施效果明显。

从问卷情况看，企业享受的政策较为集中，主要包括：“营改增”等税收优惠政策、自主研发扶持政策、社保相关费用降低、技术改造补贴、审批和收费简化减免、稳岗就业补贴以及国家补助大气污染防治资金、水利建设基金降低等政策。如东营方圆有色金属有限公司、聊城信发集团等企业反映，“营改增”试点范围扩大以来，增值税即征即退、新增不动产纳入抵扣范围、消除重复征税等措施的实施，为企业减负效果显著。泰安祥瑞药业、济宁碳素集团等企业反映，节能环保专用设备税收优惠政策的实施，有利于企业树立绿色发展理念，加大节能环保方面的投入。潍坊鲁丽集团、淄博瑞阳制药有限公司等企业反映，扩大行政事业性收费的免征范围，降低企业养老保险的缴费比例、阶段性降低失业保险费率、生育保险费率和发放稳岗补贴等政策措施的实施，在企业降低用工成本方面起到关键作用。淄博新华制药股份有限公司、泰安康平纳集团等企业反映，土地使用税由每平方米14元降到每平方米13元，水利建设基金由1%降为0.5%等政策具体且易操作，减负效果明显。

目前企业成本负担主要集中在人力成本、税费负担、能源原材料成本以及物流、环保、安全、社会负担等方面。

一是人工成本增加。近80%的企业反映，人工成本上升幅度较大，造成公司产品成本升高、毛利率下降，技术人才、熟练工人青黄不接，熟练工人容易“跳槽”，提高了招工和培养成本。济宁圣阳电源股份有限公司、枣庄海之杰纺织有限公司等企业反映，劳动力成本大幅度提升，成为原材料之后的第二大成本因素，2017 年人工成本将提高 15%以上。

二是原材料价格上涨。约有 60%的企业反映，原材料价格上涨明显，特别是部分农产品、钢铁、煤炭以及部分电子元器件价格上涨，导致企业成本增长过快，给企业生产带来较大压力。山东星瀚材料股份有限公司、威海光威集团等企业反映，自 2016 年以来，各类基础原材料价格大幅度上扬，其中部分有色金属和包装材料采购成本的上涨幅度甚至超过了 100%；2017 年以来烟煤价格同比上涨 55%，钢材价格半年涨幅超过 20%，严重影响企业利润。

三是社会负担沉重。社会保险基数不断提高，各项保险支出不断提高。泰安五岳专用汽车有限公司反映，企业离休干部和建国前老工人的医疗费未纳入社会统筹，平均每年医疗费用都达百万元，企业负担较重。

四是不合理收费仍然较多。威海海马地毯集团反映，公司同一项目引进相同的设备，每次引进都要请有资质的公司进行职业健康安全评估，既没有必要，也增加了企业的成本负担。淄博大染坊集团等企业反映，有的收费项目转向各种“红顶中介”，例如对企业的水资源平衡测试、清洁生产审核、职工职业卫生检查、ISO9000 认定等，甚至一些与企业毫无关联的费用也需企业缴纳，如企业建设厂房，要替施工方缴纳农民工的社保金保证金。

五是技术引进纳税负担沉重。威海新北洋公司反映，购买境外企业的专利技术和专有技术使用权时，除需缴纳 6%的增值税、增值税额 13%的附加税之外，还需代缴 10%的企业所得税，购买一项 100 万元的国外专利技术，合计要缴 16.4 万的税，不利于企业引进国际先进技术。菏泽金正大公司反映，部分政策规定与企业实际不相适应。如财税〔2008〕48 号中规定“企业购置并实际使用列入《目录》范围内的环境保护、节能节水和安全生产专用设备，可以按专用设备投资额的 10%抵免当年企业所得税应纳税额”，企业应当在申报年度购置并实际使用设备。但因部分生产线建设周期较长，难以做到当年购买、当年投入生产，无法享受税收优惠。

六是其他成本支出增加。部分企业也反映，融资成本增加，法律成本加大，土地、能源、物流、研发、技改等成本增加，也是当前企业成本负担加重的重要因素。

围绕降低实体经济企业成本这一核心，问卷企业提出了针对性的意见、建议。一是继续做好简政放权工作，进一步优化和减少新项目建设手续的办理流程，降低企业的审批成本。二是拓宽融资渠道，引导银行等金融机构加大对企业的支持力度，切实解决企业融资难、融资贵问题。青岛华世洁环保科技有限公司、济宁博特精工股份有限公司等企业建议，为先进技术企业提供担保或财政贴息，为有良好发展前景的企业融资提供资金“过桥”服务，减少企业资金链断裂风险，降低企业“过桥”资金的成本。三是降低相关税费及失业、生育、工伤等各项保险费用。东营市华泰集团、莱芜上汽粉末有限公司等企业希望降低地方税负，如：降低土地使用税价格，扩大增值税的可抵扣范围，探索将职工福利支出纳入可抵扣范围；针对电商、环保、资源回收等新兴产业出台相关税收减免政策，推动新兴产业发展。四是降低企业煤、电、汽等能源价格成本。东营亚通石化有限公司、威海山东威达机械股份有限公司等企业希望进一步深化电力改革、热力供应计价方式改革，减少新项目建设手续的办理流程。五是扩大行政事业性收费的免征范围，清理规范涉企收费。淄博大染坊集团、泰安华鲁锻压机床有限公司等企业希望对部分仍“挂靠”在政府职能部门的各种“红顶中介”和垄断式“服务部门”予以彻底厘清和清理，坚决取缔。六是降低企业人工成本。制定更加优惠的人才政策，重视中层次专业技能人才的引进培养。合理控制最低工资标准的调整频率和幅度，适当确定企业工资指导线。七是对市场炒作行为等进行干预，避免市场不规范导致的恶性竞争。淄博侨牌集团、枣庄丰源轮胎制造股份有限公司等企业反映，由于缺乏完善的市场服务体系，部分小企业低价恶性竞争，导致整个行业出口利润下降。

二、关于促进外贸回稳向好相关政策的落实情况

问卷显示，以出口为导向的企业基本能享受到保险费财政补贴、进口设备贴息、出口退税、出口信用保险、境外展览费用财政补贴等优惠政策。企业普遍反映，出口退税速度加快，节约了企业的资金成本。

受访企业在外贸服务方面享受到的优惠政策主要有：进口方面，包括先进设备进口补贴、进口原油资质、异地报关口岸放行、加工贸易业务审批取消、订单贷款融资等；出口方面，包括出口退税及“免抵退”税、国际市场开拓补助、出口信用保险、资质认证、国际商标注册认证补贴、参加国际展会、对外贸易网站设立等方面的补贴。

企业反映的对外贸易困难，主要表现在以下几个方面：一是国际经济环境不稳定。国际反倾销、技术性贸易壁垒给商品出口带来较大障碍。二是人民币汇率波动带来不确定因素。企业很难作出科学、合理的预测，汇兑损失规避难度加大。外贸企业利润率低，难以承受汇率较大波动的影响。三是报检等手续仍较复杂。枣庄丰源轮胎制造股份有限公司、临沂天元集团等企业反映，港口关检合作“三个一”政策尚未完全推行，查验时间长，效率较低，报关退税比较麻烦。四是补贴资金周转效率较差，特别是在出口退税等方面，企业退税资金到位周期很长，审批程序烦琐冗长，在一定程度上降低了企业在本地出口的意愿，使企业更愿意在沿海城市办理进出口通关手续。五是品牌知名度和影响力不强。东营科瑞集团、威海浩然特塑股份有限公司反映，企业开拓国际市场投入大、见效慢、周期长，中国制造品牌在海外受到地域限制与偏见制约等仍然较为严重。另外，中国企业间品牌管控不足，仿冒商标时常出现，对提升品牌的国际形象不利。六是生产要素成本持续攀升，企业压力增大。东营新发药业有限公司认为，国内的环保政策导致上游原材料价格上涨，影响产品及时交付，拉低国际竞争力。七是优秀外贸人才的需求得不到满足。泰安金塔机械指出，对外贸易中，业务、财务、税务复合型人才缺乏，外汇结算业务人才少，业务开展困难。

外贸企业希望政府在简化办事流程、加大出口退税力度、融资、应对汇率波动等方面加大政策力度。一是进一步提高贸易便利化水平，缩短进口许可证办理流程，加快推进关检合作"三个一"政策落实，缩短商品检验的周期，降低检测费用。枣庄远通纸业有限公司建议，加大出口信用保险、进口设备、国际市场开拓等方面的补贴力度，取消或放开进口设备机电许可。二是提高高附加值、符合国家产业政策、打破国际垄断产品的出口退税率。青岛宝佳集团等企业建议对企业的"免抵退"税及时进行抵库和调库，确保企业当期、当年的"免抵退"税尽可能在当年进行抵库和调库，以利于企业财政贡献的统计和实现。三是强化对企业的信息支持和业务指导。潍坊孚日集团、莱芜奔速电梯有限公司等企业建议，政府应协助企业与国外政府和企业联手搭建人才交流平台，及时发布最新海外市场风险预警信息，开展外贸业务知识培训，帮助外贸企业规避风险。四是提高外贸政策的针对性和灵活性。枣庄海扬王朝服装有限公司建议将企业参展效果好的境外展会列入补贴目录，改变以往每年固定贴补几个展会的政策，使外贸的政策更加灵活，更贴合企业需求。五是不搞政策"一刀切"。聊城华鲁制药有限公司、临沂金锣集团等企业建议应避免政府政策间协同性不高或"一刀切"政策给企业增加负担。六是在重视环保工作的同时，支持企业改进环保工艺、引进环保设备以及相关人才，并给予相应的补贴。七是规范各类行政性收费。淄博瑞阳制药有限公司建议合理规范港口、运输、银行收费。

三、关于促进民间投资相关政策的落实情况

在问卷调查的465家企业中，有269家企业没有扩大投资的预期，占比为58%。主要原因是经济形势仍不景气，企业主营业务受到一定的冲击，加上市场、资金、环保督查等方面的原因，没有扩大投资的想法。有196家的企业有扩大投资的预期，占比为42%。扩大投资的原因主要包括企业扩张需要、市场需求促进、转型升级倒逼、新兴产业引领等。

调查结果显示，在465家企业中，对扩大民间投资政策实施效果评价为"明显"的有260家，占56%；评价为"一般"的有121家，占26%；评价为"不明显"或未享受过促进民间投资政策的有84家，占18%。企业享受的政府扩大民间投资的政策主要有:一是中央和省预算内投资,引导和支持企业扩大投资。二是各类税费减免及政策奖励。如小微企业所得税优惠、阶段性降低“五险一金”费率、土地使用费优惠减免、项目融资优惠、项目立项“绿色通道”以及固定资产投资奖励、工业提质增效升级项目奖励等各种优惠政策。三是政府部门积极拓宽企业的融资渠道,引导金融机构为企业提供信贷支持。四是PPP模式的推广,拓宽了民间资本的投资领域。五是政府部门减少了审批手续,营造了公平竞争的市场环境。

受访企业也反映了一些扩大民间投资政策实施中存在的问题:一是信贷政策收紧导致企业资金周转困难。潍坊歌尔股份有限公司、临沂鑫海科技有限公司等企业反映,目前银行信贷政策收紧,利率较基准利率上浮10%～20%,并且放款时间延长,企业现金周转困难。同时,中小民营企业受资信等级低、抵押资产缺乏等因素影响,难以得到银行资金支持。二是部分政策缺乏灵活性。如税收政策方面,目前的税收优惠政策仅以统一的标准确定减免税对象,未考虑行业差异,对于广告、金融等行业来说,有的小微企业一年享受的税收优惠数额不足万元,对于资金薄弱的小微企业来说仅是杯水车薪。三是“营改增”政策导致部分行业税负增加。“营改增”后,建筑类、中介服务类、软件开发、互联网等轻资产类企业因无抵扣项或少抵扣项、无进项费用、折旧摊销等可用于抵扣税费的会计科目少等原因导致税负增加。四是部分政策缺乏统一标准。莱芜希格斯集团反映,国家政策鼓励民企创新,但相关部门未能跟进,企业投入大量资金研发的新型垂直和移动升降车库,由于和现行公布的标准规范不完全一致,一直得不到生产许可,最终只能放弃,给企业造成较大损失。五是PPP政策缺乏吸引力。有企业反映,目前的PPP政策缺乏对社会资本的吸引力,实际操作中受制于投资收益较低、运作周期长、前期程序复杂等因素,民间资本参与度不高,央企、国企和上市公司占了较大比重,对私人资本形成挤压。

受访企业在政府简政放权、提供资金支持、兑现优惠政策等方面提出了建议。一是拓宽投资领域。消除制约扩大民间投资的体制机制,优化民间资本的投资环境,为民间投资提供公平、宽松、稳定的市场环境。淄博清源集团、莱芜宏葵生物(中国)有限公司等企业希望政府及有关部门能够对优秀的民营化工企业给予适当政策支持,适当降低限制标准,引导企业转型升级和淘汰落后产能。二是构建多元化融资渠道。建立和完善为民间投资服务的金融体系,为民间投资主体提供更为多元化的融资渠道和金融产品,支持民间投资健康发展。枣庄海扬王朝服装有限公司反映,希望能够在融资方面享受利率优惠,改变现在企业融资利率普遍上浮的现象。三是进一步简化行政性流程。东营康宝集团、莱芜裕源食品有限公司等企业希望国家通过金融政策支持、减免税费、税收体制改革等减少各项手续的办理程序;针对民营企业反映的改扩建项目环评烦琐问题,按照改扩建项目与新建项目区别对待原则,简化环评内容或降低环评类别。四是优化投资布局。引导民间资本进入互联网、文化教育、能源环保以及现代服务业等新兴产业,形成社会新的投资热点。对民间投资不太愿意进入的领域,通过政府补贴、财政贴息等行政手段,鼓励其进入。

(山东省发展和改革委员会综合处　完成时间:2017 年 10 月)

山东新旧动能转换步入良性轨道

党的十八大以来，山东省委、省政府牢牢把握“走在前列”的目标定位，牢固树立新发展理念，主动引领经济发展新常态，全面贯彻落实党中央的决策部署，持续深入推进供给侧结构性改革和经济转型升级，国民经济保持平稳健康发展，质量效益不断提高，经济社会发展站在了新的历史起点上。预计2017年全省生产总值将突破7万亿元，经济总量占到全国的1/10左右，在全国经济发展大局中始终保持重要地位；公共财政预算收入将达到6000亿元以上；服务业占生产总值的比重达到50%左右，基本形成以服务业为主导的产业发展格局。2017年召开的省第十一次党代会，把加快新旧动能转换作为统领经济发展的重大工程，积极创建国家新旧动能转换综合实验区，在全省上下形成了全力推进新旧动能转换的新氛围、新热潮、新局面。目前，我省进入了新旧动能加速转换期，步入良性发展轨道。

一、传统动能“有中出新”，正在焕发出新的生机和活力

山东是传统工业大省，产业体系完备，轻工、化工、机械、纺织等传统产业在全国占有重要地位，是全省优势产业，但也是转型升级的重点。近年来，针对传统产业面临的产品层次不高、经济效益下降、资源约束加大等突出问题，我省没有简单推倒重来、另起炉灶，而是加大技改投入，拉长产业链条，推动工业化、信息化“两化”融合，促进集群、集聚、集约发展，实现“老树发新芽”“老树嫁新枝”。2016年，全省规模以上工业企业技改投资达到1.5万亿元，涌现出了一批市场竞争力强、技术含量高、财税贡献大的优势产业、优势企业和优势产品，打造形成了一批在国内外具有较强影响力的自主品牌。作为全国化工第一大省、全球第三大炼化产业集中区，我省围绕打造世界一流的高端石化基地，积极推进石化产业结构和产业布局战略性调整，引导石化企业做大做强。烟台万华集团成为中国唯一一家同时拥有全系列异氰酸酯制造技术自主知识产权的企业，市场

占有率达到世界的40%。适应互联网经济快速发展的新趋势，大力推动传统产业智慧化，培育发展“互联网＋新业态”，传统产业升级衍生新业态、新产业的速度不断加快。青岛红领集团依托“互联网＋个性化定制”，将个性化定制与规模化生产融合，成为国内正装定制的领军品牌。

二、新动能“加快成长”，正在成为拉动经济增长的新引擎

近年来，我省深入实施创新驱动战略，进一步激发全社会的创新活力和创造潜能，“四新”经济蓬勃发展，以高科技含量、高附加值为特征的新技术、新产业增势强劲。2016年，全省高新技术产业的产值占规模以上工业企业总产值的比重达到33.8%。企业创新主体地位逐步确立，国家企业技术中心、国家地方联合工程实验室分别达到179家、56家，分别居全国第1位、第2位；先后获批建设7家国家级“双创”示范基地、11家国家级小微企业创业创新基地；研发人员达到47.6万人，居全国第4位，为发展“四新经济”、壮大新动能奠定了坚实基础。浪潮集团成功研发新一代关键应用主机——天梭M13，使我国成为美日之后全球第三个掌握最高端主机核心技术的国家。轨道交通、智能制造、海洋经济等新动能加速成长，目前我省轨道交通产业居全国第1位，青岛成为全国最大的轨道交通制造基地，动车产量占全国运营动车组的65%，城轨地铁占全国份额的25%，并已成功登陆美国、欧洲等发达国家市场。紧紧把握全球新一轮科技革命和产业变革的重大机遇，前瞻布局新能源及智能汽车、通用航空制造、核电装备、机器人行业等高成长性产业，市场前景极为广阔，未来有望呈现“爆发式”增长。比如，我省新材料产业的主营业务收入占全国的近1/4，东岳集团突破了寿命6000小时以上的含氟燃料电池膜核心技术，成为世界上仅有的两家企业之一。我省碳纤维产量居全国第2位，威海拓展纤维公司先后突破了T300、T700、T800级高强碳纤维制备技术，处于国内领先地位，打破了国外垄断。再比如，我省新能源和可再生能源发电装机突破1800万千瓦，占全省电力总装机的比重达到16.1%，2022年有望达到30%。特别是我省认真落实习近平总书记“经略海洋”的战略思想，加大了海洋能源的开发创新。我国首次实现历史性突破的海域可燃冰试采，其实验室主要依托青岛海洋地质研究所，其科技装备来自烟台中集来福士自主设计建造的超深水半潜式钻井平台“蓝鲸一号”。山东在新能源重要领域已经具备了抢占未来发展制高点的技术和产业优势。

跨境电商、在线医疗、网络约车、共享单车等新业态、新模式加速崛起，深化与阿里巴巴、京东、苏宁的合作。近年来，电子商务快速发展，电商交易额、网络零售额“井喷式”增长，电商平台达3000多家，各类电商经营主体达120万家，形成了星火燎原之势。大数据、云计算、人工智能等新一代信息技术与产业加

速融合，生产装备、电子软件等领域的智能制造水平不断提升，“工业＋旅游＋商业”等跨界融合模式广泛应用。“品牌强省”和“质量强省”战略深入实施，我省45家企业入选2017年中国品牌500强。

三、落后产能“加速出清”，正在释放新的发展空间

山东围绕深化供给侧结构性改革，以“凤凰涅槃，浴火重生”的魄力和勇气，狠抓过剩产能化解，依法依规彻底退出不合规、不达标产能，坚决倒逼出清，做到了应退尽退，工作力度之大、措施之硬、效果之好，前所未有。“十三五”期间，我省将累计压减生铁产能970万吨、粗钢产能1500万吨、煤炭过剩产能6460万吨。到2017年年底，生铁、粗钢、煤炭压减量将分别完成“十三五”计划的45.9％、53.1％和35.8％，地条钢和违法违规电解铝清理工作已全面完成。济钢搬迁进展顺利，钢铁生产线已全部停产，产能调整和职工安置方案已经职代会顺利通过，成为全国大型钢铁企业转型发展的典型案例。抓住处置“僵尸”企业这个“牛鼻子”，筛选确定321户国有“僵尸”企业，加大处置清理力度，省内最大的“僵尸”企业——肥矿集团顺利完成了债务、资产、人员重组，安置职工1.4万余人，企业重新实现盈利。通过开展落后产能淘汰和违法违规产能清理，进一步营造了优胜劣汰的良好市场环境，为先进产能腾出环境容量和市场空间，实现了企业效益和环境质量的“双改善”。截至目前，全省工业企业平均产能利用率为79％，创近三年来的最高水平。2016年，省管企业实现营业收入7898亿元，利润209亿元，资产总额达到19983亿元，同比分别增长20％、24％和32％，创五年来的最高水平。2017年上半年，全省“蓝天白云，繁星闪烁”天数平均为125.4天，同比增加7.8天。

我省新旧动能转换重大工程已经实现了良好开局，但也要看到，作为一项系统性工程，仍需要持续用力、久久为功。今后五年，是我省经济转型升级的重要窗口期。必须坚持世界眼光、国际标准、山东优势，以新技术、新产业、新业态、新模式为核心，以知识、技术、信息、数据等生产要素为支撑，坚持增量崛起和存量变革并举，着力推动产业智慧化、智慧产业化、跨界融合化、品牌高端化，进一步培育壮大新动能，改造提升传统动能，实现传统产业提质效、新兴产业提规模、跨界融合提潜能、品牌高端提价值，着力打造“审批事项少，办事效率高，服务质量优”的政务环境，全力建设全国新经济发展的集聚区，推动新旧动能转换尽快取得实质性重大进展。

（山东省发展和改革委员会　完成时间：2017年10月）

区域协调发展篇

关于济南市固定资产投资情况的分析

近期,济南市发改委对 2014 年以来济南市的投资规模、投资结构、投资效益进行了分析研究。总体上看,近年来我市投资工作取得明显成绩,但规模不大、结构不优、效益不高的问题较为突出,今后投资工作必须更加注重投量、投速、投向、投效的平衡。

一、投资规模分析

牢牢把握发展的项目导向,每年集中推进一批投资规模大、带动能力强、综合效益好的重点项目,初步解决了投资长期不足的问题,但与省内重点城市的差距依然较大。

(一)总量发展壮大,但差距也在拉大

2015 年,全市完成固定资产投资 3498.4 亿元,居全省第 4 位,但仅占全省的 7.4%,与青岛市的差距由 2013 年的 2390 亿元扩大到 3057 亿元,与烟台市的差距由 900 亿元扩大到 1169 亿元,与潍坊市的差距由 792 亿元扩大到 1018 亿元。2016 年前 10 个月,我市固定资产投资比青岛市少 3075 亿元,比烟台市少 1265 亿元,比潍坊市少 1028 亿元,前 10 个月的差距均超过了 2015 年全年。

(二)增速位次前移,但进位质量不高

2011 年,我市固定资产投资增速一度处在全省末位,2014 年、2015 年保持在全省第 3 位。通过狠抓"三项重点工作",2016 年前 10 个月我市固定资产投资同比增长 13.8%,高于全省平均 3.3 个百分点,居全省首位。青岛市增长 13.8%,烟台、潍坊两市分别增长 13.7%和 13.5%,我市相对于省内重点城市的增速优势比较微弱。

(三)投资强度提高,但仍处于全省后列

2014年,我市投资率(固定资产投资与GDP的比率)达到53.1%,2015年提高到57.3%,但低于全省平均17.9个百分点,在全省仅高于菏泽市。2016年前三季度,我市投资率为55.3%,低于全省平均20.4个百分点,低于青岛市20.3个百分点,低于烟台市22个百分点,低于潍坊市39.8个百分点,仍处在全省第16位。

二、投资结构分析

2014年以来,我市农业和二产的投资比重稳中有降,服务业的投资比重持续上升,总体符合产业演进的普遍规律,但投资结构不够合理,适应经济发展新常态要求的产业投入明显不足。分析我市投资结构,主要呈现出"一大、两升、两降"的特点。

(一)农业投资力度较大

2014年,我市农业固定资产投资增长18.4%,2015年增长8.2%,2016年前10个月增长14.1%,总体保持较快增长速度。2015年,农业完成投资比青岛市少12.5亿元,比潍坊市少29.2亿元,比烟台市多46.3亿元,投资率达到33.6%,高于青岛市的31.6%、潍坊市的28.9%和烟台市的12.7%,农业投资占全市固定资产投资的比重也是最高的。

(二)房地产业比重上升

2014年、2015年,我市房地产开发投资分别占全市固定资产投资的29.9%和29%,2016年前10个月提高到32.6%,高于青岛市14.7个百分点,高于全省平均以及烟台市、潍坊市20个百分点以上。前10个月我市固定资产投资总量居全省第4位,增速居全省第1位,如果剔除房地产开发投资,两项指标在全省的位次均下降到第9位。我市房地产开发投资中住宅所占比重达到70%,商业营业用房、办公写字楼去库存周期分别达到35个月和45个月。房地产开发投资比重过高,不仅带来去库存和稳市场的压力,而且还占用了大量的要素资源,影响经济发展动能的加快转换。

(三)工业投资增速下降

2014年,我市工业投资首次突破1000亿元,当年增速达到21.1%,但2015

年增速降低到13.8%，2016年前10个月进一步降低到8.9%，工业投资占全市固定资产投资的比重降低2.7个百分点，总量比房地产开发投资还少39.8亿元。分析工业投资增速持续下滑的原因，虽然有经济大环境的影响，但关键在于工业项目储备不足。目前全市在建工业项目仅1008个，同比减少52个。2016年前9个月，我市实际到账外资13.3亿美元，其中工业到账外资仅3008万美元。工业投资不足，有关工业发展短板的问题很难解决。

（四）传统产业比重上升

近三年来，我市黑色金属冶炼和压延加工业的投资分别增长11.2%、27.4%和35.3%，化学原料和化学制品制造业的投资分别增长30.8%、14.5%和19.9%，均快于同期制造业投资的增长速度，非金属矿物制品业的投资分别增长13.3%、28.9%和7.6%，三大“两高一资”行业投资占制造业投资的比重提高4.3个百分点。2016年前10个月，我市运输设备制造业的投资下降59.8%，汽车制造业的投资下降45%，电气机械和器材制造业的投资下降40.4%，交通装备、机械装备、电子信息三大重点行业投资占制造业投资的比重同比降低约4.6个百分点。前10个月我市服务业投资的增速达到16.5%，但现代服务业增长乏力，其中科学研究和技术服务业投资下降34%，金融业投资下降1.5%，信息传输、软件和信息技术服务业的投资仅增长1.1%，文化、体育和娱乐业的投资增速也只有9.8%。另外，水利环境和公共设施管理业，教育、卫生和社会工作，公共管理、社会保障和社会组织等行业投资占到全市服务业投资的14%左右。公共服务和公益事业的性质，决定这些行业很难产生直接的经济效益。

（五）民间投资比重下降

近三年来，我市固定资产投资增速高居全省前列，政府投资发挥了重要作用。2014年，我市基础设施投资占全市固定资产投资的12.8%，2015年提高到14.7%，2016年前10个月也达到13.5%。但基础设施投资回报期较长，其效益的发挥需要一个过程。民间投资主要是产业投资，但我市民间投资比重由2014年的66%下降至2015年的64.8%，2016年前10个月进一步降低到60.5%，低于全省平均17.5个百分点，这是造成我市民营经济比重远低于全省平均的重要原因。民间投资发展不快，直接导致市场活力不足，影响企业群体的壮大和经济运行质量的提高。

三、投资效益分析

虽然当前投资对全市经济发展起到关键支撑作用，但投资结构不合理造成的影响正在显现，有些还将持续。

（一）投资结构不合理导致单位投资对GDP贡献明显下降

2013年，我市固定资产投资效果系数（GDP增量与固定资产投资的比率）为16.2%，即2013年增加1亿元GDP需固定资产投资6.2亿元，少于全省平均的7.7亿元、青岛市的7.1亿元、烟台市的10.6亿元和潍坊市的8.4亿元，投资效果相对较好。但是到2015年，我市固定资产投资效果系数已降低到9.4%，即增加1亿元GDP需固定资产投资攀升到10.6亿元，虽低于全省平均的13.3亿元，但已与青岛、烟台两市基本持平。

（二）投资结构不合理导致产业格局没有发生根本改变

重工业比重依然过高，2016年前三季度重工业实现主营业务收入占全市规模以上工业企业主营业务收入的80.3%，与多年来的情况基本相同。企业群体依然偏少，2015年规模以上工业企业有2021家，仅占全省的5%，2011～2015年主营业务收入过10亿元企业分别为67家、69家、68家、69家和66家。2016年以来，通过省入库审核的工业企业有61家，但退库企业达到152家。现代服务业增加值的比重提高到52.7%，但批发零售业增加值占服务业增加值的比重仍达20%以上，依然是增加值最高的行业。

（三）投资结构不合理导致税收对个别行业依赖过高

2015年，我市完成市县级税收收入474.9亿元，其中房地产业所占比重达到29.6%，金融业所占比重达到18.1%，而制造业所占比重仅达到15.5%。市县级税收收入前100位企业（单位）中，直接从事房地产开发的企业达到41家，金融企业有28家，工业企业仅15家。从2016年5月1日起，房地产、金融等行业纳入“营改增”试点范围，由此导致我市财政全年减收约77亿元，在全省各市中是最多的。当前国家加大房地产分城调控力度，限购限贷政策的实施导致我市商品房成交大幅下滑，房地产业税收持续快速增长难度较大。

四、投资形势展望

今后一个时期，是我市“打造四个中心，建设现代泉城”的攻坚时期，也是加大投资力度、积蓄发展后劲的关键时期。总体上看，随着“三项重点工作”的持续深入推进，未来三年我市投资仍将保持较快增长，但优化投资结构的压力依然较大。

(一)项目储备较为充足

未来三年，城市轨道交通、济青高铁济南段、石济客专济南段等重大交通项目进入建设高峰期，济郑高铁济南段、省会城市群经济圈城际铁路等重大项目也将开工建设，投资约1400亿元。总投资600亿元的万达文体旅游城、260亿元的彩石旅游生态产业城、118亿元的鹊华影视城等重大招商项目也将落地建设。中央商务区进入全面建设阶段，北湖、南北康等一批城市更新项目加快实施。这些重大工程和项目将为全市投资持续较快增长提供有力支撑。

(二)工业项目依然较少

近期，省发改委初步汇总了2017年度重点项目240个，总投资4983亿元，年度计划投资902亿元，其中工业项目仅39个，总投资274亿元，年度计划投资109亿元。2016年以来，我市新签省外工业投资项目35个，大多数项目的总投资在2亿元左右，其中总投资10亿元及以上项目仅6个，投资额最大的山东玉菊生物工程(增资)项目也只有20亿元，工业项目的储备非常薄弱。

五、主要对策、建议

(一)着力抓好重点行业投资

从GDP收入法构成看，2015年，我市制造业生产税净额(生产税与补贴的差额，反映政府从创造的增加值中所得到的原始收入份额)占制造业增加值的比重为30%，房地产业为30.3%，文体娱乐业为24.4%，批发零售业为22.9%，住宿餐饮业为20%，信息软件业、交通运输仓储邮政业、金融业只有10%左右。建议围绕扩大财源和优化产业结构，加大制造业的投入力度，着力稳定房地产市场，提高文体娱乐、批发零售、住宿餐饮等高端项目的投入比重，加快推进万达文体旅游城、宜家、首创奥特莱斯等重点项目建设。

（二）着力提高项目的建设水平

2011～2015年，我市固定资产交付使用率为57.5%，低于青岛市4.9个百分点，主要原因在于基础设施、片区开发等建设周期长的项目比例过高。建议从提高投资效益的角度，重点在项目建设提升上狠下工夫。招商引资方面，强化产业招商特别是工业招商，提高实体经济项目在招商引资中的比重。项目建设方面，市级重点项目优先安排实体经济类项目，优先保障其审批服务和建设用地、资金等要素需求，推动重点项目早开工、早投产、早见效。

（三）着力促进民间投资发展

民间投资相对于政府投资来说更富活力，更有效率。促进民间投资发展，有利于补齐我市民营经济和工业经济短板，也有利于促进和宣传我市的营商环境建设。在“打造四个中心，建设现代泉城”的指引下，我市对民营资本的吸引力明显上升，2016年前三季度新签约省外招商项目中，民营投资项目的数量占比达到86%。建议认真贯彻落实国家、省促进民间投资发展的政策措施，加快研究制定具体化、本地化的举措办法，促进我市民间投资持续健康发展。

（济南市发展和改革委员会　完成时间：2016年11月）

关于加快青岛市新旧动能转换的调研报告

经济发展到一定程度，必须有新的更强劲的发展动能来接续，推动新动能成长壮大和传统动能改造升级。青岛作为东部沿海重要的经济中心城市，正全力争创国家中心城市，有责任也有条件在新旧动能转换重大工程中率先突破，下好先手棋，为全省经济发展创造经验、趟出新路，助推全省在新旧动能转换中走在前列。

一、青岛新旧动能转换的现状

（一）经济基础实力雄厚

2017 年，全市经济总量超过 11000 亿元，一般公共预算收入达到 1157 亿元。以服务经济为主导、“蓝高新”特色突出的现代产业体系加快构建，三次产业结构之比为 3.4∶41.2∶55.4，服务业实现税收和吸纳新增就业占全市的比重分别达到 57%左右和 62%左右，家电、汽车等千亿元级产业链产值比重超过 75%，装备制造业增加值比重超过 45%，海洋经济占生产总值的比重超过 25%，一汽大众华东生产基地、万达东方影都等一批百亿元以上大项目集中建设。

（二）科技创新动力增强

海洋国家实验室、轨道交通国家创新中心等一批重大创新平台形成全国影响力，累计集聚高端研发机构 48 家，高新技术企业达到 2039 家，签约来青高校达到 30 所，人才总量达到 180 万人，市场主体达到 118.7 万户。推进“互联网＋”“海洋＋”“国际化＋”“标准化＋”战略，互联网工业加快崛起，智能制造、机器人等新兴产业快速发展，涌现出海尔 COSMO、酷特智能 C2M 等一批新经济典范，马德里国际注册商标总量1772件，居同类城市第1位。

（三）高端载体加速崛起

承载国家战略使命的重大平台迅速崛起。青岛西海岸新区生产总值跻身全国新区前三名，港口集装箱吞吐能力居世界第7位和中国北方首位。青岛蓝谷核心区已集聚17个国家重大海洋创新平台、28家高校科研院所和3500名高端人才。青岛高新区成为国家"双创"基地，聚焦软件信息、医疗医药等六大高端产业，成为高新技术产业发展的领航区。青岛临空经济示范区、中德生态园彰显开放优势，集聚高端制造业和高端服务业，成为聚集国际化高端资源富集区和产城融合发展示范区。

（四）国际开放日趋深化

青岛作为"一带一路"战略节点支点城市，拥有全国第三大外贸口岸和前湾保税港区等14个国家开放园区，与216个国家（地区）开展贸易往来，与全球119个城市（机构）建立友好合作关系，海运航线遍布全球700多个港口，吸引132家世界500强落户，在15个国家（地区）布局工商中心，国际贸易总额突破千亿美元，财富管理中心、影视文化中心功能提升，成功举办奥帆赛、APEC等国际赛事、展会。在GaWC发布的2016年世界城市排名中，青岛由之前的High Sufficiency第11位跃升三级，达到Gamma＋第13位。在全球金融中心指数最新排名中，青岛居第38位，国内仅次于上海、北京、深圳、广州。

（五）基础设施健全完善

胶东国际机场加快建设，前湾港、董家口港等港口群龙头带动作用凸显，青岛国际邮轮母港建成使用，青荣城际铁路建成通车，济青高铁、青连铁路、青平城际铁路加快推进，被列入国家铁路"八纵八横"通道建设重要节点，城市轨道交通线网规划建设18条线路、400个站点，营运里程800公里，目前在建305公里左右，省内首条地铁已建成通车。全市电力装机容量443.4万千瓦，用电量超过367亿千瓦时。信息通信等设施条件全国领先。

二、与先进城市的差距

与深圳、杭州等先进城市相比，我市在新旧动能转换方面还存在不少短板和不足。

（一）产业转型升级步伐不快

传统制造业产值占比超过70%，家电、服装、食品、机械等产业总体仍处于产业链中低端。服务业中，交通运输仓储和邮政、批发零售、住宿餐饮三大传统服务业占服务业的比重超过42%，高于深圳12个百分点；金融业占比仅为6.7%，低于深圳12.7个百分点。战略性新兴产业增加值仅占GDP的7.5%，而深圳七大战略性新兴产业占GDP的比重高达42.9%，杭州信息经济增加值占GDP的比重达到24.3%。"互联网＋"战略起步较晚，尚无企业入围全国互联网百强企业，在全国"互联网＋"指数排名中仅居第19位，而深圳、杭州分居第2位、第5位。

（二）创新驱动作用发挥不够

适应创新的政府服务体系有待完善，包容创新的审慎监管制度不够健全，研发收入占GDP的比重为2.9%，分别低于深圳、杭州1.2个和0.2个百分点。加快产业化的科技成果转化机制不够顺畅，技术合同交易额为104亿元，约为深圳的22.2%；海洋成果本地转化率不足5%。金融支持创新能力不强。我市各类注册基金有500多家，而深圳VC/PE机构数量近5万家，注册资本约3万亿元。人才聚集力度有待加强，我市人才总量为180万人，分别低于深圳、杭州240万人和55万人。

（三）民营经济发展速度不快

根据全国工商联发布的"中国民营企业500强"榜单，我市仅有新希望六和、新华锦2家入选，而杭州入围50家，连续15年蝉联全国城市首位，深圳也入围19家。我市民营经济占GDP的比重为44.7%，低于杭州14.9个百分点。我市境内外上市企业有38家，远低于深圳的346家和杭州的135家。

（四）城乡发展统筹力度不大

城乡区域发展不平衡，县域农村公共产品供给明显不足，公共资源布局不协调，户籍人口城镇化率和常住人口城镇化率相差10余个百分点，常住人口城镇化率刚刚达到71.5%，低于杭州4.7个百分点，而深圳早已实现100%。全国科学发展千强镇中，我市占11个，比杭州少3个。

（五）核心政策争取突破不多

自由贸易试验区、全面创新改革试验区等高含金量政策我市尚未争取下来，杭州的都市经济圈转型升级综合改革试点、航空口岸144小时过境免签政策我市都未享有。我市海洋科技优势相对突出，但在全国海洋经济发展“十三五”规划中，深圳、上海被定位为全球海洋中心城市，而我市未能入围。此外，国家已经批复了上海、天津、大连、厦门等国际航运中心，我市在启运港退税等政策方面相对落后，航运经济发展面临“天花板”。

三、加快我市新旧动能转换的几点建议

（一）坚持高点定位，提升战略执行力

深圳和杭州的发展并非一帆风顺，中间也经历过低潮和波折，深圳主动“求新求变”，放弃改革开放以来形成巨大优势的加工制造业，“腾笼换鸟”，才有了今天全球科技、产业创新中心的地位；杭州在2011～2013年GDP增速持续下滑的情况下，坚定不移地推进信息经济发展“一号工程”，发展速度在全国名列前茅。实践证明，只有认准转型方向后，持之以恒地推进，方能占得发展先机。一是坚持“一个中心抢先机”，以争取成为国家中心城市为总目标，置身于全国乃至东北亚大局中考虑战略定位，学习杭州都市经济圈转型升级综合改革试点的经验，依托山东半岛城市群抱团增势，借助“一带一路”战略打造东西双向开放、陆海统筹发展的核心节点，以海洋开放为特色，成为面向日韩、联通京沪、辐射沿黄的区域龙头。二是坚持“一套战略抓落实”，围绕中心城市建设，以“三中心一基地”为子战略，深入实施“互联网＋”“海洋＋”“标准化＋”“国际化＋”行动，努力争取自贸试验、国际航运中心、服务业扩大开放等配套政策，力争将海洋、创新、开放等特色优势做到国内领先、国际一流。三是坚持“一张蓝图抓到底”，效仿深圳、杭州，按照青岛市委确定的战略目标和产业方向，沉下来心抓转型促升级，忍住转型发展阵痛，不为短期发展困难所惑，持之以恒地抓战略落实、项目落地，落实好新旧动能转换总体规划，细化时间表、路线图和责任人，分工明晰、挂图作战，争取用2～3年时间实现经济发展速度和质量新的腾飞。

（二）聚焦重点产业，培育转型牵引力

一是“一业一策”制订行动计划，突出产业发展重点。学习深圳培育支柱产业、新兴产业、未来产业的做法，围绕“8＋6”重点产业，分层次加以引导、予以推进。对轨道交通、智能家电、航运物流等优势产业要做强，打造世界级的产业集群；对海洋新兴产业、财富金融、生命健康等特色产业要做高，培树差别化的竞争优势；对信息技术、新能源汽车、影视文化创意、航空航天、生物医药等新兴产

业要做大，积蓄未来突破发展的动能；对机械装备、旅游、商贸等传统产业要做优，实现“老树发新芽”，培育智能装备制造、旅游休闲度假、国际时尚消费等新增长点。二是顺应新经济发展趋势，抢抓发展“风口”。在新一轮科技革命和产业变革的引领下，发展新经济、培育新动能，本质上是推动以产业经济为主导的工业时代向以数字经济为主导的信息时代过渡。从世界经济长周期来看，未来一段时期很可能是经济长波的周期性衰退期，按照历史规律，也将是新技术引领效应的密集爆发期。上一轮杭州、深圳抢抓“消费互联网”乘势而起，青岛已经落后，必须另辟蹊径，依托海尔 COSMO、酷特智能 C2M 等平台，整合分散的企业平台，努力打造国家级智能制造大平台，构建中国工业互联网创新中心，在由 IT(信息科技)向 DT(数字科技)时代演进的过程中抢占先机，夺取产业互联网发展的制高点。在此基础上，大力发展平台经济、分享经济、融合经济、标准经济、绿色经济等新业态、新模式，为经济发展重新注入活力。

(三)优化要素供给，激发创新驱动力

一是技术要素要聚焦突破。深圳支持国家超级计算中心、大亚湾中微子实验室、国家基因库等重大科技基础设施建设，相关成果已获得国际“基础物理学突破奖”，为新一轮科技创新奠定基础。我市要全力建好用好海洋国家科技实验室、国家深海基地等重大设施，面向世界海洋科技前沿，推进海上试验场等平台建设，争创海洋国家科学中心，在海洋领域集聚与上海、深圳竞争抗衡的优势。同时，借鉴杭州发展市场化、基金化的成果转换路径，鼓励风险投资、天使投资、股权投资、投贷联动，打通产学研政介一体化通道，构筑创新生态链，真正破解成果转化率低的痼疾。二是人才要素要更加柔性。目前全国各地围绕人才开展争夺战，深圳市自 2016 年起市级财政人才投入高达 44 亿元，“十三五”时期提供人才住房不少于 30 万套，2016 年户籍人口增加 14%，增量超过 50 万；杭州出台人才新政 27 条和人才若干意见 22 条，不拘一格、不唯学历、不唯资历、不唯身份，只要符合条件都可以享受政策，人才净流入率高达 8.9%，居全国首位；武汉实施大学毕业生凭毕业证即可落户办法，长沙对高校毕业生“零门槛”落户，成都推行“先落户后就业”政策。我市应抓紧开展行动，借鉴先进城市的做法，实施更加积极、开放、有效的人才政策，既要做好“高精尖缺”人才引进，也要留住青年应届毕业生，同步做好户籍、教育、医疗等生活保障，特别要在房价高企的形势下解决好人才住房难的问题，用真金白银打造人才管理改革的试验区。三是数据要素要注重应用。学习杭州开展城管、教育等大数据商业应用，贵阳以大数据提升政务应用的典型做法，超前布局新一代高速光纤网络，实现公共活动区域全面普及免费 WiFi，建设全市统一的政务及公共服务云和大数据中心，为建设“智慧青岛”和深化“放管服”奠定基础，推广城市大数据在政务、商用、民用方面的发展，争取尽快获批国家大数据综合试验区。四是资本要素要激发活力，密切关注省里正在研究的促进民营经济发展政策，跟踪出台配套意见和政策，像杭州一样，下大力气破除民间投资“玻璃门、弹簧门、旋转门”，千方百计为民营企业创造一个“恒产恒心”的社会环境和政策制度。

（四）突出项目引领，厚植未来竞争力

一是项目引进方面，要学习杭州、长沙等地经验，更加注重社会化招商、资本招商、专业招商、以商招商，加快形成新旧动能转换产业地图、项目地图和招商地图，在招商机构与体制上争取再突破、再创新，高度重视 50 亿元以上工业大项目储备，实现重大项目有机接续。二是项目推进方面，制定全市重大项目推进行动计划，重点推进总投资过万亿元的 1200 个左右亿元以上投资项目，开展千个项目进现场、项目进展月调度、项目提速大督查、项目推进大观摩等活动，掀起新一轮项目推进建设高潮，夯实发展后劲，争取以优势大项目加速建设缩小与先进城市的差距。

（五）提升开放功能，增强国际影响力

一是建设国际消费中心城市。结合区域性服务中心建设，以创建国际消费中心城市为总抓手，加快传统标志性商圈由购物向时尚、体验、社交中心升级改造，推动商业与旅游、文化、会展等产业融合发展，争取更加完善的免税购物和离境退税政策，学习新加坡试行离境电子退税，打造国际时尚消费和高端商务中心。二是争创国际航运中心。重点学习上海等先进经验，在北方与天津、大连错位竞争，积极争取创建东亚国际航运中心，争取实现运往青岛港的国际出口货物由启运港退税，开展海运集装箱国际中转集拼、中资非五星旗船外贸进出口集装箱沿海捎带业务等试点，将我市沿海口岸开放优势推升到新的高度。三是打造国际旅游和会议目的地城市。G20 杭州峰会把杭州推向了世界舞台，打响创新活力之城、历史文化名城、生态文明之都等杭州城市名片，为世界留下了“杭州印象”，也提供了营销城市的成功范本。我市应结合自身禀赋，总结承办奥帆赛、APEC 部长会等经验，打造财富全球论坛、世界互联网工业大会、东亚海洋合作平台峰会、海洋国际高峰论坛等特色展会，申办国际海事防务及装备展，同时争取承办上合组织峰会、中欧领导人会晤或中非合作论坛部长会议，借助重大事件提升城市的国际影响力。

（六）优化发展环境，提升城市吸引力

一是生态环境方面，据2016年城市可持续竞争力排行榜，青岛居第9位，深圳居第4位，杭州居第6位，差距不算大，应当继续保持好宜居城市、美丽青岛的生态优势，践行“绿水青山就是金山银山”理念，抓紧落实好推进生态文明建设实施方案，实施好主体功能区规划，在国家低碳城市试点、循环经济试点方面走在全国前列，建设国际魅力湾区。二是城市环境方面，学习深圳常态化、制度化推进城市更新和杭州精细化、品质化加强城市治理的经验，推动城市更新立法和规划编制，制定标准化政策措施，争取参照国家老工业区改造试点政策给予专项资金和土地出让政策支持，以环胶州湾老城有机更新为突破口，推动全域老工业区、老商业区、旧工商住混合区、棚户区、城中村升级改造，实现空间更新、产业更新、功能更新。三是营商环境方面，以实现政策、服务、环境“三优”为目标，探索适应新经济发展的包容审慎监管制度，学习杭州努力实现“最多跑一次”目标，争取成为全国行政效率最高、行政成本最低的城市。

（青岛市发展和改革委员会　完成时间：2017年10月）

淄博市实施新旧动能转换重大工程的调研报告

按照山东省委、省政府和省新旧动能转换重大工程战略规划领导小组的安排部署，我市立足实际，围绕新旧动能为什么转、转什么、怎么转的问题，在深入调查研究基础上形成了本调研报告。

一、新旧动能转换的基础支撑

(一)具有较大的动能转换空间潜力

2016 年，全市地区生产总值达到 4412 亿元，一般公共预算收入达到 345.4 亿元。经济总量在山东省 17 地市中列第 5 位，在全省 9 个老工业城市和资源型城市中列第 1 位，在全国百强城市中列第 40 位。2016 年，全市工业总产值达到 1.2 万亿元，居山东省第 3 位，是国家级综合性新材料产业化基地、国家火炬计划生物医药产业基地、先进陶瓷产业基地和功能玻璃特色产业基地。2016 年，服务业占地区生产总值的比重达到 44.1%。

(二)具有较好的动能转换经验基础

近年来，我市先后成功创建为全国战略性新兴产业集聚发展试点城市、全国生态文明先行示范区，高新区列入山东半岛国家自主创新示范区。2017 年 4 月，淄博市成为全国首批老工业城市产业转型升级示范区。4 月 24 日，国务院办公厅印发通报，对 2016 年落实有关重大政策措施真抓实干成效明显的地方予以表扬激励，其中，淄博市产业转型升级四项工作成效突出，受到专门通报表扬。

（三）具有有力的动能转换支撑保障

出台“工业强市30条”“创新发展30条”等政策措施和工业精准转调“1＋N”实施方案，为新旧动能转换提供了有力的动力支撑保障。突出创新平台建设，全市建成1个国家级综合孵化器和4个国家级专业孵化器，在孵企业442家，有效知识产权达到1324项；在美国硅谷、德国慕尼黑建设了2处海外孵化器；与清华大学、山东大学等高校共建10家特色产业研究院，建成含氟功能膜材料国家重点实验室等一批重大公共创新平台。实施“淄博英才计划”，引进国家“千人计划”专家18人、泰山学者22人、泰山产业领军人才30人。

（四）具有较完善的动能转换市场机制

以全面深化改革激发转型发展的内生动力和活力，近年来共承接国家和省级改革试点126项，推广自主创新重大改革经验30项。“十二五”以来，全市新增市场主体24.7万户，市场主体总量达到33.4万户，比2010年翻了两番。全面深化国有企业改革，着力深化财税金融体制改革，设立9支产业引导基金，重点支持传统产业技术改造、新兴产业培育和现代服务业发展。齐鲁股权交易中心是全国5家区域性场外交易市场之一，目前挂牌企业达到1629家，累计为企业融资296亿元。

在国家、省里的帮助、支持和全市上下的共同努力下，淄博老工业城市振兴取得了阶段性成效，但在产业转型升级发展路径和体制机制、产业集约集聚发展方面还存在一些问题和不足，有待于进一步加强。

二、新旧动能转换的工作目标

——打造产业转型新高地。深入推进“两化”融合，打造制造业创新中心和智能制造示范基地，建设中国新材料名都、国家健康产业谷、国家机电装备智造名城。到2021年，高新技术产业、战略性新兴产业产值占规模以上工业企业总产值的比重均达到40％以上，规模以上工业企业增加值率达到25％，规模以上工业企业全员劳动生产率提高到60万元/人；工业化、信息化融合指数达到98，主要行业关键工序数控化率达到85％以上；服务业增加值占地区生产总值的比重达到50％以上，现代服务业占服务业的比重达到52％以上；“互联网＋”指数达到18，人均信息消费达到4500元。

——打造创新创业新高地。实施创新驱动战略，以建设山东半岛国家自主创新示范区为统领，建立创新型人才“柔性聘用”机制，协同推进科技、产业、市场、产品、业态、管理和模式创新。到2021年，科技进步贡献率达到60%以上，全社会研发投入占生产总值的比重达到2.75%，全市高新技术企业达到350家以上，国家级研发机构达到22个以上，各类高层次创新创业人才达到500人，万人有效发明专利拥有量超过18件。

——打造绿色发展新高地。强力推进减煤减排，深入实施煤炭替代、电力行业“上大压小”，调整能源结构，倒逼产业绿色转型。到2021年，全市万元地区生产总值能耗达到全省平均水平，煤炭消耗总量压减到2000万吨以内；SO_2、NO_2、PM_{10}、$PM_{2.5}$等主要污染物浓度均下降30%以上，超额完成国家和省下达的节能减排任务目标；空气质量优良天数和“蓝繁”天数占比均达到80%；境内流域水系全部恢复生态功能，70%以上达到三类水体。

——打造开放合作新高地。进一步扩大对外开放，持续拓展对外合作空间，推动跨行业、跨领域、跨区域的资源共享与融合发展，构建链条完整、功能多样、业态丰富、互利共赢的发展新格局。到2021年，年进出口总额突破1000亿元，累计利用外来投资总额和实际使用外资总额分别突破2800亿元、180亿元；社会融资总量突破1000亿元，年均增长12%以上。

——打造发展生态新高地。瞄准制约新旧动能转换的关键环节，以全面优化营商环境为突破口，持续推进“放管服”改革，聚力打造“三最”城市。到2021年，“三最”城市建设成果更加巩固，全市市场主体数量突破50万户，年均增长11%以上；平均审批效率提升80%以上。

经过五年攻坚发展，新动能覆盖一、二、三产业，新技术向传统产业渗透形成“老树发新芽”的新优势持续释放，新产业带动“无中生有”的新经济蓬勃发展，由以产业经济为主导的工业时代逐步向以数字经济为主导的信息时代过渡，新旧动能转换取得阶段性成果。到2021年，全市地区生产总值突破6300亿元，年均增长7.5%以上；一般公共预算收入突破500亿元，年均增长8.5%以上；税收占财政收入的比重提高到80%左右；居民人均可支配收入年均增长8.5%以上。全力打造全国老工业城市和资源型城市产业转型升级示范区，在全省新旧动能转换中走在前列。

三、新旧动能转换的功能布局

坚持全市发展“一盘棋”和分类指导相结合，打破原有行政区划界限，统筹谋划新旧动能转换七个重点功能板块，科学界定功能定位、空间布局和产业发展，形成功能衔接、各具特色、错位发展、优势互补的联动发展新格局。

——老工业基地振兴区。以淄川区、博山区、周村区、主城区南部区域为重点，用足、用好淄川国家资源枯竭城市、博山国家独立工矿区、周村国家城区老工业区搬迁改造等老工业城市政策，坚持传统产业精准转调和新兴产业培植壮大“双轮驱动”，对传统装备制造、纺织服装、建筑陶瓷等传统优势产业实施以智能化、绿色化、信息化为重点的技术改造，大力发展无机非金属材料、生物医药、新能源汽车及零部件、高效电机泵等接续替代产业，实现产业结构调整和价值链提升，重新唤醒老工业区的生机和活力，打造全市新旧动能转换和产业转型升级排头兵。

——创新发展引领区。依托山东半岛国家自主创新示范区建设，协同张店区国家“双创”示范基地建设，实施高新技术研发和高端产业培育“双高”战略，围绕新材料、新能源新环保、医药健康、电子信息、先进装备制造和现代服务业“5＋1”产业集群发展，建设共性技术服务、科技创新交流、研究开发转化、孵化中试、创新资源共享、科技金融投资等六大服务平台，以创新驱动提升主导产业价值链。采取“科技研发＋区内孵化＋产业基地”模式，与相关产业园区实行“飞地”联动发展，增强对全市各区县的辐射带动和示范引领作用，打造全市技术研发与孵化的主阵地。

——新动能培育先行区。发挥淄博经济开发区的后发优势和衔接枢纽作用，与淄博新区、文昌湖区、周村经济开发区一体规划、连片发展。加强制度管理创新、生产方式创新、商业模式创新，持续完善产业链、协同创新链、集聚资源链，率先培育形成智能制造、创意设计、生物技术等新兴产业聚集区，大力推进大数据、云计算、物联网、人工智能、量子通信、智能机器人、智能云客服、数据资源层等核心技术的开发与推广，形成以创新型、智能型、服务型经济为导向的“四新”经济发展高地，着力打造全市新动能培育的战略增长极。

——产业升级样板区。充分发挥临淄区、桓台县石油化工等传统产业优势明显、集群化发展基础好的优势，以数字化、智能化、精细化、集群化为导向，通过精准补链、强链，对区域内传统优势行业实施“技术改造提升计划”，发展壮大氟硅材料、稀土新材料、高分子塑料、精细化工、高端石化装备等优势产业链，推动产业成链、链条成群，形成全生产要素集中、全产业链发展的良性发展格局，催生新动能，重塑新优势，打造“淄博工业升级版”。

——现代服务业集聚区。以张店区、高新区、周村区、文昌湖区为核心，完善、提升城市服务功能，放大现代物流、电子商务、金融保险、文化旅游、设计创意、健康养生等产业优势。发挥淄博新区、高铁新城的重要节点作用，大力发展数据托管、商务资讯、智慧云服务等新兴服务业态。做大做强淄博新区金融中心、高新区保税物流中心、齐鲁工业设计创意产业园、乐物网电商物流港、方达电商园等十大特色鲜明、优势突出、辐射带动影响大的专业化服务业园区，引导现代服务业分区集聚，打造现代服务业集聚辐射中心，引领带动全市服务业跨越发展。

——齐文化传承创新示范区。弘扬开放、包容、创新、重商的齐文化内涵，以临淄区齐文化传承创新示范区核心区建设为引领，融合传统优秀文化资源，以齐都文化城、齐国故城考古遗址公园、稷下学宫模拟展示馆等为载体，构建齐文化传承创新发展新体系，有力提升文化发展软实力。坚持“文化+”发展理念，深度推动文化与科技、金融、商务、工业、旅游等相关产业融合发展，打造齐文化旅游和文化创意产业集群，加速文化资源向现实生产力转化，培育形成文化名城发展新动力。

——绿色生态先导区。以高青县、沂源县、文昌湖区、淄川区东南部、博山区南部等生态核心区域为基础，充分发挥生态资源优势，加快博山区和沂源县国家级重点生态功能区、高青黄河三角洲高效生态经济区建设，按照主体功能定位进行开发、建设和保护。实施严格的产业准入和生态管控制度，严控高耗能、高污染行业的发展规模和布局，支持老区企业实施“退城进园”“退镇进园”。坚持把可持续发展作为未来产业发展的重要着力点，以智慧农业、订单农业等农业“新六产”和生态环保型、绿色清洁型产业发展为重点，加强节能环保技术、工艺、装备的推广应用，努力打造生态经济高地。

四、新旧动能转换的重点任务

以大项目、大企业、大基地、大品牌为载体，精准聚焦十大产业，着力构筑高新技术链、高端产业链、高质价值链和高效服务链，推动传统产业脱胎换骨、迸发活力，新兴产业加速崛起、倍增翻番，未来产业“无中生有”、超前布局，形成全市新动能的主要载体和主导力量。

(一)高端化工产业

坚持高端、高质、高效战略，依托东岳集团含氟功能膜国家重点实验室、国家级企业技术中心等高水平研发平台，着力攻关含氟功能膜、己二腈、HDI等关键核心技术，推动燃料电池膜、化学发泡剂等技术成果转化。以齐鲁化工区“一区四园”和东岳氟硅材料产业园区为载体，围绕有机高分子材料、氟硅材料、精细化学品三大领域和碳三、碳四、碳五/碳九、聚氨酯、聚酰胺、氟化工六大骨干产业链，重点发展下游高附加值产品和重点强链补链项目。着力打造1000亿元级氟硅材料产业集群、500亿元级聚氨酯产业集群、500亿元级碳纤维产业集群、200亿元级聚酰胺产业集群，培育主营业务收入过1000亿元企业1家、过

500亿元企业5家、过100亿元企业10家,1家企业进入世界行业百强,10家企业进入中国行业百强,30种拳头产品市场占有率居全国第1位。到2021年,全市化工产业主营业务收入突破7000亿元,高端化工产业占比提高到70%以上,打造国内一流、世界知名的绿色高端化工产业基地。

(二)高端装备制造业

坚持智能化、集成化、精密化,推动信息技术融合应用,加强与华中科技大学、中国电子科技集团等科研机构的技术合作,重点引进绕线转子无刷双馈电机、微特电机、精密加工等关键核心技术,着力提升高端装备业的创新能力和国际竞争力,积极争创国家高效电机泵类产业示范基地。依托博山经济开发区、高新区、周村经济开发区、淄博经济开发区,打造1000亿元级高效电机泵产业集群、200亿元级智能装备制造产业集群、100亿元级特种车辆产业集群,培育主营业务收入过100亿元企业2家。到2021年,全市高端装备制造产业实现主营业务收入达到1500亿元以上,打造全省重要的高端装备制造产业基地。

(三)新材料

依托国家工业陶瓷材料工程技术研究中心、中国钢研高纳山东新材料研究院等高水平研发平台,进一步突破氮化硅陶瓷、碳化硅陶瓷、金属新材料等关键技术。围绕无机非金属材料和金属新材料两大领域,重点发展先进陶瓷材料、高端耐火材料、功能玻璃材料,精品钢及加工、铝基新材料、合金材料、稀土新材料等。依托高新区先进陶瓷产业园、淄川经济开发区、博山经济开发区、山铝齐鲁工业园,打造500亿元级先进陶瓷产业集群和500亿元级精品钢生产及加工基地,培育主营业务收入过300亿元企业1家、过100亿元企业3家、过50亿元企业2家以上。到2021年,全市新材料产业(不含化工新材料)实现主营业务收入达到1500亿元,打造国内重要的新材料生产基地,建设国际化新材料研发和产业化中心。

(四)信息产业

牢牢把握信息产业数字化、网络化、智能化的发展方向,依托美林电子省级企业技术中心、高新区MEMS研究院、清华紫光等高水平研发平台,加快丰富IGBT模块种类,扩大IC卡封装载带生产规模,推进陀螺仪、加速度仪等各类MEMS设计和制造的产业化,加强智能卡芯片封装的研发生产能力。依托淄博科技工业园,高新区电子信息产业园,经济开发区信息产业基地,打造200亿元级IGBT产业链、200亿元级MEMS和物联网产业链、100亿元级智能卡产业链、100亿元级软件和信息服务产业集群，支持高青县打造华为智慧城市高青样板工程。到2021年，全市信息产业实现主营业务收入达到1000亿元以上，打造全省重要的信息产业高地。

（五）新能源汽车

瞄准国际汽车产业智能化、网联化、电动化、轻量化发展方向，依托东岳国家级企业技术中心、山东省新能源汽车电机及控制系统工程实验室、国金新能源汽车工程研究院等高水平研发平台，重点提高动力电池管理系统、整车控制系统、智能网联系统的研发制造能力。依托高新区、淄川经济开发区、东岳氟硅材料产业园，重点引进发展动力电池、中高档纯电动汽车、燃料电池汽车、智能网联汽车，打造千亿元级新能源汽车产业链，培育主营业务收入过500亿元企业1家、过100亿元企业1家、过50亿元企业3家以上。到2021年，新能源汽车整车年产能突破30万辆、动力电池年产能达到25亿安时，新能源汽车产业实现主营业务收入达到1000亿元，打造国内重要的新能源汽车研发生产基地。

（六）健康医药

依托山东大学淄博生物医药研究院，新华制药、新华医疗、瑞阳制药国家级企业技术中心等高水平研发平台，加强原研药、首仿药、中药、新型制剂、高端医疗器械等研发与创新。以医药健康产业“一核四园”为载体，重点发展制药及保健品、医疗器械及康复器具、药用包装材料及药用辅料三大产业集群，培育主营业务收入过100亿元的企业2家、过60亿元的企业1家、过30亿元的企业5家，进入全国医药工业百强企业达到4家以上。到2021年，全市医药产业实现主营业务收入达到1000亿元以上，制剂产品占制药及保健品的比例达到60%，打造全国重要的医药强市。

（七）绿色低碳

依托淄柴新能源院士工作站、新力环保材料院士工作站、天璨环保院士工作站等高水平研发平台，着力突破能源高效利用、环境污染防治、VOC综合治理等关键核心技术。坚持装备、产品、服务提升并举，重点发展新能源装备，节能技术与装备，环保材料、环保技术与设备，资源循环利用和节能环保服务业等，培育主营业务收入过20亿元企业5家以上、过10亿元企业10家以上。到2021年，全市绿色低碳产业实现主营业务收入达到500亿元以上。

(八)现代物流

依托区位和产业优势,瞄准标准化、信息化、智能化、集约化方向,深入实施"3411"工程,按照"一核两翼两承接"思路,科学规划园区布局,完善优化全域物流节点设施体系;推进物流信息平台建设,推广"互联网+"车货匹配、供应链管理等新模式,发展多式联运、无车承运等新方式,创新提升电商物流、冷链物流等新业态;支持"淄亚欧班列"开通运行,拓宽国际物流通道,大力培育地方物流龙头企业,发展物流高端装备制造产业。力争到 2021 年,全市社会物流总额突破 20000 亿元,打造立足鲁中、辐射全国、联通国际的物流强市。

(九)文化旅游

以打响齐文化品牌为主线,以齐文化传承创新示范区建设为引领,积极实施齐文化传承创新、齐长城生态旅游等六大文化旅游建设工程,重点培育"齐国故都、聊斋故里、陶琉名城、鲁商源头、渔洋水乡、大美黄河、生态沂源"等特色文化旅游品牌,构建"一心辐射,四带联动,十片融合"的全域旅游新格局。培育壮大创意会展、影视(动漫)传媒、新闻出版和印刷发行、工艺美术与文化博览等四大优势产业,在创意设计、动漫游戏、工艺美术、文化会展等领域重点建设 10 个文化产业园区,力争 3 家以上文化产业园区进入省级文化产业"金种子计划"。到 2021 年,全市文化产业增加值占比达到 5%以上,全市旅游总收入达到 880 亿元以上,年均增长 11.5%,打造具有重要影响力和知名度的国内著名齐文化旅游目的地城市和国家级全域旅游示范市。

(十)健康养老

以"健康淄博"建设为目标,积极实施"健康+"行动,打造全生命周期健康服务产业链。积极发展高端医疗产业,以建设淄博新区医疗高地为引领,以淄博市中心医院西院区、淄博市中医院东院区等重大医疗项目建设为载体,积极引进北大医疗、省立医院、齐鲁医院等国内知名医院,发展大型医疗集团或医疗联合体,积极打造鲁中地区高端医疗聚集地。加快发展智慧健康产业,打造国内一流的智慧健康创新谷。大力发展健康养老产业,实施健康养老养生基地建设,加快建设新型智慧养老社区,创建国家级医养结合示范市。大力发展体育健身产业,积极创建国家体育产业基地和示范基地。到 2021 年,全市积极打造 5 个以上医院院士工作站、10 个以上国家级重点专科,力争 1 所医院进入全国百强医院。全市健康服务业总规模达到 800 亿元左右,对经济发展的贡献率达到 8%。

五、新旧动能转换的推进措施

(一)以产业升级夯实动能转换基础

1. 实施传统产业技术改造

围绕化工、机械、轻工、建材、冶金、纺织、医药、陶瓷等传统产业,加快应用新技术,推广新模式,培育新业态,派生新产业。实施工业精准转调工程,深入落实工业精准转调“1+N”实施方案和已出台的12个行业转调方案,持续推动传统产业由大到强战略提升。实施新一轮技术改造升级计划,以工艺改造、装备升级、智能化改造、安全环保水平提升为重点,突出全产业链、企业生产线整体性、系统性技术改造,力争用3~5年的时间对全市传统产业进行高水平技术改造。大力引进工业机器人、智能专用装备、数控系统及加工设备,建设一批智慧车间和智能工厂,重点推动100家工业企业“机器换人”。依托齐鲁化工区“一区四园”、淄博经济开发区开展智慧园区试点,探索园区智慧化发展模式。

2. 加速新兴产业培育壮大

深度对接“中国制造2025”“互联网+”“工业4.0”,大力发展高档数控机床、工业机器人、智能照明电器等智能制造装备及智能化生产线,前瞻布局智能网联汽车、增材制造装备、服务机器人、可穿戴设备、遥感设备等产业,推动“淄博制造”向“淄博智造”转变。加快信息技术与传统产业的融合渗透,大力推广网络化协同、个性化定制、服务化延伸等新业态、新模式。支持发展具有本地化、定制化特点的共享汽(单)车、共享房屋及以众创、众筹为主的技术和资本共享等分享经济模式。大力发展智慧农业、农村电商等农业新型业态,推动农业与旅游、教育、文化等产业深度融合,加快发展“新六产”。

3. 打造一批高端知名品牌

深入推进质量强市、品牌带动和标准化战略。开展品牌强基工程,全力打造一批知名区域品牌和地理标志产品。大力提升制造业品牌的核心竞争力,打响“国井”等国字号品牌。发展壮大服务业品牌,培育壮大一批现代物流、金融保险、工业设计、信息服务、教育医疗等领域的知名品牌,积极争取列入国家“十三五”服务业综合改革试点。组建山东工业设计研究院,成立山东工艺美术学院淄博陶瓷学院,建设齐鲁工业设计创意产业园,积极争取“中德工业设计中心”落户淄博,创建2家国家级、20家省级工业设计中心。扩大“三品一标”特色农业品牌规模,提升农产品的附加值。

(二)以创新驱动增强动能转换动力

1. 推进重大创新平台建设

支持一批战略新兴产业优势企业建设重点实验室、工程实验室、工程(技术)研究中心、企业技术中心等省级以上创新平台。力争到2021年,全市新增国家级创新平台5家、省级创新平台110家。

2. 加快科技成果转化

建设新材料、新医药、无机非金属材料等开放式创新中试基地,推动中科院国家纳米中心、微电子研究所、过程工程研究所及中国钢研院等研发机构创新成果来淄转化。建设淄博跨国技术转移中心,加强与中意技术转移中心、中国东盟技术转移中心、欧洲技术创新中转中心等国外技术转移机构的合作,引进转化国外成熟的科研成果。加强知识产权创造、运用和保护,积极建设国家知识产权示范城市。

3. 集中攻关一批关键共性技术

实施高新技术创新"双十"计划,每年推动10项关键技术创新研发,推进10项高新技术成果转化及产业化。围绕传统产业提升改造,重点在精细化工、精密机械制造、新型建陶、工业固体废物综合利用等领域集中攻关,突破一批关键共性技术。围绕新兴产业培育,重点在新一代信息技术、机器人、微电机、新能源汽车、生物医药、节能环保等领域实现技术突破。围绕新业态、新模式,重点在物联网技术、互联网金融、电子商务、智能化物流等领域实现技术突破。

4. 推进大众创业、万众创新

抓好"零成本创业"16条政策的兑现落实,叫响"齐创汇"创业创新品牌。加快推进鲁中创业创新中心的建设步伐,打造创新激发区和创业孵化圈。发挥张店区"双创"资源聚集优势,大力支持张店区建设国家"双创"示范基地。整合创客、成功创业者等人力资源,建设"淄博创客联盟"和创业创新导师库。

5. 创新资源整合方式

深化高新技术产业"铸链工程",对27条产业创新链进一步延链、补链、强链。引导企业发展资源共享、创新众包、创业自由的平台经济,培育发展东岳集团、鲁泰集团等一批信誉好、实力强的平台型企业,鼓励有条件的企业向平台化转型,构建产业发展生态圈。强化关联企业产品或服务创新网络建设,培育引进一批与平台经济发展相配套的第三方支付、物流、信用、检测、认证等服务机构。推进我市与山东理工大学校城融合发展。

6. 培育骨干企业

支持"工业企业50强"加强与央企、跨国公司、中国500强企业、行业领军企业合作，培育一批占据产业高端、竞争优势突出的领头雁。支持“创新型高成长50强”通过产学研合作、人才引进、信息化建设等途径，培育一批“专、精、特、新”的创新型企业。支持中小企业细分领域，培育一批充满活力的“隐形冠军”企业、“小巨人”企业。实施高新技术企业培育计划，推动一批科技型企业提质升级为高新技术企业。

（三）以集群集聚提升动能转换层次

1. 理顺体制机制

全面推行“区辖镇”管理体制，以及“管委会（办公室）＋开发（投资）公司＋基金”运营模式，建立独立的财政管理体制，实行一级财政预算管理。创新园区开发运营机制，在投融资、基础设施建设、物业管理、中介服务等方面大胆引进市场机制，实行市场化运作。对园区管委会探索实行职员制改革，实行身份档案制、全员聘用制、职级管理制、绩效工资制、竞争上岗制，搭建全新用人平台，激发工作人员干事创业的活力。

2. 加快提升承载能力

鼓励和引导外资、民营资本和各类社会资本参与园区开发建设，推进园区道路、管网、供水、供电、供汽、污水处理、危废处置等设施建设，完善检验检测、仓储物流、实训基地等公共服务平台，切实提升园区配套功能。加速配套完善标准厂房、科技孵化平台、商务楼宇等招商载体，运用政府引导基金、土地入股、厂房出租等方式，降低企业投资成本。

3. 壮大优势产业集群

按照“小产业规模化，大产业集群化”的思路，围绕关联性大、带动性强的大企业、大集团做大做强，科技型、技术型的创新企业做精做优，培育一批特色鲜明、配套完备、竞争力强的500亿元级、千亿元级产业集群。发挥产业基金的引导作用，支持龙头企业通过并购、重组等方式整合其他企业，把每条产业链都打造成为由龙头企业领军、骨干企业参与、小微企业联动的“航母战队”。

4. 积极拓展发展空间

鼓励区县积极开展存量挖潜，将在园区外零散分布的闲置或低效用地通过土地置换等方式调到园区内。加大对闲置土地的处置力度，对“僵尸企业”以及企业因停产、半停产等造成土地低效利用的，引导用地单位转让土地使用权。加快推进园区内合村并居、村庄搬迁工作，腾出更多土地空间。大力发展“飞地经济”，从财税收入分成、统计指标分享、环保能耗指标调剂、项目用地保障等方面出台政策意见，妥善协调、平衡区县间的权责利益关系，引导优质项目、优质资源跨区域布局。

(四)以招大引强汇聚动能转换合力

1. 围绕重点产业实施精准招商

立足发展全产业链经济,聘请高水平的产业发展顾问,对十大重点发展产业进行全面梳理,分产业梳理出产业链条,每个链条都落实具体项目并建立招商项目库,制定招商手册。各区县、各园区分别确立首位产业,向内瞄准京津冀、长三角、珠三角等重点地区,向外瞄准“两洲、两国、两地”(欧洲、美洲,日本、韩国,中国香港、中国台湾),开展精准招商,集中力量主攻首位产业招商项目。

2. 拓宽招商引资渠道和方式

成立由市领导带队的“高位招商”团队,每个区县都分别成立专业招商小分队,健全招商机构,形成组合联动招商模式。加强与各类商会、投资协会、中介组织的沟通交流,在北京、上海、重庆等重点招商区域逐步建立一批代理招商网点。突出企业的招商主体作用,引导鼓励企业拿出优质资产,通过股权并购、兼并重组等方式积极开展战略合作。研究制定我市社会化招商奖励办法,调动社会各方面力量引荐、引进招商项目。

3. 实施“四大招引”工程

加快推进与中科院过程工程研究所、中国钢研科技集团有限公司、中国船舶重工集团公司等大院、大所、大校、大企合作,大力引进国内外一流科研院所、高校和知名企业。落实好省、市有关支持人才团队引进的项目资助、创业扶持、股权投资、贷款贴息等扶持政策,力求在引进国际一流、国内领先的智力技术、管理研发及营销总部机构,特别是两院院士、“千人计划”“万人计划”“长江学者”“泰山学者”“泰山产业领军人才”等海内外顶尖创新团队和高层次领军人才上实现新突破。

4. 健全招商引资工作机制

制定出台《关于进一步加强招商引资工作的意见》,建立“一个重点产业、一名市领导、一个责任部门、一套工作班子、一个实施方案”的“五个一”工作机制。建立招引项目信息共享平台,避免区域内耗,形成全市招商合力。修订全市经济社会发展综合考核指标体系,提高招商引资工作在体系中的分值占比。强化从重点项目的策划走访、洽谈推进、签约开工到投产运营全过程的跟踪服务,营造良好的招商引资环境。

(五)以优质投资保障动能转换成效

1. 狠抓项目策划储备

严格按照“四新、四化”要求和“大、新、好、实”标准,围绕十大产业,依托骨干企业和高水平咨询机构，策划储备一批市场前景好、科技含量高、投资规模大、引领作用强的重大项目。统一建立全市新旧动能转换重点项目库，创新入库项目筛选论证机制，组建重大项目库规划论证委员会，采取自下而上提报筛选和全局统筹谋划相结合的双重筛选模式，确保每年入库一批过亿元、过十亿元、过百亿元的重点项目。

2. 扎实推进项目建设

落实好领导挂包、现场观摩点评、督查考核等工作机制，创新实行"容缺受理，后置补齐"和"施工许可先审批后缴费"等工作模式，积极探索开展项目"多评合一"，在审批提速、规费优惠、要素资源保障等方面予以集中扶持。以全市新旧动能转换重点项目库为基础载体，通过综合运用"互联网＋"大数据等信息化手段，配套建设新旧动能转换重点项目管理服务平台，开发重点项目信息采集、分类储备、数据分析、在线监控、评价考核等五大功能，对入库项目管理、调度、推进、服务实行全过程覆盖。

3. 加强金融支持投资力度

建立市级十大产业发展引导基金，吸引社会投资，激发实体经济活力。建立完善新型投融资体制，落实《关于促进民间投资稳定增长若干政策措施的实施意见》，加快推进 PPP 融资模式，引导更多民间资本参与建设基础设施、发展重点产业、提供公共服务。支持齐商银行按照"市民银行"定位积极引进战略投资者，推动整合张店、淄川、博山、周村、临淄等五区农商银行，筹备成立淄博市农商银行，发挥规模效应。做大做强淄博金融控股集团，提高淄博新区金融集聚度，形成集聚辐射效应，将我市打造成为区域性金融中心。

（六）以开放合作拓展动能转换空间

1. 主动融入国家和省重大战略

积极参与"一带一路"产业合作和基础设施建设，引导企业深化与沿线国家和地区的经济合作，推动我市石油化工、纺织服装、冶金建材、机械制造、轻工制品等行业"走出去"，参与国际产能和装备制造合作。抓住国家疏解北京非首都功能和实施京津冀协同战略的重要机遇，积极对接、承接节能环保、医疗健康、军民融合等领域重点项目，带动相关产业发展。立足与省会城市地理位置邻近的区位优势，加强与济南在基础设施和产业领域方面的融合协作。积极参与泛济青烟新旧动能转换综合试验区建设，加强与济南、青岛、烟台在高端装备制造、新材料、电子信息、生物医药等重点产业领域内的对接合作。

2. 打造对外开放合作平台

加快建设中德工业 4.0 示范区、中以淄博创新谷、中日大气污染防治综合示范区,支持齐鲁股权交易中心建设全国重要的区域性股权交易市场。依托淄博保税物流中心的区位优势和基础优势,推动保税物流中心升级综合保税区。加快建设齐鲁(柬埔寨)工业园、乌兹别克斯坦淄博工业园、印尼淄博工业园等境外经贸合作园区,提升完善印尼(淄博)机械、巴西淄博机电产品等境外展销中心,在澳大利亚、秘鲁规划建设一批矿产资源综合利用园区。

3. 提升对外贸易竞争力

大力发展跨境电商,积极创建省级跨境电商综合试验区,加快推动跨境电商公共海外仓的建设,争创国家级电子商务示范城市。积极培育"省级国际知名品牌企业"。优化出口结构,推动外贸结构向中高端迈进。培育壮大重点文化出口企业,提升企业的工艺美术设计、文化创意设计、动漫游戏等服务出口能力,积极创建国家级服务贸易创新发展试点。深入研究对接国家自由贸易试验区政策,争取在投资管理、贸易便利化、金融、服务业开放及事中、事后监管等方面获得支持。

(七)以绿色转型突破动能转换瓶颈

1. 推动能源结构深度调整

严格实施煤炭消费减量替代,控制新增燃煤项目。推行合同能源管理,加强对余热的高效回收再利用,提高能源的利用效率。高质量完成绿动力提升工程,对全市的电站锅炉全部实施超低排放改造。通过"上大压小",推动电力行业结构调整。稳步扩大外电入淄规模,增加天然气供应。积极打造氢能源示范城市,以高新区、桓台县为试点,在乘用车、公共交通、轨道交通等领域推广应用燃料电池汽车。

2. 加大环境综合整治力度

牢固树立环保红线意识和底线思维,推进建陶、耐火材料、玻璃制品、水泥(含粉磨站)、钢铁、焦化等重点行业及重点区域、重点企业环境综合整治,全面完成挥发性有机物综合治理。强化"治、用、保"治污体系,坚持水陆统筹、河湖兼顾,系统推进水污染防治、流域生态保护与修复,构建水污染防治工作大格局。

3. 坚决淘汰低端落后产能

严格执行国家产业政策和环保、安全、节能等方面的法律法规,坚决淘汰落后产能,分类有序化解过剩产能。加快化工、建陶、耐火材料、板簧、氧化铝球、碳素等重点产业结构调整。

4. 加强安全生产管理

注重标本兼治、疏堵结合,持续深入开展专项整治行动,抓严抓实危化品、非煤矿山、烟花爆竹、建筑施工等重点领域的综合整治，落实企业安全生产主体责任，坚决守住安全生产底线，为经济发展和人民群众营造更加安全稳定的社会环境。

（八）以城市转型拓宽动能转换路径

1. 统筹推进新型城镇化

以国家新型城镇化综合试点建设为统领，立足组群式城市特色和产业转型升级的内在要求，统筹优化产业空间布局和城市功能分区。全面实施《淄博市新型城镇化规划(2015—2020 年)》，高水平建设一批精品特色镇。研究制定我市支持农业转移人口市民化的财政政策体系，从制度设计上保障进城农民继续享有宅基地使用权、土地承包经营权、集体资产收益权“三权”不变，鼓励和引导农业人口平稳向城市转移。

2. 统筹区域互联互通

立足建设现代化组群式大城市的基本内涵和重点任务，推动以大动脉、大交通为主的基础设施建设。加快济青高铁淄博北站、临淄北站建设，打造由胶济客专、济青高铁、济滨城际、滨临快铁、京沪二线或滨淄临快铁组成的“三横二纵”客运铁路网；加快推进济青高速、济潍高速、滨莱高速、长深高速、沾临高速及 G309、S102 等干线公路建设，形成高速公路“两纵四横一环”布局和国省干线公路“两环两联七纵十二横”的总体布局；对张博铁路实施电气化改造并恢复客运；规划建设城市轨道交通和“两纵两横”主城区快速路系统，打造主城区“十四纵、十九横”的道路系统。推进淄博轨道交通系统建设和小清河复航工程。通过构建现代化、综合性、立体式的大交通网络，为新旧动能转换提供交通基础支撑。

3. 统筹产城融合发展

在目标导向上，重点围绕破解我市早期城镇化进程中的历史遗留问题，将城市腾转的土地、空间等资源集中用于培育新动能、发展新产业，构建城市“四新”产业生态体系。在发展路径上，城市核心区重点布局金融、设计、文化创意等现代服务业，城镇近郊重点布局电子信息、高端装备制造、都市农业等与城市关联度较高的产业，实现产业优化配置。在重点板块上，高水平推进淄博高新区、淄博经济开发区、文昌湖旅游度假区、淄博新区、主城区南部区域、高铁新城等产城融合重点功能区发展，努力建成在全省乃至全国有影响力的产城融合发展样板区。

4. 推进新型智慧城市建设

利用云计算、大数据、物联网、移动互联网等新一代信息技术，进一步夯实信息基础设施建设，构建以两个体系（管理运营体系、信息安全体系）、三项基础（新一代信息基础设施、新型智慧城市支撑平台、政策环境和组织）、三大应用领域（民生服务类、政府治理类、产业经济类）为主要任务的新型智慧城市，打造“宜居、宜业、宜游”的智慧名市。

（九）以人才战略强化动能转换支撑

1. 大力培养高层次人才

扎实推进省级以上重点人才工程、“淄博英才计划”、海外引才引智计划、青年人才成长计划，打造梯次衔接的高层次创新创业人才队伍。实施企业家素质提升工程，落实企业家十年培训计划，造就充满活力的高素质企业经营管理人才队伍。大力发展职业教育，建设高技能人才培训基地。以企业为主体，积极推行以“招工即招生，入企即入校，企校双师联合培养”为主要内容的企业新型学徒制培训培养模式，加快企业后备技能人才的培养。

2. 创新人才引进方式

坚持“不求所有，但求所用”，加强人才柔性引进。积极对接省内外知名高校、科研院所和高端人才专家，通过挂职兼职、技术顾问、“周末工程师”“候鸟教授”“假日专家”、远程教学等形式，引进和使用高端人才。深入推进市场化招才引智，实施好鼓励社会机构引才的办法，加强与国内外高端人才中介机构或猎头公司的合作，发挥好海外引才工作站的作用，及时对接新旧动能转化急需紧缺的海外人才。

3. 加强人才培养载体建设

实施产学研用协同育人工程，加强与中国科学院、中国工程院等院所和国内高校的全方位合作，鼓励与国内高校、科研院所联合建立研发机构。积极推动职业技工院校与先进国家（地区）有关职业院校签署战略合作协议，开展院校间合作交流项目。依托淄博职业学院、山东工业职业学院等职业技工院校，建成一批与我市推动新旧动能转换相匹配的特色专业。全力支持淄博师范高等专科学校升格为本科院校，支持淄博职业学院引进社会资本以及与国内知名高校合作，壮大淄博创新力量。

（十）以深化改革激发动能转换活力

1. 切实激发企业活力

严格执行国家、省关于降低企业成本的各项政策措施，落实我市已出台的减轻企业税费负担、降低财务支出成本 30 条和推进供给侧结构性改革 40 条，进一步降低实体经济企业成本。健全完善全市收费目录清单制度，努力降低制度性交易成本。积极推进电力直接交易(直购电)试点扩围,为更多企业争取市场化交易试点用户资格,节约企业用能成本。

2. 深入建设“三最”城市

持续深化“放、管、服”改革,清理规范行政审批中介服务收费项目,始终保持各项指标动态“三最”。深化行政审批制度改革,全面推行“互联网+政务服务”,推行并联审批、统一评审新模式,制定投资项目管理负面清单,实行企业投资项目承诺制。加快推进诚信淄博建设,构建信用体系平台。在全面总结“放、管、服”改革经验的基础上,推广深化改革“淄博模式”,积极创建国家相对集中行政许可权试点城市。

3. 持续优化发展环境

建立适应新兴业态发展的包容审慎监管机制,将鼓励创业创新的优惠政策向新兴业态企业开放。完善以负面清单为主的产业准入制度,鼓励各类市场主体依法平等进入,降低新技术、新产业、新业态、新模式的准入门槛。深化商事制度改革,深入推进工商注册便利化和“多证合一”,优先对新业态实行“证照分离”,开展企业简易注销登记。突出市场对要素资源配置的决定性作用,建设统一的要素交易信息发布平台和创新创业全要素展示交易平台。

4. 加大国有企业的改革力度

探索企地融合发展模式,支持齐鲁石化、中国铝业等中央、省属企业与地方融合发展,支持与地方企业互相持股,共建产业园区和重大工程、重大项目,积极发展壮大混合所有制经济。加快市属国有企业公司制改造,健全投资评估决策体系,完善考核与薪酬挂钩的评价体系,提升企业法人治理结构,壮大职业经理人队伍。以市城市资产运营公司为依托改建国有资本投资运营公司,系统性地组建专业国有资本运营平台,充分发挥国有资产在引导产业发展方面的“航标”作用。

(淄博市发展和改革委员会　完成时间:2017 年 6 月)

枣庄资源型城市加快新旧动能转换有关问题研究

枣庄是我国近代工业的重要发源地，产业积淀厚重，基础优势明显。建市以来，依托资源优势发展，形成了以煤炭、水泥"一黑一灰"为特色的重工业结构，奠定了经济发展基本格局。如何全面贯彻落实山东省委、省政府关于实施新旧动能转换重大工程的决策部署，抢抓新一轮重大发展机遇，加快资源型城市新旧动能转换步伐，是全市面临的一项重大课题。

一、资源型城市加快新旧动能转换具备基础优势

(一)传统产业具备深厚基础

经过130多年的工业历程，枣庄市构建了煤炭、电力、建材、化工、机械、纺织等比较齐全的产业门类，培养了一大批具备熟练职业技能、前沿创新能力的现代产业工人。近些年市委、市政府大力推进工业创新转型，强力实施"265"产业集群培育工程，优势产业发展势头强劲。像煤化工产业，从煤焦化、煤气化两条路径同时突破，形成了11条产业链，吸引落地上下游配套延伸项目18个，成为国内重要的新型化工基地，是全国为数不多的煤气化、煤焦化产业链都比较齐全的地区。像装备制造产业，截至2016年年底，拥有相关企业2000多家，其中规模以上企业395家，省级以上产业基地5个，从业人员8万多人，产品达到11大类上千个品种，实现主营业务收入883亿元。每年实施50个重点技改项目，2013～2016年四年间，技改总投资近1400亿元，年均增幅分别达到24％、16％、20％和18％，2016年增幅居全省首位。

(二)新兴产业实现良好发端

经过近年来的深耕厚植，2016年全市规模以上战略性新兴产业实现产值

321 亿元，为下一步裂变膨胀、拉杆起飞创造了条件。(1)医药和医疗器械产业：利润年均增长 10%以上，初步形成了现代中药、化学药、生物药、医疗器械等门类齐全的现代医药体系。多个产品市场份额呈几何式增长，成为江北最大的中成药颗粒剂生产基地；中小容量注射剂产能居全省第 2 位，康力医疗成为全省规模最大的手术室医用敷料生产销售企业。(2)大数据产业：枣庄成为全省第三个互联网一级节点城市，被认定为"宽带中国"示范城市，鲁南数据中心主体工程基本建成，互联网小镇入驻运营企业 52 家。随着智慧城市建设的推进，大数据产业将快速膨胀，带动电子商务、呼叫中心、智慧农业、智慧医疗等关联衍生业态发展。(3)新能源产业：锂电新能源拥有产品种类 200 多个，形成了从生产、应用到检测检验服务的完整产业链；掌握了一批核心技术，拥有各类专利 85 项、世界领先技术 10 项，建成山东省锂电池产品质量监督检验中心，并获批筹建国家锂电检测中心。(4)新材料产业：总产值达到 200 亿元，在国内高铁、军工、通信等领域占有重要地位，研发建设的光纤预制棒拉丝、光纤棒结晶等项目，解决了光通信领域的科技难题。正在建设的中材科技锂隔膜项目，集研究开发、设计、制造于一体，可实现总产能 2 亿平方米、年销售收入近 10 亿元。(5)节能环保产业：拥有 100 多项专利，生产的多种成套环保设备在全省具有技术领先优势，形成了以山东泰和为龙头的水处理剂产业群，成为国内最大的水处理剂生产基地。

(三)产学研创合作趟出新路

近些年，我市先后与近百所院校、科研院所建立合作关系，合作项目涉及煤化工、新材料、锂电新能源、中小机床等产业领域。比如，与浙江大学合作建设山东工业研究院，与北京航空航天大学合作设立机床创新研究院，与北京理工大学合作成立鲁南工业技术研究院，与清华大学合作建设孵化器 2.0 科技产业园，在协同创新、成果转化、人才培育等方面厚植了优势。"十二五"以来，共开展各类创新项目 3700 余项，有 619 项列入省技术创新项目计划，"立式加工中心批量配套国产数控系统应用工程"项目获批工信部科技重大专项。

(四)园区发展体系逐步健全

目前，全市有国家级高新区 1 个、省级经济开发区 6 个、各类特色产业园区 12 个，初步形成了龙头带动、多点支撑、特色互补的园区发展格局。2016 年，枣庄市委、市政府出台了《关于加快全市开发区改革创新发展的实施意见》，推行市场化管理，赋予开发区更加独立的发展权限，理顺了管理体制机制，为园区发展注入了新的活力，开启了园区二次创业的新征程。2016 年，各开发区在占全市 1.5%的土地面积上，创造了全市规模以上工业企业主营业务收入的 58%以上，转型升级中的开发区已成为经济社会发展、新旧动能转换的主阵地。

(五)交通区位优势愈加凸显

枣庄地处京沪交通大动脉的中间节点，正在形成水、陆、空交织的综合交通网络。陆上交通方面，拥有铁路 344 公里，铁路客货运站 10 个，其中高铁站 2 个，到北京、上海仅需两个多小时，是鲁南连接山东东部乃至华北地区的换乘和转运节点。3 条高速公路穿境而过，枣木高速东延、枣菏高速等工程正在建设，即将实现高速绕城。市内 BRT 通车总里程全国最长，实现五区通达、无缝换乘。水上交通方面，目前，枣庄港已建成 4 个港区、32 个作业区、148 个泊位，占有岸线长度近 8000 米，形成了“一港、四港区、多作业区”的体系。依托京杭运河的连接，可以直通苏、沪、浙，上溯至华东、中南和西南，下行至沿海各地，形成通江达海的水运大格局。空中交通方面，《山东省综合交通网中长期发展规划》规划在枣庄构建“一支线、二通用”民用机场布局，枣庄机场项目已纳入全国民用机场布局规划和中国民航“十三五”规划。

(六)自然生态更加宜居宜业

枣庄境内山丘、河湖、水库众多，怀抱大运河，紧靠微山湖，有大小 5000 多个山头，这在山东的地级市中极为少见；年均降水量 800 毫米左右，是北方少有的富水区，良好的生态环境成为枣庄最富竞争力的战略资源。特别是近年来，水环境质量改善始终位居全省前列，连续两年获得全省水质改善一等奖，2014 年代表山东省迎接国家淮河核查，取得了国家九大流域和淮河流域“双第一”。大气质量在全省的位次不断前移，2016 年空气良好率同比改善居全省第 5 位。市域森林覆盖率达到 31%，建城区绿化覆盖率达到 40%，成功创建为国家森林城市、国家园林城市，为吸引人才、资金、技术等要素集聚创造了良好环境。与昔日煤城“一黑一灰”“晴天一身土，雨天一身泥”的形象相比，枣庄已经“一城山水满城林”，变得更加宜居宜业。

(七)政策叠加效应正在形成

枣庄作为全国资源枯竭城市转型试点市，被列入《全国资源型城市可持续发展规划》《全国老工业基地调整改造规划》，将继续享受国家新一轮转型政策扶持到 2020 年左右，省里也将予以配套支持，为加快城市转型提供有力支撑。随着国家“一带一路”战略的深入实施，区域间要素将进一步加速流动，为我市深化对外产业合作带来难得机遇。枣庄是全国唯一既是国家农村改革试验区又是国家现代农业示范区的地级市，目前正在创建国家现代农业可持续发展试验示范区，现代农业发展具备广阔空间。山亭区、台儿庄区纳入国家重点生态功能区，将享受国家和省财政、投资等方面的政策支持。多重政策的叠加效应将释放巨大潜能，为枣庄新旧动能转换提供宽松的环境。

二、资源型城市加快新旧动能转换短板制约明显

随着境内煤炭资源的逐步枯竭，枣庄市原有的经济增长动力逐渐萎缩和丧失，新的动力还不足以支撑经济中高速增长，发展中存在的短板逐步显现。

（一）产业结构不新，发展质量效益偏低

从三次产业结构看，服务业发展相对滞后。“十二五”以来，枣庄市三次产业结构由2011年的8.1∶58.9∶33调整为2016年的7.6∶51.2∶41.2，虽然第三产业占比提高8.2个百分点，达到41.2%，但一直低于全省和全国水平，产业结构仍是“二三一”的格局。2016年，全国、全省第三产业占比分别为51.6%、47.3%，已经完成“二三一”到“三二一”的历史性转变。（见表1、图1）

表1　2011～2016年全国、省、市第三产业占比对比情况　单位：%

	2011年	2012年	2013年	2014年	2015年	2016年
全国	43.4	44.6	46.1	48.2	50.5	51.6
山东省	38.3	40	41.2	43.5	45.4	47.3
枣庄市	33.0	34	36.6	38.2	39.7	41.2

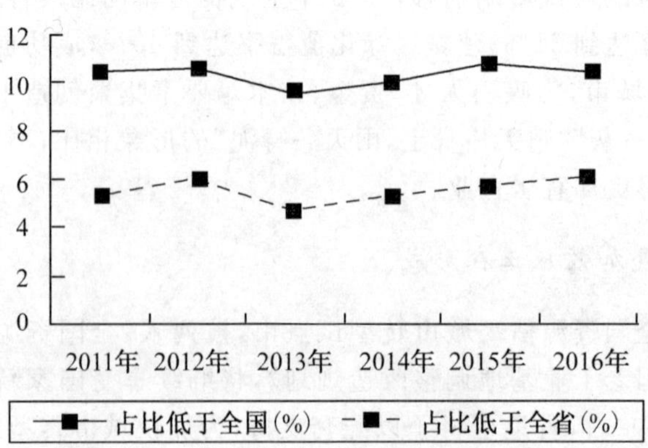

图1　枣庄市三产占比低于全国、全省情况

从工业经济内部结构看，2016 年，全市 31 个工业类行业，21 个为传统行业，主营业务收入占比达到 86%。全市纳税企业前 50 强中，煤炭、水泥等资源型和传统老工业企业占一半左右。同时，主导产业增长乏力的问题日益突出。2016 年，主营业务收入前 10 位的行业，除煤炭开采和洗选业受去产能、价格上涨等影响而大幅增长外，其余 9 个行业增速低于全市平均增速，有的出现负增长。

从高新技术产业发展情况看，2016 年，高新技术产业主营业务收入 762 亿元，同比增长 1.2%，低于规模以上工业企业 4.6 个百分点；实现利润总额 33.4 亿元，同比增长 0.9%，低于规模以上工业企业 0.4 个百分点。高新技术企业数量少，截至 2017 年 3 月末，纳入统计范围的规模以上高新技术企业 292 家；经省科技厅认定的高新技术企业 99 家，仅占全市规模以上工业企业总数的 7%，占全省总数的 2.1%。（见表 2）

表 2　高新技术产业占规模以上工业企业总产值的比重情况

	2011 年	2012 年	2013 年	2014 年	2015 年	2016 年
山东省(%)	27.31	29.11	30.23	31.39	32.51	33.8
枣庄市(%)	16.24	15.47	17.4	18.8	19.83	22.62
低于全省水平(百分点)	11.07	13.64	12.83	12.59	12.68	11.18

（二）有效投资不足，拉动效应明显放缓

一方面，近年来，随着投资规模的快速扩大，投资增速总体呈现下滑态势。其中，“十五”期间年均增长 32.4%，“十一五”期间年均增长 19.7%，“十二五”以来年均增长 19.3%。枣庄固定资产投资增速最高点是 2004 年的 59.7%，2010 年以后逐年回落，2015 年投资增长放缓更为明显，从以往的 20%以上的增速回落至 13.8%，为 2002 年以来年度最低。（见图 2）

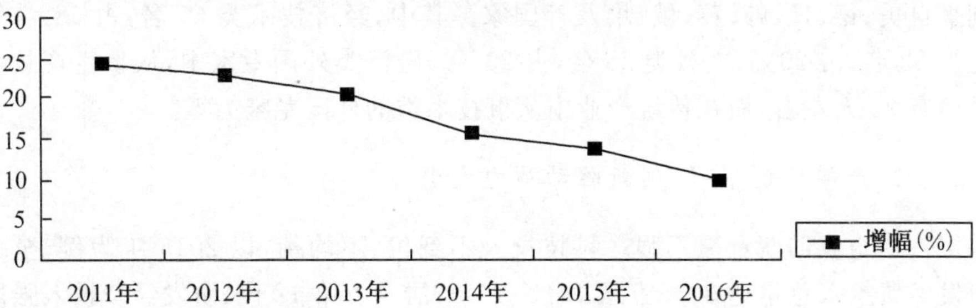

图 2　2011～2016 年全市固定资产投资增幅情况

从民间投资的维度分析，2016 年我市民间投资增长 7.1%，虽然分别高于全国、全省平均水平 3.9 个、0.5 个百分点，但仍低于全市投资增速 2.9 个百分点，面临增长乏力的困境。从 2016 年以来，受宏观经济形势影响，招商引资面临较大压力，重点项目呈现数量减少、接续不足的问题。

另一方面，投资产出效益不高的问题比较突出。2011 年，我市投资占 GDP 的比重为 52.8%，分别低于全国、全省 9.5 个、4.4 个百分点，至 2016 年我市投资占 GDP 的比重高达 83.5%，分别高于全国、全省 3.3 个、5.4 个百分点。在投资占比如此之高的情况下，粗放式投资规模扩张拉动 GDP 增长的边际效应趋近于零，依靠投资量的增加来拉动经济增长的模式也越来越难以为继。

（三）外向程度不高，开放发展比较滞后

从进出口情况看，长期以来，出口这驾需求侧的传统动力"马车"对经济增长的拉动作用十分微弱。以 2016 年为例，全市进出口总额 89.9 亿元，占全省的 0.6%，总量居全省末位；其中出口 81.2 亿元，下降 7%。全市外贸依存度为 4.2%，低于全省平均水平 18.9 个百分点；进出口总额过亿美元企业仅有海之杰一家。虽然我市出口商品品种较多，但是从企业数量和进出口总额来看，真正形成进出口产业的仅有纺织服装，其他行业出口仅靠个别企业支撑，没有形成真正的进出口产业。另外，我市出口产品多是低端初级产品，技术含量低，贴牌生产和来料加工占比大，自主品牌出口占比不到 20%。

从利用外资情况看，截至 2015 年年底，全市参加外资企业联合年报企业有 168 家，60%来自港澳台地区，纳税总额 3.7 亿元。2016 年，全市新批外资项目 10 个，实际到账外资 6.9 亿元，总量占全省的 0.6%，居第 16 位，对全市 GDP 的贡献率不足 1%；外资依存度仅为 0.3%，不到全省平均水平的 1/5，是全国平均水平的 1/4。

从在枣工作外国人情况看，初步统计，在我市工作的外国人仅有 112 名，分别来自美、德、日、韩、英、俄、埃及等国家。其中，经济技术类 65 名，占 58%；管理类 22 名，占 20%；文教类 25 名，占 20%。经济类外国专家中，从事生产技术类的有 20 人左右，而在传统产业中从事技术类的外国专家为零。

（四）产学研创不兴，创新驱动马力太小

一是企业创新意愿不强。科技投入不到位、不均衡，以 2015 年为例，全市研发经费投入总量达 30.5 亿元，增长 10%，居全省第 12 位，研发经费投入强度（研发经费占 GDP 的比例）为 1.5%。全市 R&D（研究与开发）占比较低（1.5%），低于全省平均水平（2.27%）0.77 个百分点。企业创新主体地位不明

显，认为抓科技创新“远水解不了近渴”，技术成果多以引进为主，原创性技术成果少，具有自主知识产权的产品少。创意产业发展相对滞后，尚未形成新的发展亮点。（见表 3）

表 3　　2015 年全市规模以上工业企业创新指标情况

指标	新产品开发项目	新产品开发经费	新产品产值	新产品销售收入
数值	510 项	20.3 亿元	82.4 亿元	78.2 亿元
增幅	－3.4％	－11.8％	－20％	－16.9％

二是创新基础薄弱。创新平台少，截至目前，我市有省级企业技术中心 55 家，山东省共有省级企业技术中心 1524 家，我市仅占 3.6％；山东省共有国家级企业技术中心 179 家，我市还没有一家国家级企业技术中心。高层次创新人才缺乏，特别是在国内外有影响力的领军人才和创新团队较少。

三是创新扶持政策落实不到位。近年来，国家和省、市围绕加快创新驱动发展出台了一系列政策措施，从执行情况看，我市情况不是很乐观。比如，2015 年至今省科技厅认定的高新技术企业，只有 27 家享受税收优惠；24 家企业享受研究开发费用加计扣除政策。这里既有企业因财务不规范不能享受的原因，也有地方因税收指标不愿让企业享受的因素。

（五）企业散而不大，体制机制固化、僵化

从市场主体类型看，企业占比低，截至 2016 年年底，全市市场主体总量为 29.8 万户，其中各类企业约 5 万户，仅占市场主体的 16.8％，低于全省平均水平 10.2 个百分点。全省各类企业户均资金达 609.6 万元，我市各类企业户均资金为 483 万元，排名居全省第 15 位。

从企业发展规模看，群丘无峰，没有领头羊。2016 年，山东省年主营业务收入过 10 亿元和 100 亿元的企业分别为 1935 家和 145 家，我市仅占 0.9％和 0.6％，至今没有企业进入全省“百强”工业企业行列。2016 年，我市规模以上工业企业增加值的增速为 6.2％，低于周边城市济宁（6.3％）、临沂（7.5％）、菏泽（9％）、徐州（9.8％）。2016 年山东省内部分地市规模以上工业企业数量及主营业务收入情况见图 3。

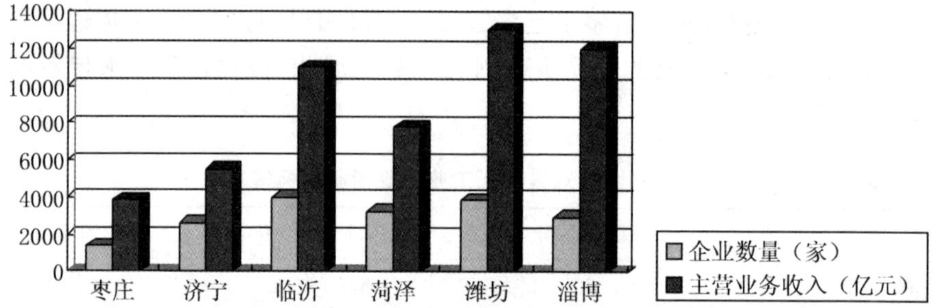

图 3　2016 年省内部分地市规模以上工业企业情况

从企业内部管理看，目前我市公司制股份改造、发展混合所有制进展缓慢，许多企业仍为传统家族式管理模式，没有建立现代企业制度，生产效率低，社会贡献小；不少民营企业内部管理混乱，现场管理和安全生产无章可循；有的民营企业主缺乏社会责任感，劳动者的权益得不到保障，不与员工签订劳动合同，也不给员工缴纳养老保险、失业保险和工伤保险。

从企业上市情况看，截至 2016 年年底，全省有上市公司 268 家，枣庄市仅有 2 家，且均为近两年上市，而周边城市济宁有 6 家，临沂有 4 家。

（六）县域经济不强，统筹协调融合欠缺

一是整体实力偏弱。在西部经济隆起带规划的 59 个县(市、区)中，从 GDP 总量看，滕州居第 1 位，其他区依次是薛城(第 21 位)、市中(第 42 位)、台儿庄(第 55 位)、峄城(第 56 位)、山亭(第 59 位)；而从增幅看，滕州居第 34 位，其次依次是台儿庄(第 37 位)、市中(第 40 位)、山亭(第 46 位)、薛城(第 48 位)、峄城(第 54 位)，发展速度相对滞后。

二是财政收入增长乏力。受宏观经济下行、“营改增”、清费降税、去产能等诸多因素影响，财政增长幅度明显放缓。特别是部分镇(街)，新兴税源缺乏，而刚性支出有增无减，可供统筹使用的财力不足，压力较大。(见表 4)

表 4　　2016 年各区(市)公共财政预算收入情况

区(市) 项　目	市中	薛城	峄城	台儿庄	山亭	滕州	高新
财政收入(亿元)	22.2	14.7	9	8	5.2	69	7.3
增幅	6.5%	8.3%	8.1%	8%	8.2%	1.2%	8.6%

同时，财政收入质量不高，各区(市)税收占财政收入的比重均呈现负增长状态。(见表 5、表 6)

表 5　　2016 年各区(市)税收占财政收入的比重情况

区(市) 项　目	市中	薛城	峄城	台儿庄	山亭	滕州	高新
占比	80.7%	64%	76.9%	70%	76.9%	67.3%	74.8%
增幅	−1.9%	−19.2%	−6.7%	−12.1%	−6.5%	−10.8%	−0.5%

表 6　　2016 年各区(市)"四税"占比情况

区(市) 项　目	市中	薛城	峄城	台儿庄	山亭	滕州	高新
占比	38.5%	51.8%	38.7%	47.2%	35.8%	38.5%	39.8%
增幅	0.6%	−16.9%	−9.7%	1.6%	18.9%	−13%	10.7%

三是主导产业同质化。各区(市)主导产业均有重叠,主要集中在化工新材料和精细化工、纺织服装、机械、煤电、造纸等领域,制约了县域经济比较优势的发挥。

(七)营商环境不优,经济发展保障缺位

一是思想观念保守,开拓创新意识欠缺。长期以来,受地域、文化、经济等诸多深层次因素影响,我市相当一部分干部群众习惯于小生产、官本位、计划经济的思维方式,习惯于等文件、等命令、等政策,习惯于吃资源饭、依赖传统发展路径,自我封闭、自我满足,僵化保守、坐井观天。特别是与浙江、江苏、广东等发达省份的城市相比,缺乏强烈的忧患意识、创新意识、发展意识,缺乏放眼全球的视野、"敢为天下先"的闯劲,缺乏对市场、政策的敏锐把握。

二是"放、管、服"改革不到位,隐性门槛仍然存在。一些部门未能对行政审批事项进行及时清理,该取消的未取消,该下放的未下放,该整合的未整合。一些单位还存在着选择性、随意性执法问题,"双随机,一公开"监管机制还未真正建立,监管水平不高。同时,懒政、怠政、不作为的现象比较突出。

三是资本市场不活跃,金融支持实体经济的力度不够。与周边市相比,我市金融机构数量较少、规模偏小,除传统政策性银行、大型国有商业银行和城市商业银行外,目前尚无一家全国性股份制商业银行,远远满足不了经济发展的现实需要,市内资金"失血"严重。2011～2016 年枣庄市银行机构存贷比情况见表 7。

表 7　　2011～2016 年全市银行机构存贷比情况

年份	2011 年	2012 年	2013 年	2014 年	2015 年	2016 年
存贷比	0.8365	0.7992	0.7802	0.7653	0.7525	0.6578

四是要素保障制约严重，企业生产经营成本偏高。用地方面，土地指标紧张，土地使用税上调，企业用地成本上升，土地使用证、产权证办理速度慢，部分项目落地难。用工方面，最低工资和社会保险月最低缴费工资基数差距较大，部分企业招工难、技术工人紧缺现象比较突出。

三、资源型城市加快新旧动能转换路径探究

对枣庄而言，加快新旧动能转换，既是重大机遇，也是重大责任。我们应当抢抓机遇，顺势而为，乘势而上，找准着力点、选准突破口，精准发力，持续发力，力争在新一轮区域重大发展战略中抢占先机、寻求突破。

（一）着眼“四新”“四化”，抢占动能转换的制高点

综观几十年国内外经济发展史，发达国家和地区在推进产业转型升级中，普遍利用先进技术引领和改造传统产业，不断使产业重新拥有强大竞争力。要针对我市现有产业实际，聚焦推进新技术、新产业、新业态、新模式，赋予传统产业新的内涵，尽快跨越技术发展的中间阶段，加快实现产业智慧化、智慧产业化、跨界融合化、品牌高端化，努力走在发展的前沿。

1. 加快现代工业创新发展

以扩规模、挖潜能、提价值为主攻方向，把握世界工业发展趋势，坚持改造提升传统动能与培育壮大新兴动能两轮发力，扬长补短、对标赶超，推动工业向更高层次、更高水平迈进。大力实施“四大工程”：

一是优势产业板块隆起工程。（1）高端装备制造板块，抓好航空发动机叶片磨削阵列机床、车铣复合加工中心、高速卧式加工中心等项目建设；瞄准中高端机床铸件市场缺口和国际高端金属铸件市场前景，依托亿和 10 万吨高端精密铸造、胜达精密短流程铸造项目建设，着力打造“高端、绿色、智能”型现代铸造加工中心，到“十三五”末，形成 30 万吨高端铸件生产能力。（2）化工新材料和精细化工板块，围绕煤焦化、煤气化、轻烃裂解制烯烃三条产业线，依托鲁南化工、联想控股、薛城能源等龙头企业，推动产品链条向下游延伸，建设国家级现代煤化工产业发展基地。（3）医药和医疗器械板块，扶持苏鲁海王医药集团发展壮大，加快推进医疗耗材和康复保健器械产业基地建设，依托三九、益康等

企业加强新药物研发，扩大市场份额，提升行业竞争力；鼓励医药企业建立质量诚信管理体系和评价机制，打造国内知名医药品牌。(4)大数据产业板块，发挥互联网一级节点优势，依托鲁南数据中心，全力突破大数据产业；坚持高点定位，抓好互联网小镇的建设运营，打造富有创新活力的高铁信息产业园。

二是智能制造示范工程。积极引导推进大数据、云计算、物联网、3D 打印技术、个性化定制、嵌入式软件等现代信息技术全产业链集成应用，引导企业用互联网思维和电子商务手段推进营销模式创新。推行企业 CIO(首席信息官)制度，鼓励企业加快建设“智能工厂”，推动“机器换人”。开展离散型智能制造、流程型智能制造、智能装备和产品、网络协同制造、大规模个性化定制等六大试点示范培育行动，每年评选 10 家智能制造示范企业、10 家智能制造试点企业，带动一批智能制造企业快速成长。三年内，规模以上智能制造示范企业 R&D 经费投入占销售额的比重达到 2%。

三是技术改造提质工程。坚持把技术改造作为工业经济内涵式发展的有效途径，依托新技术、新业态，全面提升煤电、轮胎、纺织、造纸、食品等传统产业。力争用三年左右的时间，对规模以上工业企业全面实施新一轮高水平技术改造。力争工业技术改造投资年均增长 15%以上；绿色制造水平巩固提升，规模以上工业企业单位增加值能耗控制在全省平均水平以下。

四是龙头骨干培育工程。在全市筛选认定 30 家龙头骨干企业，集中资源要素，通过实施“服务包”奖励、支持企业加大研发投入、创新土地供应方式、支持企业兼并重组、降低融资成本等措施进行重点扶持。力争到 2021 年，30 个重点培育龙头骨干企业主营业务收入、利润、上缴税金、项目投资年均增长 16%以上；全市有主营业务收入过 100 亿元企业 4 家、50 亿～100 亿元企业 8 家、20 亿～50 亿元企业 8 家。

2. 加快现代农业优质发展

坚持“三区”统筹，大力推进农业产业化、标准化、品牌化、高效化和可持续化，加快农业供给侧结构性改革，提高农业的供给质量。(1)抓改革释活力。抓好 300 个试点村的农村集体资产股份制改革，探索发展股份合作的不同形式和途径。推进新型农村互助合作金融试点，培育 10 家农村改革示范镇(街)。推进农业保险扩面，争取向石榴、设施蔬菜等特色果菜产业扩展。推进政府购买农业公益性服务机制创新试点，促进农业生产专项服务标准化、综合服务集成化。(2)抓质量保安全。继续实施好耕地质量提升、秸秆利用禁烧等工程，探索农业废弃物资源化利用、水肥一体化等模式，发展生态循环农业，努力创建国家农业可持续发展试验示范区。抓好精品特色示范园区和基地建设，积极培育粮食、马铃薯、石榴、长红枣、食用菌、樱桃等特色农业示范基地，引导开展标准化建设。健全市、区(市)农产品质量安全追溯体系，完善农产品质量安全智能监测点，确保农产品安全。(3)抓规模育主体。通过扩大土地流转面积及组建农民合作社、联合社等方式，推动土地适度规模经营，重点发展“家庭农场＋合作社”经营模式。支持龙头企业开展技改创新，发展订单生产、产地初加工、冷链物流等经营模式。依托枣庄新型职业农民学院等农业科研推广培训机构培育新型职业农民。推进基层农技推广体系改革，打通农技服务“最后一公里”。(4)抓品牌增效益。认定一批市级农业标准化生产基地，鼓励开展“三品一标”认证等品牌创建。积极实施“农业品牌建设年”活动，叫响“厚道枣庄人，放心农产品”主打口号。

3. 加快现代服务业高端发展

坚持提升传统服务业和培育新兴服务业并举，推动生产性服务业向专业化拓展、生活性服务业向高品质迈进，努力构建高增值、强辐射、广就业的现代服务业体系。着力突出四大领域：(1)优化全域旅游圈，整合提升市内旅游资源，大力推进滕州、山亭、台儿庄创建国家全域旅游示范区，争创全域旅游示范市。策划推出运河风光体验游、铁道游击队红色游、台儿庄大战游等 10 条精品线路，发展乡村民宿、休闲体验等旅游新业态。抓好冠世榴园等重点景区管理提升，推动微山湖红荷湿地、抱犊崮一熊耳山创建 5A 级景区，努力构建“山水呼应，人文交融，全域覆盖，悠游枣城”的旅游发展格局。(2)培育城市商业群，提升现有规模以上零售商业企业、专业市场，创建“智慧便利店进社区工程”示范城市，完善城市商业业态，优化网点空间布局，形成一批城市特色商圈，打造区域性现代城市消费中心。(3)构建现代物流网，借助交通区位优势，依托公路、铁路和水运以及正在规划建设的枣庄机场，构建立体发展的现代物流网。大力提升京杭运河港航物流、临港产业等功能，着力推进台儿庄港航物流园、峄州港航产业园、枣庄铁路物流园等项目建设，培育大型第三方物流集团公司和大型物流企业，以点带面发展电子商务，打造联运高效、进出结合、辐射广泛、充满活力的运河经济带。(4)打造健康养生地，坚持医养结合，鼓励医疗机构和其他社会资本兴办健康养生产业，在养老服务中融入健康理念，整合医疗、康复、养生、运动、护理、文化等资源，打造“健康养生・安养枣庄”服务品牌。

4. 加快产业行业跨界融合发展

紧紧抓住跨界融合发展这一价值品牌延伸模式，促进企业之间深化合作、跨行业发展，把“单打”优势升级为“团体”优势，助力“凤鸟”和“靓鸟”“俊鸟”展翅腾飞。一方面，坚持“创新、智慧、服务”三力齐发推动产业跨界融合。坚持效益优先、对接发展、统筹推进，创新资源要素配置机制、经营组织形式、利益链接机制，实现产业深度融合，切实提高全产业链效益。推动一产“接二连三”，大力发展“新六产”，打通上下游产业链条，拓展产业链、价值链。引导工业企业分离和外包非核心业务，推动由生产制造环节改造向研发、设计、营销、服务等领域全流程改造转变，增强产业链上下游企业的协同能力。加快生产性服务业创新发展，重点发展研发设计、第三方物流、融资租赁、信息技术服务、节能环保服务、检验检测认证、商务咨询、人力资源服务和品牌建设等，实现服务业与农业、工业在更高水平上的有机融合。另一方面，坚持“产业、生态、文化”三位一体推动行业跨界融合。积极寻找产城融合、产教融合、产医融合等新产业和新业态，推进产业相互渗透、交叉重组、创新提升。推动制造业从“以产品为中心”向“制造、服务一体化”转变，积极向教育、医药卫生、健康、休闲、娱乐等领域延伸，开发适销对路的工业产品。立足我市文化旅游资源优势，有机融合现代农业、度假养生、生态养老、观光采摘、文化民俗体验等产业形态，推动文化产业与体育、健康养生、信息、商贸等产业深度融合，打造经济文化融合发展高地。

（二）着眼四个创新，打造动能转换的强引擎

牢牢抓住创新这个引领发展的第一动力，坚持科技创新和体制机制创新“双轮驱动”，建设创新主体协同互动、创新要素顺畅流动的创新体系，加快构建新的发展动力系统。

一是强化平台创新。学习借鉴江苏的经验与做法，致力于推进“三个一批”，打造具有枣庄特色的“金字塔”形创新平台体系，全面提升自主创新能力。(1)建好一批产学研合作平台。突出抓好浙江大学山东工研院、北京理工大学鲁南研究院、北京航空航天大学机床创新研究院、中科院化工新材料研发中试平台、山东省科学院枣庄技术转移转化中心等高层次合作项目落地建设，使之成为助推枣庄高成长性产业发展、战略性新兴产业培育和传统产业升级的发动机。(2)提升一批创新服务平台。实施好鲁南科技成果转移转化基地规划，积极开展“创新平台建设年”活动，培育提升一批结构合理、功能完备的创新服务平台，为创新创造提供更好的平台支撑。围绕各类产业技术研究院、检验检测中心等公共服务平台，加强在科技政策、信息、项目推荐等方面的倾斜，支持更多社会资本和要素流入，提高全社会创新服务能力。(3)引进一批协同创新平台。坚持政府引导、市场运作、校企共建，协同引进一批技术研发、设计与生产服务平台，推动产学研合作向多元化、集成化转变。发挥经济开发区和产业集聚区的资源优势，引导骨干企业与知名高校、科研院所合作，搭建各类协同创新平台，实现科技创新的聚合效应。

二是强化企业创新。发挥企业创新主体作用，引导其增强创新意识，进一步提高技术、管理、品牌、文化等“软实力”。(1)在创新投入上再加力。加大对

科技型企业的扶持力度，以科技创新券、引导基金等方式支持企业加大投入，调动起企业自主创新的积极性。实施高新技术企业、科技型中小企业培育工程，开展科技型“小巨人”企业认定管理，培育、储备一批高新技术企业。(2)在技术研发上再加力。鼓励企业积极承担国家和省重大研发任务，突破制约行业发展的技术瓶颈，抢占技术制高点。重点围绕高端装备制造、生物医药、节能环保、新能源、新材料等战略性新兴产业，支持企业开展前沿技术研发转化，努力领跑行业发展。(3)在品牌建设上再加力。引导企业发扬工匠精神，融入国家品牌计划、中国品牌影响力提升计划和“好品山东”平台，大力开展质量管理体系认证，积极申请马德里国际商标，努力让更多枣庄品牌走向世界。

三是强化人才创新。实施更加积极的人才引进政策，引导集聚更多高端人才到枣庄创业发展，努力打造鲁南人才集聚中心。重点实施“四个一”行动：“一圈”，就是打造“2.5 小时引才圈”。以高铁 2.5 小时覆盖区域为重点，柔性引进“周末专家”“假日专家”等，鼓励支持以技术入股等形式与企业开展合作，充分调动企业和人才的积极性、主动性。“一院”，就是推进千人专家枣庄产业研究院建设。争取由国家千人计划专家团队牵头组建研究院，尽快再引进一批千人计划专家。“一工程”，就是继续实施枣庄英才集聚工程。按照产业创新、科技创业、学术研究三个类别，面向海内外引进培养 100 名左右创新创业领军人才，大力引进一批泰山学者和泰山产业领军人才，打造一支数量充足、结构合理、素质优良的人才队伍。“一机制”，就是形成一套人才引进、培养、认定和管理的有效机制。制定鲁南人才驿站认定管理办法，支持区(市)和企业与知名高校、科研院所开展创新合作。建设一批拎包入住的专家公寓，实现“筑巢引凤”。打造“智汇枣庄”品牌，精准对接引进海外人才，促进枣庄籍人才回流。

四是强化金融创新。通过金融机构培育、网络建设、产品创新等措施，建设多层次、多元化的地方金融市场，重点搭建“三个平台”：(1)搭建政府投融资平台。抓好财金控股、基础设施投资、鲁南(枣庄)经济开发投资等平台管理运营，增强滚动发展和资金供给能力。进一步解放思想、创新思维，整合城市基础设施、场馆设施、农林水港等资源，搭建更多的政府投融资平台，用好昨天和明天的钱，办好今天的事。(2)搭建综合服务平台。推进市金融服务中心建设，打造集企业上市咨询服务、金融机构引进、金融产品推介、融资需求发布、政银企深度合作等为一体的综合性金融服务平台，为企业和群众提供金融产品和增值服务。深化枣庄银行、枣庄农商银行等地方法人银行的改革发展，加强对异地金融机构的引进，更好地满足不同企业的融资需求。持续加大企业股改上市的融资力度，加快泰和水处理、耀国光热、腾达紧固、威达重工、台儿庄古城、远通纸业等重点企业的上市步伐，力争通过几年的努力实现上市企业县域全覆盖。

(3)搭建普惠金融平台。以建设普惠金融发展试验区为目标,用5年左右时间,健全完善普惠金融服务平台。设立“鲁南普惠金融研究院”,对接高端金融信息、资源、人才和渠道,为金融创新提供智力支持。引导银行创新信贷产品和服务,推广“税易贷”、股权质押等融资贷款模式,开展好农村“两权”抵押贷款等业务,为小微企业和群众提供金融支持。

(三)着眼四个载体,聚焦动能转换的主战场

把各类经济开发区、产业发展基地和创新孵化中心作为新旧动能转换的示范方、推广田、主阵地,调活体制机制,优化产业布局,提升产业层次,努力实现绿色、集约、高效发展。

一是做强枣庄国家级高新区。举全市之力推进国家级高新区建设,努力打造全市产业转型的“新支柱”、财源建设的“聚宝盆”、经济增长的“加速器”。(1)打造体制机制改革的先行区。加快改革高新区行政管理、经济管理、项目管理和投融资体制机制,实行灵活高效的干部管理、人员使用和收入分配制度,赋予高新区市级经济管理权限,鼓励各类投资主体在高新区建立“区中园”、工业“飞地”和企业总部,全面激发高新区加速发展的新动力。(2)打造新兴产业培育的核心区。采取引进、嫁接、裂变等模式,重点培育大数据和信息技术、生命健康、新能源、新材料等新兴产业。抓好特色小镇产业发展,重点打造互联网小镇互联网产业创新创业基地、智能制造小镇先进制造业孵化基地、鲁南电商谷电子商务示范园区。(3)打造创新创业要素的集聚区。依托创业孵化基地和创业园区联盟,让更多的创业项目汇聚高新区。开展科技金融、股权期权、知识产权保护等改革试点,打造新信息、新能源、新医药、新材料创新中心,培育孵化一批国家高新技术企业,形成以创新带创业、以创业促就业的良性循环。(4)打造产城融合发展的样板区。坚持产业集约布局、城市集约建设、生态集约保护,促进高新区与新城区、薛城区之间资源共享、良性互动和协同发展,加快引进一批高端服务项目,大力发展循环经济、绿色经济,实现工业化、信息化和城镇化深度融合。

二是做优省级经济开发区。从市级层面统筹省级经济开发区发展,通过体制机制优化、组织管理改善、资源要素配置等方式,促进省级开发区经济发展壮大。(1)以规划引领特色发展。坚持“高起点、有特色、前瞻性、整体性”原则,对全市省级开发区统一进行“二次规划”,变“一园一规”为“多园一规”,统筹开发区布局和产业衔接,引导各开发区合理分工、突出优势、错位发展。(2)以改革助推率先发展。进一步对开发区简政放权,切实做到“能由开发区审批的事项就坚决不出开发区”。实行开发区综合行政执法,确保既要“管得好”,又不给企

业“添心事”。推动开发区与区(市)财政“分灶吃饭”,实行财政独立核算,充分调动开发区发展的积极性。(3)以项目支撑集聚发展。各开发区重点培育3～4个规模效益好、创新能力强、特色鲜明突出的主导产业,集中力量谋划、实施一批关联度高、带动力大、支撑力强的标志性项目,保持项目接续不断,持续增强开发区的发展潜力。(4)以优质服务促进跨越发展。设立开发区行政服务中心,形成“一站式”“一条龙”服务体系。对开发区企业和建设项目落实专人提供全程服务,重点项目由市、县级领导直接帮包。搭建“企业信息直通车”综合服务平台,让企业和项目建设方的问题直接反映到市政府,以最快速度研究协调解决,切实为发展扫清障碍。继续加大争取力度,全力支持滕州经济开发区创建国家级开发区。

三是做精特色产业基地。突出枣庄的产业基础和资源条件,重点打造五大特色示范基地:(1)循环经济产业基地,依托薛城能源循环经济百亿元产业园,加快聚集发展煤化工及下游精细化工产业,不断延伸产业链,向新材料、新能源、精细化工方向发展。积极推进煤焦油深加工,发展苯酐、工业调和油、锂电池负极、精酚等产品;围绕粗苯深加工,发展PBT新型工程型材,努力建设高效、环保、绿色、生态、循环的经济产业示范基地。(2)环保水处理剂生产基地,着力培植山东泰和水处理这个龙头,加快推动公司在创业板上市,打造国内最大的水处理剂生产企业;积极扶持东涛化工、鑫泰等企业发展,引进先进设备,加强技术研发,完善产品链条。力争到2019年,实现环保水处理剂产量100万吨,打造全国最大的环保水处理剂生产基地。(3)北方地区最大的光纤基地,依托东方光源集团光缆、光纤预制棒拉丝项目和光纤棒结晶项目,加快推进棒纤缆产业链配套。到“十三五”末,光纤产业形成150亿元的规模。(4)锂电产业示范基地,以中材锂膜2亿平方米锂电池隔膜、精工电子磷酸铁锂动力电池、丰元化学年产1万吨磷酸铁锂正极材料、鸿正年产1万吨锂离子电解液、华亿比科汽车动力电池等重点项目为突破点,以点串线、以线带面,打造百亿元级产业集群。(5)公共纺织印染基地,引进战略投资者,优化整合市内的印染能力,承担周边地区的印染加工,建设区域性牛仔、针织、化纤印染中心。

四是做大创业孵化基地。建立完善创新型人才和“四新”“幼苗选育”机制,不忽视任何一粒愿意发芽成长的“种子”,让它们获得到充分生长的机会。(1)建设载体,搭建创业“舞台”。鼓励支持大中型企业、高校和社会资本投资兴办创业园区和创业孵化基地。依托薛城孵化器2.0科技创新产业园和大学生创新创业产业园,积极引进创新创业型企业,进一步做大创业平台。鼓励各区(市)利用老旧商业设施、仓储设施、闲置楼宇、过剩商业地产等资源建设创业园区和创业孵化基地。(2)搞好辅导,增强创业“技能”。发挥创业大学的培训职能，实施大学生创业引领计划、农民工职业技能提升计划，提高创业的成功率。支持返乡、下乡人员到农村创新创业发展，领办、创办家庭农场、农民合作社、农业产业园。探索股权激励、兼职取酬、科研成果收益分红等机制，鼓励科技人员依靠智力创业致富。(3)解决资金，提供创业“本钱”。完善创业金融支撑，用活、用好小额担保贷款、一次性创业补贴，鼓励金融机构开展面向创业的金融产品创新。全面落实各项创业优惠政策，让更多创业者梦想成真。

(四)着眼四个统筹，优化动能转换的新空间

坚持全市“一盘棋”布局新旧动能转换，提高统筹谋划、推动落实的能力，增强全市新旧动能转换的协调性和实效性。

一是统筹全面开放发展。积极融入国家开放大格局，主动参与“一带一路”、环渤海经济圈、淮海经济区和济枣菏都市区发展战略，构建互利共赢、多元平衡、安全高效的开放型经济新体系。(1)着力提高“引进来”的质量。持之以恒地抓好招商引资、招才引智，集中力量招引一批能够带动产业转型的大项目、好项目。用好全球生产要素市场，增加能源资源、先进技术、关键零部件进口，促进现有产业结构优化升级。发挥高铁的“磁场效应”，吸引高层次人才和研发团队向枣庄集聚。注重通过新设项目、增资扩股、参股并购等方式引进外资，着力拓展利用外资的广度和深度。(2)着力增强“走出去”的能力。实施出口品牌战略，提升出口商品价值，推动对外贸易从追求规模速度向追求质量效益转变。继续开展零出口企业“唤醒行动”，加大对骨干出口企业的扶持力度，推动辛化硅胶、艾菲尔管件、万宝童车等小品牌闯出大天地。鼓励企业“走出去”，开发境外资源，转移过剩产能，引导纺织、机械、食品生产等企业提升对外承包工程和劳务的层次，支持具备条件的企业“借船出海”，打造一批“海外精品工程”。(3)着力夯实“优服务”的支撑。依托山东兄弟、秦工国际等企业，尽快做大外贸综合服务平台，帮助更多中小微企业开展对外贸易，培植新的外贸增长点；建立外贸公共信息平台，拓展阿里巴巴一达通业务，引导传统外贸企业和电商企业发展跨境电子商务，让广大企业不出家门就能畅游全球市场。完善重大项目落地推进机制，建立涵盖项目成长全过程的支持服务体系，确保早落地、早建成、早达效。

二是统筹县域经济发展。滕州市突出装备制造业的优势基础，全面打造现代制造业基地，推动工业主导产业向中高端迈进，重点发展机械机床、化工新材料和精细化工、生物医药、玻璃深加工等产业，争创国家全域旅游示范区，争当全省县域经济发展排头兵。薛城区立足区域性中心城市核心区定位，发挥铁路、公路、水路交通优势，积极培育教育文化、医疗卫生两大高地，大力发展总部

经济、电子商务等新兴业态，加快发展现代服务业城市；培植壮大薛城能源、热电多联产两大循环经济百亿元产业园，加快发展化工新材料和精细化工、装备制造等产业。山亭区加强生态保护，突出自然生态特色，加快发展现代农业和生态旅游业，打造全国知名的乡村旅游休闲度假、健康养老目的地，重点发展食品加工、新能源、纺织服装等产业，建设好国家重点生态功能区。市中区深入挖掘“百年中兴”文化，打造民族工业旅游新地标，重点发展纺织服装、新型建材、环保水处理剂等产业，做大做强煤电产业，加快建设城市转型示范区、中心城区东部核心区、全市商贸中心区。峄城区加快推动新型工业化、农业现代化和服务业全域化融合发展，重点发展橡胶轮胎、水泥建材、煤电造纸等产业，做强“冠世榴园·匡衡故里”旅游品牌，打造省级农产品质量安全示范县。台儿庄区发挥古城的龙头带动作用，推动服务业跨越发展，全力打造国家全域旅游示范区、国家重点生态功能区，重点发展高端纺织、机械建材等产业，加快工业转型振兴。

三是统筹城乡一体发展。抓住枣庄纳入大城市试点的机遇，突出组团城市的特点、优势，积极构建“一主（薛城、市中、峄城组成的主中心城区）、一副（滕州副中心城市）、两区（山亭、台儿庄）、多点（12 个省级示范镇和 2 个特色产业重点镇）”城乡格局。(1)坚持规划整合，提升新城的首位度。注重发挥规划的引领作用，大力推行“多规合一”，推进国民经济社会发展规划、土地利用规划、城乡规划、环境保护规划以及产业、交通等多项规划相互协同，切实增强规划的前瞻性、协同性。树立大视野、大境界，对建筑风格、色彩尺度和景观风貌明确控制性要求，真正把枣庄的城市味道展现出来，切实增强本地人的“归属感”和外地人的“认同度”。立足大新城的独特地理风貌，统筹好山、水、城之间的空间布局结构，塑造“青山拥城，碧水绕城”的大新城形象。(2)坚持功能契合，促进资源共享。实施城市基础设施三年行动计划，从“硬件”和“软件”两个方面着手，狠抓基础设施建设、基本公共服务两项功能配套，全面提高便利化水平。按照城乡联网对接、共建共享的思路，加快城市公交、天然气、污水垃圾处理等基础设施向农村延伸，推进养老、医疗、住房保障等公共服务向农村扩展，最大限度地提高配置效率和水平。(3)坚持产城融合，培育特色城镇。抓住我省新生中小城市、特色镇示范建设的机遇，坚持以产业为支撑，以城镇为依托，统筹国家重点镇和省级示范镇建设，优化小城镇发展框架，促进城镇内部和城乡之间人员、生产、商品、资金等生产要素相互流动，增强城镇发展的可持续动力。启动新一轮美丽乡村创建，大力培育鲁南风情特色镇，使之成为新型城镇化的重要支撑、转移农民市民化的重要载体和区域协调发展的重要力量。(4)坚持生态耦合，提升发展环境。深入实施国家森林城市十大提升工程、中心城区山体水系治理工程，推进环城国家生态公园和绿色生态廊道建设，加快省级生态市建设，积极创建国家生态园林城市。大力加强海绵城市建设，抓好城乡环境综合整治，规模化推进绿色建筑，修复和改善城镇生态系统功能，促进城市环境更加宜居、宜业。(5)坚持改革聚合，增强城镇的集聚功能。深化户籍制度改革，全面落实“四无一放开”落户政策，促进人口有序市民化。深化城乡管理体制改革，推进城管领域大部门制改革，强化城乡统一管理，提高社会治理效果。深化镇级扩权改革试点，赋予镇(街)更多的人事、管理、财政等权力，促进小城镇快速发展。

四是统筹要素集约发展。实施政府引导下的发展要素市场化改革，通过土地、环境容量和资本的动态优化配置，为新旧动能转换提供有力支撑。建设用地方面，调整完善全市土地利用总体规划，统筹安排建设用地规模，重点保障“十三五”重点建设项目。坚持新增用地指标保重点、一般项目靠挖潜，优先保障庄里水库、高速公路、高校、港口等建设用地，优先支持战略性新兴产业、“互联网+”等项目用地。环境容量方面，加强对煤电、水泥、化工、玻璃等重点排放行业和工业燃煤锅炉的监管，推进煤炭清洁高效利用，确保废气达标排放。实施污染排放指标“等量替代”“倍量替代”“同行业替代”，严格控制新上、扩建高耗能、高排放项目，腾出有限的能耗空间和排放指标用于“四新”项目建设，以最小的环境代价换取最大的发展效益。资金支持方面，积极落实税收优惠政策，以“创新券”、引导基金等方式支持创新平台、重点工程、开发区等载体建设。搭建银企交流平台，引导金融机构采取投贷联动等新模式，加大对战略性新兴产业的倾斜支持；建立产业链企业信用担保体系，提高中小企业的融资能力；开展股权众筹融资试点，解决新旧动能转换“营养跟不上”的问题。

(五)着眼四个抓手，夯实动能转换的硬支撑

新旧动能转换的过程既是培育新动力和新动能的过程，也是各种风险和矛盾加快释放的过程，必须抓住关键，做强基底，强化保障，助推新旧动能平稳顺利转换。

一是开展一批重大改革攻坚。坚持用改革的办法破解体制机制积弊，促进旧动能焕发生机、新动能茁壮成长。(1)深化供给侧结构性改革。认真落实“三去一降一补”重点任务，2017 年再削减煤炭产能 30 万吨，消化商业营业用房库存 18 万平方米。引导企业压缩“两项资金”占用，产销率保持在 99%左右。通过债转股、投贷联动、股权融资、资产证券化等方式，着力降低企业杠杆率。清理违规涉企收费，降低社保综合费用，继续推行大用户直供电，落实小微企业和高新技术企业优惠政策，减轻税费负担和生产成本。(2)深化国有企业改革。积极稳妥地推进混合所有制改革，开展员工持股试点。完善公司法人治理结构和专职外部董事管理制度，建立市管企业年金制度。加强和改进企业国有资产

监督，制定深化国有企业和国有资本审计监督的实施意见。(3)深化财税体制改革。贯彻落实省政府推进省以下财政事权和支出责任划分改革的意见，合理划分市、区两级财权事权。深化预算管理改革，推进专项资金清理整合，加大政府性基金预算和一般公共预算统筹使用的力度。深化预算绩效管理改革，推进市级重大专项第三方独立绩效评价。完善政府引导基金管理机制，最大限度地发挥支持企业发展的作用。(4)深化科技体制改革。落实全市深化科技体制改革、加快创新发展的实施意见，完善科研院所法人治理的相关配套政策措施，加大知识产权的保护力度，推进知识产权运营平台建设，加快培育一批专业化技术转移服务机构和技术交易载体。

二是谋划一批重大基础工程。交通设施方面，加快推进枣庄支线机场和滕州、台儿庄通用机场建设，构建“一支线、二通用”民用机场布局；实施枣庄市城市轨道交通项目，加快枣庄高铁换乘枢纽的建设步伐；实施枣木高速公路东延段、枣菏高速公路枣庄段、新台高速公路枣庄段建设和 S345 枣济线、店韩路、郯薛线、枣徐线改建，推进京台高速公路扩容，尽快完成“七纵八横三连”干线公路网布局；实施京杭运河升级扩容项目，建设万年闸复线船闸工程、京杭运河枣庄段二级航道整治工程，形成以京杭运河高等级航道为主体的内河航道网；加快推进台儿庄港区马兰屯作业区与涧头集作业区、峄城港区魏家沟作业区、薛城港区薛城作业区、滕州港区滨湖作业区与西岗作业区等港口工程及配套航道工程建设，推动枣庄港形成“一港、四港区、六作业区”的发展格局。水利设施方面，加快庄里水库及抽水蓄能电站项目建设，着力推进马河水库、周村水库、辛庄水库增容工程，大力实施城郭河、十字河、蟠龙河综合治理工程，为新旧动能转换提供用水保障。继续实施“碧水绕城”工程，依托南水北调工程，串联起黑峪水库、蟠龙河、凤鸣湖、龙潭水库、宏图河等水体，贯通城市水系，打通城市“脉络”。电力设施方面，重点实施好山东特高压枣庄段输变站、1000 千伏特高压项目、峄城 500 千伏输变电项目，为加快新旧动能转换提供电力支撑。

三是布局一批重大产业项目。(1)鲁南产学研创新示范区(鲁南科教文化创新示范区)：在枣庄新城南部区域规划 10 平方公里，建设由北京中医药大学枣庄分校、枣庄学院新校区等 4 所高校组成的大学城，建设以浙大工研院、北理工鲁南研究院、鲁南千人专家产业技术研究院为平台的 8 个高层次创新载体，建设文化中心、体育中心、图书大厦、文化创意中心等文化创意载体，打造全省科技成果转化基地、国家产学研合作创新示范基地和文化创意产业孵化基地。(2)国家可持续发展议程创新示范区：推动科技创新与社会发展深度融合，以全国资源型城市转型试点市和山亭区国家可持续发展实验区为基础，将山亭区国家可持续发展实验区建设扩展到其他五个区(市)，创建国家可持续发展议程创新示范区，形成可复制、可推广的可持续发展模式。(3)国家级现代煤化工产业基地：发挥枣庄煤化工产业规模大、链条全、技术领先等优势，依托鲁南化工、联想控股、薛城能源等龙头企业，做大做强鲁南高科技化工园、薛城能源循环经济产业园。借助中科院的创新优势建设化工新材料中试基地，实施联泓新材料EVA、EOD、聚丙烯，鲁南化工聚甲醛、醋酸酯纤维素，瑞达化工聚丁烯等重点项目，推动产业链条向化工新材料、精细化工和清洁能源方向延伸。(4)大运河生态文化经济带枣庄示范区：建设庄里水库、微山湖红荷湿地、台儿庄古城水生态示范区，打造运河生态走廊。加快万年闸复线船闸等基础设施建设，培育枣庄铁路物流园、枣庄港航物流园等现代物流园和大宗商品集散地。实施运河遗产保护开发项目，建设特色文化旅游园区，筹建山东运河旅游联盟秘书处，擦亮"鲁风运河"品牌，与沿线运河城市共建"大运河历史文化长廊"。(5)大数据产业基地：充分发挥电价、带宽、交通区位三大优势，以鲁南数据中心为载体，孵化、培育、发展大数据产业，推动大数据与移动互联网、物联网、云计算深度融合，建设大数据交易中心、数据服务中心等项目，打造鲁南大数据产业创新引领区。(6)鲁南制造业智慧化示范区(智能制造产业示范区)：抓住"中国制造2025"的机遇，推动产业智慧化，重点打造高端数控机床产业化基地、北方地区最大的光纤基地、锂电产业基地等三大示范基地。依托浙大工研院、北理工鲁南研究院、北航机床创新研究院、中科院化工新材料研发中试基地等公共创新平台，设立中材科技新材料研发平台，推进枣庄制造向枣庄智造、枣庄创造转变，打造国家智能制造特色产业基地。(7)国家医养结合示范基地：充分发挥北京中医药大学的品牌带动作用，加快推进北京中医药大学医养结合园区建设，打造鲁苏豫皖中医药治疗中心，建成医养结合示范基地。加快建设市医养康复中心、社会福利(养老)服务中心等医养结合的产业项目，促进卫生和养老产业深度融合。

四是对接一批重大发展政策。密切关注国家和省里的政策动向，吃透政策精神，挖掘政策红利，从政策里找机遇、找项目，实现借势、借力发展。当前，需要重点对接争取以下五个方面的政策：(1)积极争取将枣庄市纳入国家主导产业衰退地区政策支持名单。近期，国家发改委启动了全国主导产业衰退地区基础研究工作，按照有关要求，我市研究起草了《主导产业衰退情况研究报告》，目前已上报国家发改委。需要加强与国家和省里相关部门的汇报对接，争取尽快纳入国家主导产业衰退地区政策支持名单，推动枣庄市"凤凰涅槃，浴火重生"，实现可持续发展。(2)积极争取将枣庄市列入国家资源枯竭型城市可持续发展示范区。我市作为全国第二批资源枯竭城市，同时也是列入《全国老工业基地调整改造规划》的老工业城市。在国家和省的大力支持下，经过近年来的不懈努力,城市转型取得了初步成效,但目前正处于爬坡过坎、滚石上山的关键阶段,由于历史包袱过于沉重,仅靠自身力量短时期内难以彻底翻身。急需省里支持枣庄申报国家资源枯竭型城市可持续发展示范区,力争在重点领域先行先试,取得突破。(3)积极争取创建国家农业可持续发展试验示范区。枣庄继2011年年底获批国家级农村改革试验区之后,2015年初又被整建制认定为第三批国家现代农业示范区。目前,枣庄又被农业部列为国家农业可持续发展试验示范区整建制创建市。"三区"建设已成为推动枣庄农业农村经济发展、带动枣庄"三农"工作走在前列的重要引擎。目前,需要加大对上汇报沟通的力度,争取国家和省进一步加大对枣庄创建国家农业可持续发展试验示范区的支持力度,并在政策、资金、项目上给予倾斜。(4)积极争取将枣庄、济宁纳入淮河生态经济带总体规划。推动淮河生态经济带发展,是党中央、国务院的一项重大国家战略。目前,在江苏省淮安市等前期调研基础上,国家发改委正在会同江苏等省修改完善《淮河生态经济带规划前期研究报告》,进而形成《淮河生态经济带总体规划》,并拟报国务院批复。根据目前了解的情况,规划范围只包括江苏、安徽、河南三省20个市和1个县。枣庄市作为淮海经济区核心区8个城市之一,近年来积极融入淮海经济区核心区一体化发展,取得了良好成效。需要协调省里支持并争取国家将枣庄、济宁等市纳入淮河生态经济带总体规划范围。(5)积极争取将枣庄市中区、山亭区纳入国家沂蒙革命老区政策扶持范围。枣庄是沂蒙革命老区的重要组成部分,在历史上为革命作出了重大贡献,但出于种种原因,未能享受国家有关扶持政策。2014年5月,省政府以鲁政呈〔2014〕28号文件上报国务院,申请将枣庄市山亭区、市中区补充纳入沂蒙革命老区政策支持范围。2017年3月,省委办公厅、省政府办公厅印发《关于加快革命老区脱贫攻坚和开发建设的实施意见》,将枣庄市中区、山亭区列入全省重点革命老区县(市、区)名单。需要进一步加强汇报、沟通工作,继续争取省里支持以上两区纳入国家沂蒙革命老区范围。(6)积极争取将枣庄纳入国家级普惠金融发展试验区。我市计划用5年左右时间,探索设立集农村普惠金融服务、小微企业普惠金融服务、金融机构创新服务、普惠金融创新等为一体的普惠金融发展试验区,逐步提高金融供给的针对性,基本满足区域内各种层次、各类人群的金融需求,打造可复制、易推广的普惠金融发展新样板。需要加强汇报、对接工作,争取省里支持并向国家有关部委争取将枣庄纳入国家级普惠金融发展试验区。

(枣庄市发展和改革委员会　完成时间:2017年5月)

东营市关于长沙、株洲、湘潭新旧动能转换的考察报告

2017 年 6 月 20～24 日，东营市新旧动能转换重大工程推进办公室考察组赴湖南长沙、株洲、湘潭三市学习考察新旧动能转换工作。考察组与三市发改委等相关部门进行了座谈交流，现场考察了华时捷环保、远大住工、中国动力谷、屹丰汽车部件等。考察组认为，三市新旧动能转换工作力度大，亮点多，工作扎实，成果显著，值得东营市学习借鉴。

一、三市新旧动能转换的突出做法与成效

（一）长沙市新旧动能转换的突出做法与成效

长沙市总面积 1.18 万平方公里，辖 6 区 3 县（市），常住人口 764.5 万（2016 年）。近年来，长沙围绕创建国家中心城市、实现基本现代化的奋斗目标，全力打造国家智能制造中心、国家创意创新中心、国家交通物流中心"三个中心"，建设能量更大、实力更强、城乡更美、民生更爽的"四更"长沙。2016 年，全市实现地区生产总值 9323.7 亿元，增长 9.4%，三次产业结构之比为 4∶48.4∶47.6。突出做法有以下几种：

一是打造国家智能制造中心。2014 年以来，长沙市接连出台工业机器人产业发展三年行动计划、智能制造三年行动计划，从"奖、补、购、租、投、池、市"等多环节，全领域、全流程构建精准政策体系。建立了 1 亿元的智能制造贷款风险补偿资金池，每年安排 600 万元的智能制造装备产品孵化资金，引入社会资本参与，打造完整的资金生态链。推进 230 家试点示范企业建设，三一重工、华曙高科、威胜集团获批国家智能制造示范企业，威胜集团、杉杉新能源、长城信息、楚天智能 4 个项目入选国家智能制造综合标准化与新模式应用专项项目。2016 年，全市完成规模以上工业企业产值 11552 亿元，增长 8.5%；汽车制造增加值

的增速达到33.7%，新能源汽车、3D打印、北斗导航等产业增长50%以上。

二是强化工业园区“主力军”作用。出台工业园区转型提质发展三年行动计划和优化园区规划、完善园区功能配套的指导意见，引导高端项目、优质项目、龙头企业在园区合理布局，推动园区向差异化、特色化、专业化方向发展。加大园区简政放权的力度，国家级园区赋予部分市级经济管理权限，省级园区赋予部分县级经济管理权限。优化园区考核，突出招大引强，项目跟踪考核更实更严，要求国家级园区每年引进两个50亿元级别项目，省级园区每年引进两个30亿元级别项目。引进的大众汽车长沙工厂、中通信号长沙产业园、中兴通讯长沙基地等重大项目进展顺利。至2016年年底，世界500强企业已有149家落户长沙。

三是大力促进军民融合发展。出台了关于鼓励优势民营企业进入武器装备科研生产和维修领域的实施意见，依托国防科技大学，深度推动军民融合产业合作。全面推动北斗产业发展，出台加快北斗产业发展三年行动计划，在长沙高新区建设北斗卫星导航产业基地，初步形成了芯片、设计、封装、主机、运营服务的产业链条。

（二）株洲市新旧动能转换的突出做法与成效

株洲市总面积1.12万平方公里，辖4区5县（市），常住人口401.6万（2016年）。近年来，株洲市加快产业转型升级，先后获批国家自主创新示范区、“中国制造2025”示范城市、低碳城市、老工业城市和资源型城市产业转型升级示范区等国家级试点示范城市，产业发展的新动能不断集聚。2016年，实现地区生产总值2512.5亿元，增长7.9%，三次产业结构之比为7.8∶54.3∶37.9。突出做法有以下几种：

一是发展优势产业，打造“中国动力谷”。按照集群发展的思路，充分发挥轨道交通、航空、汽车产业的优势，依托株洲高新区，全力打造“株洲·中国动力谷”。2016年，三大动力产业增加值达190亿元；轨道交通产业收入突破千亿元大关，成为全国首个过千亿元的轨道交通产业集群。投资200亿元建设动力谷自主创新园，出台了土地、资金扶持、厂房租售等方面的优惠政策。目前，动力谷已经诞生了全球首列无轨列车、最大功率的六轴电力机车、首台储能式电力牵引轻轨车辆等全球领先产品以及国内首列商业化运营的中低速磁悬浮列车、我国第一型完全自主研制并拥有自主知识产权的先进涡轴“玉龙”发动机、首条8英寸IGBT专业芯片生产线等国内首创产品。

二是加快旧动能退出。以清水塘老工业区搬迁改造为典型。清水塘老工业区是国家“一五”“二五”期间重点建设的冶炼、化工基地，位于株洲市区北部。

随着经济社会的发展，该地区产业结构、环境污染等问题日渐突出。2003 年、2004 年，株洲市连续两年被列入“全国十大空气污染城市”，清水塘工业污染是重要原因。2014 年，清水塘老工业区被列入全国城区老工业区搬迁改造试点。株洲市大力推进清水塘老工业区搬迁改造，以壮士断腕的勇气关停污染企业 217 家，关闭小煤窑 123 座，整合烟花企业 300 多家，关停规模养殖企业 529 家。通过“关停并转”，力求通过“减法”做出“加速度”，助推产业加速转型。预计 2018 年完成关停搬迁工作，届时清水塘老工业区将转型为物流园、保税区、科技创新园，同时发展工业旅游产业，建设工业博物馆。

三是推进创新发展。大力实施“万名人才计划”“科技领军人才计划”和“创新十条”政策，为创新创业带来政策红利。吸引了十余名院士专家来株创业，建设了 100 余个国家和省级技术创新平台，为产业转型升级提供了源源不断的技术支撑。电子信息产业快速发展，建设了长城电脑株洲基地等一批重大项目，2016 年产值同比增长 26.3%。注重国际技术产能合作，大力推进海外并购和自主创新相结合。近三年，140 多家企业与国外建立了业务合作关系，成功完成 12 个海外并购项目。

（三）湘潭市新旧动能转换的突出做法与成效

湘潭市总面积 1.12 万平方公里，辖 4 区 5 县（市），常住人口 401.6 万（2016 年）。近年来，湘潭市围绕打造“智造谷”、构建“1＋4”特色产业体系，统筹实施“三去一降一补”、产业补链强链、重点企业调度、中小企业帮扶、园区二次创业等措施，促进产业转型升级。2016 年，实现地区生产总值 1845.7 亿元，增长 8.2%，三次产业结构之比为 8.2∶52.9∶38.9。突出做法有以下几种：

一是改造传统产业，不断优化产业结构。通过“消化一批，转移一批，改制一批，整合一批，淘汰一批”，逐渐甩掉“老工业”基地的包袱。钢铁产业综合生产能力由年产钢 1000 万吨下降为 750 万吨，品种钢占比由 2010 年的 16.8%提高到 2016 年的 31.5%；煤炭开采业全部退出；国家 14 个重点精细化工基地之一的竹埠港新材料工业园内 28 家化工企业全部关停；全市 20 多家水泥厂整合至 2 家。工业结构由过去的“一钢独大”蝶变为智能装备制造和汽车及零部件、食品医药、信息技术、新能源等“1＋4”产业加速崛起的新格局，高耗能行业占比下降至 30%以下，高加工度工业占比提升至 55%，“1＋4”产业实现规模以上工业企业增加值占全市的比重达 70%。

二是构建智能制造产业体系，培育新兴产业。实施了“智造谷”建设三年行动计划、制造强市五年行动计划、智能化改造三年行动计划、装备制造产业千亿元倍增计划、汽车千亿元产业行动计划，打造中部崛起“智造谷”。电机电传动技术全国领先，以风力发电装备为代表的新能源装备蜚声海外，现代矿山装备产业在国内规模最大、品种最全。海工装备产业中的泰富重装仅用两年时间产值突破100亿元大关，产品远销非洲、南美洲；新能源装备产业中涌现出了湘电风能、兴业太阳能、迅达科技、崇德科技、凌天科技等在国内具有较强竞争力的骨干企业。2016年，智能制造产业的产值达到900亿元，规模以上工业企业增加值达241.51亿元，占全市规模以上工业企业增加值的40.1%。

三是结合军地特色，推进军民融合产业发展。开发了37个与国家政策对接的军民融合项目，总投资426亿元。构建了市内外政、军、企、学、研协同创新机制，国防科技大学、湘潭大学、湖南科技大学、湘电集团、华菱线缆等校企合作的航天测发控、无人智能平台、舰船综合电力、特种线缆技改等项目进展顺利，成效显著。引进了邓中翰院士、欧阳晓平院士等国内外顶尖技术领军人物，设立湖南省军民融合协同创新研究院湘潭分院，打造了跨区域协同的军地科技创新试验区。2010～2016年，军民融合产业主营业务收入年均增长率超过20%，工业总产值和工业增加值年均增长率接近20%，研发经费年均增长率接近10%。2016年，全市军民融合产业实现产值361亿元。

二、几点认识和启示

（一）加快新旧动能转换，需要建立有力的推进机制

三市在推进新旧动能转换的关键任务过程中，建立了有力的推进机制，形成强大的工作合力。例如，株洲市针对清水塘搬迁改造成立了清水塘搬迁改造指挥部，坚持挂图作战，靠前指挥，义无反顾地推进搬迁改造；针对项目建设，连续四年开展“项目攻坚年”活动，组织全市重点项目集中开工、“看、学、议”“港洽周”等主题活动，有力支撑了经济发展。湘潭市建立了钢铁行业化解过剩产能实现脱困发展促进转型升级联席会议制度，明确市委书记为湘潭钢铁集团的联点领导，多次进行现场办公，就解决职工分流、加强本地企业产业链合作等相关问题进行集中交办、限期解决，圆满完成了各项工作。

（二）加快新旧动能转换，需要着力拓展、延伸产业链

三市在提升传统产业、发展新兴产业过程中，特别注重产业链的拓展与延伸。例如，株洲市发挥轨道交通产业在技术、人才、品牌等方面的优势，打造了产品研发—生产制造—售后服务—物流配套于一体的完整成熟的产业链条，产业本地配套率达70%以上，已成为国内最大的轨道交通装备产业发展集聚区。

湘潭市引进了吉利汽车、桑德集团、舍弗勒集团等汽车行业的翘楚，纵向形成了完整的产业链条，横向实现了产业跨界深度融合。

（三）加快新旧动能转换，需要建立实用的政策体系

三市针对新旧动能转换出台了一系列政策，形成了有效、实用的政策体系。例如，长沙市针对智能制造接连出台了工业机器人产业发展三年行动计划、智能制造三年行动计划，从“奖、补、购、租、投、池、市”等多环节，全领域、全流程构建精准的政策体系。株洲市针对创新创业出台了土地、资金扶持、厂房租售等一系列优惠政策，从技术水平、人才层次、销售规模、产业关联等方面为引进的创新创业团队评级，最高级可获得上千万元扶持。湘潭市针对军民融合，率先编制了湘潭市军民融合示范区建设规划，对国防动员、双拥共建、人民防空、交通战备等进行了专项规划，出台了财政、金融、税收、土地、人才等十方面的具体支持政策。

（四）加快新旧动能转换，需要建立良好的支撑环境

一方面，需要完善基础设施“硬环境”。例如长沙市，作为全国性综合交通枢纽，“十三五”期间将投资 907.33 亿元建设交通基础设施，构筑“四个对接”（临港、临空、临铁、临园）的综合立体交通网络。目前，市内实现了航空、高铁、磁浮、火车、地铁、城市公交、长途客运等多种方式之间无缝换乘。

另一方面，需要完善金融、人才等“软环境”。例如，株洲市设立了 50 亿元的轨道交通产业基金、10 亿元的先进装备制造产业投资基金、10 亿元的大健康产业股权投资基金、10 亿元的中小企业创业成长基金，可撬动 400 多亿元的社会资本；开通全省第一家市州股权交易分所，首批 60 家企业挂牌交易，开辟了企业直接融资的新渠道。湘潭市在湘潭经济开发区、湘潭高新区设立了两个院士创新产业园，加大人才支撑力度，吸纳院士 7 人、国家“千人计划”专家和各行业领军人才 30 余人。

三、推进东营市新旧动能转换工作的对策、建议

（一）完善创新体系，聚焦新技术

着力构建层次多元、功能完善的创新体系，为区域创新提供有效支撑。

一是提升研发平台。支持企业为主体建设研发平台建立财政补助机制，鼓励平台提质升级，形成市级、省级和国家级梯队配置。依托骨干企业，主要在石

油化工、橡胶轮胎、有色金属、石油装备等主导产业，组建10～15个产业技术研究院，针对产业共性关键技术进行攻关，推动产业转型升级。在人工智能、无人驾驶、集成电子、先进材料、光伏太阳能等多个前沿领域，实施关键技术攻关和产业化示范，引领东营市战略新兴产业实现质的飞跃。

二是完善转化平台。制定技术转移示范机构认定办法，支持发展技术交易机构，提升科技成果转化成效。深入开展“中国好技术东营行”“绿色化工院士专家行”等产学研对接活动，每年为企业筛选推介技术成果200项以上。重点把握融入京津冀协同发展的战略机遇，聚集国内6家石油高校，共建国家级石油技术转移转化中心，畅通技术交易、成果转化、创新创业的绿色通道，推动石油装备产业链健康快速发展。

三是汇聚人才资源。围绕东营市主导产业，每年组织系列人才延揽活动，力争到2020年，引进100名产业高端人才、500名创新创业人才。设立专项人才引进计划，采取生活补助、住房补贴、项目经费等支持政策，加大对高校毕业人员、留学归国人员、高层次外国专家和产业急需人才的引进力度。持续推进招院引校工作，采取“一事一议”制度，加大高校院所整建制引进力度。

四是建设科技金融平台。建立“一池一库一平台”科技金融服务体系，增加中小企业贷款风险资金池规模，完善科技型企业库和综合性科技服务平台系统，形成财政资金担保、服务机构参与、银行与企业有效对接的互动机制。设立市财政主导的知识产权质押融资风险补偿基金，畅通科技中小微企业融资渠道，获得银行信贷支持。加大市引导基金的支持力度，推动科技型企业在“新三板”、齐鲁股权交易中心“科技版”挂牌上市，进行股权融资。

(二)突出发展重点，培育新产业

围绕新能源、新材料、新医药、新信息技术和海洋开发等五大战略新兴产业，组织实施重大科技专项，每年新上一批科技含量高、市场前景好、带动能力强的大项目，支持新兴产业突破发展。近期，重点推进建设二氧化碳捕集利用封存、5亿瓦时/年三元材料动力锂电池、1200MW/年半熔法高效多晶硅锭、1000万立方米/年秸秆沼气、5吨/年单层石墨烯及5000吨/年石墨烯改性超级活性炭、5000吨/年六氟磷酸锂、2000吨/年多层陶瓷电容器用粉体材料、1500吨/年纳米级复合氧化锆材料、12000吨/年HEPA高效过滤新材料、40000吨/年高性能橡胶助剂、2000吨/年镀锡铜排、高强复合材料垫板、DGR内外一体化钢管防腐、1400吨/年颜料中间体、酶法工艺制备低分子肝素、子午胎成型机器人集成应用、微地震光纤采集系统、基于物联网的采油生产智能化系统、海上边际油田移动式采储修一体化平台、海洋油田安全控制装备、“海生河口”底播型海洋牧场等项目。其中，由东营市8家企业联合青岛科技大学等高校院所开展的“烟气超净和CO_2捕集技术装备与资源化综合利用”重大技术攻关，将率先实现燃煤电厂和石化企业烟气的湿法超净和资源化、CO_2分离捕集、CO_2驱油增采、CO_2绿色化工应用、盐碱地富碳种植等关键技术示范和产业化，打造千亿元级的二氧化碳捕集、利用和封存产业链，推动东营建设全国首个绿色、经济、可持续的近零碳排放城市。

同时推进传统产业集约发展，加快转型升级。推行产业布局“负面清单”，根据国家产业结构调整指导目录和区域经济布局规划，进一步研究细化东营市产业发展和项目布局指导目录，按照节能、环保、安全的标准要求，明确不鼓励发展的项目、工艺、装备等。进一步抓好产业政策落实，严格规定能耗、环保、安全和用地等标准，对不符合要求的项目，实行立项禁批、用地禁供、环保禁批、金融禁贷等措施，倒逼产业转型升级。突出发挥各类产业园区的功能作用，按照区域污染物排放总量控制、逐步减少排放强度的原则，引导园区科学布局产业发展；对园区外的现有企业，综合运用行政、市场、法律等手段，分类施策，组织一批企业有计划地向园区搬迁。

（三）释放资源潜力，发展新业态

发挥东营的资源优势，释放发展潜力，整合区域资源，优化发展环境，完善基础设施，发展全域旅游、航空服务等新业态。

一是全域旅游。发挥东营文化、湿地、生态、海洋、温泉等资源优势，全面提升旅游发展质量，打造全域旅游示范区，把东营建成京津冀生态、宜居的“后花园”。突出黄河口特色，深度开发生态旅游、文化旅游、海洋旅游、乡村旅游、工业旅游、温泉旅游等六大旅游产品体系。依托东营市丰富的海洋资源优势，进一步完善海水浴场、游艇码头、亲水平台等设施，加快发展特色海洋旅游。充分利用地热温泉富集优势，挖掘温泉养生功能，打造集洗浴、运动、疗养、娱乐、度假为一体的综合性温泉旅游度假项目，为游客提供修身养性的休憩空间。

二是航空服务。立足胜利机场，推进技术含量高、引领作用强的特色航空服务项目，打造临空产业集群。与中国商飞集团合作，建设民机试飞东营基地，逐步推动民机交付、定检维修、培训、售后服务等业务合作，打造中国北方最大的“民机4S店”。与北京航空航天大学和北汽集团合作，建设航空导航与飞行校验测试基地，重点推进大飞机航空卫星导航飞行测试、多基增强飞行测试中心、北航国家大学科技园东营分园等项目建设。与天龙伟业航空航天科技公司合作，建设低成本运载火箭总装基地，主要推进实验平台、总装生产设备、数控机床、发射测控测量接收、GNC设计软件等研发和建设。

(四)推进合作创业,创建新模式

一是加强与央企、国企合作。将深化与央企、国企战略合作作为东营市新旧动能转换重大工程的战略支点、全市招商引资的重要方向和扩大投资、稳定增长的重要来源。对已签约的项目做好项目落地服务工作,争取早开工、早投产、早见效;对在谈和推介项目加快推进洽谈,争取更多项目达到签约条件。

二是推进油地军校融合发展。强化军地、军校需求对接,优化资源储备布局,促进各类要素双向流动、渗透兼容、集成融合。会同胜利油田、石油大学,研究制定科技资源共享和鼓励科技人员创新创业的具体政策措施,支持科研人员双向流动。依托中国石油大学东营校区,集聚石油大学、胜利油田智力与技术资源,加快黄河创新广场建设。鼓励高端装备、电子信息、新材料、新能源民营企业参与军品研制、生产和配套,支持民用产品和军用产品提高兼容性,加快优势民营企业参与国防工业建设的步伐,推动军民融合深度发展。

三是推进盐碱地综合利用示范。借助东营市盐碱地综合利用的经验,举办盐碱地综合利用国际论坛,针对世界各地盐碱地的不同情况,汇聚各国相关专家学者,集中展示、发布盐碱地综合治理技术,形成综合应用水利、化学、农艺、生物等措施的盐碱地治理技术解决方案,改善土壤环境,为高效生态农业发展奠定基础。

四是鼓励大众创业。在全市实施科技创业能力和创业空间"双倍增"计划,着眼创业设施存量优化,落实科技孵化器产权分割政策,优化创业承载能力,实现创业项目倍增;着眼创业设施增量发展,出台科技孵化器认定办法,支持社会力量兴建创业载体,实现创业设施面积倍增。

(东营市发展和改革委员会　完成时间:2017 年 7 月)

关于烟台市推进供给侧结构性改革有关情况的调研

2016年以来，烟台市委、市政府认真贯彻落实中共中央和山东省委、省政府推进供给侧结构性改革的一系列决策部署，聚焦“去产能、去库存、去杠杆、降成本、补短板”五大任务，印发实施全市《关于深入推进供给侧结构性改革的实施意见》，并对意见中涉及的任务事项逐一进行了细化分解，形成了市直部门责任、任务清单，明确了三大类共224项具体事项的工作任务、完成时限和责任部门，以落实、落细、落小为目标，探索走好供给侧结构性改革之路，着力为烟台发展率先走在全国前列提供强大动能。

一、“去降补”的目标任务与进展情况

（一）分类施策化解过剩产能

在国家确定的8大高耗能行业中，我市主要涉及钢铁、水泥、电解铝、船舶、轮胎、煤炭6个行业。近期对全市水泥、电解铝、轮胎等行业过剩产能脱困发展情况进行了详细调查摸底，我市6大高耗能行业的产能利用率均在80%以上，产能过剩问题并不十分突出。(1)钢铁。我市现有规模以上钢铁企业53家，主要集中在钢材加工领域。目前，只有华达钢铁、新东方冶金、华新不锈钢三家钢铁企业具有冶炼业务，生产过程中产生粗钢。近期通过“地条钢”专项行动，尽管未发现三家企业生产“地条钢”，但根据国家有关要求，华达钢铁、新东方冶金以淘汰类设备名义已拆除中频炉等炼钢设施，华新不锈钢符合工信部《钢铁行业规范条件》。(2)水泥。我市现有水泥生产企业40家，其中水泥熟料生产企业有10家。从2013年开始，全市加大对水泥生产线技术改造的力度，积极组织企业进行产能转移。烟台宝桥锦宏水泥有限公司正在巴基斯坦建设4000T/D水泥生产项目。2016年，水泥熟料产量达1027万吨，产能利用率为

83.4%。(3)电解铝。我市电解铝生产企业主要有2家,产品主要用于汽车铝合金、轨道交通、航空航天、罐体罐料等,属于高端产品,销量好,不存在产能过剩问题。2016年,电解铝产能达81.6万吨,产量达83.1万吨,产能利用率为100%。(4)船舶。我市船舶行业有规模以上企业27家(含海工装备),形成了以海洋钻井平台、海上油田服务装备、特种船舶、远洋渔船等为特色和优势的产业体系,以中高端产品居多,且大多数属于订单式产品,有效规避了国内船舶行业同类化、同质化竞争。2016年,船舶产能为152万吨,产量为126万吨,产能利用率为83%。(5)轮胎。我市规模以上轮胎生产企业主要有玲珑轮胎、豪克国际橡胶等企业,主要产品有斜交胎、半钢子午胎、全钢子午胎、工程胎、实心胎等,均为高端产品。2016年,子午胎产能为3710万条,产量为3586万条,产能利用率为97%。(6)煤炭。全市现有煤矿7座,其中4座为省属企业,3座为龙口市所有。按照国家化解过剩产能,鼓励小型煤矿关停的精神,草泊煤矿已于2016年主动关停;洼东煤矿、桑园煤矿计划于2024年关停。

(二)多措并举减少库存

烟台市将楼市去库存作为推动房地产市场持续、健康、平稳发展的重中之重,充分发挥政府和市场"两只手"的作用,积极从供需两端多方施策、统筹发力,千方百计刺激消费、去化库存,取得阶段性成果,呈现"开发步伐企稳回升,房屋销售形势良好,库存面积持续下降,价格保持稳中微增"的发展态势。截至2017年5月底,全市商品房累计可售面积1794万平方米,去化周期约19.9个月,较去年年底减少1.9个月。一是强力促销售去库存。借势市场"倒逼"效应,支持房地产企业调整营销策略,通过采取改进物业服务、适当让利、探索运用电子商务手段等方式,加快库存商品房的销售进度。1～5月份,全市预售商品房备案建筑面积451万平方米,同比增加40.6%。二是积极推转型去库存。在全省率先推行共有产权住房保障制度改革,有序引导普通商品房进入保障领域;加快推进棚户区改造货币化安置,提高棚改货币化安置比例,1～5月开建棚改安置房1.57万套,其中货币化安置1.34万套,预计消化库存100万平方米。三是大力优环境去库存。2016年以来,先后出台了关于加快推进《房地产去库存的指导意见》等一系列政策,激活了有效需求,恢复了房地产市场的信心。四是严控新增量去库存。按照"有保有压,有扶有控"的思路,积极引导县(市、区)根据市场需求及库存情况,合理控制土地出让规模、节奏和时序,从源头上降低房地产的增量规模。

(三)合理管控杠杆水平

截至2017年4月底,我市规模以上工业企业资产负债率为50.7%,低于全省5.2个百分点。2016年年底,我市辖内银行业金融机构不良贷款余额83.18亿元,不良贷款比例为1.76%;政府债务余额815.2亿元,其中市级政府债务余额204.2亿元,县(市、区)债务余额611亿元,处在合理水平。应从以下几方面合理管控:一是大力推进政府融资平台建设。我市现有政府融资平台公司23个,其中市级1个,县(市、区)22个,主要涉及银行贷款、发行债券、非银行金融机构融资、供应商应付款、向企业和个人借款等方式。近年来,我市以"政府主导,依法运作,完善机制,做实做强"为原则,全市政府融资平台公司均自主经营、自负盈亏,成为能够独立承担民事责任的拥有独立法人资格的国有经济实体。二是大力发展多层次资本市场。在全市范围内开展了规模企业规范化公司制改制"五年行动计划",截至目前,共改制规模以上企业633家,占全市规模以上企业的27.3%,改制企业初步具备了对接资本市场的条件。持续推进企业上市工作,自2017年以来,我市先后有道恩股份、艾迪精密、正海生物、强信机械4家企业成功上市,新增数量和总数位居全省第一。全市上市公司总数达到44家,其中,境内上市公司36家,境外上市公司8家,挂牌交易股票45只,总量居全省首位;全市上市公司通过资本市场累计直接融资1013.59亿元,居全省第2位。三是大力推进场外市场挂牌。自2017年以来,全市新增"新三板"挂牌公司5家,总数达到77家,新增融资2.14亿元,累计融资8.4亿元。新增区域股权交易市场挂牌公司20家,总数达到139家,累计融资达3.16亿元。同时,先后推动我市18家挂牌企业累计获得省直投基金投资4520.3万元。四是充分激活财政资金对社会资本的引导、撬动作用。截至2016年末,政府性资金累计出资59亿元,参股39只基金,总规模达392.59亿元,撬动社会资本比例达到1∶7,财政资金的杠杆效应得到有效发挥。全市共设立与引进各类基金和基金管理机构222家,基金总规模达1030.9亿元。五是积极做好PPP项目融资工作。坚持高点定位、高标起步,精心储备一批关乎民生的大项目、好项目,建立了全市PPP项目储备库。截至2017年3月底,纳入财政部综合信息平台的项目已达51个,合同总投资341.5亿元,涉及污水处理、垃圾处理、园区开发、土地储备、医疗养老等多个领域。目前,在我市确定社会资本方的11个项目中,民营企业参与的项目有8个,国有企业参与的项目有3个,民营企业参与度达到72.7%,充分发挥了盘活社会存量资金、激发民间投资活力的作用。

(四)综合施策降低成本

我市出台了《关于减轻企业税费负担降低企业运营成本的意见》,实施降低企业税费负担、降低企业创新创业发展成本、降低企业用地成本、降低企业融资成本、降低企业物流成本等 8 个方面 78 条具体措施,累计可为企业减负 170 亿元。一是积极推进价格机制改革。出台了《关于推进价格机制改革的实施意见》,建立和完善差别化资源价格政策体系,资源有偿使用、生态补偿、新能源补贴价格政策体系,环保价格政策体系,促进服务业发展价格政策体系等四大体系,切实降低企业运营成本,提高经济增长的质量和效益。二是全面推行收费"四项清单"制度。凡在我市实施收费的项目,一律落实到具体的收费单位、延伸到具体的收费标准。截至目前,全市共取消了 2 项政府性基金,调整了 1 项政府性基金征收政策,取消或停征 41 项行政事业性收费,降低 1 项行政事业性收费标准,2017 年前 5 个月,又取消、停征了 16 项行政事业性收费,预计每年可减轻企业负担 1.7 亿元以上。三是全力推动银行机构向实体经济让利。全市贷款加权平均利率从 2015 年 3 月最高的 6.6%下降至 2017 年 4 月末的 4.99%,低于全省平均水平 0.48 个百分点,处于近五年以来的最低点。同时,全市银行机构为 618 户企业调降贷款利率,帮助企业节省利息支出 6010 万元;为 810 家企业办理无还本续贷、循环贷款 1351 笔,涉及金额 213.65 亿元,累计取消收费项目 43 项,降低收费标准 96 项,有效降低了企业财务成本。四是积极争取电力直接交易试点优惠政策。从 2014 年开始,我市连续三年逐步扩大大用户与发电企业直接交易试点范围,从 2017 年开始,我市更加注重提前摸底、积极协调推进、全程跟踪服务,共推荐 181 户试点企业。截至 2017 年 5 月底,我市进入第一批公示名单的企业为 104 户,已完成注册备案手续。预计年总交易电量可达到 108.4 亿千瓦时,可为企业节约用电成本 3.3 亿元。五是进一步降低社会保险费率。2010 年、2011 年,将企业职工养老保险费率分别降低 1 个百分点,从 20%降至 18%,从 2015 年 10 月起,将企业职工生育保险费率从 1%降到 0.5%;从 2016 年 1 月起,将工伤保险行业基准费率由三档调整为八档,平均费率从 1.15%降到 0.97%。从 2017 年 1 月起,将失业保险费率由单位 1%、职工 0.5%降到单位 0.7%、职工 0.3%。通过降低以上四类保险费率,每年可减轻企业负担 22 亿元,有效缓解了企业经营的困难程度,降低了企业的人力成本。

(五)突出重点补齐短板

一是精准开展脱贫攻坚。近年来,我市大力实施精准扶贫、精准脱贫战略,坚持高起点、全方位、立体化强力推进脱贫攻坚。全市共有省定贫困村 277 个、贫困户 27998 户、贫困人口 45201 人。目前，重点村实施产业项目 416 个，总投资 1.3 亿元，带动扶持贫困人口 8500 多人。全市省定重点村完成摘帽 69 个、净脱贫人口 34790 人，超出省定减贫计划 16 个、4790 人，已有 4 个县(市、区)全部完成脱贫任务。计划到 2017 年年底，全市所有省定扶贫工作重点村全部脱贫“摘帽”，贫困户、贫困人口全部“销号”，早于全国 3 年、全省 1 年完成脱贫攻坚任务。

二是下大气力破解基础设施瓶颈。加快构筑以铁路为主干、港口为龙头、公路为支撑、民航为羽翼的现代综合立体交通体系。铁路方面，青荣城际铁路建成运营，龙烟铁路即将建成，大莱龙铁路扩能改造工程、环渤海高铁潍坊至烟台快速铁路、海阳－青岛城际铁路、中韩铁路轮渡等项目前期工作有序推进，形成了以青荣城际铁路、蓝烟铁路、大莱龙铁路、烟大铁路轮渡、桃威铁路等构成的主骨架铁路运输网。截至 2016 年年底，全市铁路营业里程达 474 公里，共发送旅客约 701.7 万人次，发送货物 1657 万吨。公路方面，烟海高速及 3 条疏港高速公路已建成投入运营，蓬栖、龙青、文莱高速公路正在快速推进，建成胜利路南延、滨海西路、城铁南站南路等市区道路 50 多条。长岛南北长山大桥、丁字湾跨海大桥竣工通车。目前，全市公路通车里程 1.9 万公里，其中干线公路 2330 公里，高速公路 518 公里，境内公路密度 139 公里/百平方公里。港口方面，烟台西港区 40 万吨矿石码头、7 个 5 万～10 万吨级液化油品码头、20 万吨级航道等一批重大基础设施建成投用，30 万吨级原油码头和西港区至淄博的石油运输管道已试运行。

三是优化调整能源结构。积极推进核电、风电、太阳能、生物质能、低温能、海洋能的利用，与中广核、中核、国电投联合成立的烟台核电研发中心已实现实体化运行，海阳核电一期基本完工，2017 年年内将实现首次并网发电，二期工程已开工建设；风电装机容量 2405.8 兆瓦，居全省第 1 位，已累计发电 170.4 亿千瓦时。

四是均衡发展各类教育资源。以解决大班额问题和“全面改薄”工程为抓手，推进市域范围内城乡义务教育优质均衡发展。根据我市学校大班额的实际情况，规划到 2017 年年底新建和改扩建学校 172 所，新增建筑面积 155 万平方米。截至 2016 年年底，已开工建设学校 136 所，建筑面积达 112 万平方米。烟台获批山东省基础教育综合改革试验区，5 所学校列入省职业院校现代学徒制试点项目，数量居全省首位；烟台格罗宁根大学建设列入我省高等教育布局改革的重要内容，将成为我国江北第一所具有独立法人资格的中外合作大学。

五是加强医疗卫生服务体系建设。我市是首批国家健康城市和医养结合试点市，全市目前共有医疗卫生机构 5336 所、卫生技术人员 4.64 万人、病床总数 4.2 万张；拥有养老服务机构 255 处、各类床位 5.56 万张，千名老人拥有床位 36 张，在建、筹建养老机构 32 处，新增养老床位 4056 张。

二、"去降补"中出现的新问题

一是要素保障仍有短板。烟台属资源型缺水地区，人均占有水资源量 487 立方米，不足全国人均水平的 1/5，调引客水价格昂贵，致使企业用水成本居高不下。融资难、融资贵现象突出。2016 年，全市固定资产投资中的贷款资金仅占 4.5%，比上年降低 2.1 个百分点；部分中小企业实际贷款利率达到 15%。

二是部分企业生产经营成本仍然较高。全市规模以上工业企业每百元主营业务收入成本达到 88.51 元，比全省、全国平均水平分别高出 2.99 元、0.61 元。我市非居民水价 5 元/立方米，在省内高居第 3 位；非居民计量热价 89.61 元/吉焦，天然气最高销售价格 3.687 元/立方米，居全省中游水平。目前看来，企业的成本仍然集中在融资、社保、劳动报酬、物流等方面。据了解，我市企业承担的社会保险费总体费率约为 27.3%，有的企业工业用电费用占工业利润的比重高达 55%，部分企业物流成本占生产成本的比例高达 30%～40%。同时，自全面实行"营改增"后，小部分企业税负有所减轻，大部分企业税负并未有效减少。

三是企业经营风险上升。当前物价上涨不均衡，特别是工业行业内部分化较为突出，制造业盈利尤其是中下游行业盈利受到挤压。自 2014 年初到 2016 年末，我市工业生产者出厂价格月度同比指数一直高于购进价格指数，2017 年开始出现反转，到 5 月份，全市工业生产者出厂价格指数与购进价格指数间的"剪刀差"达到 5.6 个百分点，对企业盈利形成了一定压力。

四是铁路建设严重滞后。我市自 1956 年开通蓝烟铁路后，距内陆腹地的铁路距离比青岛远 167 公里，高速铁路建设至今没有实质性突破。目前，我市沿海港口中仅有芝罘湾港、龙口港有疏港铁路，导致港口大进大出的集疏运功能难以充分发挥。2016 年，烟台港 2.65 亿吨的货物吞吐量，仅 10%通过铁路运输，德龙烟铁路中段大莱龙铁路仍为纯货运、内燃牵引，时速不足 80 公里，致使整个线路"卡脖子"。北部 3 个国家级园区和 4 个全国百强县不通高铁，严重制约了人流、物流和信息流集聚。青荣城际铁路设计最高时速仅为 250 公里，到北京、上海分别需要 5.5 个和 8 个小时，市民出行和外地游客来烟仍然不便。

五是环境对经济发展的约束更加明显。我市是工业大市，二产比重相对偏高，能源结构相对单一，燃煤火电机组总装机容量占能源总量的八成以上，特别是“十三五”期间，全社会煤炭消耗量及火电机组容量将刚性增长，经济快速发展与减排空间不足的矛盾日益凸显。

六是去库存仍面临较大压力。尽管我市房地产去库存工作初显成效，但库存总量和去化周期仍高居全省第3位，高于全省12.8个月的平均水平。特别是个别县(市、区)商品房库存较高，全市14个县(市、区)中，有8个去化周期在20个月以上，最高的县(市、区)去化周期甚至超过了40个月。同时，我市住宅地产比重偏高，旅游、养老、文化等特色地产比重较低，吸纳人口、拉动消费的能力偏弱。

三、“去降补”工作中的经验与做法

(一)去产能方面

我市自2014年启动化解工作以来，坚决严控新增产能，对电解铝、轮胎、水泥等行业，凡是有意愿新建生产线、上报扩大产能的项目一律停止审核转报，从源头上遏制过剩行业新增产能。同时，为化解水泥产能过剩和减少污染排放，从2016年年底到2017年3月，在全市范围内开展水泥熟料生产企业错峰生产，从效果上看，缩短了水泥熟料企业装置运转的时间，有效压减了水泥熟料产能。全力做好淘汰落后产能职工安置工作。我市仅有龙口草泊煤矿1家企业纳入全省去产能范围，该煤矿共有职工98人，其中正式职工47人，临时工51人。安置工作启动后，我市本着职工自愿、发挥特长、双向选择的原则，通过公开竞争上岗，分流安置。目前，草泊煤矿47名正式职工已分流29人，其中13人通过转岗分流方式内部安置，从事煤矿配煤工作，其余16人通过外部分流，安置到当地集体企业继续工作。煤矿退出期间，组织所有接触职业危害环境的职工进行了离岗前职业健康检查。检查中对被确诊为职业病的职工，按照有关规定享受工伤保险待遇。目前，暂无人员因为生活困难向政府寻求救助。

(二)去库存方面

一是坚持去库存政策，优化政府投资环境。自2016年以来，我市陆续出台了房地产去库存指导意见、棚户区改造货币化安置等一系列政策，有效需求被逐步激活。同时，大力推行简政放权，在减轻企业负担的同时，不断提升服务效能，优化投资环境，叠加销售利好等因素影响，企业开发意愿不断提高。二是引导企业顺应市场需求，提升营销效果和服务质量。近年来，随着“功能区带动型”城镇化战略的深入实施，我市城镇化率不断提高，积累了大量的住房有效需求。同时,借势市场"倒逼"效应,引导企业积极调整营销策略,通过采取改进物业服务、适当让利、运用"互联网+"等方式,加快库存商品房的销售进度。三是持续实施供给侧改革,加大棚户区的改造力度。推动共有产权住房保障制度改革,出台共有产权住房管理试行办法,有序引导普通商品房进入保障领域;统筹棚户区改造与房地产去库存、城市功能形象提升等工作,大力推行货币化安置方式,进一步扩大房地产市场需求。

(三)去杠杆方面

一是加快推进区域性基金管理中心建设。2017 年以来,我市把区域性基金管理中心建设作为全市金融工作的重要引领,通过完善各类配套措施,实现了各类基金和管理机构的有效聚集。截至目前,全市共设立和引进各类基金及基金管理机构 222 家,基金总规模达 1030.9 亿元。二是不断提升金融服务的能力和水平。2017 年以来,在全市范围内开展了金融机构负责人"进企业,走项目,访创业园区"活动,累计授信总额达到 675.15 亿元,实现贷款余额 270.47 亿元。积极推进金融支持实体经济银企合作"网上行"活动,累计融资需求金额 193.9 亿元。不断壮大政府性融资担保机构的实力,由市财金投资公司以非公开协议方式增资 5 亿元,市再担保公司注册资本将增加至 10 亿元。引导银行机构不断加大对小微企业的支持,截至 5 月末,全市小微企业贷款余额 1515 亿元,同比增长 10.42%,高于全部贷款增速 4.36 个百分点,贷款户数较去年同期增加 835 户,申贷获得率同比提高 2.78 个百分点。三是切实增强金融风险的防控能力。出台了《烟台市地方金融风险防范处置工作联席会议制度》和《烟台市非法集资案件举报奖励办法》,进一步强化金融风险监测预警和应急处置能力。自 4 月末开始,在全市范围内开展地方金融风险排查工作,重点排查企业担保圈风险和投资理财机构风险,共筛选出 187 家重点担保圈核心企业、110 家发生欠款欠息高风险企业和 3942 家投资理财机构名单。

(四)补短板方面

一是大力实施创新驱动行动计划。出台《烟台市加快实施创新驱动发展战略行动计划(2016—2020 年)》,提出了 5 大类 29 条政策措施,每一条政策措施又进行了细化量化,列出了实实在在的目标和支持政策。现拥有高新技术企业 370 家,规模以上高新技术企业产值突破 7000 亿元,占规模以上工业企业总产值的比重达到 41.9%,涌现出一批在国内甚至世界同行业中技术领先的企业。万华集团在"国家创新型百强企业"中位列华为之后,排名第 3 位,累计申请国内外发明专利 460 余件,完成 100 余项重大科技成果转化,实现几十个系列 700

多种新产品产业化，获得国家科技进步和技术发明奖7次，其主导产品之一的MDI产能达到230万吨，成为全球规模最大、技术领先的MDI制造商。中惠创智无线供电公司于2015年夺得第四届中国创新创业大赛先进制造行业总决赛冠军，2016年又夺得国际新能源及智能汽车大赛二等奖。烟台高新区作为6个核心载体之一入列山东半岛国家自主创新示范区。正海生物、万华节能科技等5个项目被认定为省工程实验室，新增国家级科技企业孵化器4家，总数达到8家，3个项目获国家科技奖，15个项目获省级科技奖，居全省第2位。同时，千方百计引进新型研发机构，北科大烟台研究院、国家级烟台核电研发中心、与乌克兰合作的中集巴顿焊接技术研究中心投入运营，中科院上海药物研究所烟台分所加快建设，山东省微纳卫星技术创新中心、电子科大(烟台)光电研究院、中国矿业大学非晶材料研究院、天津工业大学无线供电研究院等一批研发平台正在加快推进。二是加大人才引进、培育的力度。出台了《烟台市高层次人才配套服务办法》，为引进的高端人才(团队)办理发放“烟台优才卡”，由政府部门指定专门人员为持卡人提供“一站式”服务。目前，全市拥有驻烟两院院士3人、协议合作院士58人、千人计划专家92人、泰山学者和泰山产业领军人才120人。全市累计获得国家科技奖励22项，是全国唯一获得4项国家科技进步一等奖的地级市。打造了中集海工研究院、现代汽车研发中心等在国内甚至国际一流的创新平台，培育了一批“隐形冠军”企业，有57种产品在国内行业排第1位，95种产品排在前5位，一些创新型企业开始从“跟跑”到“并跑”甚至向“领跑”进军。三是更加紧密地联系服务企业。出台《关于实行市领导联系重点企业制度的意见》，围绕农业产业化龙头企业、规模以上工业重点企业和服务业重点企业三个层面，实行每名市级领导干部联系3户企业制度，同时安排市直部门和企业所在县(市、区)进行配套服务、协助联系工作；出台了《关于完善市政府领导联系企业制度的意见》，将每名市政府领导联系企业数量扩大至7户，帮助企业解决发展中遇到的融资、用工、用地等难题。

四、振兴实体经济方面的难点和下一步工作建议

(一)难点和问题

通过与我市部分企业家交流，目前实体经济发展主要存在以下几方面问题：一是实体经济运行成本过高。资源成本、融资成本、制度交易成本、税费成本、劳动力成本等，是企业运行成本居高不下的主要方面。二是资金“脱实向虚”趋势愈发明显。尽管国家出台一系列政策，从政策引导、制度设计等方面积

极主动地引导资金向实体经济转移，向实体经济倾斜，但是资金仍然在不断地向房地产、资本市场、互联网、体育、娱乐等非实体经济领域转移。三是传统产业转型升级难的问题依然存在。许多企业更多地还是依靠劳动力、资金等粗放式投入，技术创新投入不足，在企业管理、经营模式等方面无法适应现代企业发展的需要，致使一些企业仍然停留在“世界工厂”阶段。

(二)下一步工作建议

一是强化产业用地保障。对鼓励发展的产业和项目实行专项用地保障，在提倡土地集约使用的基础上，为重大项目合理预留发展空间。探索实施土地使用权作价入股制度。在国家相关政策的规范下，对决定产业用地地价的各种影响因素及权重进行优化调整，合理确定产业用地的出让底价，降低产业项目的土地成本。对先进制造业、战略性新兴产业、现代服务业、现代农业、高新技术等领域新设或增资项目的出让土地，适度降低出让底价。二是加大金融扶持力度。鼓励创设产业引导基金、政府引导基金及专业子基金，对通过基金市场化筛选的重点产业项目，优先给予股权投入支持。重点产业项目投资方发起设立的产业基金，可申请政府引导基金给予注资支持。对通过市场化筛选的重点产业项目，政府性担保平台优先提供担保融资服务。降低企业融资成本，对重点产业项目获得的银行贷款，由政府给予适当补贴。三是适当放宽招商引资政策制定权限。允许各省级以上经济(技术)开发区根据自身产业特点和优势，制定相应的产业招商政策，不断培育壮大产业集群，加快实体经济发展。四是深入推进“放、管、服”改革。着重以清单管理推动减政放权，完善事中事后监管制度，大力实行“互联网＋政务服务”，清费降费，继续清理各类行政事业性收费、政府性基金，降低各类中介评估费用、各类交易成本和生产经营成本，把企业负担真正降下来，促进实体经济企业轻装上阵。

五、深化供给侧改革的政策建议

(一)加快重点领域改革举措落地

在全面深化各领域改革的同时，结合供给侧改革任务，重点实施一批有牵一发而动全身效果的关键性改革。比如，降成本方面，减税降费和社保费用涉及稳定财政收支和保障职工权益等多个方面，对地方来说更是空间有限。通过电力体制改革降低企业用电成本，是一项非常有效的举措。据调查，目前企业发电成本约为 0.27 元/千瓦时，上网电价约为 0.37 元/千瓦时，大工业用电

0.45元/千瓦时左右，一般工商业用电0.75元/千瓦时左右，企业普遍反映用电成本过高，有的企业工业用电费用占工业利润的55%左右。建议着力加快电力体制改革步伐，按照管住中间、放开两头的体制架构，有序放开输配以外的竞争性电价，扩大企业直供电范围，允许大型商业用户参与直接交易市场，引入售电公司参与售电市场，通过充分竞争，促进企业用电价格下降。

（二）加大金融扶持实体经济的力度

近年来，国家连续几次降准降息，并出台多项措施加大金融投放，总体来看，流动性是相对充裕的。但许多基层企业反映，在当前市场需求较为低迷的背景下，部分金融机构为规避风险对中小企业采取增加担保、先还后贷、票据贴现等，对出现一定困难的企业停贷，甚至抽贷，企业融资难、融资贵问题仍不同程度地存在。建议抓紧出台措施促进资本回流实体经济，真正为实体经济发展输血助力，为实体经济发展创造良好的金融生态环境。

（三）促进民营经济健康发展

党中央已经出台多项鼓励民营经济发展的政策措施，但有部分企业反映，由于政策不够配套、不够细化等，基层未能很好地贯彻执行。比如，针对同一行业的两家企业，一些金融机构对财务状况一般的国有企业授信评级为一级，对财务状况较好的民营企业评价最好也只能为二级；重大项目准入方面，“玻璃门”“弹簧门”问题在个别领域仍然存在，一定程度上影响了企业发展。建议加大非公有制企业供给端的改革，重点围绕项目核准、融资服务、财税政策、土地使用等方面，推动各项政策真正落地，为民营经济发展营造良好的环境和提供更多机会。

（烟台市发展和改革委员会　完成时间：2017年6月）

潍坊市新技术、新产业、新模式发展情况调研报告

在新一轮技术革命和产业革命交融对接的背景下，以智能化、高端化、绿色化、数字化、信息化发展为引领，带动了新技术、新产业、新模式发展，推动了产业转型升级，成为发展新动能。近年来，潍坊市委、市政府高度重视“三新”发展，强化政策措施，集中要素支持，增强持续增长动力。潍坊市发改委对全市“三新”发展进行了专题调研，结合先进经验，提出了对策建议。

一、新技术、新产业、新模式发展现状

目前，潍坊市初步形成了 14 种新兴产业、200 余家代表企业，显现出了良好的发展势头，有望成为引领潍坊未来发展的中坚力量。

(一)智能化带动 3D 打印、工业机器人、智能制造等新产业发展

3D 打印开始破题。潍坊市在全省率先成立 3D 打印技术创新中心，组建 3D 打印暨先进制造产业技术创新战略联盟，整合潍柴动力、福田模具等 20 家重点 3D 打印技术研发、生产和应用企业及 7 家高校和科研机构等资源。工业机器人初具规模。潍坊市工业机器人发展具备了一定优势，以迈赫机器人、帅克机械、西水机器人为骨干，集聚了一批“本体”和“功能部件”制造企业、系统集成商，初步形成了从机器人研发、生产到应用的完整产业链。智能制造大范围推广应用，如：潍柴动力广泛采用工业机器人、数字加工中心、自动化成套生产线等智能装备；歌尔声学应用自主研制的具有特定性能的柔性自动化生产线；北汽福田多功能汽车厂大规模应用喷涂机器人和焊接机器人，基本实现生产线的自动化控制；晨鸣纸业主要生产环节之间的搬运、切分、打包、仓储等全面实现自动化。

(二)高端化带动总集成、总承包及新材料、通用航空等新产业发展

总集成、总承包提升企业的盈利能力。世纪阳光纸业由单纯造纸、卖原纸的发展模式向提供“绿色包装整体解决方案”转型;福田雷沃重工与3000多家企业在采购、物流、营销等方面开展业务协同,提高运行效率30%以上。其中,新材料产业集群式发展,主要集中在生物基材料、高分子材料、金属材料、防水材料、超纤材料、石墨烯材料6个领域。依托生物基材料产业集聚区,初步培植了聚乳酸(PLA)、聚丁二酸丁二酯(PBS)、生物基纤维素纤维、生物基材料助剂、海洋生物基纤维5条产业链;建成了全国最大的防水材料生产基地,防水材料产量占全国的1/3。通用航空产业刚刚起步,在小型飞机、无人机、直升机制造总装以及零部件制造、通航培训等方面都取得了一定进展。

(三)绿色化带动新能源汽车、节能环保、新能源装备等新产业发展

新能源汽车产业链条较为完备。潍坊市被列为全省新能源汽车试点市,电动汽车整车研发、动力电池及其管理系统等关键零部件方面发展较快,电动载货、专用整车生产处于国内先进水平,动力电池居国内领先地位。2015年,全市新能源汽车产量达到5.5万辆,新能源汽车产业实现主营业务收入80亿元。节能环保产业发展迅速。2015年,潍坊市节能环保产业实现主营业务收入突破600亿元,节能环保企业达到200余家。新能源装备实现突破发展。瑞其能公司在风力发电领域、科灵空调在海洋温差能发电领域、山起重工在海洋潮流能发电领域,均实现了关键技术突破。

(四)数字化带动大数据、卫星导航等新产业发展

大数据应用范围较广,成立了潍坊大数据应用产业联盟。2015年,全市互联网普及率达到73.4%,互联网出口宽带超过1200G,信息基础设施综合服务水平居全省前三位。与中科曙光开展战略合作,建立了中科曙光(潍坊)大数据中心,打造区域性云计算大数据领军企业、电子政务数据处理中心和创业型企业孵化基地。卫星导航产业前景广阔。潍坊市是全省唯一被国家发改委批复的北斗卫星导航产业重大应用示范发展专项城市,山东测绘地理信息产业园已聚集骨干企业和科研院所72家,地理信息产业集群式、集团型、集约化发展模式逐步形成。

(五)信息化带动电子商务、智慧物流、智能穿戴等新产业发展

电子商务亮点纷呈。潍坊市是国家电子商务示范城市,2015年,全市电子

商务交易额突破2000亿元，各类电商企业发展到2万余家，各类网络商铺有4万家，已建、在建电商产业园区达到70个。智慧物流应用广泛，建成运营山东田润公共物流信息平台、豪德物流信息平台等公共物流信息系统。由远成集团投资建设潍坊国际智慧物流城项目，与平安银行合作，形成“互联网＋物流＋金融”模式。2015年，潍坊市快递业务量1.44亿件，同比增长117.9％；农产品物流总额达到795亿元，居全省第1位。智能穿戴市场潜力巨大。歌尔声学已成为消费类虚拟现实领域的全球顶级产品供应商，整机产品之零件自制率最高可达30％～40％，2016年VR产品销售额突破50亿元；生产研发的智能穿戴头盔、虚拟现实技术全球领先；微型麦克风、蓝牙耳机等产品的市场占有率居全球第1位。

二、存在问题和不足

（一）科技投入力度不够大

2015年，潍坊市研发投入强度为2.5％，与北京、上海等发达地区存在较大差距，在山东省内仅居第5位。企业创新能力不足，部分企业产品仍以中低端为主，缺乏关键技术，缺少自主知识产权和自主品牌，处于产业链低端。科技研发平台较少，企业投资回报压力较大，研发投入不足。如机械装备行业，全行业研发经费占销售收入的比重不到2％，与发达国家平均5％以上的投入比重存在较大差距。

（二）创新型人才不够多

人才缺乏是实施创新驱动发展的共性问题，也是最大的瓶颈。受区位条件等方面因素影响，高层次人才缺乏且引才、留才难度大。目前，全市拥有国家“千人计划”专家47名、省泰山学者79名、市高层次创新创业人才114名、硕士学位以上高层次人才2.33万名。现有人才结构、分布不合理问题比较突出：政府机关、高校院所人才多，企业人才少；研究型人才多，创新型人才少；培养的人才多，留下的人才少；尤其是具有国际水准的高端人才、带动产业发展的创业人才、引领产业发展的领军型人才缺乏。

（三）创新创业活力不够足

中小企业创新活力不够足。潍坊市中小企业缺乏拥有自主知识产权的核心技术，主要以技术引进和集成创新为主，加大了企业的商业成本，容易形成对外技术依赖和产业空心化。大企业创新动力不足。潍坊市规模以上工业企业以劳动和资本密集型为主，中间产品、原材料性行业居多，高新技术、高附加值行业较少，产业链条延伸较长行业不足。创新创业的文化氛围不够浓厚。

（四）创新创业环境不够优

潍坊市科技服务业、金融服务业不够完善，服务业发展有待提升。2015 年，潍坊市服务业增加值占地区生产总值的比重为 43%，低于全国、全省 7.5 个和 2.3 个百分点，传统服务行业增加值占全部服务业增加值的比重为 43.7%，仍然存在附加值低、科技含量不高、竞争力较弱等问题。而金融保险、科技研究和开发、信息服务等服务业增加值占全部服务业增加值的比重为 36.3%，距离成为服务业的支柱产业还有较大距离。

（五）政策配套服务不够及时

机关工作人员对新经济认识不够，政府购买、行业优惠政策等扶持手段局限于现有行业目录和传统领域，对具有多方面特性的企业缺少针对性的分类管理和扶持，导致新经济企业无法享受到相关政策优惠。诚信体系建设有待加强，政府信息资源开放共享的程度还较有限，各种征信信息又分散在多个部门，难以整合利用。

三、先进地区的经验与做法

一是注重规划引领。2014 年，广州市召开全市产业转型升级大会，出台《广州市加快新业态发展三年行动方案》及《关于促进广州市服务业新业态发展的若干措施》，提出到 2016 年，初步建成珠三角新业态发展集聚区、华南地区新兴产业集成创新中心。上海市在“十三五”规划中提出，促进互联网与经济社会融合发展、现代服务业与先进制造业融合发展，大力培育新技术、新业态、新模式、新产业经济，创建国家“四新”经济实践区。深圳市制定了全国首部国家创新型城市总体规划和促进科技创新的地方性法规。

二是注重政策推动。上海市发布 2015 年“四新”经济发展绿皮书，出台《关于加快建设具有全球影响力的科技创新中心的意见》《上海市推进“互联网＋”行动实施意见》及智能制造和大数据发展实施意见等，引导发展“四新”经济。天津市着力促进制造业整体实现转型升级，实施“10＋3＋8＋2”方案，培育 10 个国内领先的高端产业。广州市抓住开展国家服务业综合改革试点的有利机遇，明确了健康服务业、互联网金融服务业等 10 大重点领域，逐个出台培育意见；出台《关于进一步加快产业转型升级抢占经济制高点的指导意见》及《关于进一步加快广州总部经济发展的若干措施》，推动产业向价值链高端发展；实施《广州市战略性主导产业发展资金管理暂行办法》《广州市战略性新兴产业创投引导资金参股创业投资基金管理暂行办法》《广州市战略性主导产业直投资金投资管理暂行办法》，引导撬动更多社会资本投向战略性新兴产业。深圳市出台了关于支持企业提升竞争力的若干措施，鼓励企业加大技术改造力度、建设技术和产品创新载体，发展“设计＋品牌”“设计＋科技”“设计＋文化”等新业态，提升高端综合设计服务能力，推动工业设计向价值链高端环节延伸。

三是注重园区集聚。上海市推进智能制造，打造“众创空间”，以工业区创新、升级、改造、转型、联动“五大工程”为重点，聚焦全生产要素、全生命周期、全产业链、全价值链、全所有制，按照产城融合、二三产业融合、工业化和信息化融合、信息化与城市化融合的“四个融合”发展要求，积极打造上海产业园区“创新版”。2015 年，首次批复 50 家“四新”经济创新基地试点名单，涉及 30 多个领域。天津市按照“1＋1＋1＋N”产业发展模式，由单一引进项目向构建现代产业集群转变，突出发展高端装备制造六大产业集群，着力引进科技含量高、投资强度高、项目产出高、税收贡献高和产业带动能力强的“四高一强”项目，推动装备制造向高端化、集群化、服务化、智能化发展。武汉市围绕产业链部署创新链，依托园区培育和引进更多高新技术企业，武汉未来科技城、光谷生物城等特色园区产业集聚规模不断扩大，推动了集成电路、新能源汽车、工业机器人、大数据、北斗导航等新兴产业，成为“万亿倍增”的重要支撑。

四是注重环境营造。天津市着力打造全国领先的研发转化平台，建成 5 家具有国际影响力的产业技术研究院，同时鼓励大院大所和企业联合建立工程中心、产业转化基地，还建立起涵盖研发、设计、制造、物流、管理、营销、服务整个过程的工业大数据中心。筹集 30 亿元财政专项资金，鼓励企业通过融资租赁方式加快装备改造升级。上海市积极拓展“四新”增长空间，建设“四新”高技能人才实训基地，2015 年打造了网络视听、集成电路等 8 家基地，2016 年继续创建车联网、机器人、卫星导航等 12 家基地，试点推广“四新”服务券，支持建有区级企业技术中心的中小企业与高等院校开展产学研合作，探索从“返税”转向“返服务”。东莞市为引导传统制造业向价值链高端攀升，以实施“机器换人”为抓手，大力开展工业技术改造。每年安排 20 亿元的“科技东莞”资金和 10 亿元的“人才东莞”资金，大力引进创新资源，人才总量 5 年增加 22 万人。目前，已有 986 家国家高新技术企业、6 家国家级科技企业孵化器，全市发明专利授权量比 2014 年增加七成多，打造出了经济“新引擎”。

五是注重机制创新。上海市创建国家“四新”经济实践区，通过“产业基地＋产业基金＋产业联盟＋产业人才基地”模式，打造自然天成的产业生态系统，建立产业结构调整、“四新”经济、园区转型、节能减排、生态建设、众创空间的“四新经济六联动”工作机制。东莞市建立技术创新市场导向机制，让企业“唱主角”，加快提升企业的创新能力，全市研发投入增幅连续3年居全省前三位，科技对经济增长的贡献率超过55%，一大批创新型企业加快成长。天津市着力打好聚集大项目、好项目及打造科技型小巨人“升级版”、发展楼宇经济、推进万企转型、开展“一助两促”、降低实体企业成本、开展绿色制造示范工程、深化“十个一”改革等8个“组合拳”。苏州市着力打造国际化、法治化、便利化的创新环境，苏州工业园区成为全国首个开展开放创新综合试验区域。

四、对策与建议

(一)持续加大科技创新的力度

潍坊市“十三五”规划提出，发挥科技创新的引领作用，建设创新型城市和区域性创新中心。加快高新区国家级自主创新示范区建设，积极开展科技体制改革和机制创新，在股权激励、新型研发机构发展、军民深度融合、校企地协同创新、科技成果转移转化等方面进行探索。建设一批创新平台，加快潍柴中速柴油机研发创新平台、潍坊光电技术研究院、福田汽车研究院、帅克机器人研究院等重大研发平台建设。培育创新型产业集群，积极推动以上下游企业分工协作、品牌企业为主导、专业市场为导向的新业态集群建设，推进电声器件、动力机械、半导体照明、创新药物孵化、新型防水材料等一批国家火炬计划特色产业基地建设。借鉴上海经验，建立“产业互联网＋产业基地＋产业人才＋产业基金＋产业金融＋产业联盟”六位一体的创新体系。

(二)持续加大人才引进的力度

强化高端人才培养、引进工程。继续实施国家和潍坊市各类人才引进、培养计划，实施鸢都学者培养工程，壮大领军人才、高端人才队伍。强化海外人才引进工程，实施海内外柔性引智工程和博士、硕士集聚工程，鼓励企业采取兼职聘用、联合攻关、项目合作等方式，引进高层次人才和团队。强化技能人才培养工程，借鉴天津市建立职业技能公共实训中心的做法，购进与当地产业相符合的生产型先进设备，开展“百万技能人才福利培训计划”，计划用3年时间培训120万技能人才。加大高级技能人才培养的力度，支持潍坊学院、潍坊医学院及市内高等职业院校增设工业机器人、3D打印等“三新”领域的专业课程，同时利用创业大学等创业就业培训基地，加大新技术工人的培育力度。

（三）持续加大重点培育的力度

对筛选出的17家国际领先、29家国内领先的企业，组成专家团队进行专项评估，对专家团队认定的企业全要素进行保障，力争用3～5年时间再培育出一批像歌尔、盛瑞、豪迈那样的知名企业。实施“科技小巨人成长计划”。借鉴天津市“科技小巨人成长计划”的成功经验，制定纳入“科技小巨人”培育的标准、政策扶持等配套文件，培育一批具有创新创造活力、掌握核心技术的“隐形冠军”。构建新业态产业链。各企业制定对标合作计划，建立招商目标库，借助各类招商平台，重点围绕产业链条上下游延伸，引进一批带动力强、辐射面广的大项目、好项目。

（四）持续加大机制创新的力度

创新投融资体制，支持建立多种形式的新产业、新业态风险投资基金，对具有良好发展前景和创新性产品技术的企业给予重点扶持；积极探索新型资产融资抵押方式，鼓励金融机构采取无形资产和动产质押融资方式，扩大企业贷款抵质押品范围，开展知识产权质押融资。加大对企业发展引导、扶持的资金力度，加大市场化配置资源的力度。落实好《关于深化改革精准施策促进企业转型发展的实施意见》，促进企业转型升级，培育新的发展动能；继续执行好《现代产业重点项目建设竞争性用地管理暂行办法》《潍坊市按行业环保先进标准管理重大项目暂行办法》，全要素保障“三新”重点项目和企业发展，建立服务“三新”企业的绿色通道，实施企业和项目问题协商解决机制，及时协调解决“三新”重点项目和企业的困难与问题。

（五）持续加大环境优化的力度

建立“小政府、大市场”的行政治理框架，形成服务型政府的管理模式。放宽行政审批，完善各类法规制度，鼓励创新并保障、维护公平竞争的市场环境。大力鼓励创业，发掘创新人才，激发创业热情，为创业者提供公司注册、办公场地、贷款贴息、税收优惠等扶持政策及相关配套服务，促进“三新”发展。

（潍坊市发展和改革委员会　完成时间：2016年10月）

关于济宁市新旧动能转换的研究报告

实施新旧动能转换重大工程，建设泛济青烟新旧动能转换综合试验区，是山东省委、省政府贯彻中央对山东工作指示精神作出的一项重大决策，对济宁既是千载难逢的重大机遇，也是承载850万人民发展希望的重大责任。按照全省统一部署，我市围绕“全面建成小康，全面转型振兴”的中心任务，聚焦推进新技术、新产业、新业态、新模式，实现产业智慧化、智慧产业化、跨界融合化、品牌高端化，开展了10项跨部门、跨领域的重大专题调研，形成济宁市新旧动能转换的研究报告。

一、背景研究

(一)现实背景

当今世界，新一轮科技革命和产业变革呈现多领域、跨学科、群体性突破的新态势，正在向经济社会各领域广泛、深入渗透，与我国经济发展方式转变形成历史性交汇，成为新旧动能接续转换的大背景。

国际方面，全球经济复苏缓慢，培育新动能成为战略共识。国际货币基金组织预测，2017年全球经济增长3.4%，仅略高于2008年金融危机以来3.3%的均值。保护主义和逆全球化倾向抬头，世贸组织预计2017年全球贸易增速为1.8%～3.1%，处于金融危机以来的低点。主要经济体宏观政策继续分化、深度调整、低速增长，大规模跨境资本流动、地缘政治变化和“黑天鹅”事件等都可能对世界经济运行带来负面干扰。在这种情况下，主要国家纷纷把创新作为制胜法宝，围绕培育、壮大新动能制定战略计划，德国工业4.0、美国2015版国家创新战略、欧洲分享经济指南等都是通过制度创新来适应技术创新的发展。我国作为世界第一大出口国，是过去一轮经济全球化的最大受益者，未来可能首当其冲，成为逆全球化趋势最大的受害者。2015年，中国对美国的贸易逆差为3470亿美元，占美国贸易逆差总额的69%。在这种情况下，最核心的是要练好内功，深入实施创新驱动战略，真正使创新成为引领发展的第一动力。

国内方面，宏观调控精准发力，政策组合效应逐步释放。我国经济周期正从长达6年的衰退期迈向小周期复苏，呈现出了企稳回升的良好格局。2016年，国内生产总值增长6.7%，2017年一季度增长6.9%，创近六个季度新高，稳、进、好的力度都在加强加大，为加快新旧动能转换赢得了空间。全国经济韧性好、潜力足、回旋余地大的基本特征没有变，投资、消费、进出口等经济运行中的趋势性积极变化将进一步延续，经济运行企稳回升的态势更加明显，具有保持中高速增长、中高端发展的大格局。国家坚持在区间调控基础上完善定向调控和相机调控，更加注重发挥产业、区域、投资、消费、土地、环保等政策的组合效应，政策取向更具针对性，将有力地稳定经济持续健康发展的市场预期。国务院印发了《关于创新管理优化服务培育壮大经济发展新动能加快新旧动能接续转换的意见》，与创新驱动发展战略纲要、"中国制造2025"、"互联网＋"行动、大数据行动纲要等顶层设计紧密衔接，形成了自上而下支持新动能发展、加快新旧动能接续转换的政策体系。

省内方面，我省经济向工业化后期全面转换，新一轮崛起蓄势待发。2016年，全省人均GDP为10193美元，达到中高收入国家人均水平；产业结构调整为7.3∶45.4∶47.3，实现由"二三一"到"三二一"的历史性转变；城镇化率达到59%，向工业化后期阶段过渡的特征十分明显。2017年以来，全省经济在去年下半年以来企稳回升的基础上实现了新的发展，呈现出总体平稳、稳中有进、进中向好的态势。特别是新产业、新产品、新业态加快成长，成为推动经济发展的新生力量。省委、省政府立足全面落实好李克强总理考察山东时的重要讲话精神，提出了加快实施"新旧动能转换重大工程"的战略构想，作为全省统领经济发展的头号工程和突破性工作，战略规格之高、政策之实、力度之大前所未有，对开展山东区域战略布局、提升各市的战略地位具有重大影响。

（二）先进经验

新旧动能转换的基本含义是加快培育壮大新动能、改造提升传统动能，发展以新技术、新产业、新模式、新业态为代表的新经济。自2013年上海市在全国范围内率先提出"四新"经济概念以后，湖北、江西、重庆、广州、青岛等省市围绕新经济、新动能纷纷出台实施意见或行动方案，抢先打造新动能高地。由于新经济的覆盖面和内涵非常广泛，各地多是在不划定边界、不锁定内容、不固化模式的前提下，从自身的特色、优势出发探索培育"四新"经济的发展路径，主要包括以下几方面：

一是聚焦新技术，通过成果应用转化提高质量效益。强化竞争政策和产业政策对创新的引导作用，以技术创新带动产品服务创新，创造全新的市场价值，重点是传统产业技术改造、核心技术研发攻关、新兴技术孵化培育。例如，浙江省连续多年推进“四换三名”工程（腾笼换鸟、机器换人、空间换地、电商换市和名企、名品、名家），积极引导企业实施技术改造、设备更新，推动纺织、化工、建筑等传统行业向绿色纺织、精细化工、新型建筑等高端制造转型，破解过多依赖低端产业、低成本劳动力、资源要素消耗等结构性问题，为经济的转型升级和动力转换找到了可操作、可实施的抓手和路径。淄博市依托产业技术创新联盟实施科技重大专项和技术攻关，每年用1亿元引导资金带动企业科研投入150亿元以上，吸引300多家企业参与其中，有力推动了新材料、医药、节能环保等新兴产业链的转型升级。青岛市聚焦科技型中小企业发展，在国内首创专利质押贷款保证保险模式和创业孵化与投资基金，制定了八个方面的配套政策，“创业青岛千帆启航工程”列入科技部“创业中国”五个示范工程之一。

二是聚焦新产业，通过产业集聚形成规模优势。积极发展以新市场需求为依托、引发产业体系重大变革的新产业，重点是信息经济、战略性新兴产业和现代服务业。贵阳市借助能源、网络基础设施优势，以政府数据为突破口，建成了全国首个大数据交易所，成立贵阳云计算大数据产业创业投资基金，组织实施强基工程、筑云工程、智端工程和掘金工程等大数据产业工程，集聚了谷歌、微软等全球著名企业和货车帮、朗玛信息等本土“黑马”，大数据产业规模突破1302亿元，年均增长20%以上。苏州市在全国率先将纳米技术应用产业作为区域战略性新兴产业，先后建成生物纳米园、纳米大学科技园、苏州纳米城等一批创新载体，经过“十年磨一剑”的培育积累，纳米产业的总产值达到360亿元，已成为全世界八个纳米产业集聚区之一。宁波市着力打造“会思考的供应链”，建立了智慧物流公共平台及八个应用平台，梅山保税物流园区、北仑集运基地、宁波空港物流中心成为全国重要的物流节点，自动分拣、智能通关等技术处于全国领先地位，为本地企业节省了大量货运成本。

三是聚焦新模式，通过机制创新激发内生动力。把握互联网时代对产业分工和企业组织方式变革的新要求，推动企业从价值传递环节向价值创造环节渗透，重点是以电商为主的商业模式创新、以协同制造为主的生产模式创新和以需求为导向的企业管理模式创新。例如，杭州市作为全国首个跨境电商综合试验区，依托阿里巴巴、亚马逊等全球平台共建跨境电商生态圈，两年来招引跨境电商企业885家、上线企业6000家，2016年跨境电商出口60.6亿美元，拉动外贸出口15.2个百分点，跨境电商已成为杭州传统制造和外贸企业推动全球资源配置、开展转型升级的必选项。北京市作为国内首批工业云创新服务试点，搭建了“1+N”工业云服务平台，为企业提供设计、制造、营销等产品创新全流程所需的多种工具和服务，有效解决了企业研发创新以及产品生产过程中遇到的信息化成本高、研发效率低下、产品设计周期较长等问题。青岛海尔集团2005年首创“人单合一”管理模式，在取消中间管理层的基础上衍生出“创客所有制”激励机制，形成以企业为平台、以上千个小微单元为主体的创新创业生态，以企业微观组织形式的变革实现了从传统经济向互联网经济的“换道超车”。

四是聚焦新业态，通过业态融合催生新增长点。把握消费需求分化、细化、个性化等新变化，在市场驱动中催生新业态，重点是“制造+服务”的智能制造、“技术+资本”的科技金融、“文化+创意”的文化产业。泉州市在全国率先实施“数控一代”示范工程，省市联合出资2.1亿元支持国产数控系统、工业机器人及系统集成等技术研发，数控设备在机械、纺织、建材等领域广泛应用，并培育了一批为行业提供信息化整体解决方案的服务型企业。深圳市加快科技金融试点城市建设，推动科技创新与金融创新深度融合，设立2亿元的创客专项资金，出台促进股权投资基金发展的若干规定，中小板、创业板上市企业连续9年居全国大中城市首位，实现了科技创新与金融创新对经济发展的“双轮驱动”。长沙市规划建设“一江两岸”文化走廊，打造了多个现代文化产业园区，促进文化产业规模化、集约化、专业化发展，其中天心文化产业园拥有国家级文化产业示范园、长沙(国家)广告产业园、中南国家数字出版基地等多个国家级称号，集聚了各类文化企业800多家，文化产业的生产总值达到200亿元规模。

(三)思考与启示

新动能以技术创新为引领，以新技术、新产业、新业态、新模式为核心，以知识、技术、信息、数据等新生产要素为支撑，具有技术更迭快、业态多元化、产业融合化、组织网络化、发展个性化、要素成果分享化等新特征。培育壮大新动能、加快新旧动能接续转换是一个循序渐进的过程，必须主动适应新动能的发展规律，提高政府服务的科学化、便利化、灵活化水平。

一是必须坚持增量崛起和存量变革并举。新旧动能转换不是以新产业代替旧产业，而是基础广泛的全面升级，既要培育前景广阔的新兴产业，也要注重工业原生动力的改造提升，通过化解、淘汰过剩、落后产能，改造、提升传统产业，推动产业向更高技术水平、更高生产率和更高附加值迈进，实现“老树发新枝”，促进社会生产力的整体跃升。

二是必须抓好供给侧结构性改革主线，提高全要素生产力。新旧动能转换是推进供给侧结构性改革的重要着力点，要将新生产要素的聚集和流动作为改革重点，推动人才、技术、数据等的合理流动，构建高素质创新人才更好地参与培育壮大新动能的体制机制，通过理顺供给侧机制，提高劳动生产率和全要素生产率，为新动能加速集聚创造条件。

三是必须加快制度创新的步伐，营造更加灵活的发展环境。新动能领域的企业多数处于初创期、发展期、市场开拓期，创新欲望强烈，经营方式多变，过去以扶优扶强为核心的政策导向和审批式、选择式的产业管理方式已经难以适应新动能培育发展的需要。要创新新旧动能转换的制度供给，提高政府服务新兴经济领域市场主体的快速响应水平，为新动能的培育壮大、传统动能的改造提升优化环境，厚植沃土。

二、现状研究

（一）基础与优势

近年来，我市主动探索资源型城市转型发展的路径，全面实施创新驱动发展战略，集聚优势资源推进转型升级，经济社会发展取得显著成效。2016 年，完成地区生产总值 4301.8 亿元，增长 8%，三次产业结构调整为 11.2：45.3：43.5，规模以上工业企业和服务业企业分别达 2624 家和 1374 家，形成了以先进制造业为支柱、以战略性新兴产业为引领、以现代服务业和新型农业为支撑的发展格局，为新旧动能转换奠定了坚实基础。

一是传统动能基础良好。我市传统产业经过多年发展积淀，已形成较完备的产业体系和集群化的发展格局，进入转型升级的机遇期。能源大市优势突出，是国家级大型煤炭生产基地，煤电、新能源装机容量分别达到 1028 万千瓦和 78.4 万千瓦，启动实施了国家级光伏领跑者示范基地工程。工业经济门类齐全，是全国煤化工、工程机械、专用汽车、生物技术、纺织新材料、光电应用等产业基地，制造业增加值、利税占工业的比重分别达到 71%和 65%。山东如意科技集团和兖矿集团跻身中国跨国公司 100 强，山东太阳纸业股份有限公司、华勤集团等 4 家企业位列中国企业 500 强，山东荣信煤化有限责任公司、山东齐鲁特钢有限公司等 5 家企业进入中国民营企业 500 强。服务业持续提质增效，增加值占比 43.5%，GDP 增长贡献率达到 57.2%，服务外包、现代物流、金融保险等产业增长较快。新型高效农业增势良好，现分别拥有国家级、省级农业科技园区 2 家、9 家，规模以上农业龙头企业 979 家，农村电商经营主体 552 家。

二是新兴动能加快集聚。以创新为主要特征的新经济的比重不断提高，对经济增长的贡献作用逐步显现。(1)新产业快速崛起。信息产业企业达 651 家，主营业务收入 583 亿元，连续三年增长 20%以上，是国家首批信息消费试点市和省级信息技术产业基地。规模以上文化企业达407家,居全省第2位,旅游消费总额突破600亿元。生物医药、新能源、新材料等新兴产业加速成长,国家级高新技术企业达到277家,高新技术产业占比达到28.9%。(2)新技术促进效益提升。全市拥有机器人企业超过100家,总量达到500余台,处于国际、国内领先地位的企业超过70家,部分产品填补了国内空白,石墨烯、生物酶制剂、光纤传感等科技专项实现产业化。(3)新业态催动产业融合。全市有电商企业121家、园区20个,2016年电子商务交易额达1290亿元,增长30%,位列全国电子商务百强。(4)新模式助力协同创新。济宁高新区工业云创新服务试点、如意"互联网+智能制造+个性化定制"等新型研发管理模式蓬勃涌现,释放了企业的内生动力。

三是创新能力不断增强。国家创新型试点城市加快建设,科技研发水平显著提升。高水平引进中科院计算所济宁分所、山东省科学院济宁分院、济宁中科先进技术研究院等一批高端平台,成立山东省创新设计研究院。拥有国家工程技术研究中心1家、重点实验室3家、企业技术中心10家、工业设计中心1家,建成国家科技企业孵化器5家、省级科技企业孵化器9家,众创空间实现国家备案14家、省级备案35家。设立"一企一技术"研发中心86家、产业技术创新战略联盟38个、院士工作站19家,先后引进了"千人计划"专家33人、泰山学者42人。一批创新实力强、品牌质量优的标杆企业脱颖而出,如如意集团荣获第四届中国工业大奖、中国优秀工业设计金奖,联诚集团中标国家工业强基工程,泰丰液压、山推股份入围全国首批制造业单项冠军示范企业,济宁高新区荣获"中国产学研合作示范基地"称号。全市现有中国名牌产品7个、国家地理标志保护产品7个、中华老字号3个、中国驰名商标42件、国家地理标志证明商标86件,兖州煤业入选全国工业品牌培育示范企业,梁山专用汽车入围全国产业集群区域品牌试点,2家企业荣获中国质量奖提名奖。

四是供给体系质效提升。供给侧结构性改革深入推进,"去降补"措施成效明显,要素重组释放市场主体的新活力。(1)去产能"断臂"求发展。钢材、水泥熟料产量分别下降16.4%、6.2%,原煤产量同比减少6.3%。(2)去库存腾出新空间。2016年完成房地产去库存1100万平方米,货币化安置率达到57%。产成品库存加速出清,煤炭、造纸、机械等10大行业的产成品存货同比减少6.4%。(3)去杠杆"造血"强动力。全市共有市级银行机构24家、证券公司分支机构23家、保险公司59家、小额贷款公司27家、融资性担保公司26家,金融组织体系逐步健全,拥有上市企业8家、新三板企业22家、齐鲁股权交易中心挂牌企业71家。2016年,实体经济新增贷款155.5亿元,发债融资30.8亿元。(4)降成本释放新活力。持续开展降本增效行动,2016年减轻企业税费61.1亿元、"五险一金"10.2亿元，企业贷款平均利率由5.25%降到5.02%，为企业减负约7亿元。

五是平台载体服务升级。特色产业和优质资源加快向重点园区平台集聚，规模化、集群化优势逐步形成。园区载体方面，济宁高新区跻身国家高新区经济总量30强，兖州工业园、邹城开发区位列全省前10强，14个省级开发区争先进位，一批区中园、专业园、特色园加快建设，成为新旧动能转换的试验田。产业集群方面，形成了兖州区农业机械、汶上县纺织服装等9个省级产业集群，济宁高新区工程机械被列入国家级新型工业化示范基地，汶上县被授予"中国休闲服装名城"，金乡县和泗水县被评为中国食品百强县。对外贸易方面，济宁综合保税区经省政府审批上报国务院10部委，青岛保税港区济宁(邹城)功能区规划创建保税物流中心通过省政府批复，金乡大蒜基地成功创建国家级外贸转型升级专业型示范基地。

六是城市建设扩容升级。城镇化追赶战略取得明显成效，城镇化率达到55.25%，位居国家二类大城市行列，新型城镇化提速驶入快车道。"精致济宁"带动产城融合，地下综合管廊、海绵城市、老旧小区改造、引水入城等工程顺利实施，城市功能有机更新加快推进。城乡一体化促进新型城镇崛起，获批省级新生小城市试点1个、重点示范镇3个、特色小镇4个，县域经济步入新一轮提升计划，初步形成优势互补、错位融合的发展格局。美丽乡村实现突破，建成31个美丽乡村示范片区，90%以上的村达到环境整洁村标准，被授予"中国人居环境范例奖"。重大交通布局加快落地，济宁新机场成功列入国家民航"十三五"规划，鲁南高铁即将开工，轨道交通线网规划通过省技术审查，云轨专线启动现场勘探，济徐高速竣工通车，跨湖高速、董梁高速开工建设，泗河全域综合开发快速推进，为未来经济转型升级提供有力保障。

(二)差距与短板

济宁作为一个典型的煤炭资源型城市，传统企业多、重化工企业多，长期发展过程中形成的投资热、研发冷，工业全、实力弱，二产大、三产小，人口多、人才少的问题比较突出，长期积累的结构性矛盾逐步显现，传统发展动能的支撑力量在消退，而新的发展优势尚未真正形成。从经济周期看，全市经济运行趋稳，增速下调换挡。济宁的经济增速自2005年开始呈现波浪式下行趋势，由17.8%逐步降低至2016年的8%，年均回落0.9个百分点，较全省增速领先的幅度从2.8个百分点下降到2016年的0.4个百分点。预计今后3～5年，经济运行轨迹会不断出现相对平稳中的小幅波动，长期看仍将持续处于"L"形的横杠阶段。从区域实力看，我市的竞争优势缩小，与先进市的差距逐步变大。2016年，GDP落后徐州1507亿元，落后潍坊1221亿元，比临沂的领先优势缩小至275亿元。规模以上工业企业的数量仅为临沂、潍坊的2/3左右，主营业务收入5516亿元，与徐州的1.4万亿元、潍坊的1.34万亿元、临沂的1.06万亿元存在较大差距。财政、投资、消费、进出口等指标增速放缓，中心城区首位度降低，新旧动能转换面临诸多挑战。

一是产业结构不尽合理。全市重工业增加值占全部工业的比重达到73%，化工、机械、汽车及零部件、橡胶、食品、纺织、造纸、冶金建材等八大传统主导行业的主营业务收入、利税、利润占比分别超过80%、60%和66%。制造业以生产加工型企业为主，处于产业链和价值链中低端，产业同质化竞争、重复建设、低水平扩张、资源浪费等问题还比较突出。信息产业、新能源、新材料、生物技术等新产业发展较快，但多数企业处在初创期、成长期，产业规模较小、占比偏低，规模企业带动周边配套产业的作用发挥不够。服务业增加值占地区生产总值的比重分别低于全国、全省8.1个和3.8个百分点，尚未成为推动经济发展的支柱力量。全市过剩产能化解任务艰巨，原有资源依赖型产业、产能和传统粗放的生产方式的出清还要经历一个过程，经济结构调整仍需经历相当一段时间的阵痛期。

二是需求动力逐步减弱。三驾马车的拉动作用下降，需求端潜力深挖不足。投资方面，全市投资对经济增长的贡献率高达80%，但是边际效益递减，投资效益系数由2011年的25.4%下降至2016年的8.8%。传统产业投资相对饱和，“四新”领域投资小而分散，有效投资增长主要依赖水利、城建等基础设施建设。2016年，全市固定资产投资3279亿元，增长13.4%，增速较2015年回落0.5个百分点。其中，基础设施投资增长37%，占比11.5%；高新技术产业投资增长27%，占比13.5%。消费方面，过去模仿型、排浪式的消费正在向个性化、多样化的消费转变，我市网络销售和城市综合体较少，批发零售、住宿餐饮行业发展不快，受消费业态互联网化和跨区域趋势冲击较大，短期内难以形成较大规模的消费热点。出口方面，我市GDP占全省的比重为6.4%，但进出口额占全省的比重仅有2.3%；经济外向度为8.3%，大大低于全省23.1%、全国32.7%的平均水平。在全球总需求不振的大背景下，出口对经济的拉动作用十分有限。

三是科技转化效率不高。引领经济实现周期更替的重大科技进步尚在积蓄中，新兴产业短时间内还不能代替传统产业，大量企业缺乏先进、适用的技术的引领与支撑。国家级研发平台、科技孵化器、众创空间数量较少，重大科技创新成果转化效率低，知识产权保护和产学研合作水平不高。2015年，全市R&D投入71.4亿元，居全省第8位，仅为青岛263.7亿元的1/4、济南133.1亿元和潍坊133.8亿元的一半，且2/3集中在前10名龙头企业，多数企业实际研发规模不大。在2016年全市1万多件专利申请中，最能代表技术创新的发明专利申请有2331件，占比20.5%，不到全省41.5%的一半，其中企业申请仅302件，更是屈指可数；发明专利授权量为527件，与青岛5170件、济南3913件、潍坊1348件存在倍数级差距。国家级高新技术企业仅占规模以上工业企业的10%左右，数量不及青岛的1/3、济南的1/2，高新技术产业的产值占比低于全省平均水平3.6个百分点，分别低于徐州、潍坊7.3个和3个百分点。

四是财税贡献能力不强。2016年，我市税收收入占财政收入的比重为67.3%，全省为73.3%，广东为77.9%，江苏为80.4%，浙江则高达85.6%。从2016年主要税源行业情况看，资源类税收规模大、占比高，明显呈现出"煤炭独大"的特征，但在资源价格下降时受影响也较大；工业创税能力偏弱，传统行业比重较大，价格低、利润薄，增值空间小，亟须从过去的劳动密集型、资金密集型、能源消耗型、基建扩张型向高科技、高附加值型转型。煤炭、电力、制造、房地产、建筑、金融、批发零售等7个行业贡献了全市80%以上的税收，其中煤炭行业和制造业占比超过1/3，房地产业和建筑业占比近30%；附加值较高的科学技术服务、软件信息、文化娱乐等新兴服务业完成税收2亿元，合计仅占全市的0.8%，仍处于培育成长期。

五是要素环境支撑不足。传统生产要素流动性不足，引领新动能发展的新要素供给薄弱，成为新旧动能转换的制约瓶颈。金融方面，银行信贷仍是我市企业融资的主渠道，风投、创投、天使基金等科技金融发育不足，难以适应新动能成本高、周期长、风险大的融资需求；部分财政资金参与的创投基金面临制度性障碍，财政资金的保值增值需要与创投基金的运作模式存在冲突。人才方面，我市区位、产业、待遇以及成长环境等方面的吸引力相对较弱，企业普遍面临招聘高素质人才难、引进高级管理人才难、留住实用技术人才难的困境。抽样调查显示，我市大型企业约80%存在高层次人才难引难留问题。信息方面，市场准入和数据开放不适应新动能发展的需求，特别是含金量较高的部门数据存在制度门槛，制约了大数据、分享经济等市场化发展。准入方面，我市以火电为主的能源结构带来较大的环境压力，节能减排、采煤塌陷地、水质安全等生态环保刚性约束趋紧，部分县（市、区）在土地指标、环境容量等方面存在制约因素。

三、目标研究

（一）发展定位

依靠资源起步、凭借转型跨越，是济宁经济发展最为突出的特点，也是谋划新旧动能转换最大的现实基础和优势。初步考虑，建议我市新旧动能转换的发展定位如下：以供给侧结构性改革为主线，以提高发展的质量效益为中心，着力推进“四新”“四化”，强化创新驱动、人才支撑和科技金融，统筹传统动能提升和新兴动能培育，加快产业、园区、平台和重大项目建设，建设全国资源型城市新旧动能转换示范市。一是在资源城市转型上做示范。探索煤炭等传统优势产业改造升级和延伸产业链的有效途径，培育壮大接续替代产业，加强生态环境保护和治理，保障和改善民生，走出一条产业升级、城矿融合、生态保护、民生改善“四位一体”的资源型城市转型发展之路。二是在产业融合发展上做示范。发挥新一代信息技术的渗透和贯通作用，构建以信息经济为主导的新型经济模式，推动物质资源、人才资源、信息资源紧密结合，加速产业联动和企业跨界，实现信息化，推动新型工业化、城镇化、农业现代化同步发展。三是在创新主体集聚上做示范。面向全国、面向世界汇聚创新创业人才，建立健全企业主导的产业技术研发机制，聚力打造技术和产业集聚平台，培育一批有核心竞争力的创新型领军企业、专精特新中小企业和创新集群，打造一批有影响力的战略性新兴产业集聚发展基地。四是在体制机制创新上做示范。深化“放管服”改革，打造政府审批事项最少、办事效率最高、发展服务最优的“三最”环境；创新科技金融、科技成果转化、公共管理服务等机制，弘扬创新创业文化，形成开放包容的创新创业环境。

（二）发展目标

制定我市新旧动能转换的发展目标，要坚持“世界眼光、国际标准、本土优势”，紧紧围绕济宁市第十三次党代会确立的“全面建成小康，全面转型振兴”的奋斗目标，衔接好“十三五”发展规划等顶层设计确定的各项指标，精心谋划，统筹安排。在认真对接全省泛济青烟新旧动能转换综合实验区总体方案、主动对标先进地区经济社会发展水平的基础上，建议我市新旧动能转换的发展目标是：力争到 2021 年，基本形成较为完备、竞争力强的“四新”经济产业体系，新旧动能实现平稳接续、协同发力；到 2030 年，新动能成为全市经济发展的主引擎，济宁成为全省新经济发展的重要集聚区。

一是新旧动能结构实现新调整。培育 1 个 2000 亿元级产业（能源化工），6 个千亿元级产业（装备制造、纺织服装、文化旅游、信息产业、新材料、食品），2 个 500 亿元级产业（新能源、生物医药），形成万亿元级产业规模和梯度推进的结构层级。全市服务业增加值占比超过 50%，高新技术产业产值占规模以上工业企业总产值的比重超过 36%，战略性新兴产业产值占规模以上工业企业总产值的比重超过 40%以上，制造业全员劳动生产率年均增长 8.5%以上。

二是科技创新成为第一驱动力。全社会研发支出占地区生产总值的比重达到2.3%以上，万人有效发明专利数达到4.2件，每年取得200项以上具有自主知识产权和重大开发前景的科技成果。全市院士工作站达到100家，科技进步贡献率达到60%以上，国家“千人计划”专家、“泰山学者”、泰山产业领军人才总数突破100名，引进1.2万名重点产业紧缺的专业技术人才，新增1.6万名具有技师以上资格的高技能人才。

三是企业核心竞争力大幅提升。关键技术产业化取得突破，自主高性能服务器、汽车混合动力系统、高端液压件、碳纤维、石墨烯、绿色尼龙、无人机、聚一3一羟基丙酸脂、机器人、煤制油、稀土等领域加速实现工业化、产业化，到2021年新产品占有率达到30%以上，形成面向未来的新增长点。成功创建全国质量强市示范城市，5年内培育10个国内知名领先品牌、100个行业重点自主品牌、1000个自主品牌，打造一批具有自主知识产权的著名品牌和特色鲜明的产业集群区域品牌。

四是形成宽松包容的发展环境。创新创业生态持续优化，科技体制改革取得突破，支持科技创新和产业发展的体制机制逐步完善，创新型人才“选得准、引得进、留得住、用得好”的环境更加健全，形成具有时代特征和济宁特色的良好的创新创业文化氛围。适应新经济发展要求的治理体系和模式更加完善，政府服务的响应速度和水平大幅提升，包容和支持创新发展的管理体系基本建立。

(三)发展原则

一是市场主导，政府服务。充分发挥市场在资源配置中的决定性作用，通过市场实现优胜劣汰，使企业真正成为新经济发展的主体。更好地发挥政府的作用，坚持主动服务、效率优先，进一步提升行政审批、政策支持、资源开放等方面服务的科学性、灵活性和针对性，减少直接干预，营造公平的竞争环境。

二是创新引领，激活要素。加快构建激发创新活力、推广创新成果、支持业态创新的体制机制，促进知识和智力资源尽快实现经济价值，努力建设创新型城市。把人才作为第一资源，更加注重完善激励机制，促进人才、知识、技术、信息、数据等生产要素合理流动、有效集聚，充分发挥其对社会生产力的高“乘数”效应。

三是改革为先，开放包容。坚决破除一切制约新动能发展的思想障碍和制度藩篱，坚持从供给侧突破，进一步放宽政策、放活主体，消除新动能企业市场准入瓶颈。坚持开放共享发展，创新合作机制，推动各类要素资源整合。以信用管理为基础，探索实行更具弹性和包容性的新型管理模式，更多采用事后监管、底线监管手段，形成鼓励创新、宽容失败的良好氛围。

四是加快工程，重点突破。加快研究推进一批事关全市新旧动能转换的重大项目，建立“四新”“四化”重点项目库，打造重大项目管理服务平台，列出时间表、路线图，明确施工图、责任状，集聚资源，精准发力，分阶段推进各项工作，同时配套跟进督查与考核，强化监督激励，确保各项任务按时保质保量完成。

四、重点任务

（一）打造“四新”经济产业梯队

立足济宁的特色和优势，以“四新”促“四化”，以“四化”育“四新”，集中打造一批以技术创新为引领，以智能化、信息化为特征，以质量、品牌为核心竞争力的新经济形态朝阳产业，形成万亿元级产业规模。

一是重塑传统产业新优势。装备制造业，加快实施一批工业强基、国家级智能制造示范项目和机器人应用示范项目，加快高精密数控机床、智能式变压器、混合动力变速器、超精密电主轴、机器人等产品的产业化，建设省级铸造中心，打造在全省领先、居国内前列的高端装备制造业基地。能源化工业，按照绿色化、精细化、高端化方向，大力推广兖矿蓝天洁净煤、煤焦油深加工等核心技术，打造国家清洁能源基地和现代煤化工产业基地。纺织服装业，依托如意集团国家纺纱工程技术研究中心、国家级工业设计中心、国家级企业技术中心，建设创意设计集成创新平台、智能印染共享工厂，带动形成以济宁高新区、汶上县、嘉祥县为核心的全国知名的服装设计生产基地。食品产业，发展精深加工高附加值产品、绿色有机食品和保健食品，通过深加工延长产业链、提升价值链，营造“种、养、加”一体、以产带农的现代产业生态。造纸业，发挥太阳纸业的龙头带动作用，发展特种纸、溶解浆、木糖醇等轻量化、功能性、环保型终端产品，打造全国造纸产业循环经济示范区。

二是培育高端产业新动能。信息产业，依托省级信息技术产业基地，推进实施“6501”信息产业培植计划，培育50家电子信息制造企业、50家信息服务业企业、50家两化融合示范企业，突破50个信息产业在建项目、50个智能终端产品、50条智能化生产线，创建1个智能化工业园区，打造大数据产业、软件产业、智慧城市产业、智能终端产业“四大高地”。新材料方面，着力攻克石墨烯、碳纤维、绿色尼龙、稀土、油系针状焦，规划建设金乡石墨烯和绿色尼龙、嘉祥益大新材料、任城区碳材料及碳纤维、微山钢研中铝稀土功能材料产业园，打造全省新材料产业基地。新能源方面，集中突破太阳能光伏、LED新光源、新能源汽车三大领域，高标准建设国家级光伏领跑者示范基地，提高光伏发电、风电、生物质能发电装机比例，形成具有较强竞争力的新能源“光谷”。新医药方面，依托辰欣药业股份有限公司、鲁抗医药股份有限公司、山东方健制药有限公司等龙头企业，加大研发投入和GMP改造，发展原创药物、首仿药物、具有自主知识产权的新药，重点建设济宁高新区生物医药基地、邹城鲁抗医药产业园、兖州生物医药产业园和济宁（嘉祥）生物产业园。节能环保方面，以节能减排、污染治理、环境监测为重点，加快节能环保装备制造和技术应用，推行合同能源管理、特许经营、综合环境服务等市场化新型业态，打造山东省绿色低碳产业强市。

三是催生服务融合新业态。现代金融业，集中建设任城区和高新区两大金融集聚地，探索设立民营银行、外资银行、金融租赁公司、消费金融公司，积极引进国内外保险、证券、期货等非银行金融机构，发展供应链金融、消费金融、财富管理、金融租赁等新兴业态，打造区域性金融中心。电子商务方面，突出特色和比较优势，重点打造煤炭区域性电商交易中心、大蒜跨境电商平台，建设山东中煤电子商务产业基地、鲁南电商产业园等重点电商园区，支持专用车、纺织服装等本地特色产业平台进一步做优做强。智慧物流方面，推进跨区域、跨行业智慧物流服务平台建设，加快重点物流园区的智能化升级，引导制造、商贸企业围绕核心业务优化供应链管理，实现与物流企业联动发展，打造智慧物流综合枢纽。文化旅游方面，巩固、做强传统文化产业，重点发展文化创意、体育休闲、教育培训、数字出版、艺术品业等新兴业态，打造、提升10个重点文化园区，实施“旅游十百千万示范工程”，形成新的战略性支柱产业。健康养老方面，积极发展医疗健康服务业，推广医联体、医养结合模式，形成若干规模较大的养老产业集团和服务连锁机构，建设成为全国医养结合示范省的先行区。

四是推进现代农业“新六产”。加快农业“接二连三”，与健康养生、休闲娱乐、教育文化等领域深度融合，发展农产品个性化定制服务、市民农场等新型业态，到2021年在全市建成100处产业高效、设施先进、产供销一体的市级现代农业示范园区。积极培育各类农业电子商务经营主体，力争50%以上的村建立阿里、京东等知名电商平台村级服务站，拓展网上农贸市场、数字农家乐等农村电商服务。培育一批农业产业化龙头企业，大力推广“生产基地＋中央厨房＋餐饮门店”“生产基地＋加工企业＋商超销售”等产销模式，壮大产业集群规模，力争规模以上农业龙头企业达到1500家。实施农业品牌创建工程，到2021年无公害农产品、绿色食品、有机农产品和农产品地理标志“三品一标”认证有效标志达到600个，认证面积500万亩，整建制建成国家现代农业示范区、国际化品牌农业示范区。

（二）打造动能转换新型载体

应发挥国家和省级示范区试点以及重点园区、产业集聚区的资源优势，增强对上下游产业的双向带动和统筹整合能力，搭建新旧引擎升级的多层次载体，促进产业联动发展、融合发展。

一是突破重大示范引领性综合载体。积极推动曲阜优秀传统文化传承发展示范区上升为国家战略，以曲阜、邹城、泗水为核心，构建孔孟文化轴、泗河文明带等九大片区，建成文化经济融合发展高地。整合济宁高新区、兖州工业园和邹城开发区的产业基础和研发资源，实施统一规划、统一协调、统一配套、统一政策，打造济宁东部新旧动能转换先行区。依托华为、IBM、中兴等 IT 产业巨头，加快信息产业园建设，筹建大数据产业园、大数据交易所，建设省级数字经济和信息产业基地。规划建设环微山湖医药康养生态示范带，开发健康养老、旅游观光、休闲娱乐、医疗保健等一体化的休闲养生业态，打响“生态养生胜地”品牌。依托京杭大运河“黄金水道”，对接“京杭运河经济带”战略，培育多式联运经营主体，打造鲁西南地区大港航大物流枢纽。积极申建济宁综合保税区，推动济宁保税物流中心建设，打造鲁南地区对外开放的新平台和支撑全省开放战略的窗口示范区。

二是推进各类园区晋档升级。放大济宁国家高新区、任城经济开发区科技示范、产业引领和功能辐射的作用，争创国家自主创新示范区和国家信息产业示范基地。强化兖州工业园、济宁经济技术开发区、济宁国家农业科技园区、邹西大工业板块的支撑作用，推进兖州工业园、邹城经济开发区争创国家级开发区，支持济宁经济技术开发区、邹西大工业板块加速崛起，依托装备制造、工程机械等示范基地加速建设“四基”企业集聚区。加快济宁、邹城国家农业科技园区和金乡现代农业示范园区建设，打造集科技引领、精品生产、技术研发、示范推广为一体的农业综合服务平台和行业新标杆。推动其他省级开发区和 6 个化工园区以主导产业为依托提质扩容、错位发展、特色发展，引导全市产业园区向创新型、集约型、生态型方向发展。结合“智慧济宁”的规划建设，推进实施“互联网＋园区”模式，打造一批智慧园区试点。实施开发区公共配套设施建设“三年行动计划”，强化科技、研发、人才、金融等公共服务平台建设。积极探索建立市场化、社会化投融资体制，支持引进央企和大型民企投资园区基础设施和标准厂房建设，或自主建设“区中园”“园中园”。按照决策机构一元化、管理机构扁平化、服务机构企业化的发展方向，深化园区体制机制改革，赋予园区管理机构更加灵活的社会经济管理权限和相对独立的财政管理权限，建立事权与财权相匹配的制度。进一步优化投资审批流程，开辟园区项目行政审批“绿色通道”，探索开展一站式办结服务模式。到 2021 年，形成 2 个千亿元园区（兖州工业园、邹西大工业版块）、3 个 500 亿元园区（汶上经济开发区、曲阜经济开发区、微山经济开发区）、4 个 200 亿元园区（济宁经济技术开发区、金乡经济开发区、泗水经济开发区、拳铺工业园)。

三是完善创新创业孵化机制。大力推进“大众创业,万众创新”,发展创新与创业、线上与线下、孵化与投资相结合的新型孵化模式,促进“双创”平台专业化、精细化、系统化发展。鼓励多方位探索运营模式、盈利模式、投融资模式及管理模式,健全“苗圃—孵化器—加速器”成长孵化链条,培养“专、精、特”高成长性中小微企业群,支持小微、中小型企业专注核心业务,构建“无偿创业服务+天使投资+以租转股”的商业赢利模式。鼓励大型企业集团创新管理模式,开展创客化、平台化改造,建立企业内部孵化机制。支持龙头企业围绕产业链上下游设立孵化平台,为技术有优势、业态有创新的中小企业搭建跳板。到2021年,新增国家级孵化器3个以上、省级孵化器10个,科技企业孵化器面积达到300万平方米,建成一批省级创新创业公共服务示范平台,为中小微企业创新提供低成本、便利化、全要素、开放式的综合服务。

(三)打造创新平台支撑体系

发挥技术、资金、信息、人才等要素对新经济形态的助推作用,以创新平台为核心,建设完善公共服务平台,形成协同支持新动能发展的良好局面。

一是技术研发平台。加强统筹规划、共建共享,布局一批面向长远、技术先进的产业创新平台。完善和新建一批工程(技术)研究中心、工程实验室、重点实验室,争取建设1~2家国家制造业创新中心,建设和完善一批面向企业的公共技术服务平台。加强企业技术中心建设,继续培育和认定一批企业技术中心和技术创新示范企业。实施创新企业百强工程,面向重点行业和领域提升骨干企业的创新能力。促进大型科技基础设施和科研仪器向社会开放,实现跨机构、跨县区开放运行和共享。到2021年,各级重点实验室、工程(技术)研究中心、企业技术中心、工业设计中心达到800家以上,新增国家级3个、省级20个,培育国家高新技术企业达到450家以上。

二是科技金融平台。发挥政府的引导作用,吸引社会资本积极参与,不断扩大科技投资基金的规模,构建以财政科技资金为先导(引导),社会资本、金融资本共同参与的创业投资体系,通过天使基金培育初创期企业,通过风险投资支持成长期企业,通过股权直接投资成熟期企业,推进企业创新链、产业链和资金链“三链”融合,有效解决科技企业的融资难题。发挥政府性资源的杠杆作用,采取基金合作、风险补偿、贷款保险等方式,推动财银联动、银企合作,推动相关企业的担保、增信和融资,引导融资性担保机构提供更多的融资担保支持,为科技创新型产业发展营造良好的信贷融资环境。统筹运用知识产权质押、应收账款质押、融资租赁等多种融资方式,扩大资本市场的直接融资规模,满足企业的多元化投融资需求,不断完善企业的融资结构,降低企业的融资财务成本。到2021年,新建创业投资和风险投融资机构达到20家以上。

三是信息服务平台。在工业领域,建设工业云服务平台,综合运用大数据、移动互联网等下一代信息技术,针对研发设计、生产、数据管理、工程服务、质量品牌诊断、两化融合、管理认证、检验检测、协同营销等环节的需求,为各类企业提供便捷、安全、高效的工业云服务。在物流领域,建设一批现代化智能物流中心和物流运输综合监管平台。在中介服务领域,大力发展商务咨询、会展服务、节能环保、第三方检验检测认证、售后服务等专业服务,引进一批知名会计、审计、法律、评级等中介机构。在农业领域,建设一批农业物联网云服务平台、农业大数据管理平台、农资和农产品电商平台、农产品质量安全追溯平台。在民生领域,建设市级远程医学中心和县级分中心、教育云服务平台、食品药品安全信息公共服务平台。

四是成果转化平台。强化鲁南技术产权交易中心的服务职能,打造集技术成果转移转化、技术与资本高效对接、规范性技术产权交易活动为一体的技术转移公共服务平台,引导其向服务专业化、功能社会化、运行规范化方向发展。依据行业规范和服务标准,建立一批技术转移服务机构和科技成果转化基地,择优开展试点示范。巩固发展与中国技术交易所、深圳联合产权交易所、北方技术交易市场和上海技术交易所的合作,实行资源共享,加强创新驿站建设,扩大国际化科技合作范围,推动高新技术与高新技术产品国际化交易。整合与筛选国内外技术资源,鼓励规范发展技术交易、技术评估、技术转移、技术经纪等科技中介服务,培育一支专业化的从业人员队伍。至2021年,分别完成技术交易项目和技术交易额年均增长20%以上。

五是招才引智平台。依托济宁省级人才改革试验区,发挥高新区人才联盟、大学园等平台的集聚作用,实施创新创业领军人才集聚计划,促进国家“千人计划”、泰山学者、泰山产业领军人才工程等“高、精、尖、缺”人才集聚。通过项目资助、创业扶持、股权投资、贷款贴息等方式,引进、培育100名左右能够突破关键技术、引领带动产业转型升级的创新创业领军人才。研究制定分类推进人才评价机制改革的实施意见,修订完善《济宁市有突出贡献的中青年专家管理办法》等市级高层次人才认定办法,进一步完善技能人才职业资格鉴定方法,形成有利于优秀人才脱颖而出的人才选拔机制。建立高层次人才服务绿卡制度,使其享受子女入学、户籍办理、医疗保健、社会保险、出入境和居留服务、科研服务、职称评定等绿色通道服务。

五、动力机制

创新新旧动能转换的制度供给，构建形成适应新产业、新业态发展规律，满足新动能集聚需要的推动机制和制度环境。

（一）创新驱动

发挥科技创新对全面创新的引领作用，以建设国家创新型试点城市为抓手，全面深化科技体制改革，建立健全以科技创新质量、贡献、绩效为导向的分类评价体系。构建高水平科技智库，加强科技决策咨询系统，建立由技术专家、企业家、科研人员和政府部门等共同参与的科技决策及论证机制，提升重大科技决策的科学性。加快构建协同创新体系，突破体制机制制约，整合各类大数据资源平台，充分运用大数据手段，促进社会管理和产业发展创新。改革科研经费的使用和管理方式，简化审核程序，完善间接费用管理，调整劳务费的支出范围，放宽劳务费的比例限制。

（二）投资拉动

聚焦新技术、新业态、新商业模式以及基础设施的互联互通等新兴投资热点，深入推进投融资体制改革，全面拓宽项目融资渠道，形成加快新旧动能转换的实体支撑。加强与世界500强、央企百强、民营500强、行业“隐形冠军”、潜力小微创客等的对接，按照投资规模大、转型升级带动作用强、具有全局性和前瞻性等要求，建立健全“四新”“四化”重大项目库，积极储备一批优质项目。依托济宁市大数据督查平台和市重点项目督查调度系统，建立重点项目全过程动态管理台账，有序串联项目洽谈、项目审批、项目建设、项目储备、投产评估等关键环节，实现网上监管、实时跟踪，建成覆盖项目全生命周期的链式监管结构。

（三）产城联动

积极探索以产城融合为导向的新型城镇化路径，实施城市基础设施修补、生态修复“双修”，提高城镇的综合承载能力，拓展动能转换新空间。开展城市精细化管理提升行动，实施城区道路提升改造、城市交通网络拓展、地下综合管廊建设、海绵城市建设、雨污分流改造等重点工程，以更精致、精细、精准的发展理念，推进城市管理再上新台阶。统筹各类功能区规划建设，推进功能混合和产城融合。在符合条件的产业园区规划和建设住房、教育、医疗、休闲等生活服务设施，推动产业园区向现代城市功能区转变。改变传统小城镇自发、分散的建设方式，因地制宜地发展一批示范镇、特色小镇，在集聚产业的同时集聚人口，构建多组团、多支点和生态型、现代化的新型城镇体系。

（四）改革推动

从促进创业、激发经济发展动能的角度出发，持续深化“放、管、服”改革，积极寻求简政放权空间，放宽市场准入限制，不断降低制度性交易成本。对市场主体能够自主决定、市场竞争机制能够有效调节、行业组织或者中介机构能够自律管理的事项，减少政府对微观经济运行的干预，营造宽松包容的发展环境。进一步强化并联审批制度的落地与实际运用，结合新发展动能、新经济业态的新要求，推进投资建设项目审批流程再造，全面推行联审联办，推广实施区域化评估评审，积极推动网上审批、网上办事，不断简化审批环节、优化审批程序。全面推行“双随机、一公开”监管，及时公布市级随机抽查事项清单。全面清理各类无谓证明和烦琐手续，认真清理规范各类年检和政府指定培训，探索各类公共服务事项集中进驻政务服务大厅办理，打通服务群众的“最后一公里”。

（五）开放带动

积极对接国家“一带一路”、长江经济带开发、京津冀协同发展等重大战略，提升合作开放的广度、深度，构建内陆对外开放高地。毫不放松地抓好招商引资项目建设，紧盯世界500强、大型央企和行业龙头企业，深入开展产业链招商、以商招商，推动外来资本、技术、管理、品牌与我市优势产业有效嫁接，形成接链聚群效应，提升产业竞争力。支持如意集团、太阳纸业、华勤集团、碳素集团等有条件的大企业集团加快进军国际市场，通过海外并购重组提升企业技术、研发、品牌的国际化水平，积极向国际产业链和价值链的高端攀升。加大力度吸引跨国公司在我市设立地区总部和研发中心、营销中心、采购中心、物流中心等功能性机构，促进引资、引技与引智相结合。

六、政策保障

（一）财税扶持政策

积极争取省新旧动能转换专项基金，优化整合我市各项资金，争取国家专项资金和基金、政策性银行贷款的支持，引导和撬动社会资本，推动新旧动能转换。全面落实高新技术企业税收减免、研发费用加计扣除、政府采购高新技术产品、科技资源共享等政策，激励企业加大创新投入，清理规范涉企收费，切实降低企业成本。

(二)人才吸引激励政策

赋予科技领军人才更大的技术路线决策权、人财物支配权和资源调配权。对企业引进的引领产业转型升级、企业创新发展的高层次领军人才，区分不同层次，按月给予3000～10000元的生活补贴，在济宁购买首套商品住房的，给予20万～100万元购房补贴。支持市属高校、科研院所的科技人员带着科研项目和成果、保留基本待遇离岗到企业开展研发创新活动或创办企业，3年内保留人事关系，与在岗人员同等享有职称评审、岗位等级晋升等方面的权利。鼓励人才进行科技创新，对获得国家、省级科技奖项(自然科学奖、技术发明奖、科技进步奖)的主要完成人，市财政给予20万～200万元的一次性奖励。

(三)投融资政策

整合市级投融资公司，对交通、市政、水利等平台资产实施股权整合，提升平台公司的融资能力。建立政府融资平台、政策性银行、金融机构、地方金融组织协作共赢的投融资体制。支持实力强、资质好的投融资公司改制上市，吸引民间资本、境外资本等社会资本参与政府投融资平台公司改革。逐年充实政府引导基金，力争5年内形成100亿元以上的基金规模。对接争取国家级、省级股权引导基金参股我市子基金，加强与县(市、区)政府引导基金的互动融合。

(四)科技成果转化政策

对自主创新科技成果，较快实现产业化、显著提升相关产业的技术水平和核心竞争力、取得显著经济和社会效益的科技成果转化实施单位、个人给予奖励。允许和鼓励市属高校、科研院所和国有企事业单位职务发明成果的所得收益按不低于70%的比例划归参与研发的科技人员(包括担任行政领导职务的科技人员)及其团队拥有。每年新认定一批科技成果转移转化示范机构，考评优秀的每家给予不少于20万元的资金扶持。探索建立一批专业领域知识产权快速维权中心，完善知识产权快速维权通道和救助网点。

(五)市场信用奖惩政策

加快完善政府信用体系、产品质量诚信体系、企业诚信体系和个人信用体系，支持信用管理行业发展，建立社会监督、约束、管理机制。规范市场主体和个人信用信息采集、归集、公示、评价、应用和服务体系，加强信用记录、风险预警、违法失信行为等信息资源在线披露和共享，高效提供信用信息查询、企业网上身份认证等服务。全面推进全过程信用管理，健全诚信“红黑榜”制度，对守信者给予优先办理、简化程序、提供信用融资等激励，对失信者按规定实行限制准入、融资、消费和政府采购等惩戒。

（六）政府采购政策

鼓励采用首购、订购等非招标方式以及政府购买服务的方式，依法依规提高自主创新产品的应用比例，促进创新产品的研发和规模化应用。探索建立新技术、新产品“首购首用”风险补偿机制，对经认定的首台（套）重大技术装备产业化示范应用项目进行奖补。培育一批专业服务平台企业，鼓励政府部门将可外包的公共服务平台、公共信息服务委托平台企业运营服务，实现服务提供主体和提供方式多元化。加大对初创企业提供的新产品、新技术、新服务的采购力度，支持新经济中小企业参与政府采购和国有企业采购招投标，不得以企业经营年限、注册资金等资质要求变相歧视新创办企业。

（济宁市发展和改革委员会　完成时间：2017 年 5 月）

泰安市新旧动能转换重大工程调研报告

实施新旧动能转换重大工程，对促进全省创新发展、持续发展、领先发展，加快实现由大到强的战略性转变，具有重大意义，也为泰安市转型发展提供了一次重大历史机遇。按照省、市新旧动能转换重大工程调研方案的要求，我市立足实际，围绕新旧动能为什么转、转什么、怎样转的问题，深入开展调查研究，并在此基础上形成了本调研报告。

一、基础与现状

（一）动能基础

近年来，在省委、省政府的坚强领导下，我市深入贯彻落实党的十八大及历次全会和习近平总书记系列重要讲话精神，适应、把握、引领经济发展新常态，以提高经济增长质量和效益为中心，以招商引资和项目建设为抓手，践行新理念，增创新优势，努力建设富裕、文明、幸福新泰安，经济社会发展取得明显成绩。2016 年，全市实现生产总值 3316.8 亿元，增长 7.2%；地方一般公共预算收入 206.7 亿元，增长 3.6%；城镇居民人均可支配收入 30299 元，农村居民人均可支配收入 14428 元，分别增长 7.7% 和 8.3%。特别是我市不断推进产业转型升级，深化供给侧结构性改革，大力发展新经济，在新旧动能转换方面取得了显著成效。主要体现在以下四个方面：

1. 经济结构不断优化

实现了由“二三一”向“三二一”转变的历史性突破，三次产业结构调整为 8.5∶44.8∶46.7。推进 18 个服务业重点行业和领域转型升级，注重优化服务业内部结构，以金融、房地产、其他服务业为代表的现代服务业繁荣发展，全市现代服务业增加值占全部服务业的比重达到 52.4%。深入实施工业强市战略，加快产业转型升级，积极推进自主创新，大力培植“三强”企业，重点行业、新兴产业、龙头企业发展势头良好。全市规模以上工业企业增加值比 2016 年增长 6.9%，装备制造业占比达到 39.8%。加快现代农业结构的优化调整，延伸产业链条，有机蔬菜、泰山茶、食用菌等特色农业、农业园区、生态农业等呈现蓬勃发展的态势。

2. 改革红利逐渐释放

贯彻落实国家和省市各项政策措施，深入推进“三去一降一补”，供给侧结构性改革成效初显。2016 年，全市原煤产量同比下降 15.5%，钢材产量除 5 月份外，其余各月环比增速逐月走低，全年增长 4.0%；产成品库存增速逐月回落，由 2 月份的 30.9%降为 12 月份的－7.9%，12 月末商品房待售面积增速环比下降 20.4 个百分点；基础设施建设完成投资 365.5 亿元，同比增长 14.7%，占全部投资的比重为 12.6%，提高 0.4 个百分点。高新技术产业的产值比重达到 28.3%，比年初提高 1.45 个百分点，短板领域不断加强。

3. 新动能持续发力

“大众创业，万众创新”扎实推进，2016 年全市私营企业达 5.45 万户，个体工商户达 22.26 万户，增加 1.74 万户。创新驱动明显增强，“塔形”科技创新体系不断完善，市级产业技术研究院和科技型中小企业达到 750 余家，泰山创客空间、肥城创业咖啡厅通过国家级众创空间备案，6 家众创空间通过升级备案。2016 年，全市发明专利授权比上年增长 24.5%，国内有效发明拥有量 1344 件，增长 26.3%。新业态层出不穷，电商物流、自有物流、合作型物流等现代商贸物流业加快发展，规模以上快递企业实现快递业务收入同比增长 81.7%；电子商务发展势头良好，泰山钢网、新泰“杞农云商”、肥城“易回收”“一票通旅行网”等电商平台蓬勃发展，电子商务交易额达 727 亿元，增长 25%。“旅游＋”和全域旅游战略创新实施，新业态产品更加丰富，旅游市场总体活跃。“智慧泰安”加速各产业深入融合，信息服务、休闲旅游、养老家政、教育文化等服务业新业态不断涌现，分享经济广泛渗透，跨境电商、共享单车、智能家庭、在线医疗等新服务模式方兴未艾。

4. 优质投资加速集聚

围绕优势主导产业、高新技术产业、先进制造业、现代服务业等项目，不断优化投资结构，优质投资加速集聚。2017 年 4 月底，泰山高洽会涉及大数据、生物医药、复合材料、物联网、特色小镇、自动驾驶等产业领域的 25 个重点项目集中签约。截至 3 月底，新开工重点产业境内招商引资项目 125 个，合同引资额 304.4 亿元，80 个重点调度技术创新项目积极推进，5000 万元以上项目新开工 70 个，计划总投资 172.6 亿元，新增项目数量和计划总投资较 2 月份大幅增加，优质投资项目层次高、业态新、潜力大，对促进全市产业结构优化升级将发挥重要的引领带动作用。政银企合作推动实体经济转型发展。2017年，全市政银企合作项目267个，项目总投资1261.1亿元。截至3月末，全市中长期贷款余额达1056.3亿元，比年初增加79.1亿元，稳健的货币政策为全市新动能发展提供了有力的资金支撑。

（二）存在的问题

虽然我市积极推进经济转型升级和新旧动能转换，经济发展的质量和效益有了很大提高，但由于受经济基础、产业结构、经济增长动力等因素制约，特别是当前经济下行压力较大，加上土地、资源环境、劳动力等要素制约趋紧等，我市经济无论从总量、增幅上，还是从结构、效益上，与省内先进地市比，差距还比较明显。

1. 经济实力较弱

经济总量小，占比低。2016年，我市GDP居全省第9位，占全省的比重仅为4.9%；规模以上工业企业主营业务收入、利税总额和利润总额分别居全省第12位、第13位和第12位，仅分别占全省的3.9%、4.0%和4.3%。骨干企业数量少，支撑力不强。在“2015年度全省纳税百强企业”中，我市仅泰开电气集团1家排在第51位；在“2016年度山东企业百强”中，我市没有企业上榜。财政收入低，实力弱。2016年，全市财政收入总量居全省第11位，占全省的比重为3.53%。

2. 产业结构层次偏低

从三次产业构成看，一产比重偏高，二产比重偏低，在一定程度上导致经济对财政的贡献率偏低。从税收产出比看，我市2015年万元GDP提供税收461.9元，居全省第16位，与全省平均水平的差距扩大到205.23元。从高新技术企业看，高新技术产业产值占规模以上工业企业总产值的比重为28.3%，低于全省平均水平5个百分点左右。

3. 经济增长动力不均衡

投资增长依然是经济发展的龙头支撑力量。过去五年，我市完成全社会固定资产投资年均增长15.4%，固定资产投资仍为经济增长的重要引擎。消费需求比重长期低于全省平均水平，收入水平低，收入差距大，一定程度上抑制了居民的消费预期。外向型经济发展滞后态势依然未变。我市外贸依存度低于全省平均水平9.44个百分点，出口产品仍以纺织、服装、农副产品、柳编及塑料制品等附加值含量低的产品为主，产品资源消耗量高，科技含量低，整体水平不高。

4. 传统动能质量不高

随着经济发展进入新常态，我市各传统行业对财税的支撑作用日益减弱。以煤炭、钢铁、电力等为代表的十大高耗能工业产业的入库税收占全市税收的比重为21.6%，过去六年年均降低3.1%。商业税收占比始终维持在10%左右，呈现出增长乏力、支撑减弱态势。建筑、房地产业在全面推开“营改增”后，税收增速大幅回落。

（三）发展优势

1. 旅游文化资源优势

泰安市旅游资源丰富，历史文化底蕴深厚，处于我省“一山一水一圣人”旅游热线中间，是中国优秀旅游城市和国家历史文化名城。境内的泰山为五岳之首，主峰玉皇顶海拔1545米，为山东省第一高峰，是首例世界自然与文化双遗产、世界地质公园、中国书法名山、国家5A级旅游区和全国文明风景旅游区，被誉为“东方历史文化宝库”。除泰山外，还有中华文明重要发祥地之一的大汶口文化遗址、“高山度假，休闲探险”的徂徕山国家森林公园、“天然氧仓，观音胜境”的莲花山国家森林公园、“八百里梁山泊”遗存水域东平湖等众多的优势旅游资源，以及封禅文化、宗教文化、大汶口文化、水浒文化、红色文化和石刻艺术、书画艺术、民间艺术等文化资源，这使泰安成为少有的文化旅游资源聚集地。近年来，我市相继建成并投入运营了方特欢乐世界、泰山封禅大典实景演出、泰山温泉城、太阳部落、宝泰隆旅游度假区、大汶口国家考古遗址公园等一批精品旅游和文化产业项目，对国内外游客的吸引力越来越大。我市成功入选国家全域旅游示范区创建名单，旅游业正逐渐由单日游向多日游转变。2016年，全市共接待游客6278.18万人次，实现旅游消费总额661.64亿元，分别增长8.43%和13.63%。

2. 生态资源优势

近年来，我市在保护好泰山、徂徕山和大汶河、东平湖等丰富山水资源的同时，以打造三季有花、四季有绿、常年流水、空气清新的生态宜居家园为目标，启动实施了“蓝天工程”“碧水行动”“绿满泰安”及引水进城、大汶河综合开发、治污减排等行动计划，经济发展与生态改善持续双赢。全市建成6个自然保护区，总面积5.5万公顷，建成湿地公园12处，森林覆盖率达到39.6%，远高于全省平均水平；泰城建成区绿化覆盖率达到45.01%，空气指数优良率达到69.6%，位居全省内陆城市之首；城市用水主要采用泰山山脉蓄存地表水，水质优良且无污染，市各类基础设施配套完善，城乡环卫一体化实现全覆盖。“水质、空气质量、园林绿化水平、城市景观”等主要指标均达到宜居城市标准，生态环境宜居和谐。我市先后被授予“中国人居环境奖”“国家卫生城市”“国家森林城市”“国家节水型城市”等荣誉称号。

3. 科技创新优势

科教文化发达。泰安为山东省三大科教中心之一，人才、劳动力资源丰富，拥有山东农业大学、山东科技大学、泰山医学院、泰山学院等10余所高等院校和省果科所、市农科院、泰山林科院等21家科研机构。产学研合作基础良好。全市人才总量达59.5万人，占人口总量的10.6%，其中驻泰和聘任“两院”院士31名，国家“千人计划”专家26人，泰山学者49名，泰山产业领军人才12名，高层次研发人才2.38万人、专业技术人才13.32万人、技能人才12.16万人，具有较强的创新能力和人才智力支撑。高新技术产业快速发展。我市拥有国家级高新区、国家农业科技示范园区、国家高新技术产业化基地、国家“火炬计划”特色产业基地等一批领先全省乃至全国的科技创新平台。2016年，全市实现高新技术产业产值1727.5亿元，占规模以上工业企业总产值的比重达到28.3%，同比提高1.5个百分点；输变电设备、汽车及零部件、特色装备、新材料、电子信息、生物医药等特色主导产业具备较好的基础和优势，拥有一批具有核心竞争力的龙头骨干企业。全市拥有国家级高新技术企业119家，科技型中小企业652家。康平纳集团“筒子纱数字化自动染色成套技术与装备”荣获国家科技进步一等奖；岱银集团“一种交捻竹节纱的生产方法”获第十四届中国专利金奖，泰山玻纤、康平纳、中联水泥被列为全国首批64家(其中山东省8家)智能制造试点示范项目。泰安航天特车参与完成的“9409工程”，获国家科学技术进步特等奖。科技创新能力不断增强。近年来，我市大力实施创新驱动战略，积极构建了“塔形”科技创新体系，以泰安科技创新服务云平台为核心的“泰山创新谷”及复合材料、生物医药、汽车零部件、高端装备等产业研究院建设加快推进。全市研究与试验发展(R&D)投入比上年增长13.9%，占GDP的比重达到2.41%，高于全省0.14个百分点。省级以上创新平台有230多家，其中国家级创新平台有8家。全市发明专利申请2000件，增长2.4%，发明专利授权407件，增长24.5%。每万人有效发明专利拥有量达到2.4件，比上年增长26.2%。发展大数据产业优势明显。近年来，我市抢抓新一代信息技术快速发展的战略机遇，加快大数据与一、二、三产的深度融合。2011年，建设运营了“泰安市云计算中心”；2013年，山东农业大学发起成立了农业大数据产业技术创新战略联盟；2015年，泰安高新区、山东农业大学、上海复旦大学、山东众志电子有限公司四方联合成立了山东神农智谷大数据产业园，着力打造云计算大数据平台、大数据物联网平台运营、大数据管理与服务、智慧农业等四大产业集群。同时，我市与微软、甲骨文、浪潮等国际、国内IT领域的行业龙头不断深化战略合作，为大数据产业的发展积累了丰富的运营经验。

4. 农业水利资源优势

泰安气候适宜，土壤肥沃，农业发展基础良好，历史上就有“自古文明膏腴地，齐鲁必争汶阳田”的美誉，是山东省乃至全国重要的粮油、果蔬、畜禽和有机绿色食品、无公害农产品生产基地。2016 年，全市有机蔬菜、奶牛存栏、名优果品、苗木花卉、茶叶种植分别达到 36 万亩、20.3 万头、170 万亩、41.3 万亩和 3.8 万亩，规模以上农业龙头企业、农民合作社、家庭农场分别达到 920 家、7457 家、3155 家。泰安农高区为国家农业科技园区，岱岳区被列为国家级现代农业示范区，肥城市被确定为国家级出口食品农产品质量安全示范区。水利资源方面，主要有大汶河和东平湖。大汶河是黄河下游的最大支流，也是我市唯一的大型防洪排涝河道，主流起源于莱芜市钢城区黄庄镇台子村，自东向西流经泰安全境，于东平县马口村入东平湖，全长 208 公里，流域总面积 8537 平方公里。东平湖位于泰安市东平县境内，总面积 627 平方公里，常年水面面积 209 平方公里，为山东省第二大淡水湖，是黄河下游重要的滞洪区及南水北调东线的重要调蓄枢纽，是省会济南和胶东半岛的重要水源地。

5. 装备制造业发展优势

2016 年，全市装备制造业实现主营业务收入 2073.3 亿元、利税 203.7 亿元、利润 144.0 亿元，分别占 35.2%、37.5%和 39.1%，是我市工业经济的主导产业。其中输变电设备、特色装备制造、无机非金属新材料等主导产业提档升级，优势明显。泰安作为国家重要的输变电设备制造基地，电力电缆、高压开关、变压器等主导产品竞争力强，市场占有率高，产品处于国内领先地位。2016 年，累计实现主营业务收入 451.7 亿元、利税 50.7 亿元、利润 33.4 亿元。拥有泰开电气集团有限公司、特变电工山东鲁能电缆等一大批骨干企业，其中，泰开集团是国内为数不多的能够完全具备 550 千伏及以下电压等级输变电设备总成套供货、电站工程总承包交钥匙能力的大型企业集团之一，综合经济指标位居全国输变电行业前列，在省内同行业中连续多年居首位，2016 年度上缴税金达到 11.5 亿元。特色装备制造产业主要产品有洗选采煤设备、锻压设备、煤矿安全监测设备、数控机床及附件等，拥有山东能源重装集团、华鲁锻压、尤洛卡矿业安全等骨干企业。其中，矿山装备制造优势突出，是国家矿山装备高新技术产业化基地。无机非金属新材料产业主要产品有无碱玻璃纤维、纸面石膏板、碳纤维材料等。2016 年，累计实现主营业务收入 510.7 亿元、利税 62.8 亿元、利润 47.6 亿元。拥有两家国家级企业技术中心，泰安玻纤年产能达到 79 万吨，位居国内第二、世界第三；泰和集团是全球最大的纸面石膏板生产企业，年产能达到 18 亿平方米，国内市场占有率达到 45%以上。

6. 区位空间优势

泰安位于京津冀和长三角两大经济区域的中间地带，处于省会城市群经济圈紧密层。500公里半径范围内，有10个省、3个直辖市、60多个地级市，发展腹地广阔，市场空间巨大。京沪、京台、青兰等多条高速公路和京沪铁路纵贯南北，京沪高铁在泰安设站，济泰东部高速开工建设，济南至泰安城际铁路、泰安机场建设列入规划，世界文化遗产京杭大运河流经泰安并建有船闸和航运码头，交通发达便捷。随着省会城市群经济圈建设的深入推进和经济社会的快速发展，济南与泰安加速融合的趋势和条件日益成熟。特别是新一届市委、市政府成立以来，提出了打造"两山相映，一水绕城"的城市发展新格局。在体制机制保障上，对泰安高新区的管辖范围进行了调整，将徂汶景区(含徂徕山林场)及周边所涉及的泰山区11个村和岱岳区徂徕镇、良庄镇、房村镇、化马湾乡以及新泰市天宝镇，划入泰安高新区管辖。目前正在徂徕山以南，良庄镇、房村镇和天宝镇区域内规划集中连片区，建设总体规划面积210平方公里的高端产业集聚区，2017年规划起步区32平方公里，为加速泰安融入省会城市群经济圈，推动济泰同城化发展，拓展省会发展空间，加快泰安与省会旅游文化、休闲养生、科技研发等产业融合发展将产生重大的推动作用。

二、新旧动能转换的总体思路和目标

(一)总体思路

全面贯彻党的十八大和十八届三中、四中、五中、六中全会以及习近平总书记系列重要讲话精神，深入贯彻市第十一次党代会精神，抢抓泛济青烟新旧动能转换综合试验区建设的重大机遇，围绕深化供给侧结构性改革，大力发展新技术、新产业、新业态、新模式，加快推进产业智慧化、智慧产业化、跨界融合化、品牌高端化，统筹发展传统和新兴实体经济，用工程的办法明确项目库、施工图、时间表，争做泛济青烟新旧动能转换综合试验区中的"泛"中之重，先行一步，在全省新旧动能转换中走在前列，建设富裕、文明、幸福新泰安。

(二)目标定位

一是充分发挥旅游资源优势，创建国家全域旅游示范市，全力打造国际最优秀的旅游目的地和著名遗产地城市。积极发挥泰山旅游在山东省旅游业中的龙头作用，深度整合旅游资源，以全域化、品质化、国际化、智慧化为目标，以创建国家全域旅游示范市为抓手，加大世界双遗产和历史文化名城的保护力度，推进“泰山慢谷”等新景区建设，提升泰山旅游的核心竞争力，建设泛济青烟旅游发展新动能试验区。

二是充分发挥泰山自然生态优势，建设国家医养结合示范市，全力打造中国北方最优良的医养休闲品牌。充分利用泰安为国家森林城市、国家园林城市、国家卫生城市、中国人居环境奖城市争取国家生态文明试验区建设，大力发展基本医疗、特色医疗、健康管理、健康养生、健康保险以及健康云等全产业链健康服务，推进医养结合、康护一体，培植泛济青烟新旧动能转换的新产业、新动力。

三是充分发挥拥有丰厚文化底蕴的优势，建设中华优秀传统文化传承示范区，全力打造全国文化传承和文化产业发展高地。突出“国泰民安”与“中国梦”时代主题相吻合、彰显中华民族家国情怀的共同价值取向，设立泰山文化生态保护实验区，实施泰山文化弘扬传承工程，构建泰山优秀传统文化传承体系，努力把“泰山文化”打造成为中华文化的主流品牌，把泰安建成中华优秀传统文化的传承示范基地，使文化事业和文化产业成为泛济青烟新旧动能转换综合试验区的新引擎。

四是充分发挥科教资源充足的优势，建设全国大数据中心，全力打造国内具有重要影响力的科技创新之城。依托驻泰高校、科研单位和科技型企业，搭建高端人才创新创业交流平台和示范基地，建成全省重要的科教中心和人才聚集中心。推进泰山科技创新谷建设，搭建复合材料产业技术研究院等行业领军型研发创新平台，发展产业技术创新联盟，加强科技成果孵化基地建设，不断完善具有泰安特色的“塔形”科技创新体系，创建省级自主创新示范区。发挥信息技术“倍增效应”，建设智慧城市，发展智慧产业，着力打造国内重要的大数据产业基地。

五是充分发挥农业资源优势，创建泛济青烟现代农业融合发展示范区，全力打造全国高品质农副产品生产供应基地。做强优质粮油、有机蔬菜、健康畜禽、生态林果四大主导产业，做优苗木花卉、桑蚕、茶叶、水产四大特色产业，强化农产品加工业、现代农产品流通业、休闲农业三大重点关联产业，转变农业发展方式，促进一、二、三产业融合发展。实施品牌发展战略，着力增加绿色优质农产品供给。培育壮大龙头企业、农民合作社、家庭农场三大经营主体，提高农业经营的集约化水平。

六是充分发挥装备制造业的优势，推进制造业智慧化，建成一批全国重要的特色产业基地，全力打造具有较强国际竞争力的千亿元级产业集群。培植壮大输变电设备、汽车及零部件、特色装备等优势产业和新能源、新技术、新材料等战略性新兴产业，建成全国重要的输变电设备产业基地、特种车和专用车生产基地、无机非金属材料基地、矿山装备生产基地,把输变电设备、汽车及零部件、特色装备三大优势产业打造成具有较强国际竞争力的千亿元级产业集群。

七是充分发挥资源型城市人才管理优势,建设全国资源型城市可持续发展示范区,全力打造全国传统产业转型升级泰安样板。抓住泰安市列入《全国资源型城市可持续发展规划(2013—2020年)》的机遇,推广新泰全国首个采煤沉陷区光伏发电示范基地的建设经验,全面推进采煤沉陷区综合治理工程,着力建设泰安现代盐化工基地,推进首批国家新能源示范城市创建,探索资源型城市可持续发展的新路径。

八是充分发挥济泰相近、相融的区位优势,推进济泰一体化协同发展,全力打造济泰新旧动能转换先行区。借助济泰东部高速公路建设,面向省会,立足高校等创新创业人才,在泰城东部科学布局产城融合、宜业宜居的现代化产业新城,推动济泰一体化发展,拓展省会发展空间,加快泰安与省会旅游文化、休闲养生、科技研发、公共服务等产业的融合发展,与济南共同打造全省新旧动能转换先行区。

三、新旧动能转换的主要措施

(一)深化农业结构调整,培育现代农业新动能

以深化农业结构调整、创建现代农业园区为抓手,加快推进区域特色化、生产标准化、经营规模化、科技现代化、装备设施化、产业集群化,努力形成园区示范、板块联动、一、二、三产融合发展的现代农业产业格局,走产出高效、产品安全、资源节约、环境友好、具有泰安特色的农业现代化道路。

1. 优化区域布局,科学配置资源要素

以泰山区、岱岳区、高新区和泰山景区为实施区域,以泰山茶、有机菜、奶业、特色经济林、苗木花卉等八大产业为重点,建设环泰城都市农业圈,打造面向山东和京沪地区城市居民的优质农产品供给基地、农耕体验和健康养生基地、高品质乡村休闲旅游目的地。在大汶河沿岸围绕徂汶新区、大汶口、戴村坝三个核心区域,重点打造面积1971平方公里的现代农业产业带,发展设施栽培、休闲观光、水产养殖、特色小镇等现代农业产业园区。在周边市县重点布局发展特色精品农业和生态农业,推进农业规模化、专业化、标准化生产和品牌化经营,培育建成一批农业产业集聚区和特色农业强镇。

2. 强化平台建设,打造农业发展新高地

重点抓好泰山区国家级现代农业产业园建设,全面提升我市现代农业的核

心竞争力、服务城乡的能力和生态涵养的能力。突出抓好岱岳区国家级农业可持续发展试验示范区建设，为全面推进农业可持续发展提供试验示范。加快国家级农业对外开放合作试验区建设，推进我市农产品龙头企业重组整合和外向型改造，培育具有国际竞争力的现代农业企业集团。依托农业产业化龙头企业带动，建设一、二、三产融合的现代农业园区。

3. 调整产业结构，推进三产融合发展

一是稳定发展基础产业。全面落实粮食生产责任制，强化政策扶持，组织开展粮食绿色高产创建活动，加强新品种、新技术、新模式的示范应用，实现粮食生产丰产丰收。二是全面提升特色产业。做强做优蔬菜产业，重点优化品种结构，加强品牌建设，提升发展层次；加强有机蔬菜生产，发挥龙头企业对有机蔬菜的带动作用，继续打响"有机"牌；做深做精泰山茶，重点在生态茶园及茶叶加工企业产品提升、品牌建设等方面取得新成效；做大做强花卉苗木产业，积极发展油用牡丹、核桃、板栗等特色经济林，推进农林复合经营，大力发展多种形式的森林生态旅游；大力发展生态高效畜牧业，加快"粮改饲"试点县和奶牛养殖大县种养结合试点建设，促进安全、健康、营养、美味畜产品生产。三是大力发展新兴产业。加快发展农产品电子商务，推动农产品上行，支持特色电商镇、电商村和农村电商服务企业发展。深入挖掘田园景观、自然生态、环境资源，结合农耕文化、农事节庆活动和农业设施，通过生产创意、产品创意和品牌创意，大力发展休闲观光农业和创意农业。积极发展农产品精深加工，加快农产品冷链物流体系建设和优势产区产地批发市场建设，发挥润恒现代农副产品物流产业园等项目的辐射示范带动作用，培植壮大一批重点农产品加工流通企业和园区。

4. 实施品牌战略，增强农业的综合竞争力

推行农业标准化生产，开展市级农业标准化基地认定，不断提高各类农业标准的推广普及率，争取 5～8 个基地命名为"省级农业标准化基地"。加强农产品质量监管，加快建立健全质量安全监管和追溯体系，大力推进整建制"省级农产品质量安全市"创建，岱岳区完成省级农产品质量安全县建设任务，宁阳县进入第二批国家级农产品质量安全县创建单位，新泰市进入 2017 年省级农产品质量安全县创建单位。加强农业品牌培育，着力打造一批有影响力、有文化内涵的优质农产品区域公共品牌和企业品牌。

(二)加快改造升级的步伐，培育传统产业新动能

采取技术改造、资产重组、布局调整、集群发展、链条整合、组织优化、搬迁改造等综合措施，优化产品结构，发展壮大优势骨干企业，全面提升设计、制造、

工艺、管理水平，促进纺织服装、化工、食品、煤炭等产业向价值链高端发展。

1. 推进纺织业向高端化、品牌化方向转型

紧跟国际潮流，突破研发设计、品牌营销、供应链管理等关键环节，支持骨干企业改进工艺流程，实施精益制造，强化过程控制，大力发展绿色环保的生物质纤维、再生纤维素纤维、蛋白纤维、高技术纤维以及功能性、差别化合成纤维等新型纺织材料，加快发展医疗卫生、航空航天、汽车、建筑等产业用纺织品，提升发展系列化、标准化、艺术化高端服装家纺，提高精梳棉、紧密纺纱线及面料的质量，全面增强纺织服装行业的核心竞争力。鼓励企业利用电子商务平台大数据资源提升企业的精准营销能力，实现个性化、规模化的量身定制，促进服装设计和制造系统集成。

2. 推进化工产业绿色化、精细化发展

按照资源循环化、产业集群化、工艺清洁化、生产节能化、产品多样化、性能高端化的发展思路，围绕煤化工、盐化工、精细化工、油脂化工、橡胶化工等重点领域，支持企业加强与国内大集团和国外公司的合资合作，实施技术更新和系统改造升级工程，加大对资源节约和循环利用技术的攻关力度，加快新工艺、新技术、新产品、新材料的推广应用，提高产业规模和产品档次，着力打造独具特色的现代化工基地。

3. 推进食品业向品牌化、特色化方向迈进

以绿色、安全、品牌为核心，以粮油精深加工、运动饮料、休闲食品、肉制品、特色食品为重点，加快形成产地初加工与精深加工协调发展的格局。推动农产品加工项目向园区布局，着力建设农产品精深加工聚集区。以技术创新推动产品创新，鼓励和支持企业生产无公害农产品、绿色食品和有机食品。实施品牌带动战略，引导企业全面加强质量管理，建立食品产品质量监测区域平台，完善质量可追溯体系。

4. 推进煤炭业向安全集约、清洁循环型转变

按照降成本、降消耗，提煤质、控产能，强管理、增效益的发展思路，推进产业改造升级，大力提高现有煤炭资源开发利用的效率，积极参与市外煤炭资源开发和生产基地建设。围绕煤炭的高效清洁利用，以煤炭产业链延伸作为主攻方向，研制煤炭转化升值新产品，重点打造煤化工、煤建材、煤电等循环经济产业链。支持煤炭企业加快向煤矿生产管理整体解决方案提供商转变，大力发展机械装备、节能环保、新能源、新材料等产业，实现由单一性资源开采向资源深度开发和多元产业高效发展转型。

（三）优化提升发展水平，培育支柱产业新动能

立足特色领域，强化企业、园区和品牌的载体作用，按照全产业链理念，坚持培育和引进并举，科技创新和模式创新并重，加强信息技术在产品设计、生产制造、经营管理和市场服务各环节的集成应用，把输变电设备、汽车及零部件、特色装备三大优势产业打造成具有较强国际竞争力的千亿元级产业集群。

1. 瞄准高端领域，发展绿色化、智能化输变电产业

以智能化、融合化、成套化、国际化为方向，充分发挥品牌优势、技术优势和装备优势，鼓励上下游企业建立产业技术联盟，瞄准新一代智能电网建设需求，重点发展新型节能配电变压器、超高压大容量电力变压器、特种变压器、电力电子变压器、高压交联电缆、特种电缆等输变电设备，高低压成套组合电器、配网用智能断路器、智能环保开关柜等配电开关控制设备，高压电网无功补偿设备、滤波器、补偿器、变频器、变流器等电力节能设备，夯实输变电产业的关键基础材料、核心基础零部件、先进基础工艺、产业技术基础等四大产业基础，打造从发电端到用电端的智能化全产业链。抓住西电东输、“一带一路”基础设施互联互通对输变电设备需求较大的机遇，积极参与区域电网升级改造和境外电力与输电通道建设，加快培育、拓展海内外市场，不断提高市场占有率，努力把泰安建设成为具有较强国际竞争力的输变电设备产业基地。

2. 掌握核心技术，发展特色汽车产品及零部件产业

以专业化、规模化、基地化为方向，坚持发展整车制造与提高零部件配套相结合、关键技术创新和系统集成相结合，加强建链、补链、强链，促进产业向高端化转型。大力发展市政作业车、工程施工车、散装水泥罐车、颗粒物料运输车、混凝土搅拌车、加油车、清障车等专用车，加快发展 50 吨以上重型装备运输车等军用特种车和大型工程矿用车、油田专用车、大型管道运输车、大型专用牵引车等民用特种车，提升发展动力系统、车身系统和车用电器等汽车零部件产品，积极发展新能源汽车及核心零部件，着力打造国家级特种车、专用车和优质汽车零部件研发生产基地。

3. 调整产品结构，发展成套化、智能化、再制造特色装备产业

按照智能化、自动化、信息化、大型化和成套化的发展思路，以国家智能工厂试点建设为着力点，以构建研发、设计、制造、服务于一体的产业体系为方向，调整产品结构，提高大型成套装备的生产能力，推动重型装备制造业转型升级。依托“中国（泰山）国际矿业装备与技术展览会”等平台，重点发展采掘、输送、安全监测系统等智能化、大型化、成套化矿山装备，努力把泰安建设成为全国重要的矿山设备制造基地。积极拓展矿用设备、工程机械、农用机械、机床、汽车等

装备再制造领域，创建国家再制造产业示范基地。大力发展全自动染料配料机、液体助剂计量配送机、智能染色成套设备等纺织机械，加快发展农产品深加工、酿酒、医药等食品加工和生化医药装备及智能检测一体化成套设备，优化发展工程车桥、制动器、变速箱、轮毂、控制装置、监控装置等矿山设备和工程机械的关键零部件产品。

（四）加大政策支持力度，培育壮大“四新经济”新动能

加大资金投入，完善支持政策，创新融资模式，加快发展新材料、电子信息、新能源、节能环保、现代生物等战略性产业，打造特色战略性新兴产业集聚发展高地。

1. 发挥大企业的引领作用，促进新材料产业向创新驱动转变

充分发挥无机非金属材料的产业优势，依托大企业集团，推动自主创新与区外引智双轮驱动，建立产学研用研发体系，大力发展各种保温材料、环保涂料等新型建材，积极发展高端金属结构材料、强磁材料、金属熔覆材料等高端金属材料，提升碳纤维、超高分子量聚乙烯等高性能纤维及其复合材料的发展水平，推进实施一批重大产业化项目，壮大集群规模，提高区域品牌的影响力，打造世界级玻纤及制品和石膏工业基地，建设国家无机非金属材料基地。

2. 借力“两化”融合，推进电子信息产业软硬件双提升

以推进新一代信息技术与制造业深度融合为主线，以矿山电子信息和电力电子信息设备为重点，立足下游制造业的智能化需求，加强新产品研发，重点发展智能仪器仪表、汽车电子产品、光学电子、智能监测和自动化系统、LED等产业，打造特色电子信息设备产业集群。提高矿井采掘、提升、支护、吊装、运输、安全防护、监测仪器仪表等设备及装置的智能化水平，打造数字矿山系统集成总承包商。依托山东蓝光软件、东华合创数码科技、山东众志电子等龙头企业，突破发展自主可控的工业软件关键技术，建立工业研发设计平台和企业生产经营管理平台，开发面向重点领域的研发设计类、数字控制类、智能生产类和管理类工业软件。依托输变电产业的智能化，大力发展电力电子和自动化软件。依托泰安市云计算中心，加大力度建设基于云计算和大数据的创新应用和创业服务，建设泰安市信息化和大数据应用创新孵化基地。

3. 加大产品应用，促进新能源和节能环保产业特色化、规模化发展

以创建国家新能源示范城市为抓手，深入推进地源热泵利用工程、农林生物质能源化利用工程、新能源社区及校园示范工程、太阳能发电工程、风力发电工程、纯电动汽车推广应用工程、城市垃圾一体化处置工程等七大重点工程，大力推进太阳能、风能、生物质能、地热能的开发利用。加快开发、推广一批环保

关键技术和装备，以环境专用仪表仪器、节能环保装备、节能环保服务为重点，着力打造节能环保产业的设计、研发、制造基地。围绕钢铁、发电、焦炭、化工、造纸、印染、发酵等重点行业的环保设施进行技术改造，开发、推广余热余能利用、能量系统优化、节能机电等节能技术及产品，促进污水、废气以及固体排放物的回收处理和综合利用。着力发展洁净产品生产技术、环境工程与技术咨询、环保科技推广、环境信息服务等环保中介，加强质量、标准、知识产权建设，构建市场、技术、金融服务等公共服务平台，大力发展节能环保服务业。

4. 创新平台建设，推动生物产业跨越式发展

依托国家重点实验室和科研院所，建立商业化技术研发平台，提升创新能力，培育一批生物医药、生物农业、生物制造骨干企业和优势产品，全面提高生物产业的竞争力，建设全国有一定影响力的生物医药和生物育种基地。重点发展用于重大疾病防治的基因工程、抗体、多肽、核酸、新型抗生素等生物技术药物和治疗心脑血管、抗肿瘤、呼吸系统等疾病的软胶囊、气雾剂、口服液等现代中成药。开展生物技术产品在农业生产、畜禽养殖、生态保护和修复等领域的应用研究，加快生物饲料、生物农药、生物肥料等农用生物制品的产业化进程。坚持走多学科交叉、融合、渗透，自主研究开发与引进、消化、吸收国外先进技术相结合的路子，着力培育生物育种产业，打造一批“育繁推一体化”的种子企业。

（五）推进优质高效发展，培育现代服务业新动能

以生产性服务业专业化和价值链高端化、生活性服务业精细化和高品质化、公共服务业便捷化、制造业向生产服务型发展为方向，推动服务业壮大规模、拓宽领域、高效发展，将服务型经济打造成为新旧动能转换的主导力量。

1. 优先发展生产性服务业

加快生产性服务业向制造业全过程渗透，大力发展现代物流、信息服务、金融、电子商务、研发和创意、会展、教育培训等生产性服务业，引导企业向提供产品整体解决方案、在线支持服务、产品全生命周期管理、多元化融资服务等转型，加快形成高端生产性服务业与先进制造业、现代农业融合发展的新格局。一是积极融入省会城市群经济圈域内一小时高效物流服务圈，充分发挥物流节点城市功能，建设一批产业集聚、功能集成、经营集约的现代物流园区，健全现代物流网络，扩大第三方物流规模，优化物流企业供应链管理服务，提高物流企业配送的信息化、智能化、精准化水平，打造立足山东、服务周边省份、面向全国的区域性物流基地。二是以发展新一代信息技术为先导，强化融合发展与广泛应用，鼓励发展软件、信息传输、信息内容服务、信息服务外包等信息服务业，加

快神农智谷大数据中心、泰山云谷互联网产业园、泰安高新区通信金融呼叫服务外包基地建设，大力发展云计算、大数据和互联网创新产品。三是促进直接融资和间接融资协调发展，全面拓宽股票、债券、私募股权、资产证券化、保险资金运用等直接融资渠道，拓展农业、科技、健康等重点领域保险，促进普惠金融发展，深入开展新型农村合作金融试点，规范发展小额贷款、融资担保、民间融资、融资租赁等地方金融组织，积极稳妥地发展网络借贷、股权众筹、第三方支付等新型金融业态。加快推进泰安金融商务区建设，引进更多异地银行来泰设立分支机构，继续打造省级金融创新发展试点县、省级金融生态环境建设模范县和金融创新示范区。四是支持制造业企业特别是中小企业上网触电，支持电子商务和快递业协同发展，促进电子采购分销、网上定制以及上下游关联企业业务联动发展。五是坚持专业化、国际化、品牌化、信息化方向，培育壮大会展业的市场主体，优化发展环境，创新会展模式，拓展市场空间，推动会展业转型升级，放大泰山品牌效应，打造全省乃至全国一流的会展名城。六是着力发展研发设计、创意咨询和工艺创新，支持各类规划设计、检验检测平台建设，鼓励建立专业化、开放型的工业设计企业和服务中心，促进工业设计、创意向高端综合服务转变。七是推进教育培训与促进产业转型紧密衔接，大力发展全市“互联网＋教育”，加快构建完备的教育培训、教育咨询、教育研究、社会化教育后勤等产业链条。以泰山职业技术学院、山东服装职业学院、泰山护理职业学院和泰安技师学院等院校为基础，整合职业教育资源，打造鲁中蓝领培训基地。

2. 全力推进旅游业转型升级

以全域化、品质化、国际化、智慧化为导向，以产业转型升级为主线，突出泰山、徂徕山、汶河“两山一河”中心景区，深入实施“旅游全域化”与“旅游国际化”两大战略，重点推进旅游产业布局、项目建设、公共服务、产业融合、营销推广、消费促进和综合管理协调等体系建设，推动乡村旅游、休闲度假旅游快速发展，促进“旅游＋”重点行业、重点领域突破发展，创新旅游发展的体制和工作机制，努力形成“文化引领，项目带动，产业融合，创新驱动，整合发展”的产业发展模式，实现泰安旅游休闲业的新跨越。全面开放旅游市场，大力引进国际知名品牌酒店，提升对外接待能力和水平，提高高端游客的比重，加快旅游国际化的步伐；鼓励各类社会资本和境外资本进入国有集体土地、林地以及乡村民宿、农村电商、低空飞行、医疗旅游、健康旅游和养老旅游等领域开发旅游项目；引导与鼓励大型电子商务企业集团进入旅游领域，创新开发旅游电商新平台、多业融合新产品与智慧旅游新业态。支持旅游企业扩规模、强实力、创品牌，逐步形成实力强大、结构合理、优势互补、管理科学的旅游企业体系。加强与国内重点旅游区的合作，形成资源共享、产品互融、客源互送、信息互通的旅游一体化发展格局。积极融入省会都市圈，加强与半岛“8＋2”城市群的合作，推进旅游区域一体化建设。依托京沪高铁的“同城效应”，加强与高铁沿线城市的沟通与合作，促进京沪高铁沿线旅游的共同发展。力争将我市打造成国内著名休闲旅游城市和山东省中西部旅游文化产业高地，创建中外著名旅游目的地城市。

3. 繁荣发展生活性服务业

以信息化、网络化、便利化为方向，大力发展健康、体育等新兴服务业，不断提升住宿餐饮、商贸、社区服务、家庭服务、房地产等传统服务业，积极培育服务的新业态、新模式，全面提升生活性服务业的质量和效益，不断满足人民群众日益增长的多层次、多元化生活服务需求。一是大力发展基本医疗、特色医疗、健康管理、健康养生、健康保险以及健康云等全产业链健康服务，推进养医结合、康护一体，积极融入“仙海圣山、养生福地”大健康经济带，打造“养生泰山”服务品牌，建设北方高端的养生目的地。二是把体育产业作为绿色产业、朝阳产业加以大力扶持，加快发展竞赛表演、健身服务、体育休闲业，推动体育产业成为促进服务业发展的重要力量。三是推进住宿餐饮业标准化、精细化、人性化服务，支持“老字号”发展，强化品牌意识，加快名店、老店、特色店建设。提高宾馆、酒店星级服务标准，促进连锁化、网络化、集团化发展。优化商贸服务业布局，加强商业服务设施和网点规划建设，提升各级商业中心能级，推进社区商业设施、特色商业街建设。四是合理配置副食品市场、大众餐饮店、维修服务、废品回收等必备设施，科学布局便利店、快递、专卖店等选择性设施，拓展“微生活”“云社区”等新兴社区的服务模式，促进以互联网为基础的无店铺销售。五是重点支持一批管理规范、运作良好、形式多样的家庭服务企业。建设家庭服务网络平台，提供清洁、饮食料理、育儿服务、家庭教育等全日制、钟点制综合家庭服务。六是加快转变房地产供应和消费模式，以养老地产、旅游地产、城市公寓、农居 SOHO 等带动市场消费升级，以城市 CBD、工业地产、创业工场、商务地产等发展楼宇经济。

（六）实施项目带动战略，提供新旧动能转换的载体支撑

充分发挥重大项目推动新旧动能转换的核心载体和重要抓手作用，围绕省委、省政府确定的“10＋1”重大项目，立足我市基础良好、优势明显、关系当前和今后一个时期发展的关键领域，以关键基础设施、减煤减排、医养结合、农业综合试验区、黄河滩区治理和脱贫攻坚等项目为重点，加快研究论证，明确责任，倒排工期，积极争取相关政策，形成策划一批、论证一批、招商一批、争取一批、开工一批、投产一批的重点项目建设格局。建立新旧动能转换项目库和监管服

务系统，健全即时监督、结果评价、考核奖励等机制，实现对项目库项目的动态管理，确保入库项目落地、落实、见效。重点推进华东物流公共信息平台、国商商品交易中心、泰山复合材料产业园区及孵化平台、中国泰安医养融合产业示范基地、中国纺织机械研发推广中心暨泰山智能制造产业园、国家重大新药创制(药物吸入制剂方向)研发中心六大平台建设，实施好“泰山慢谷”、泰山新材料和新型建材示范区、中国泰山智慧物流产业中心、泰城生态水系建设、徂徕山抽水蓄能电站、新泰市采煤沉陷区光伏领跑基地、中德(泰安)安全生产技术交流平台暨中德(泰安)安全科技产业园等48个重大项目，为泰安新旧动能转换提供有力支撑。

四、下一步发展建议

一是力争把泰安列入新旧动能转换先行区，与济南同步规划建设，打造济泰新旧动能转换先行区。泰安与济南空间相连、距离最近，产业关联互补性强，将泰安与济南同步规划建设济泰新旧动能转换先行区，有利于拓宽省会发展空间，推进济南与泰安优势互补、共赢发展。泰安位于山东东西结合部，资源型、传统型产业占比较高，发展高端新兴产业具备良好条件，加快新旧动能转换既面临较大压力，也具备巨大潜力，将泰安列入新旧动能转换先行区，对于加快全省新旧动能转换将产生重要的示范和带动作用。

二是建议省委省政府、省有关部门和单位积极帮助泰安争取国家有关政策的支持。围绕国家已出台而我市尚未享受到的政策、我市正在争取而国家尚未明确的政策、需要国家特殊支持的政策、其他需要国家支持的政策四个方面，我市各级各部门认真思考、深入研究、充分论证，认真梳理国家有关区域和产业发展的优惠扶持政策，提出了符合我市实际、影响泰安目前和长远发展的15项重大政策：(1)泰安“两山一河”全域旅游示范区；(2)泰安医养结合示范市；(3)“泰山山水林田湖”生态环境保护修复试点；(4)泰安资源型城市可持续发展示范区；(5)岱岳区列入革命老区；(6)争创国家再制造产业示范基地；(7)新泰开发区升级为国家级经济技术开发区；(8)泰山农业高效、高质科技示范区；(9)肥城产业衰退地区振兴发展示范工程；(10)泰安市采煤沉陷区综合治理工程；(11)泰安国家生态文明试验区；(12)泰山中华优秀传统文化传承示范区；(13)青岛保税港泰安功能区；(14)将泰安高新技术开发区建设成为全国产城融合示范区；(15)肥城市独立工矿区改造搬迁试点。

三是力争将我市策划提出的重大项目和平台更多地纳入全省总体方案和规划盘子。按照省委、省政府的有关要求，我市结合实际，认真研究我市在全省发展大局中的定位，策划提出了一批重大项目、重大平台。这些重大项目和平台，对于破解当前制约我市发展的难题、增创泰安发展新优势具有关键的支撑作用和长远意义，同时也对加快全省新旧动能转换的步伐具有重要的促进作用。

（泰安市发展和改革委员会　完成时间：2017 年 6 月）

威海市关于深化供给侧结构性改革、加快建设现代化经济体系的研究

党的十九大报告首次提出建设现代化经济体系，强调建设现代化经济体系是跨越关口的迫切要求和我国发展的战略目标，这是新时代做好经济工作的总纲领和新要求。加快建设现代化经济体系，既是由我国的基本国情、发展阶段和目标任务决定的，也是有效解决新时代我国社会的主要矛盾，顺利跨越从“高速增长”转向“高质量发展”历史关口的必然选择。面对新时代、新目标、新要求，贯彻落实党的十九大精神，必须以新发展理念为引领，以供给侧结构性改革为主线，加快新旧动能接续转换，建设现代化经济体系，提升经济创新力和竞争力，努力实现更高质量、更有效率、更加公平、可持续的发展。

一、基础优势

党的十八大以来，我市主动适应把握、引领经济发展新常态，坚持稳中求进的工作总基调，聚焦发展所需、群众所盼、短板所在，着力推动经济转型升级，不断提高公共服务能力和水平，开创了现代化“幸福威海”建设的新局面。

一是综合实力大幅提升。近年来，我市经济发展保持稳中有进的良好态势，多数经济指标的增速始终保持在全省前五位，牢牢占据全省“第一方阵”，在全省科学发展考核中连续多年位居前列，群众满意度保持在全省第1位。2016年，全市生产总值达3212.2亿元，近五年年均增长9.3%；一般公共预算收入260.5亿元，年均增长15.4%；固定资产投资2879.4亿元，年均增长16.7%；三项指标分别高于全省年均增速0.6个、3.7个和0.7个百分点。2017年前三季度，在10项主要指标中，8项增速高于全省平均水平，7项居全省前五位，其中生产总值增长8.4%，高于全省0.9个百分点，居全省第4位。

二是产业体系日益完善。深入实施“产业强市，工业带动，突破发展服务业”战略，三次产业的比重调整为7.1∶45.6∶47.3。规划建设碳纤维产业园、

医疗器械与生物医药产业园、国际医疗健康产业城等高端产业园区，着力促进产业转型升级、集群发展，成为国内最大的医疗器械、高端轮胎、智能终端及打印设备、海洋食品、空港设备、高档渔具和地毯生产基地，获批国家全域旅游示范区、全国健康城市试点，成功创建国家级现代农业示范区、农产品质量安全市、食品安全示范城市。大力实施品牌战略，全市拥有中国驰名商标 35 件、山东省著名商标 133 件、地理标志证明商标 19 件、中国名牌产品 19 个、山东名牌产品 240 个、山东省服务名牌 76 个。

三是城市化步伐不断加快。加快推进“全域城市化，市域一体化”，户籍人口的城镇化率提高到 57.3%，常住人口的城镇化率提高到 65%，入选国家新型城镇化综合试点、首批国家智慧城市试点、信息惠民国家试点城市、宽带中国示范市，获批国家产城融合示范区。在全省率先实现环境空气质量全面达到国家二级标准，被确定为国家蓝色海湾整治行动城市，全面完成农村环境综合整治，城乡环卫一体化群众满意度保持在全省第 1 位。特别是在补齐基础设施短板方面，充分发挥处于海路交通起点、海陆联运交汇点的优势，着力完善内通外联的综合交通运输体系：青荣城铁全线贯通，莱荣高铁前期工作加快推进；荣文高速建成通车，文莱高速开工建设，实现“县县通高速”；开通广威韩特需班列、韩威广越海铁联运跨境集装箱运输班列、威海—汉堡中欧班列、威海港—杜伊斯堡港海铁联运中欧班列 4 列海铁联运班列；威海新机场、城市轨道交通等重大项目顺利推进，初步构建起市域一体、国内通达、联通海外的“三大交通圈”。

四是创新创业活力迸发。全面优化创新环境、激发市场活力，拥有高新技术企业 228 家、科技型企业 1523 家、国家级研发平台 22 家、省级研发平台 288 家，建成工信部威海电子信息技术综合研究中心、碳纤维产业研究院、机器人与智能装备产业研究院等 26 个产业公共创新平台；与 170 家高校院所建立产学研合作关系，高区成为山东半岛国家自主创新示范区的重要组成部分，全市高新技术产业产值的比重达到 40.8%。成功创建全国首批创业先进城市，高区、迪尚集团入选第二批国家“双创”示范基地，在全省率先建成创业大学，国家级众创空间达到 11 家，大众创业、万众创新成为经济增长的新引擎、转型升级的新动能。

五是改革开放持续深化。作为改革开放 30 年全国 18 个典型地区之一，近年来，我市主动承担国家、省级改革试点 70 项，入选中欧城镇化伙伴关系示范城市，成为国家中医药综合改革试验区、国家级医养结合试点城市、居家和社区养老服务改革试点地区，成功入选全国首批社会信用体系建设示范城市，全省首家民营银行——蓝海银行正式运营。被确定为中韩自贸区地方经济合作示范区、国家服务贸易创新发展试点城市，入选山东省跨境电子商务综合试验区，获批设立威海综合保税区，贸易便利化、功能性口岸建设、跨境电商等领域一系列先行先试政策落地实施，改革开放先行区的地位和优势进一步凸显，全市外贸进出口总额达到1190.5亿元。

六是社会民生持续改善。民生财政支出占比达到83.9%，城镇登记失业率保持全省最低，城乡收入比缩小到2.24∶1，低于全省平均水平。养老保险、医疗保险在全国率先实现城乡统筹、市域统筹，各项社会保障和救助标准居于全省领先地位，人社公共服务一体化信息便民工程建设经验在全国推广，成为全国首批、全省首个所辖县区全部达到"国家义务教育发展基本均衡县"标准的地级市，实现教育优质均衡发展"满堂红"。被整建制认定为国家农产品质量安全市，入选首批国家食品安全示范城市，"双城联创"经验在全国推广。以地级市第1名的成绩成功创建全国文明城市。

二、存在的不足

近年来，我市经济社会发展取得巨大成绩，但仍存在不平衡、不充分的问题，主要体现在以下几个方面：

一是经济总量规模有待进一步提升。从人均生产总值、居民人均可支配收入等经济指标看，我市均位于全省前列，是省内经济发达地区。但从经济总量看，我市在全省17个地级市中处于中等行列，存在经济总量偏小、影响力偏弱等问题，特别是在一些先行先试政策的争取上，经济总量不大，在一定程度上增加了争取难度。

二是发展质量效益有待进一步提升。近年来，随着"产业强市，工业带动，突破发展服务业"战略的深入实施，我市工业化进程加快，产业集聚、集约发展态势明显，传统产业与新兴产业融合加速，现代产业体系进入初步形成期。同时，产业现代化、智能化水平不高，创新引领作用不强，开放程度不高等短板，制约了现代产业体系建设，需系统谋划、精准施策，加快构建更具竞争力的现代产业体系。

三是科技创新能力有待进一步提升。深入实施科教兴市、人才强市和创新驱动发展战略，着力解决产业基础薄弱、高校院所少、人才聚集难等制约科技创新的突出问题，创新型城市建设成效明显。但与全市经济发展需求相比，还存在源头创新不够多、创新环境不够优、企业主体地位不够强等问题。

四是城市承载功能有待进一步提升。深入实施"全域城市化，市域一体化"战略，着力推进规划全域覆盖、交通全域畅通、产业全域布局、社会公共服务全域均衡，城市综合承载力、集聚力和辐射力不断提高。但同时还存在城市新区与老城区建设不平衡、生态环境承载能力不足、市政基础设施标准不够高等问题。

五是公共服务供给有待进一步提升。按照“全域城市化，市域一体化”的要求，坚持以“同城同待遇”为目标，不断提升城乡公共服务水平，逐步实现义务教育、就业创业、社会保障、基本医疗、住房保障等基本公共服务覆盖市域常住人口。但城市与农村建设仍存在不平衡的问题，部分农村地区的基础设施仍然存在短板，如污水处理设施缺乏、供暖能力不足、绿化美化质量有待提升等。

三、目标要求

当前和今后一段时期，是加快动能转换、实现转型跨越、厚植发展优势的关键时期。加快建设现代化经济体系，既是做好经济工作的总纲领，也是提高经济质量的新要求。建设现代化经济体系，不仅要充分反映我市社会生产力的发展和科技进步水平，而且还要充分反映世界先进科技水平及新产业革命的要求；必须符合“协同平衡发展”的实际需求，既要发挥和释放长板优势，又要通过补短板释放短板潜力；必须坚持内外联动，在更大范围、更宽领域、更深层次上发展开放型经济，更好地利用国内、国际“两个市场、两种资源”。

综合考虑未来的发展趋势和自身的优势条件，围绕市第十五次党代会提出的“提前全面建成小康社会，实现现代化幸福威海建设新跨越，打造更具影响力的宜居、宜业、宜游、宜学的卓越城市”的总体目标，按照争当全省走在前列排头兵的工作定位，结合我市现代化经济体系建设的目标要求，建议未来的发展目标为：

到 2020 年，新旧动能接续转换成效显著，新经济、新动能成为全市经济的支柱，现代化经济体系建设取得阶段性成果。

——综合实力大幅增强。在提高发展的平衡性、包容性、可持续性的基础上，经济保持中高速增长，迈向中高端水平，生产总值年均增长 8%左右，达到 4600 亿元，人均生产总值达到高收入国家水平，全市经济社会更加繁荣，区域发展更加协调，生态环境更加优美，社会文明更加进步，人民生活更加幸福。

——实体经济加快壮大。打造一批在国内具有重要影响力的战略性新兴产业基地，发展一批具有核心竞争力和品牌美誉度的行业龙头企业，培育一批活力强劲、勇于开拓的“小件巨人”，战略性新兴产业的产值年均增长 15%以上，高新技术企业、科技型企业分别达到 500 家和 3000 家，高新技术产业的产值占规模以上工业企业总产值的比重超过 45%，服务业的比重达到 50%以上。

——创新能力有效提升。创新创业环境明显优化，科技创新体系逐步完善，新技术研发、转化、推广不断加快，形成一批在国内具有重要影响力的科技成果、知识产权和高端品牌，科技进步贡献率达到65%以上；全社会研发经费占地区生产总值的比重达到2.85%；省级以上创新平台达到310家，其中国家级创新平台达到30家；科技企业孵化器达到50家以上，每万人拥有发明专利15件。

——区域发展协调均衡。“全域城市化，市域一体化”的城市形态更加清晰，户籍人口和常住人口的城镇化率分别达到68%和70%以上，以社区为重点，各项服务设施更加完善，形成社区“15分钟生活圈”，全体市民普遍享受到均等化、优质化的基本公共服务。

——对外开放更加全面。形成陆海内外联动的开放格局，对外贸易结构进一步优化，利用外资水平不断提升，成为贸易强市、对外投资强市，拥有一批面向东北亚的贸易中心、研发中心，以及面向全球的创新合作、产能合作、服务合作、投融资合作网络。

——市场机制更加完善。坚持简政放权、放管结合、优化服务，大力推进“互联网＋政务服务”，政府在行政审批、制度调整、标准规范等方面的服务更具科学性、灵活性和针对性，审批事项少、办事效率高、服务质量优的政务环境基本形成。

到2035年，率先实现社会主义现代化，全市生产总值达到1万亿元，人均生产总值超过30万元，形成以高新技术产业为引领、以先进制造业和现代服务业为支柱、三次产业协调融合发展的现代产业体系，建成经济发达、创新创业、美丽宜居、和谐幸福的国际化城市。

到本世纪中叶，在率先实现社会主义现代化的基础上，经济社会文化更加繁荣，区域之间更加协调，生态环境更加优美，人民生活水平更加富足，建成更具竞争力、更富吸引力和更有魅力的国际化都市区。

四、思路建议

加快建设现代化经济体系，必须以供给侧结构性改革为主线，加快实施新旧动能转换重大工程，坚持产业为王、项目为王、企业为王，落实目标和责任，培育产业和项目，打造园区和平台，创新政策和机制，把环境和能力建设牢牢抓在手上，坚定不移地推动高质量发展，夯实经济转型升级的基础，推动经济发展质量变革、效率变革、动力变革。

(一)抓实体兴产业,提升质量效益

建设现代化经济体系,实体经济是不可动摇的根基。坚定不移地深入实施"产业强市,工业带动,突破发展服务业"战略,以供给侧结构性改革为主线,把提高供给体系质量作为主攻方向,推动产业结构迈向中高端,构建具有持续创新能力和较强竞争力的现代产业体系。

一是提升制造业的核心竞争力。(1)着力打造千亿元级产业集群。重点发展新一代信息技术、新医药与医疗器械、先进装备与智能制造、碳纤维等复合材料、海洋生物与健康食品、时尚与休闲运动产品、康养旅游 7 个千亿元级产业集群,瞄准国际标准,聚集一批行业领军企业,推动新一代信息技术、医疗器械、碳纤维、休闲体育等产业迈向全球价值链中高端,着力构建具有威海特色的现代产业体系,积极创建"中国制造 2025"国家级示范区。制定千亿元级产业集群发展规划和三年行动计划,明晰任务书、路线图、时间表,在每个产业集群筛选储备一批重点项目,纳入市级重点项目及新旧动能转换项目库,优化项目服务管理,带动产业集群快速发展壮大。(2)改造提升传统优势产业。制定技术改造提升三年行动计划,实施"百项千亿"工程,开展"企业上云"专项行动,加快优势制造业产业链延伸、价值链提升、创新链突破,推进智能制造单元、智能生产线、智能车间、智能工厂建设,支持企业发展网络协同制造、个性化定制、服务型制造,推动传统生产模式向大规模个性化定制和"制造+服务"转型升级。(3)积极培育布局未来产业。围绕人工智能、石墨烯、增材制造、卫星导航、数字经济等未来产业,出台相关扶持政策,全面加快智慧产业化进程,推动智慧、技术、创意加速向现实生产力转化。突破发展信息经济,积极引进先进适用的集成电路、高端封装测试、新型显示等企业,培育新一代通信产品、云计算、大数据、集成电路设计及制造、物联网、高端软件等新增长点。推动北洋集团、威高集团等与浪潮集团在健康医疗大数据、云计算等领域开展合作,提升我市大数据、云计算等产业的水平。(4)实施品牌和质量强市战略。以创建质量强市示范市为抓手,大力弘扬精益求精的劳模精神和工匠精神,支持企业增品种、提品质、创品牌,努力打造名牌企业、百年企业,争创全国知名品牌创建示范区。(5)加快淘汰落后、过剩产能。有序处置僵尸、空壳企业,优化存量资源配置,扩大优质增量供给。

二是加快突破现代服务业。适应消费升级需求,建设一批功能定位清晰、示范带动效应强的服务业集聚区,推动生产性服务业社会化、专业化、高端化,生活性服务业便利化、精细化、品质化,加快构建服务业特色产业体系。(1)培育服务业发展载体。加快推进环翠区省级现代服务业集聚示范区建设和荣成

市“十三五”省级服务业综合改革试点，加强省级服务业城区、园区、企业管理，积极培育服务业特色小镇，力争新创建一批省级服务业集聚区、服务业特色小镇。(2)培育服务业新兴业态。重点发展全域旅游、康养、软件和服务外包、时尚创意、跨境和冷链物流等特色产业，创建全国冷链物流示范城市，在中高端消费、创新引领、绿色低碳、共享经济等领域积极培育新兴业态，促进服务业扩大规模、拓展空间、优质高效发展。(3)培育服务业发展品牌。发挥自然环境优势，建设以高端医疗健康服务为主的国际医疗健康产业城，培育健康、养生、运动、旅游等完整的产业链条和服务链条，积极引进大型品牌主题公园，推出一批世界级旅游产品和品牌，打造国际旅游目的地、休闲度假新天堂，建设业态丰富、一体发展的国家全域旅游示范城市。围绕工业设计、建筑设计、文化传承、文化创意等重点领域，抓好一批国家级平台载体建设，策划举办具有国际影响力的时尚周、音乐节、旅游节等重大文化活动以及服装设计大赛、国际建筑设计博览会等品牌赛事，打造国际化的时尚创意城市。

三是发展壮大智慧海洋经济。面向世界海洋科技和经济发展前沿，创新海洋发展模式，加快由海洋渔业大市向海洋经济强市跨越。(1)深入实施海洋强市战略。以建设国家海洋经济创新发展示范市为抓手，坚持陆海统筹，推动海洋产业向深蓝、高端、融合发展，不断提高海洋经济占比和附加值。(2)集聚高端要素资源。每年谋划推进25个左右蓝区重大事项，加强与高校院所、央企的合作，引进建设一批国家级科研平台，抓好国家浅海综合试验场、中科院海洋生物与碳汇研究基地等已落地国家级平台的建设运行。(3)推进海洋产业转型升级。积极争取国家“智慧海洋”工程示范项目建设，重点打造海洋生物医药、高端海洋装备、海产品精深加工三个产业链条，培育壮大休闲渔业、海洋金融、涉海服务等新兴产业，高标准建设国际海洋商品交易中心等平台，逐步形成北方乃至全国海产品定价中心和交易中心。(4)加强涉海顶尖人才储备。积极推动省市两级蓝色产业领军人才团队项目建设，强化海洋科技人才支撑。借鉴德国“双元制”职业教育模式，校企联手办好职业教育，加强海洋专业学院建设，打造特色鲜明的海洋教育基地。

四是培育壮大临港产业。推进港城互动、一体发展，明确各个港区的功能定位，加快构建以威海港区、南海港区为核心港，各港区层次分明、优势互补、竞争有序、协同发展的现代化港口集群大格局，逐步实现港口发展重心由“单一港口发展”向“港城深度融合”转变，集疏运体系由“港口周边”向“陆路腹地”延伸。重点依托威海港区、南海港区、石岛港区、乳山港区，发展重型装备制造、港口物流、海水淡化以及大进大出型产业。威海港区，着力发展港口物流、多式联运，重点打造面向东北亚的客运中心、滚装物流中心、保税物流中心；南海港区，加快建设疏港铁路，依托广袤腹地，重点发展重型装备、大型铸件等产业以及大宗散杂货中转运输，全力打造以海港和铁路中转站为依托的临港产业聚集区；石岛港区，增加地区性集装箱业务，推动渔产品加工业、旅游业和外贸经济发展，增加港口仓储、加工、贸易等功能；乳山港区，培育港口现代服务功能，规划建设临港物流园区，加快发展临港仓储、冷链物流、海运商贸等产业，拓展与韩国、日本等国家和地区的进出口贸易，建设区域航运中转站和高端优质的港口服务平台。以服务临港产业为重点，建设现代物流体系，推进威海铁路物流产业园等园区建设，积极发展现代金融和信息服务业，为港口、港城、港区发展提供金融保险、信息中介、法律咨询等服务。不断完善港区生产生活配套服务设施，进一步提升港口综合服务功能。

五是着力抓好高端产业园区建设。按照“一园一特色”的思路，加快推进碳纤维产业园、医疗器械与生物医药产业园、电子信息与智能制造产业园、威海（荣成）海洋高技术产业园、软件和服务外包产业园、南海石墨烯产业园、威海铁路物流产业园等高端产业园区建设，尽快在环翠区、乳山市谋划建设高端产园区，确保每个区市至少有一个高端产业园区。研究制定专项扶持政策，每个园区集中支持2～3个龙头企业做大做强，培育壮大一批细分领域“专、精、特、新”行业领军企业，拉长产业链条，提高产业集中度，形成“龙头企业＋行业领军企业＋产业链条＋政策支持＋市场开发”的梯队发展、集约集聚发展格局，打造带动全市经济增长的龙头。精心谋划园区项目引进，重点做好“点、线、面”结合的文章，通过重点项目“点”的突破，带动产业链条“线”的串联，形成产业集群“面”的效应，力争把每个高端产业园区都打造成千亿元级产业集群聚集区。

六是深度拓展产业发展空间。(1)深入实施“互联网＋”行动。制定工业互联网创新发展实施意见，加快培育大数据等新兴产业，尽快将基于云计算、大数据、物联网的新产业培育成主导产业。以“两化”融合为切入点，加快传统产业智能化升级、绿色化改造、服务化延伸，推动互联网、大数据、人工智能和实体经济深度融合，培育更多增长点，形成发展新动能。(2)推进军民融合深度发展。编制军民融合发展规划、国民经济动员规划，加快中国航天（威海）军民融合产业转移中心、中国山东航天科技博览基地等项目建设，争取广泰空港、三角轮胎等9家企业入选省级国民经济动员中心，创建国家级国民经济动员中心，积极争创国家军民融合创新示范区。创建国家科技军民融合协同创新平台，与中物院共建军民融合技术创新服务联盟，在光电装备、航空航天地面装备等领域建设一批创新平台。到2020年，发展军民科技融合企业200家以上，推动涉军企业高端化发展。

(二)抓创新强引擎,加快动能转换

建设现代化经济体系,创新是第一动力,是战略支撑。抢抓新一轮科技革命和产业变革的重大机遇,把创新摆在全市发展全局的核心位置,坚持技术创新与深化体制机制改革"双轮驱动",加快推进新旧动能接续转换,塑造更多依靠创新驱动、发挥先发优势的引领型发展项目。

一是全面提升区域创新能力。大力推进创新型城市建设,打造具有较强带动力的国家创新型城市和区域创新中心,加快实现从"威海制造"向"威海创造"的战略性转变。(1)加强重大科技平台建设。以创新需求为导向,加快建设一批前沿科技研发平台、科技成果转化平台、创新创业孵化平台,打造覆盖创新全链条的平台载体。前沿科技研发平台,以国家(威海)区域创新中心为龙头,重点加强共性关键核心技术和基础性、前沿性创新技术攻关,鼓励国字号平台加强产业技术创新,支持行业领军企业建设研发平台,形成"1+3+N"资源共享、优势互补、深度融合的创新研发格局。科技成果转化平台,加强与10所驻威高校的对接,办好政产学研金对接洽谈会,捅破科研创新与产业需求、科技成果与产业转化的"最后一层窗户纸",同时引进更多高校院所来我市设立分支机构和科研院所,争取一批科技成果在威海落地转化。实施产学研合作创新专项计划,推进与高校新建产学研合作联盟,加强与韩日、欧美等国外科研机构的合作,引进更多国内外知名的技术转移机构。创新创业孵化平台,以高区、迪尚国家"双创"示范基地建设为引领,建设一批具有国际水平的创新孵化、技术转移、科技金融等服务机构和开放平台,建立"苗圃—专业孵化器—加速器—产业园区"的全链条创新创业孵化体系。建设好高校创新创业平台,推动哈工大威海创新创业园打造集前沿技术研究、中试和工程化研究、成果转化于一体的创新创业示范样板,支持山东大学(威海)、北京交通大学(威海)、哈尔滨理工大学、北京高科联盟等高校建设科技园、科创城、创新创业基地。(2)强化企业的创新主体地位。鼓励企业加大研发投入,健全技术研发、产品创新、科技成果转化机制,重点支持年产值20亿~100亿元的骨干企业,膨胀发展成为科技巨人和创新型领军企业,加快培育更多"独角兽"企业、科技型"瞪羚"企业,力争高新技术企业突破500家、科技型中小微企业突破3000家。支持企业独立或联合建立研发机构,推动企业创新平台资源向行业其他中小企业开放共享,布局建设市级平台100家,力争国家级平台达到30家、省级平台达到280家,形成质量齐升、梯次合理、作用突出的研发平台体系。通过产业园区建设聚集创新资源,特别是五大高端产业园区,每个园区都要配套建设公共创新、公共检测、公共服务等平台,打造吸引高端人才、整合创新要素、集聚新兴产业的有效载体。(3)健全产学研用协同机制。坚持以“用”为导向，瞄准区域创新重大战略和重点创新产业园区发展，加快聚集国内外科技创新资源，打造中欧膜技术应用、中俄技术创新合作等国际科技合作品牌，重点建设以中韩技术转移中心、国际树枝状及超支化聚合物应用创新中心、中以蓝色创新园区等为代表的国际技术转移机构、联合研发机构和国际科技合作特色园区；与国内高校院所开展精准对接，汇聚更多高水平创新团队和科技成果，引进青岛大学等产业研究院、中试基地，加快发展高校院所技术转移机构，力争产学研技术创新战略联盟达到 25 家。

二是全面完善创新发展保障。深化科技体制改革，加大财政投入力度，转变财政支持方式，健全普惠的创新政策制度体系。(1)优化创新创业服务环境。启动科技云平台建设，实施科技服务业提升工程，重点培育提供科技评价、技术经纪、知识产权等相关专业性服务的第三方机构，到 2020 年，科技服务中介机构达到 100 家左右。(2)推动科技金融深度融合。设立科创基金，引导国家、省级政府性投资基金和各类社会资本支持高技术项目实施和成果转化。启动市级知识产权质押融资企业财务费用补助和银行贷款风险补偿工作，扩大科技成果转化贷款风险补偿资金合作银行的范围，争取威海市商业银行开展投贷联动试点，不断扩大科技金融对实体经济企业的支持范围。(3)建设知识产权示范城市。加大知识产权的保护运营力度，推进企业海外专利布局。转变财政资金的支持引导方向，加大对发明专利授权与维持的支持力度，同步提高发明专利数量和质量。聚焦重点产业发展关键核心技术，支持企业形成一批核心知识产权，力争 3～5 项核心知识产权进入全省百项关键核心技术专利群。建立高端医疗器械专业数据库，强化运营机构建设，开展知识产权导航和分析评议，提高知识产权对产业创新发展的驱动能力。依托市知识产权维权援助中心，建设集成各类服务功能、公共服务能力突出的专利信息综合服务平台，加快国家知识产权纠纷仲裁调节试点建设。(4)构建统一的技术交易体系。围绕新兴产业和传统优势产业发展，构建与省网互联互通、覆盖全市的网上技术交易平台，打造山东科技成果转移转化和科技金融威海分平台，建成 100 家技术转移服务机构、10 家以上省级技术转移机构，培育 1000 名技术经纪人，努力将我市建成山东半岛科技成果转移转化枢纽城市，推动一批优质科技成果在我市转化落地。

三是全面深化创新机制建设。(1)建立完善的创新决策机制。创新决策咨询机制，引进科技咨询机构，提高分析研判能力，定期向市委、市政府报告国家、省科技创新布局和发展态势，为市级重大决策和政策出台提供参考。(2)创新规划设计机制，建立新型科技智库，深度挖掘创新主体的需求，提高科技创新规划设计的针对性和实效性。(3)创新政策更新机制，定期开展创新政策绩效评估，大力破除体制机制制约，加快构建适应新时代区域创新发展需要的政策体系。(4)建立高效的创新投入机制。整合和优化科技计划支持体系,采取有偿与无偿相结合,事前与事后相结合,竞争性、稳定性和普惠性相结合的支持方式,集中力量支持区域重大创新战略实施;支持以产业集群高端化发展为导向、以企业为主体的重大创新平台建设、关键共性技术攻关、普惠政策供给、创新创业环境建设。高效用好财政科技资金,探索以政府购买服务的方式引入第三方机构,开展科技项目管理,进一步提高财政科技资金的使用效益。进一步完善落实激励企业研发的普惠性政策,引导企业建立研发准备金制度,把研发投入和创新绩效作为重要的考核指标。(5)建立优越的创新服务机制。强化公共创新服务能力和水平建设,不断完善科技创新综合服务平台的功能,开展“科技云服务”,提升服务科技型企业的能力。扩大普惠性政策的补贴范围,更大程度地降低创新门槛和成本。持续优化创新生态,打造集未来展示、科普教育、研发创新等功能于一体的科技中心,提高全社会的科技文化素质和创新能力,树立崇尚创新的社会风尚。

四是全面强化创新人才支撑。深入实施“威海英才计划”,更加注重人才聚集的质量和效益,更加注重构建完善有利于人才聚集发展的机制和环境,大力实施三项行动,统筹抓好各类人才队伍建设,加快建设人才发展的战略高地。(1)实施高端人才引进行动。做好“百千万人才工程”人选、泰山学者、蓝色产业领军人才等高层次人才的选拔培养工作,力争专家团队总数达到50个以上。建立起柔性引才、用才模式,研究制定离岸创新人才使用办法,每年举办“威海英创会”,引进急需紧缺的高端人才智力资源,打造全国招才引智的知名品牌;依托重大科技创新平台,鼓励企业到海外设立研发机构,引企业、引人才,留企业、留人才,集聚一批首席科学家、产业领军人才、科技创新人才和高技能人才。(2)实施大学生来威创新创业行动。大力引进高校毕业生到我市创新创业,重点加强与10所驻威高校的合作,每年举办企业与驻威高校师生对接活动,在公积金缴存、购房租房、公共交通、落户等方面推出针对大学生的优惠政策,进一步增强驻威高校师生对威海的认同感和主人翁意识。(3)实施企业管理和技能人才培育行动。重点抓好企业家队伍、专业技术人才队伍、高技能人才队伍的培育建设,深化提升“金蓝领”培训项目,培育一批技能型人才队伍,形成“企业培训技能人才,高技能人才协助引进企业”的发展格局。(4)办好职业教育。立足全市产业发展的需要,推进产教深度融合,改革专业课程体系,优化专业设置,推行工学结合、校企合作和现代学徒制培养模式,培养更多满足全市产业发展需要的技能型人才。扩大“3+4”对口贯通分段培养试点、“三二连读”联合培养模式范围,拓宽技术技能型人才的培养途径。(5)构建务实管用的人才工作机制。探索建立重业绩、重贡献的科学化、社会化、专业化的人才评价机制,引导企业建立创新激励制度，鼓励企业通过股权、期权、分红等激励方式，调动科研人员创新的积极性。鼓励有条件的单位建立人才科研载体、创新创业基地、创业服务中心等。完善人才综合服务平台，实现各类人才服务一站式办理。对引进的紧缺急需人才，特别是国际顶尖人才，在签证居留、配偶安置、子女入学等方面给予优惠政策。

（三）抓区域促协调，统筹城乡发展

建设现代化经济体系，统筹城乡、区域发展是必要措施。认真落实“建立健全城乡融合发展体制机制和政策体系”要求，坚持“全域城市化，市域一体化”，以实现从城市到乡村的全面现代化为发展目标，把解决好“三农”问题作为重中之重，全面实施乡村振兴战略，加快推进农业、农村现代化，全面提升各区域发展质量，打造具有威海特色的城市化发展典范。

一是持续优化城市形态。构建“中心城区—次中心城市—特色小城镇—美丽乡村”四级城镇体系，形成“全域美丽乡村，5～10 公里一个特色城镇，25 公里左右一个小城市”的城市群空间布局，建设疏密相间、错落有致、功能互补、市域一体的生态化、组合型都市区。(1)中心城区突出国际化。全面对接国际城市标准，构筑城市品质国际化的硬件基础和软件功能，提高城市公共服务的国际化水平，营造宜居、宜业、宜游、宜学的国际化城市功能环境。加快东部滨海新城的开发建设，促进中心城区、临港区、文登城区、南海新区对接，有序推进双岛湾科技城开发建设，实现同城融合发展。(2)次中心城市提档升级。以文登区、荣成市、乳山市驻地和石岛管理区、南海新区、乳山滨海新城为重点，着力打造 6 个次中心城市，增强辐射带动区域发展的能力。石岛管理区、南海新区、乳山滨海新区坚持产城融合发展，优化提升城市功能，增强商务和公共服务功能，吸引人流、物流、资金流、信息流充分汇聚。(3)小城镇特色化发展。沿千公里海岸线和内陆发达地区，重点建设 20 个产业特色鲜明、生态环境优美、功能设施完善的小城镇，积极开展扩权强镇试点，逐步培育成经济繁荣、配套齐全、环境优美的现代化小城市。保护性开发好运角旅游度假区、昆嵛山旅游度假区、里口山城市山地公园，打造知名山海旅游目的地。立足产业“特而强”、功能“聚而合”、形态“小而美”、机制“新而活”，积极发展特色小镇，加快环翠区温泉风情小镇等 4 个省级特色小镇建设，着力培育国家级特色小镇，发展优势主导特色产业，提升就地转移就业人口市民化产业的支撑能力。(4)美丽乡村建设。按照分类建设、梯次推进的思路，加快编制全域美丽乡村建设规划，在宜居、幸福、生态上做文章，从改造进城、打造旅游名村、建设美丽乡村示范村三个层次，加快美丽乡村建设，做到一村一规、彰显特色，配套建设基础设施和公共服务设施，让农民就地享受城市化生活，确保到2020年全市建成100个省级美丽乡村示范村、200个市级美丽乡村示范村，美丽乡村覆盖率达到75%以上。

二是提升城市的品质内涵。摒弃千城一面，塑造城市之美，在城市规划建设中努力寻找特色、强化特色、建构特色。(1)城市气质国际化。彰显威海生态、休闲、文化、创业的特色，大力提升城市魅力，做到规划精致、建设精优、管理精细，推动特色自然景观与城市布局形态有机融合，让城市充分体现绿色生态、文化传承、地域特色和鲜明个性。研究加快国际学校、涉外门诊、双语标志、自助导游等服务体系建设的具体意见，在城市建设、语言环境、文化教育、医疗服务、休闲旅游、社会管理等方面加强与国际标准接轨，推动威海由开放型城市向国际化城市跨越。(2)城市建设现代化。坚持精致有序，着力提升城市的建设水平，加强城市环境的综合整治，实施“城市双修”工程，加大海绵城市的建设力度，到2020年，力争海绵城市的建设面积达到城市建成区面积的25%以上。加快推进市群众艺术馆、市图书馆新馆建设，抓好“城市书房”建设，不断增强城市在创业创新、综合承载和公共服务方面的功能。持续深化文明城市建设，推进“君子之风·美德威海”建设，全面提升城市人居品质。大力发展装配式建筑产业，推行住宅全装修，开展BIM技术应用试点示范。(3)城市管理智慧化。推动信息化在城市建设管理领域的深度应用，围绕教育、交通、旅游、环保等智慧城市的重点领域，实施一批重点工程和项目，建设智慧城市运营管理中心等平台，全面提升城市数字化、智慧化水平。(4)城市产业融合化。坚持以产兴城、以城带产，千方百计壮大城市的产业规模，紧紧围绕产业发展需要和人的发展需求完善城市功能，加快发展以城市为载体和发展空间的新兴经济业态，完善园区生活设施，配套建设居住、医疗、教育、商业等生产生活服务设施，打造集约高效的生产空间和宜居适度的生活空间，不断提升城市对农村居民的吸引力和承载力。(5)城市环境生态化。坚持生态、生产、生活“三生共融”，持续加强环境保护和资源节约，划定水体保护线、绿地系统线、生态保护线，加大绿色建筑强制推广的力度，推进东部滨海新城、双岛湾科技城等绿色生态城区建设，到2020年，县级以上城市规划建设用地范围内全面执行绿色建筑设计标准；按照“300米见绿，500米见园”的要求，在市区范围内规划建设100处面积2万平方米以内、市民5～8分钟可达、300～500米服务半径的城市小游园，到2020年，建成区绿化覆盖率达到49%以上，营造良好的城市生态环境，创建国家可持续发展议程创新示范区。

三是增强城市的承载能力。进一步完善城市功能，补齐基础设施特别是农村地区基础设施短板，提高城市对各类发展要素的聚集能力。(1)构建综合交通体系。按照构建市域一体、国内通达、联通海外“三大交通圈”的思路，聚焦人流通达、物流集散，编制威海市综合交通网发展规划，推动各类交通方式顺畅接驳。市域一体方面，着力推进中心城区与重点区域、各重点区域之间的快速通达，构建城市核心路网骨架，建成优势交通工具半小时通达型城市；加快环山快速路建设，打通串联中心城区的快速交通道路；规划建设荣乌高速威海绕城段、泊南线、新机场—荣成道路、市区—新机场—昆嵛山—乳山快速通道等重点区域的快速连接线，全面拉近各区域"空间距离"；加快推进轨道交通建设，适时启动东部滨海新城—老城区、中心城区—文登区—南海新区、中心城区—双岛湾科技城等重点线路建设，完善市内公交体系，积极创建公交都市，打造以"轨道交通＋快速公交"为骨架的综合立体公交运营体系；抓好新机场、高铁站等互联互通综合枢纽建设，推动高铁、飞机、轨道交通、公路等多种交通方式"无缝对接"，打通交通连接关键点。国内通达方面，加快推进莱荣高铁建设，争取2018年开工，2021年建成通车，尽快形成环形高铁网；做好威海新机场选址工作，适时启动建设；加快推进文莱高速、乳山口大桥等项目建设，进一步拓展对外公路通道；继续加密国内飞机、高铁班次，对新线路开通给予适当财政补贴，积极培育客流市场，尽快形成飞机直达所有省会城市及东部较大城市、高铁直达全国中心城市的出行格局。联通海外方面，发挥海陆交汇优势，推进货运枢纽集疏运体系建设，加快形成多式联运网络主骨架，建设多式联运铁路枢纽中心，积极开行加密跨境班列，推动班列稳定化、常态化运行，打造东接日韩、西连中亚和欧洲、北上俄罗斯、南通南亚的国际海铁联运"第一通道"；加快推进港口整合，明确各港区的功能定位，实现"一城一港"，加强与内地的对接，在中西部地区布局建设无水港，把我市打造成为重要的"一带一路"海陆节点城市；积极开通至日本、欧美等国家的飞机航线，并保持常态化运行。(2)健全市政设施体系。坚持合理布局、方便群众，不断完善市政基础设施体系。加强市政道路建设，实施东部滨海新城、双岛湾科技城等重点区域115条道路改扩建工程，以及中心城区、文登区、荣成市区等45条道路升级改造工程，全面打通"断头路"。规划建设好休闲慢行绿道走廊，以水为脉络，以公园为节点，串联全市山体"绿核"，建设、改造绿道慢行系统，发展步行和自行车等慢行交通，提高居民的宜居幸福感。以获批国家地下综合管廊试点城市为契机，加快推进东部滨海新城地下综合管廊建设，到2020年，高标准建设城市地下综合管廊60公里以上并投入运营，地下综合管廊建设维护标准、管线入廊政策、管廊有偿使用制度等规范体系基本建立。提升垃圾、污水的处理能力，实施文登区日供水5万吨管网、蔄山净水厂二期、泊于净水厂等工程，加快经区污水处理厂二期、临港区污水处理厂等建设。推进生活垃圾处理项目建设，完善餐厨废弃物处置体系，完成文登区生活垃圾焚烧厂、市垃圾焚烧厂扩建等项目。推进污泥安全处置，到2020年，所有城市污水处理厂污泥综合利用率达到100%。加快推进老旧管网改造，推行供热行业清洁能源应用，加快东部滨海新城集中供热项目建设，建立完善燃气供应系统，形成以天然气为主、以液化气为辅的气源结构，到2020年，实现城区和镇区天然气集中供应。(3)完善现代水利体系。围绕建立"南北对接，中心贯通，江黄共济"的水资源保障体系，统筹做好广蓄水、引客水、淡海水、用中水、治污水的文章。加大雨洪资源工程建设的力度，加快龙角山水库、坤龙邢水库等增容工程和黄垒河水资源拦蓄利用工程建设，做好"南水北调"南线工程的规划论证，推进胶东调水二期工程，实施崮山水库等病险水库除险加固工程。统筹利用海水资源，编制海水淡化利用规划，制定相关扶持政策，加快推进海水淡化项目建设。做好中水利用管网规划建设，加强中水在厕所冲洗、园林和农田灌溉、道路保洁、洗车、城市喷泉、冷却设备补充用水等方面的利用。建立完善河长制信息管理平台，对设立河长的478条河道及16座大中型水库实施绿化与生态保护修复。保障城乡居民饮水安全，对220个村实施农村饮水安全巩固提升工程，组织实施荣成、乳山国家小农水项目县建设，组织文登区申报新一轮农田水利重点县。(4)建设能源利用体系。开展核能综合利用规划研究，编制余热、余气利用规划，提供区域综合能源一体化解决方案，实现横向"电、热、冷、气、水"能源多品种之间、纵向"源—网—荷—储"能源多供应环节之间的生产协同、管廊协同、需求协调以及生产和消费间的互动。依托石岛湾核电站，高起点、高标准规划建设核电装备制造园区和核电装备技术研发集聚区，培育建设配套产业链条。编制全市热电联产、电动汽车充电基础设施等规划，加快推进文登抽水蓄能电站等能源项目建设，稳步推进光伏发电项目建设。

四是实施乡村振兴战略。美丽乡村建设是解决"三农"问题、打赢脱贫攻坚战的主抓手。(1)推进农业转移人口市民化。进一步深化户籍、财税等制度改革，加快城市、重点区域周边地带城市化改造，畅通农业转移人口进城落户通道，科学分担农业转移人口市民化成本，推进农业转移人口均等享有基本公共服务，让更多的本地农村居民进入城市、融入城市。(2)加快农村居民生活市民化。稳妥推进新型社区建设，加快城市交通、供水、供电、通信、信息网络等基础设施向农村延伸，集中实施农村饮水安全、改水改厕、住房安全、污水垃圾集中处理等基础性工程，进一步改善农村生产、生活条件，到2020年，全市农村生活污水集中处理率达到40%以上，70%以上的村庄实现冬季清洁供暖。(3)积极发展新型农业经营主体。积极推进农村承包地"三权"分置，促进规范流转、高效利用，打造规模化、社会化、专业化服务公司，组建30家农业社会化综合服务中心，提供农业全产业链服务。大力培育现代职业农民，每年培育新型职业农民500人，鼓励创办家庭农场、农庄、农业公司等，支持兴办农民合作社、联合社，每年培育5家一、二、三产业融合发展的农业龙头企业和20家示范带动作用好的农民合作社示范社、20家特色精致的家庭农场示范场，提高农业经营的规模化、组织化、产业化水平。(4)改善、提升农业的生产条件。深入推进高标准农田建设，加快国家新增千亿斤粮食产能田间工程项目建设，争取再开工建设6万亩高产、稳产粮田。大力发展标准化规模奶牛养殖场、大型沼气工程等，不断提高农业效益和竞争力。大力发展远洋渔业，推进沙窝岛国家级中心渔港建设，积极开展海洋渔船更新改造项目验收。(5)抓好农业供给侧结构性改革。做优特色农业，发展精致农业，培育壮大都市休闲农业，集中建设文登区、荣成市、乳山市、临港区4个10000亩，环翠区、经区、高区3个5000亩的现代农业产业园，打造15万亩特色产业规模化、标准化、专业化发展区。大力建设现代农业产业园区，将现代农业发展与城市建设、美丽乡村、特色小镇、全域旅游相结合，重点打造昆嵛山美丽乡村休闲观光农业区、里口山休闲观光农业区、汪疃休闲农业十里长廊、桥头休闲农业等8个片区，促进农业与旅游、教育、文化、养老、电子商务等跨界融合，鼓励35个农村一、二、三产业融合试点区先行先试，加快发展农业"新六产"，拉长农业的产业链条。实施农产品品牌建设工程，擦亮"威海农产·品味自然""威海苹果·甜蜜诱惑"品牌。

(四)抓开放拓空间，实现互利共赢

建设现代化经济体系，深化对外开放是根本方向。我市作为沿海开放城市，随着经济全球化的不断加快和对外开放的纵深发展，推进城市国际化已成为城市发展的大趋势、主旋律，成为增创开放新优势的重要途径。深入实施城市国际化战略，坚持精准招商和引技引智并举，优化对外贸易结构，创新开放型经济发展体制机制，积极培育对外开放新优势，提升开放型经济发展水平，推动形成全面开放新格局，赢得更加广阔的发展空间。

一是着力优化对外开放新格局。(1)深入实施城市国际化战略。坚持世界眼光、国际标准、本地优势，制定国际化城市建设行动纲要，建立国际化城市建设评价指标体系，开展系列国际交流活动，推动友好城市交流、海外联络联谊，更好地展现威海风采，提高城市的知名度和国际影响力，推动建设开放型国际经济活跃城市、区域性国际交往中心城市、标准化国际生态宜居城市。(2)全面融入国家、区域发展战略。积极融入"一带一路"倡议等国家战略，持续推进与沿线国家和地区的常态化经贸交流，推动贸易投资互补，扩大特色产品进出口，引导优势产业相互投资。加强与京津冀、长三角、珠三角经济圈的战略互动，探索建立产业、城市、生态等领域的协调机制，推进与内陆口岸的深度合作，推动建设一批合作项目，构建陆海统筹、内外互济、特色鲜明的全方位开放新格局。

(3)深化中韩自贸区地方经济合作示范区建设。搭建中、日、韩中小企业双向投资服务平台等对韩经贸合作平台,积极推动对韩民间经贸交流;发挥好“仁川·威海馆”和“威海·仁川馆”产业洽谈平台的作用,加强对韩精准招商,放大双馆互动效应;大胆利用韩国技术、资本和项目,大力引进韩国优势产业,进一步放大对韩开放优势。提升中韩陆海联运层次,加快中韩跨境电商发展,做大做强中韩商品交易集散中心、进口直购体验中心等平台,强化中韩贸易首选通道优势。(4)探索与日本城市开展地方经济合作的有效途径。借助中国—东盟、中澳等自贸协定,推进与相关国家和地区的产业合作与贸易升级,吸引日本健康养老、文化创意等企业来威发展,带动高端人才、技术、管理和优质资本流向威海。(5)积极融入山东半岛城市群建设。落实山东半岛城市群发展规划,高水平参与山东新旧动能转换综合试验区建设,积极融入环黄渤海经济圈,加快烟威都市区一体化发展。积极融入全省港口一体化布局,推进互联互通、共建共享,实现错位竞争、协同发展。

二是加快培育外贸竞争新优势。(1)优化国际市场布局。实施百展市场开拓计划,在巩固韩、日、欧美等传统市场的同时,提高新兴市场和发展中国家的外贸占比,围绕深度融入“一带一路”倡议和全市重点产业园区建设,精心组织各类重点经贸活动,拓展与东南亚、南亚、中东欧、美洲、非洲等的经济合作领域,组织开展“创新创业企业威海行”“在华韩国企业威海行”等专题招商活动,做大做强国际食品博览会、国际渔具博览会等自主展会品牌。(2)优化外贸经营主体。加强国际自主品牌的宣传与培训,推荐评选一批省级、市级自主品牌。利用“香港山东周”“美国商务周”等平台,引导企业理性、稳健“走出去”,加强国际产能合作,支持有条件的企业开展海外并购。完善威海市进口商品溯源平台,鼓励企业设立境外营销中心和海外仓,提升企业的市场开拓能力。指导企业开展市场采购贸易试点,促进外贸综合服务企业做大做强。推动海洋食品、床上用品、服装、渔具、地毯等基地申报国家外贸转型升级专业型基地,塑造外贸转型升级新优势。(3)优化对外贸易结构。在稳定传统优势产品出口的同时,提高高新技术、自主品牌产品在贸易中的占比,全面推动对外贸易由“大进大出”向“优进优出”加快转变,稳定并不断拓展大宗商品、先进技术设备、关键零部件、消费品的进口渠道,建立健全出口品牌的扶持体系,扩大自主品牌的出口比重,推动加工贸易向品牌、研发、分拨和结算中心等产业链高端延伸。(4)优化对外贸易方式。做强一般贸易,提升加工贸易,发展其他贸易方式,整合我市区位、物流、产业、平台等优势,重点培育“出口产业聚集区+国际自主品牌+跨境电商平台+跨境电商综合服务体系+公共海外仓”五位一体新模式。特别是积极推进服务贸易创新发展试点,重点突破服务外包及信息技术服务、海洋服务及以海洋运输为主的运输服务、健康医疗及中医药服务、文化服务四个领域。加快建设全球外包软件园，打造威海国际服务外包承接基地。稳步开展旅游购物贸易方式试点，培育一批跨境电商产业聚集区、平台、公共海外仓、口岸仓等发展载体和特色跨境电商小镇，积极创建国家跨境电子商务综合试验区。

三是积极探索精准招商新模式。把招商引资作为经济工作的生命线，不断更新招商引资理念，创新招商引资模式，逐步构建起"政府推动，企业主体，专业运作"的招商大格局。(1)运用整体思维谋划招商。把握"大项目—产业链—产业集聚—产业集群"的发展规律，加强全产业链合作，引进带动力强、关联度高、辐射面广的龙头企业，力争引进一个项目，带动一批企业，拉动一条产业链，辐射一片区域。(2)立足产业导向精准招商。重点围绕新一代信息技术、新医药与医疗器械、先进装备与智能制造、碳纤维等新材料、文化旅游、时尚创意、海洋生物、康养产业等千亿元级、特色产业集群，有针对性地开展建链招商、补链招商、强链招商，进一步把产业规模和品牌影响力做强做大。聚焦大企业、引进大项目、培育大产业，紧盯世界500强、中国500强、全国工商联执委企业、央企和知名民企，深入实施与世界500强合作行动计划，找准突破口，量身制定个性化招商方案，带动产业招商快速突破。(3)探索务实、高效、专业招商。积极对接国内外知名中介机构、商务机构、财经媒体，加强与重点协会、院校的联系、联谊，建立信息平台和联络渠道，构建全方位、立体式的招商网络，打造国际化、专业化、实干型的招商引资队伍。坚持招商引资与招才引智并举，积极开展项目引才、平台引才、人才与资本对接活动。(4)持续优化招商项目服务。开展项目招引、跟踪、落地全流程服务，加强对浦项大宇电动车生产、中法温泉疗养中心等重点在谈项目的研判，跟踪服务"香港山东周""美国商务周"和康养产业发展座谈会等重大活动签约项目，组织专门力量制定推进措施，加快项目落地建设。(5)推进招商管理机制创新。研究出台符合本地实际的扩大对外开放、加快招商引资的支持性政策，促进内外资公平竞争。建立外商投资信息报告制度和外商投资信息公示平台，优化外商投资联合年报公示流程。强化各产业主管部门的投资促进作用，围绕各自产业领域整合招商力量，加大招商引资的力度。

四是构建完善开放型经济新机制。(1)积极推进中韩自贸区地方经济合作示范区建设。紧扣制度创新这一核心，持续推进体制机制等创新，推动自贸试验区改革试点经验复制推广，在更广领域、更大范围内形成各具特色、各有侧重的试点格局。(2)高标准推进开发区二次创业。率先复制自由贸易试验区的成熟经验，加快推进产城融合、特色园区(小镇)建设，打造更高水平的对外开放平台。(3)加快推进威海综合保税区建设。不断完善综合保税区配套设施，推进园区与空港、海港“区港联动”,推动综合保税区功能、政策、管理、服务整合,提高园区的智能化水平,打造开放型经济发展的重要载体。(4)不断提升贸易便利化水平。全面实施国际贸易“单一窗口”和通关一体化,推行口岸“联合查验,一次放行”等协作机制。(5)深入推进外商投资审批管理体制改革。全面落实外商投资准入前国民待遇和负面清单制度,对负面清单以外的项目一律实行备案管理,由注重事前审批向事中事后监管、服务转变,建立健全与国际接轨的开放型经济法治环境,保护外商投资的合法权益,进一步提高外商投资的便利化水平。(6)扩大服务业对外开放。总结服务贸易创新发展试点的经验与做法,加大对特色基地、创新型企业的支持力度,大力发展跨境电商、综合服务平台等外贸新业态、新模式,加快服务贸易创新发展。

(五)抓改革建机制,优化营商环境

建设现代化经济体系,深化经济体制改革是制度保障。紧紧围绕中央顶层设计和省改革部署,精准对接发展所需、基层所盼、民心所向,突出协同配套,勇于攻坚克难,坚定不移地把改革向纵深推进,积极争取、加快推进国家和省重大改革试点工作,推出一批可复制、可推广的“威海经验”,全力以赴为经济发展打造优越环境。

一是深入实施政府提速工程。(1)深入推进“放管服”改革。坚持应放则放、宜放尽放,以更大力度推进简政放权,市、县两级共有权力原则上全部下放县级实施,加大向国家级开发区、南海新区放权的力度。全面推行“3+2”清单管理制度,完善行政许可事项目录清单、行政权力清单、政府部门责任清单和涉行政审批及相关行政权力中介服务事项清单、公共服务事项目录清单,从源头上解决权责不清、职能交叉、推卸责任等影响效率的问题。进一步规范行政权力运行、优化政务服务供给,着力消除“中梗阻”、整治“庸懒散”,打通联系服务企业和群众的“最后1米”,切实优化服务环境。整合建立全市统一的“12345”政务服务热线,实行“一号受理,限期办结,综合督办,双向反馈,回访全覆盖”,确保群众诉求得到快速高效处置。(2)全力推行全程网办“零跑腿”“只跑一次”改革。全面应用全国投资项目在线审批监管平台,实行“一站式”网上审批。开展减证减负专项行动,最大限度地精简压缩群众办事需提供的各类证明、盖章环节和申请材料。全面推行行政机关首问负责制,深化商事制度改革,全面推进“多证合一”。深入推进“互联网+政务服务”,深化政务服务平台建设与应用,推动政务服务事项统一纳入平台运行,线上线下深度融合。推动“政府上云”,加快政务信息系统整合共享,建成全市共用的电子政务云,不断完善政务大数据中心功能。

二是打造公平、诚信的市场环境。(1)大力推行跨部门"随机联查"。推进综合行政执法体制和行政执法监督体制改革，开展县级跨部门、跨领域综合行政执法，避免选择性执法、多重多头执法，提高综合执法效率。加强行政执法监督，减少自由裁量权，更好地维护企业权益，最大限度地减少干扰企业发展的不当行为。(2)加快推进社会信用体系建设。深化全国信用示范城市建设，全面推广信用应用查询，探索开展信用积分评价工作，培育和发展信用服务市场，推动政府部门带头使用信用信息和产品，组建企业信用建设促进会，代替政府开展各类信用咨询、培训、交流等活动，建立覆盖全社会的守信激励和失信惩戒机制，共同营造维护诚信的市场环境。

三是激发各类市场主体的活力。以完善产权制度和要素市场化配置为重点，实现产权有效激励、要素自由流动、价格反应灵活、竞争公平有序、企业优胜劣汰。(1)全面深化国企国资改革。有序推进国有企业混合所有制改革，鼓励国有资本与非国有资本双向投资，国有资本之间交叉持股、共同发展，鼓励民营资本依法进入更多领域。(2)促进非公有制经济发展。深入贯彻落实全省支持非公有制经济健康发展的十条意见，全面实施市场准入负面清单制度，清理、废除妨碍统一市场和公平竞争的各种规定和做法，全力支持民营企业发展，进一步激发非公有制经济的活力和创造力。(3)扎实推进财税体制改革。完善预算管理制度，加强支出标准建设，改进财政投入方式。科学划分财政事权和支出责任，优化财政转移支付结构，建立权责清晰、财力协调、区域均衡的政府间财政关系。整合规范市级财政专项资金，推动财政资金更多地扶持新旧动能转换、培育产业集群、引进重大项目等实体经济发展。(4)不断深化金融体制改革。加强与商业银行、国家开发银行等大型央企以及保险资金等机构的合作，增强金融服务实体经济的能力，提高直接融资比重。深度对接多层次资本市场，实施规模以上企业规范化公司制改制"五年行动计划"，到2018年全市50%以上的规模以上企业完成规范化公司制改制。发展普惠金融，为中小微企业、各类新型农业经营主体提供个性化、小众化金融服务，发挥扶持小微企业"资金池"作用，健全小微企业贷款风险补偿机制。加强地方金融监管和资产管理，守住不发生系统性金融风险的底线。(5)深化投融资体制改革。发挥投资对优化供给结构的关键性作用，落实深化投融资体制改革的实施意见，完善政府核准投资项目目录制度。引导推动社会资金脱虚向实，依托国有资本，组建重大战略任务综合性投融资平台，开展市场化资本运营，重点为全市重大战略和政策性任务提供投融资支持。鼓励政府和社会资本合作，广泛推行PPP模式。

四是营造亲商、爱商、惠商的浓厚氛围。构建"亲""清"新型政商关系，依法保护企业和企业家权益，优化联系服务企业机制，持续开展联系服务企业行动和非公企业走访活动。健全企业家参与涉企政策制定机制，实实在在增加企业的获得感。实施企业家培育计划，采取“走出去”与“请进来”相结合的方式，组织企业高级经营管理人才参加集中培训、考察交流等活动，培养优秀企业家群体。树立对企业家的正向激励导向，加强对优秀企业家先进事迹和突出贡献的宣传报道，展示优秀企业家的精神，营造尊重企业家价值、鼓励企业家创新、发挥企业家作用的舆论氛围。

（威海市发展和改革委员会　完成时间：2017 年 11 月）

日照市关于支持“无车承运人”发展的调研报告

近年来，互联网技术与物流业深度融合，物流市场涌现出了“无车承运人”[①]这种新的经营模式。“无车承运人”依托“互联网＋”，集约整合和科学调度车辆、站场、货源等零散物流资源，能够有效提升运输组织效率、优化物流市场格局，具有广阔的发展前景。日照因港设市，不仅有全国沿海港口第8位、世界第11位的日照港，还有以“前港后厂”模式临港发展起来的钢铁、汽车及零部件、石化、粮油、浆纸五大产业，发展物流业的优势得天独厚。2017年初，日照港集团下设“舟道网”获得“无车承运人”平台运营资格。为支持“无车承运人”发展，推动我市物流业加快转型升级、做大做强，日照市发改委赴中储南京智慧物流科技有限公司、浙江传化集团进行了专题调研，形成调研报告如下：

一、两家企业的基本情况

（一）中储南京智慧物流科技有限公司的情况

中储南京智慧物流科技有限公司于2014年7月成立，是央企诚通集团二级子公司中储发展股份有限公司控股的混合所有制企业。中储智运平台是全国最早开展“无车承运人”模式、提供货运服务的智慧物流电商平台，整合全国范围内货主企业5000多家、承运商5000多家、承运车辆40多万辆，主要承运煤炭、钢铁、纸浆、石油焦、塑化、生活资料等六大类货物。平台于2015年6月

---

① “无车承运人”最早兴起于美国，标杆企业是罗宾逊全球货运有限公司，是指不实际拥有车辆而从事货物运输的企业。“无车承运人”具有双重身份，对于真正的托运人而言，其是承运人；对于实际承运人而言，其又是托运人。“无车承运人”能够有效整合物流运输资源、提升物流运作效率，在发达国家已成为支撑现代物流和多式联运发展的核心。

正式上线运营，当年交易额达2000万元，2016年达22亿元，截至2017年4月14日累计突破36亿元（其中3月单月突破5亿元），到年底计划突破100亿元；2016年开票额14亿元，纳税1.3亿元，2017年一季度纳税1.08亿元。2017年3月，该公司被交通运输部确定为"无车承运人"试点企业。

（二）浙江传化集团的情况

浙江传化集团是一家由化工起家的大型民营企业集团，主业包括化工、物流、农业、科技城、投资五大板块，其中物流板块占比在70%左右，化工板块占比在20%左右。传化物流是国内领先的公路物流行业平台运营商，2003年建成杭州公路港，首创"公路港物流服务平台"模式，通过"互联网物流平台网络""实体化公路港平台网络"互联互通，构建起智能公路物流网络运营系统。传化公路港已在全国90多个城市落地，服务货主企业20多万家、物流企业3万多家，承运车辆200多万辆，计划到2022年形成10枢纽160基地的全国化布局。传化物流旗下的杭州传化货嘀科技有限公司也是"无车承运人"试点企业。

比较两家企业，中储智运是"轻资产"的"互联网信息平台"模式，线下主要依托诚通集团、中储股份的物流园区；而传化物流是"重资产"的"公路港"模式，线上拥有"陆鲸""易货嘀""传化运宝"3个互联网信息平台。尽管发展模式有所差别，但两家企业都获得国家和地方的重点支持，其模式也被广泛推广。

二、考察的主要收获

（一）对公路货运向"无车承运人"方向发展有了进一步认识

对于我国物流成本高、效率低，物流企业"多、小、散、弱"等诸多"痛点"而言[①]，"无车承运人"模式是一个很好的解决方案。中储智运介绍，其通过互联网物流平台对货源、车源等有效整合，平均可为货主降低物流成本7%～9%，有的甚至可达40%以上。但之前由于政策限制，我国"无车承运人"一直没有真正发展起来[②]。着眼于推动物流业转型升级、降本增效，国家自2015年开始积极引导推动"无车承运人"发展。2015年9月，国务院发布《关于推进线上线下互动

---

① 我国物流总费用占GDP的比重常年在18%左右，比全球高6.5个百分点，运输费用又占物流成本的50%。我国货车空载率在40%左右，平均等货时间7～10天。3000多万辆货车，90%以上属于个体。

② 如我国道路交通运输条例和相关工商政策规定，必须拥有5辆车以上才能从事货物运输业务，没车只能被认定为货运代理。交通运输可开具税率11%的增值税发票，而货运代理只能开具税率6%的发票，影响货主的积极性。在这样的情况下，无车承运业务很难开展。

加快商贸流通创新发展转型升级的意见》(国办发〔2015〕72 号),明确提出“鼓励依托互联网平台的无车承运人发展”。2016 年,国家有关部委陆续出台多个支持“无车承运人”发展的文件:5 月,财政部、国家税务总局出台《关于全面推开营业税改征增值税试点的通知》(财税〔2016〕36 号),规定“无车承运业务按照交通运输服务缴纳增值税”;7 月,国家发改委出台《互联网+高效物流实施意见》,提出“组织开展道路货运无车承运人试点”;9 月,交通运输部出台《关于推进改革试点加快无车承运物流创新发展的意见》,正式在全国部署“无车承运人”试点工作,试点期限为 2016 年 10 月到 2017 年 12 月。目前,全国共批准试点企业 283 家,我省有 10 家①。国家政策“开口”突破和大力引导,使“无车承运人”站上“风口”,2016 年以来出现“爆发式”增长。据中储智运估计,当前这种“群雄逐鹿,攻城略地”的局面不会持续多长时间。因此,他们的紧迫感、危机感很强,在交流中多次提到要“快”。目前,中储智运正在加紧推动上市计划,以谋求借助资本市场进一步做大做强,在“无车承运人”市场中掌握“话语权”,占据竞争优势。

(二)对“无车承运人”的运营规则有了进一步认识

中储智运于 2017 年 2 月与淮安市金湖县签署的经济招商协议规定:其金湖公司 2016～2018 年三年的开票额分别不能少于 5 亿元、30 亿元、60 亿元,第四年以后开票额不得少于 2018 年的开票额,而金湖县则在 10 年内对其纳税地方留成部分②,前 2 年奖励 100%,第 3～6 年各奖励 90%、80%、70%、60%,第 7～10 年每年奖励 50%。中储智运这样做,与其运营模式及当前税收政策有很大关系。从运营模式看,能否吸聚大量货源,是“无车承运人”运营成功与否的关键之一。在吸聚货源上,中储智运的一个主要商业手法,就是对货主应缴纳的增值税给予“返点”奖励:11%的增值税率,货主只需承担 6%,其余 5%由中储智运承担,并且视运费付款账期的长短,再给予 1.5%～3%的额外奖励。来自政府的财政奖励,就成为对货主“返点”资金的重要来源。从税收政策看,尽管财政部、国家税务总局“36 号文”解决了“无车承运人”向上游货主端开 11%的增值税发票问题,但由于下游实际承运人大多是个体司机或小型物流公司,最多只能开具适用小规模纳税人的 3%的增值税发票,甚至很多时候连这 3%的进项税票也难以取得,从而导致“无车承运人”进项抵扣严重不足,增加了税

① 我省于 2016 年 11 月发布的《道路货运无车承运人试点工作实施方案》要求试点企业具备以下条件:(1)具有较强的货源组织能力与社会货运车辆整合能力,通过自有、挂靠、合同运力等方式形成的运力池规模原则上不少于 5000 辆;(2)具备较为完善的互联网物流信息平台和与开展业务相适应的信息数据交互及处理能力;(3)注册资金(实缴)在 1000 万元(含)以上,经审计后的净资产额原则上不低于 5000 万元。

② 包括但不限于增值税、城建税及教育费附加、企业所得税、个人所得税、印花税、契税。

负成本，降低了盈利水平①。就此而言，“无车承运人”同样需要来自政府的财政奖励给予一定程度的补偿。通过财政奖励及其他合理避税，中储智运的税负只有0.98%。据了解，传化物流在各地落地，也有着同样的政策诉求。可以说，这已经成为“无车承运人”甚至物流行业的通行规则。

(三)对“无车承运人”解决地方物流业发展“瓶颈”的作用有了进一步认识

物流业发展方式粗放是很多地方的“通病”。“无车承运人”以其对货源、车源的有效整合，在自身成长为一个大型物流企业的同时，也带动了众多小型物流企业、个体运输户的成长，更重要的是，能够促进物流业向规模化、集约化、规范化发展。“异地买票”是物流行业的一个“顽疾”，不仅影响到行业正常发展，而且还造成税收严重流失。2016年，在我市国税局登记的交通运输仓储邮政企业中，零申报户占49.3%；在市地税局登记的企业中，零申报户占31.5%。中储智运平台通过发布货源信息、装货信息、在途信息、收货信息、结算信息“五个时点”的可视化，有效解决了税务机关最关心的物流业务真实性监管难题。而且，通过“平台+税务”，不仅可以实现办税从“柜台”到“网上”再到“掌上”的转变，提高征管效率，降低征管成本，而且还有利于规范运输市场税源和发票管理，堵塞征管漏洞，防范虚开风险，减少税收流失，特别是可以集中个体承运人税收。河南省在2015年就已经开始推进这项工作。该省货运业务网络服务平台与金税三期征管业务系统对接后，货源企业可通过平台取得真实合法的进项抵扣票；个体车主可根据平台推送到税务机关的信息，即时办理代开货运业增值税专用发票。这样便有效打通了实际承运人、“无车承运人”、货主企业之间的增值税抵扣链条。同时，依托“无车承运人”对个体司机的强大吸引力，也有利于解决本地车辆挂靠外地、造成货运量流失的问题。

三、几点建议

(一)打造“日照舟道”“无车承运人”平台

对中储智运而言，最大的优势是依托诚通集团、中储股份；对我市而言，打

① 中储智运的盈利点主要有：上游货主端与下游承运端运费差价；地方政府财政奖励；金融、保险业务返点；汽车后市场项目，销售汽车配件、机油、轮胎及司机日常用品等相关商品。

当然，“无车承运人”可以将这部分成本通过少给运费的方式转嫁给下游承运商，比如“无车承运人”从货主那里拿到的运费是100元，下游承运商如果可以给开出11%发票，就80元转给他，否则就70元，但这种做法会使“无车承运人”对车辆的吸引力降低。毕竟，能否吸聚大量车源，也是“无车承运人”运营成功与否的一个关键。

造“无车承运人”平台,关键得依托日照港。日照港有丰富的货源和大量的上下游客户资源,有我市唯一一个“无车承运人”试点资格,线上有“舟道网”电子商务信息平台[①],线下有日照港物流公司,还参股大宗商品交易中心,具备打造“无车承运人”平台的有利条件。建议把“舟道网”、物流公司以及大宗商品交易中心等优势资源有效整合起来,“五指成拳”,组建“日照舟道”“无车承运人”平台,服务和推动我市港口物流、临港物流加快发展。有了这个平台,吸引我市外挂车辆回流、外地车辆挂靠也就有了依托。

（二）对“日照舟道”给予优惠政策支持

参照对传化日照公路港的优惠政策,对“日照舟道”今后几年形成税收地方留成部分给予财政奖励。借鉴河南经验,协调税务部门,把“日照舟道”平台与金税三期征管业务系统有效对接,实现平台发展与税收征管“双赢”。提供保险、融资等增值服务,是增强平台用户“黏性”的重要手段。中储智运于 2017 年 3 月与兴业银行签订战略合作框架协议,开展基于“无车承运人”的互联网物流金融深度合作。借鉴此法,对“日照舟道”,我市也协调金融、保险等机构,给予定制化的增值服务产品支持。同时,大力招引国内“无车承运人”平台到我市注册设立总部或分公司,给予同等政策支持。

（三）大力支持我市现有优质物流企业发展

2016 年,在市国税局登记的交通运输仓储邮政企业 1785 户,有税收收入的 905 户,总计实现增值税、企业所得税 4.09 亿元,其中地方留成 2.12 亿元。纳税 100 万元以上企业 45 家,实现税收 3.48 亿元;1000 万元以上企业 9 家,实现税收 2.47 亿元。(见表 1)在市地税局登记的企业 1883 户,有税收收入的 1290 户,总计实现各类税收 3.42 亿元,其中地方留成 2.5 亿元。纳税 100 万元以上企业 42 家,实现税收 3.04 亿元;1000 万元以上企业 4 家,实现税收 2.06 亿元。(见表 2)国税、地税地方留成合计 4.62 亿元。为巩固和扩大物流业税源,在支持“无车承运人”“公路港”等新业态物流企业发展的同时,可以采取“存量不动,增量奖励”的方式,对现有纳税达到一定数额的物流企业(除港口企业外),以 2017 年纳税额为基数,对新增税收地方留成部分,在一定年限内分档分比例由财政给予奖励,纳税额越多,奖励幅度越大,推动这些企业加快发展,促进全市物流业转型升级。

---

① “舟道网”2016 年 1 月上线运行,是以港口业务为核心,面向广大港口客户的统一电子商务门户,以及面向整个日照口岸的供应链服务平台。前期,“舟道网”已就“无车承运人”业务作了积极开拓,有了较为成熟的技术、资源等储备。截至 2017 年 3 月,注册用户 30673 个,活跃用户 1500 个。

表 1　　2016 年全市交通运输仓储邮政业纳税情况(国税)　　单位:万元

	纳税额	合计(地方留成)
一、按税种分		
增值税(地方留成 50%)	28618	47314(21167)
企业所得税(地方留成 40%)	12282	
车辆购置税	6414	
二、按区县分		
东港区(229 户)		2603(1170)
岚山区(126 户)		19132(9267)
莒县(77 户)		3791(697)
五莲县(47 户)		886(406)
开发区(410 户)		20763(9542)
山海天(16 户)		139(85)
三、按行业分		
交通运输业(799 户)		15151(7395)
装卸搬运业(160 户)		14203(7816)
运输代理业(742 户)		8662(4196)
仓储业(47 户)		2313(1454)
邮政业(37 户)		571(306)

注:1. 2016 年,国税正常登记交通运输仓储邮政业企业户数 1785 户,其中有收入的企业户数 905 户,实现应税销售收入 189.2 亿元。税收 100 万元以上企业 45 家,其中,1000 万元以上企业 9 家:日照港油品码头(5941 万元)、日照港裕廊码头(3653 万元)、岚山万盛港业(3069 万元)、日照港股份有限公司(2902 万元)、济南铁路局日照站(2436 万元)、日照港集团(1976 万元)、实华原油码头(1906 万元)、山东高速轨道交通集团岚山管理处(1637 万元)、日照港岚山装卸分公司(1136 万元)。

2. 增值税税率:交通运输业 11%,物流辅助服务业 6%(小规模企业 3%)。企业所得税税率:25%(小规模企业按减半再乘以 10%)。

表 2　　2016 年全市交通运输仓储邮政业纳税情况(地税)　　单位:万元

	企业所得税(地方留成)	个人所得税(地方留成)	资源税	城建税	房产税	印花税	城镇土地使用税	土地增值税	车船税	耕地占用税	契税	教育费附加	地方教育附加	残疾人就业保障金	水利建设专项收入	合计(地方留成)
一、按税种分																
纳税额	11567 (4627)	3807 (1523)	431	2184	1516	848	7413	2678	165	405	1305	929	619	26	308	34202 (24978)
二、按区、县分																
市直属	8152 (3260.8)	1623 (649.2)	0	924	856	322	3030	2675	14	0	199	395	263	16	132	18601 (12736)
东港 (641 户)	1628 (651.2)	801 (320.4)	0	555	181	228	803	0	30	83	28	219	146	4	73	4782 (3324.6)
岚山 (197 户)	1270 (508)	598 (239.2)	431	312	274	143	2554	0	40	135	962	134	89	0	43	6987 (5866.2)
莒县 (132 户)	23 (9.2)	21 (8.4)	0	67	113	30	479	0	47	168	109	40	27	3	13	1141 (1114.6)
五莲 (78 户)	26 (10.4)	0	0	23	4	10	61	0	0	18	7	14	9	1	5	177 (161.4)
开发区 (213 户)	456 (182.4)	753 (301.2)	0	293	87	110	477	3	29	0	0	123	82	0	41	2455 (1729.6)
山海天 (29 户)	12 (4.8)	10 (4)	0	9	0	5	10	0	5	0	0	4	3	1	1	60 (46.8)

续表

	企业所得税（地方留成）	个人所得税（地方留成）	资源税	城建税	房产税	印花税	城镇土地使用税	土地增值税	车船税	耕地占用税	契税	教育费附加	地方教育附加	残疾人就业保障金	水利建设专项收入	合计（地方留成）
三、按行业分																
交通运输（637户）	524（209.6）	1243（497.2）	0	896	617	319	1875	28	126	169	634	395	263	0	130	7219（6158.8）
装卸搬运（90户）	10386（4154.4）	2007（802.8）	431													22027（14591.2）
运输代理（472户）	652（260.8）	129（51.6）	0													2103（1634.4）
仓储（55户）	0.7（0.28）	160（64）	0													2174（2077.6）
邮政（36户）	4（1.6）	268（107.2）	0													495（331.8）

注：1. 2016年，地税有登记信息企业1883户，有税款入库企业1290户。税收100万元以上企业42家，其中，1000万元以上企业4家：岚山港务（6997万元）、日照港集团（6549万元）、日照港股份有限公司（4602万元）、实华原油码头（2404万元）。

2. 以上税种，企业所得税、个人所得税中央、地方按6∶4比例分成，其他税种全部留地方。

（日照市发展和改革委员会　完成时间：2017年4月）

莱芜新旧动能转换重大工程调研报告

全省新旧动能转换重大工程启动后，莱芜市高度重视，立即组织各区、各部门，分课题、分层级对全市相关情况进行了深入调研，摸清了新旧动能转换的基础和现状，找准了问题与不足，研究提出了下一步的思路和对策，相关情况如下：

一、莱芜市新旧动能转换的基础和现状

加快新旧动能接续转换是促进经济结构转型和实体经济升级的重要途径。近年来，莱芜市贯彻落实新发展理念，坚持以供给侧结构性改革为主线，以提高质量效益为中心，以提升科技创新能力为支撑，加快培育壮大新动能、改造提升传统动能，取得初步成效。

(一)经济实力逐步提升

近年来，面对严峻复杂的形势和经济发展新常态带来的挑战，全市上下坚持以产业结构调整为重点，建立并强化了"稳增长、调结构、促发展"的重点工作指挥协调机制，出台了一系列切实有效的政策措施，扎实开展引领创新发展的"七项竞赛"，大力推动十大产业振兴提升，持续推进项目建设、招商引资、企业培育，促进经济发展稳中向好。2016 年，全市完成地区生产总值 703 亿元，增长 7.2%，实现地方财政收入 53 亿元，增长 7.1%。过去 5 年，规模以上企业由 619 家增加到 1248 家；累计引进大项目 1076 个，完成投资 2082 亿元，开工建设过亿元项目 783 个，招商引资形成固定资产投资 844 亿元，实际利用外资 7.2 亿美元，固定资产投资年均增长 12.7%。

(二)产业发展更加协调

莱芜作为一个以钢铁为主导产业的重工业城市，始终把转调发展作为新旧

动能转换的重要抓手，大力推进产业结构调整，取得积极进展。三次产业优势更加突出。农业特色鲜明，是“中国生姜之乡”“中国花椒之乡”“中国黄金蜜桃之乡”，是首批省级现代农业示范区，是出口农产品质量安全示范市。现代农业发展水平较高，农产品连续7年列全市出口产品第1位，以占全省1%的耕地创造了全省10%左右的蔬菜出口额。姜蒜、食用菌、中药材、畜牧、林果等多个产业有效实现了一、二、三产业融合发展，形成了农林牧渔多产业叠加的农业内部融合模式、农业龙头企业带动下的产加销模式、农业功能拓宽下的休闲农业旅游模式、以新型业态下“互联网+”为代表的贸工农模式等多种模式。工业发展加快，是国家新材料产业化基地、山东钢铁生产和深加工基地，持续加快改造提升传统产业，做大做强非钢产业，大力发展战略性新兴产业，发展动能加速集聚。过去5年，规模以上工业企业增加值年均增长10.6%，非钢产业增加值占比由44.3%提高到61%；高新技术和新兴产业产值年均增长10%以上，高新技术产业产值占比由14%提高到21.4%。服务业发展呈现出“扩量增容，创新发展”的良好态势，农高区“三辣一麻”集散园、莱城工业区商贸物流园等服务业园区和莱商银行、鲁中钢铁物流有限公司等企业发展迅速。2016年，全市服务业实现增加值295.28亿元，是2011年的1.47倍，占GDP的比重达到42%，比2011年提高9.2个百分点。

（三）产业结构不断优化

服务业无论是占生产总值的比重还是对经济增长的贡献率都得到较大提升，而第二产业逐步下降。从占生产总值的比重看，全市三次产业结构由2011年的6.7∶60.5∶32.8调整为2016年的7.8∶50.2∶42。从对经济增长的贡献率看，三次产业由2011年的1.8%、67.5%、30.7%调整为4.5%、60.6%、34.8%。其中，第一产业提高2.7个百分点，第二产业下降6.9个百分点，第三产业提高4.1个百分点。同时，随着产业结构的深度调整，产业融合现象不断涌现。其中，既有一、二产业融合，比如以山东万兴食品有限公司、山东泰丰食品有限公司等企业为代表的农产品工业化加工；也有一、三产业融合，如农业与包括旅游业在内的服务业融合，催生出以赢泰田园、世明农业为代表的休闲农业、乡村旅游等新型农业形态；也有二、三产业融合，像山东莱钢泰达车库有限公司、济南莱钢钢结构有限公司等为代表的制造业企业内部服务和制造业产品相关的外部服务；还有“新六产”，像万邦食品有限公司的业务涵盖山楂种植、加工、互联网销售等环节，实现了一、二、三产业的融合。从产业内部结构看，新产业、新业态、新模式不断涌现。比如，非钢产业发展迅速，过去钢铁产业增加值占比最高时达到70%以上，而2016年非钢产业增加值达到61%。新材料、新能源与节能环保、电子信息、生物与医药等战略性新兴产业的规模不断膨胀，逐步成为全市经济发展的新支撑、新引擎。2016 年，全市新材料产业的产值接近 170 亿元，新能源与节能环保产业的产值突破 60 亿元，生物与医药产业的产值接近 50 亿元。同时，现代信息技术的创新应用，不断催生出诸多新业态、新模式。比如工业领域，大力发展智能制造，培育了山东力创科技股份有限公司、山东莱芜环球汽车零部件有限公司等一批智能制造示范企业，为实施智能化升级打造了模板，提供了标准和经验；探索开展大规模定制化生产，在汽车零部件领域，引导汇金等企业围绕国内外知名整车企业的需求实行定制化生产，带来持续稳定的市场订单。再比如服务业领域，大力发展电子商务、软件研发、金融创投等新兴业态。电子商务方面，规划建设了颐高电子商务产业园、雪野电子商务基地等园区，集聚新业态发展。在软件研发、金融创投产业发展方面，规划建设了雪野生态软件园和雪野金融小镇，目前已有美国甲骨文股份有限公司、新联合众科技有限公司、中泰证券财富管理中心等 30 余家企业入驻。

（四）动力结构逐步转换

一方面，传统增长动力的拉动作用逐步弱化。过去，投资是拉动我市经济增长的主要力量。但近 5 年来，全市固定资产投资的增速呈现回落态势。2011 年，全市固定资产投资增长 20%，2015 年回落到 13.5%，2016 年进一步回落到 2.7%，较 2011 年下降 17.3 个百分点。受此影响，2015 年投资对经济增长的贡献率为 51.9%，2016 年下滑到 43.9%，较 2011 年下降 13.4 个百分点。另一方面，新兴增长动力正在崛起。一是科技创新的驱动作用不断增强。全市高新技术产业产值年均增幅达到 10%以上，快于工业增速 3～4 个百分点。全社会研发投入占 GDP 的比重达到 2.52%，居全省第 6 位；全市发明专利申请量和授权量同比增长 21.7%、33.2%，增幅分别居全省第 5 位和第 3 位。全市共柔性引进 40 名院士、60 余个“千人计划”等高层次人才和团队，3 人入选首批泰山产业领军人才计划，3 人入选国家科技部创新人才推进计划。标准经济快速发展，近年来全市企业主动或参与制订、修订标准 157 项，创建省级以上标准化试点示范项目 118 个，拥有山东名牌产品 29 个。二是消费升级的带动作用不断提升。近 5 年来，全市社会消费品零售总额年均增幅达到 12.02%，2016 年全市最终消费支出对经济增长的贡献率达到 46.4%，较 2011 年提高 13.1 个百分点。其中，服务消费加快发展，全市接待游客、消费总额年均增长 13%以上，2016 年累计接待游客近千万人次，实现旅游消费 60 亿元，达到全市 GDP 的 8.5%。三是对外开放的拉动作用不断提高。2016 年，全市出口额 64.8 亿元，同比增长 19.1%，居全省第 3 位；出口产品结构逐步优化，机电类等高附加值产品的出口占比明显提升，达到14%，较2011年提高7.8个百分点；外贸市场不断扩大，特别是抓住国家“一带一路”战略的重大机遇，引导支持企业“走出去”，积极发展“跨境经济”。目前全市有189家企业与“一带一路”沿线40多个国家、地区开展投资合作和经贸往来。

（五）区域发展更加融合

一方面，济莱协作区深入推进。坚持把推进济莱协作区建设作为加快新旧动能转换的重大机遇、高位平台和强劲动力，积极探索、务实推进，“五个同城化”取得了重要的阶段性成果。建立健全了济莱协作区建设组织领导和协调推进机制，深化济莱产业、交通、环保、文化旅游、社会保障、科技人才等协作发展，省委、省政府明确提出支持莱芜建设省会副中心城市。山东财经大学莱芜校区建成招生，济莱城际铁路项目完成可研报告，2017年开工建设；交通银行等13家金融机构落户莱芜。济莱协作区民营科技创新示范园、济南高新区莱芜研发基地、山东省科学院莱芜技术转化中心等协作平台相继投入运行，济莱协作区人才改革试验区启动建设，产业协作水平明显提升。另一方面，园区发展布局不断优化。成功创建国家级高新区，聚集、吸引项目、人才、产业的能力持续提升；雪野旅游区文化旅游、金融等特色产业突出，生态环境优化，空间布局更加合理；赋予并突出了农高区更大的管辖范围和产业特色，其成为莱芜生姜、大蒜、黑猪、桑蚕的主产地，正积极创建国家现代农业产业园。泰钢不锈钢生态产业园、莱钢钢铁精深加工产业园的产品档次不断提升，深加工能力不断增强。正积极创建国家全域旅游示范区。

（六）深化改革成效显著

坚持把改革创新作为推动新旧动能转换、打造软环境的重要手段，成立市委全面深化改革领导小组，审议通过各类改革方案50多个，全面深化重点领域改革，行政审批实现“两集中，两到位”，成为全国综合行政执法体制改革试点市，破解了一批制约发展的矛盾和束缚，构建了更具活力的体制机制。特别是坚持把供给侧结构性改革作为新旧动能转换的重要内容，认真落实“三去一降一补”五大任务，“加减乘除”并举，优化存量，引导增量，主动减量。(1)“去产能”方面，先后淘汰落后钢铁产能280万吨、水泥熟料产能54万吨、小火电机组总装机容量58.2万千瓦、煤矿产能54万吨。2017年按照省里要求，约压减240万吨钢铁产能和30万吨煤炭产能。(2)“去库存”方面，房地产领域，认真落实信贷优惠、税费减免、放宽公积金提取条件等措施，加大货币化安置的力度，对进城购房的农民给予每户5万元的购房补贴，全市去库存周期减少到11个月。工业品领域，引导企业创新营销模式，全市工业品产销率达到98.42%。(3)"去杠杆"方面，建立化解担保圈风险的工作机制，组建债权人委员会26家，2017年帮助金融机构化解不良贷款9.42亿元。加快不良资产处置步伐，全市不良贷款余额由2015年初的70.6亿元降至21.05亿元，不良率由11.24%降至3.13%。提高企业直接融资比重，全市上市挂牌企业从1家迅速增加到44家，累计融资160亿元。(4)"降成本"方面，全面推开"营改增"试点，落实扶持中小微企业的税收政策，2016年仅增值税、所得税两项就减轻企业负担3300万元。中介服务收费压减到53项。我市享受直供电的企业达到19家。(5)"补短板"方面，加快基础设施建设，大力实施"四网"改造提升工作。近5年来，新建、改造城市道路50条，铺设供水管线40公里，新增公园绿地326万平方米。大力培育市场主体，2016年全市私营企业、个体工商户占比分别增长21.14%和15.42%，民营经济实现增加值324.48亿元，占GDP的比重达到46.2%，较上年提高0.1个百分点。

二、新旧动能转换存在的主要困难和问题

当前，莱芜市的新旧动能转换虽然取得一定成效，但总体来看仍处于起步阶段，与发达地区相比还有不小差距。

一是转型发展任务重、速度慢。近年来，虽然莱芜转型发展取得积极进展，但经济总量小、结构不优、质量效益不高的矛盾依然突出。从经济总量看，经济总量在全省占比小，2016年GDP仅占全省的1.05%，地方财政收入占全省地方财政收入的比重由1.03%下降到0.9%。从产业结构看，产业结构仍然偏重，第二产业中钢铁、采掘、火电、纺织、食品建材等传统行业占比高，企业多数是资源型、粗加工型，发展后劲不足；第三产业发展相对滞后，2016年服务业增加值占生产总值的比重仍然低于全省5.3个百分点，其中生产性服务业、现代服务业的增加值占比分别比全省平均低10个和15个百分点。从质量效益看，产业结构、产品结构总体处于价值链中低端，高端供给、名牌产品比重偏低；资源消耗水平仍然较高，全市万元GDP能耗、电耗分别是全省平均水平的3.8倍、2.1倍；企业生产经营困难加剧，整体盈利水平偏低，规模以上工业企业收入的利润率仅为2.37%，低于全省平均水平3.39个百分点。同时，就业矛盾、棚户区改造等城市转型的成本也在不断增加。

二是新动能不够强劲。总体来看，莱芜市"四新经济"起步比较晚，发展的基础还比较薄弱，对经济发展的带动作用还非常有限。从新产业、新业态看，一方面，产业规模普遍偏小。十大重点产业中，新材料、电子信息、生物与医药、新

能源与节能环保、现代物流与电子商务、文化旅游等产业的主营业务收入为362亿元，仅占十大重点产业的20.7%。而且，除新材料产业的主营业务收入超过100亿元外，其余产业都处在20亿～60亿元的规模。像我省的青岛市，2016年全市战略性新兴产业产值突破4000亿元，仅信息技术产业产值就达到1025亿元。另一方面，缺少引领性的骨干龙头企业。2016年，电子信息、生物与医药、新能源与节能环保、现代物流与电子商务、文化旅游产业规模以上企业分别仅有11家、16家、41家、88家和59家，其中主营业务收入过亿元的企业分别仅有5家、7家、12家、3家和7家。受此影响，高新技术产业产值占规模以上工业企业总产值的比重低于全省平均水平12.39个百分点，较烟台、潍坊、淄博等市分别低20.51个、11.77个和11.78个百分点。从新技术、新模式看，智能制造、"互联网+"、共享经济等业态发育不够充分，层次偏低。像智能制造，仅有不足10%的企业进入智能制造应用阶段，且大部分属于较低层次的机器换人阶段。像"网联网+"，很多企业仅仅停留在开设网店进行产品销售的电子商务层面，"互联网+旅游""互联网+金融"等模式还不多，与一、二产业融合也不够充分。

三是要素支撑比较弱。经济发展新动能具有知识性、专业性、创新性等特征。近年来，支撑经济增长的传统要素逐渐减弱，对知识、人才、技术、信息等新生产要素的需求不断提高，但目前莱芜市资源要素与新动能发展的需求还不能完全匹配。从知识要素看，教育资源特别是高校资源不足，只有1所本科院校，且处于起步阶段；职业院校专业设置不符合新技术、新产业发展的需要，导致高端制造、生物工程、电子信息等领域的知识较为匮乏。从人才要素看，人才总量相对偏少，全社会技术研发人员总量不足7000人，仅占全省的1.9%。高层次人才匮乏，特别是支撑产业发展的高层次创业型领军人才、创新性科技人才、复合型企业经营管理人才严重短缺，全省174名国家"千人计划"专家中，仅有1人。此外，企业专业技术人才也明显不足，全市规模以上工业企业各类专业技术人才占从业人员的比例不到8%，低于全省12%的平均水平，更低于广东、浙江、江苏等发达地区16%的平均水平。从技术要素看，研发投入有待继续加大。2016年，莱芜市全社会研发投入占GDP的比重为2.52%，国际上通行的标准要达到3%～5%，而比重达到5%才有较强的竞争力。技术水平亟待提高，全市规模以上工业企业中，拥有成果、专利的不到13%，在2016年专利申请中，发明专利仅占18.54%，低于全省平均水平22.96个百分点；近5年来，全市仅获得1项国家级成果，没有获得过全省科学技术最高奖和一等奖。现有的创新平台在基础设施、研发设备、人员力量等方面还比较薄弱，"有庙无神""有庙无人""既虚庙又无神无人"的现象比较严重，全市工程技术研究中心、重点实验室等国家级创新平台仍属空白，而相邻的泰安市、淄博市分别拥有1家和3家。从信息要素看，数据信息资源不足，由于信息技术产业不够发达，缺少大数据采集、运用的企业，数据信息资源尚未得到大规模开发。同时，现有数据信息共享不足，企事业单位信息共享程度不高，还存在着数据封锁和信息孤岛，“不愿共享，不敢共享，不会共享”的现象相当普遍，数据信息资源的潜力远远没有发挥出来。从金融要素看，金融市场不够发达，2016 年年底，莱芜市只有银行业金融机构 13 家，证券业公司 3 家，保险机构 30 家，小贷公司、民资公司、担保公司等地方金融组织 21 家，无论在数量上还是质量上都远远落后于先进地市和全省平均水平；上市挂牌企业仅有 42 家，在全省也处于落后水平；金融机构各项存贷款余额 1568.92 亿元，仅占全省存贷款余额(150927 亿元)的 1.04％。

三、加快新旧动能转换是“建设新莱芜”的必然选择

(一)实施新旧动能转换重大工程符合中央、省新发展理念精神

习近平总书记指出，要推进创新驱动发展战略，推动战略性新兴产业发展，注重用新技术、新业态改造提升传统产业，促进新动能发展壮大、传统动能焕发生机。李克强总理在 2017 年全国“两会”参加山东代表团审议时，希望山东在推进新旧动能接续转换上继续勇于攻坚。山东省委、省政府将新旧动能转换重大工程作为全省“一号工程”来推动，要求聚焦推进新技术、新产业、新业态、新模式，实现产业智慧化、智慧产业化、跨界融合化、品牌高端化，加快实现由大到强的战略性转变。莱芜要加快转型发展，必须要紧紧抓住这千载难逢的重大机遇，自觉把思想和行动统一到中央和省的决策部署上来，积极融入到全省新旧动能转换重大工程建设中，全力做好新旧动能转换的各项工作。

(二)实施新旧动能转换重大工程是主动适应经济发展新常态的需要

经济发展必然会有新旧动能迭代更替的过程。传统动能由强变弱，经济发展若想实现健康可持续，就需要新动能的蓬勃发展和传统动能的转型升级，形成新的“双引擎”。当前莱芜市正处于经济换挡、爬坡过坎的关键时期。一方面，要通过技术创新和制度创新的“双轮驱动”，促进新技术、新产业、新业态、新模式快速发展；另一方面，要积极利用新技术、新业态全面改造提升传统动能，促进传统产业在与新动能融合中形成更加适应市场需求的新技术、新业态、新模式，提升产品和服务价值链，促进一、二、三产业的实体经济蓬勃发展，焕发新的活力。

（三）实施新旧动能转换重大工程，是我市凤凰涅槃、浴火重生，实现跨越式发展的迫切需要

近年来，莱芜的发展速度有所放缓，与省内先进地市的差距逐渐拉大。主要原因在于钢铁等传统产业后劲乏力、动力不足，新材料、新能源与节能环保、电子信息、生物医药等新兴产业还未形成有效支撑，动力较弱。要提高全市经济发展的质量效益，实现又好又快发展，必须坚定不移地实施新旧动能转换重大工程，下大力气加快改造提升旧动能，寻求发掘新动能，加快形成新的增长动力源。

四、思路与举措

当前，莱芜市加快新旧动能转换已经迫在眉睫。由于长期以来依托传统动能发展的路子根深蒂固，因此加快新旧动能转换是一项复杂的系统工程，必须统筹考虑，综合施策，加快推进。

（一）指导思路

全面贯彻党的十八大和十八届三中、四中、五中、六中全会精神，认真落实习近平总书记系列重要讲话精神和对山东工作的重要指示、批示以及李克强总理近期考察山东的重要指示，按照全省实施新旧动能转换重大工程的部署要求，突出"践行新理念，建设新莱芜"，以推进供给侧结构性改革为主线，加快实施"12345"工作部署，以项目建设和产业转型作为着力点，聚焦推进新技术、新产业、新业态、新模式，加快精准转调、产品提升、融合发展，实现产业智慧化、智慧产业化、跨界融合化、品牌高端化，促进转调发展、协作发展、创新发展、和谐发展，加快建设"实力莱芜、活力莱芜、魅力莱芜、生态莱芜、幸福莱芜"，努力率先全面建成小康社会。

（二）目标任务

加速推动新旧动能转换先行区建设，力争3～5年，新旧动能转换成效更加明显，创新驱动产业转型的内生动力不断完善，产业智慧化、智慧产业化、跨界融合化、品牌高端化的水平大幅提高，经济实力显著增强，省会副中心建设取得实质性进展，莱芜在全省发展格局中的战略地位进一步提升，经济社会发展总体水平持续向好、稳步提高。

1. 发展质量更优

经济保持中高速增长。转型升级实现重大突破，三次产业结构持续优化，

服务业占地区生产总值的比重、高新技术产业产值占规模以上工业企业总产值的比重分别提高 1～2 个百分点，非钢产业增加值占工业增加值的比重稳步提升，农业现代化加快推进，现代服务业加快发展。

2.创新水平更高

全社会研发投入占地区生产总值的比重高于全省平均水平，科技创新能力明显增强，人才总量和质量大幅改善，重点领域和关键环节的改革取得实质性进展，供给侧结构性改革取得积极成效，对外开放实现新突破。

（三）对策措施

坚决把加快新旧动能转换作为莱芜市最紧迫的任务、最根本的出路，综合考虑各方面因素，初步确定“1235”工作思路，进一步聚集全市的资源力量，开拓奋进、扎实苦干，确保取得实实在在的成效，加快推进全市经济跨越发展。

1. 一个发展定位，即全力打造建设全省新旧动能转换先行区

依托省会副中心和济莱一体化建设，将莱芜定位为全省新旧动能转换先行区，充分发挥莱芜的区位、交通、产业、资源、能源等优势，把莱芜打造成为济南制造业配套中心、特种钢生产中心、粉末冶金新材料产业中心、特色农产品供应中心、仓储物流中心以及重要的能源基地、会展基地和山水旅游基地，这将有力地推动济南新旧动能转换区快速发展，繁荣提升省会经济，同时也为山东乃至全国新旧动能转换趟出一条成功的路子。以先行区为主平台，统筹“全市一盘棋”产业布局，顺应生产基地化、专业协作化、产业集群化的发展趋势，着力构建“两核引领，园区支撑，产业集群带动，特色小镇补充”的产业布局。“两核引领”，依托莱城、钢城两个行政区，立足自身资源优势和产业特色，全力加快产业转型升级，着力打造全市新旧动能转换的主引擎和引领区。“园区支撑”，突出园区的产业特色，加快发展国家级高新技术产业开发区，省级雪野旅游区、经济开发区、莱城工业区、农业高新技术产业示范区、钢城经济开发区等重点园区，着力调整重大生产力布局，打造产业集聚集约发展的高端产业功能区。“产业集群带动”，立足全市正加快推动的十大重点产业的振兴提升，统筹全市各类经济园区，扎实做好“建链、补链、强链”文章，重点打造钢铁生产及深加工过千亿元级产业集群，新材料、汽车及零部件、装备制造 3 个过百亿元级集群；新能源与节能环保、食品饮料与农产品深加工 2 个过 50 亿元级产业集群；电子信息、生物与医药、现代物流与电子商务、旅游文体等过 30 亿元级产业集群。“特色小镇补充”，立足全市经济社会发展大局、加快新旧动能转换来谋划特色小镇建设，坚持以特色产业为核心，紧扣产业升级趋势，锁定产业主攻方向，构筑产业创新高地。围绕十大产业和金融服务、科技创新、航空体育、文化创意等新兴产

业，兼顾特色农业、传统工艺、历史文化等经典产业，重点推进莲花山茶旅、山东阿尔普尔清洁能源（中德清洁能源）、牛泉环保能源、钢城高端装备制造、颜庄无纺产业、莱芜文旅、雪野旅游休闲、不锈钢、寨里桑蚕养生、长埠岭创意农业等10个特色小镇。

2. 两类项目支撑，即加强重大基础设施项目和重大产业项目建设的支撑作用

(1)重大基础设施项目建设。基础设施建设是提升莱芜区域优势、加快新旧动能转换的根本支撑。一是加快济莱高铁建设。促进济莱协作区同城化发展，提升省会城市群经济圈的辐射带动作用，完善山东省综合运输网络，优化城际运输结构，满足城际客流需求。积极争取将时速由250公里提高到350公里，并向南延伸至临沂，形成一条新的快速铁路通道，实现济南与临沂之间的有效衔接，完善全省快速铁路网。同时，沿中南铁路规划建设莱芜—日照高铁，畅通济南、莱芜、日照连线，打通省会出海口。济南—莱芜—临沂和济南—莱芜—日照高铁建设将进一步完善全省快速铁路网，实现济南与临沂、日照之间的有效衔接，填补鲁中地区没有快速铁路的空白。二是规划建设济莱直线快速通道。路线全长74.3千米，投资约62.2亿元，采用六车道一级公路技术标准。其中，济南境内35.2千米，莱芜境内39.1千米。同时，积极协调济南实施二环南路东延、二环东路南延，实现济莱两市快速交通运输无缝连接。三是建设畅通的网路体系。打造“三纵四横，一环，一快”普通干线交通网。在全市范围内，打通断头路，增加连接线，畅通拥堵路段。加快交通信息化、智能化建设。整合道路运输、质监监察等子行业的信息数据，建设交通运输数据中心，搭建统一的数据共享交换平台，实现信息共享。强化“互联网＋公交”的融合发展，建设智能电子站牌，提高居民出行的信息服务水平。

(2)重大产业项目建设。产业项目是推进新旧动能转换的重要抓手。将符合国家产业政策、有利于转变发展方式、优化产业结构的工业项目和一、三产业项目作为全市重点，分类指导，加快推进。一是加快项目建设。压实责任，确定全市每年新开工建设产业大项目150个，其中过亿元项目80个；竣工投产项目100个，分解落实到各区（功能区），明确任务，并纳入全市科学发展综合考核中。健全推进机制，完善“月调度，季分析，半年观摩”制度，加强督查考核。强化服务机制，实行重点项目领导包推制，在项目审批、开工建设、竣工投产等环节提供全过程跟踪服务。依托重点企业“困难摸排消”平台，优先解决大项目建设中遇到的困难问题，确保顺利推进。实行重点项目管理，每年确定30个投资规模较大、带动能力较强的新兴产业项目和30个转型升级技改项目作为全市重点项目，统一管理，重点推进，打造一批推动新旧动能转换的旗舰型项目；加强动

态管理，启动运行全市大项目建设在线管理平台，及时掌握项目的进展情况；完善大项目预评审制度，及时组织发改委、规划、国土、环保、住建、安监等部门召开大项目评审会，对拟建项目从产业政策、用地规划、城镇规划、环境影响、安全评价、施工图审查、工程质量监管、税收贡献等方面论证评审，提出项目建设可行性评估意见，确保项目如期开工建设，尽快投产达效。二是强化项目储备。建立产业项目储备机制，定期储备一批传统产业转型、新兴产业培育、现代农业发展、服务业项目，及时纳入项目建设名单，进入手续办理等项目建设前期阶段。三是加强项目谋划。科学谋划一批未来发展重大支撑项目。在农业领域，以打造农高区国家现代农业产业园、钢城区国家农业可持续发展实验示范区、莱城区生姜特色农产品优势区（国家级）、温氏高端高效现代牧业一体化项目等为依托，建设国家现代农业三产融合示范市。在工业领域，重点以钢城区钢铁产业转型示范区项目、钢铁精深加工产业园、经济开发区不锈钢精深加工基地为依托，建设国家级钢铁产业转型示范城市；以高新区节水灌溉装备产业园等为依托，建设全国节水灌溉之乡。依托莱芜粉末冶金产业优势，打造中国粉末冶金城。立足莱芜汽车零部件产业基础，依托昊宇车辆对外合作项目，建设国家级新能源汽车和汽车零部件产业化基地。以中德共建清洁能源小镇为依托，建设国家煤改电北方供暖清洁能源装备制造基地。依托珅诺基、耀华医疗器械、华安生物科技、苏州安科、宏葵生物、济世药业等项目建设，建设国家新特医药和高端医疗器械生产基地。以奔速电梯为依托，建设国内"一带一路"装备制造产能合作基地。在现代服务业领域，依托雪野湖旅游健康特色小镇、桃花源江南里小镇、莲花山休闲养生基地、棋山国家森林公园等，建设国家级医养结合生态旅游示范基地。依托中国国际航空体育节、通航产业项目等，建设国际航空体育运动和通用航空产业化基地。依托雪野金融小镇项目、财富管理中心平台项目、国际期货交易平台、大宗石油网上交易平台等，打造全国一流的金融特色示范区。

3. 三个领域突破，即加快实现工业、农业、服务业三大领域的转型突破

（1）着力打造莱芜工业经济升级版。紧紧围绕工业强市目标，充分发挥莱芜工业基础较好的优势，以供给侧结构性改革为主线，牢牢把握培育发展新动能的主攻点，以振兴提升重点产业为抓手，完善重点工作指挥部体制，落实抓产业"一条龙"工作法，"一业一策"，以产业智慧化、智慧产业化、跨界融合化、品牌高端化为导向，通过精准转调，推动产业成链、链条成群，形成产业集约、集聚、集群发展，实现产业振兴和提质增效。

一是加快旧动能"焕发生机"。"只有夕阳产品，没有夕阳产业"。只要不断加强技术改造和理念创新，运用新技术加快传统产业转型发展新产品、新业态、

新模式，就能挖掘旧动能的新潜力，拓展旧动能的新空间。加快推进传统产业转型升级。重点发挥钢铁、能源等传统产业基础条件好、市场渠道广的优势，坚持“敲开核桃”，分类指导、精准培育，运用新技术、新模式改造提升传统产业，不断提升产业的竞争力。实施品牌高端化，分行业实施质量提升计划，坚持标准引领，强化技术攻关，加快传统产品的升级换代，着力打造技术先进、利润稳定、能够在国内外市场占有一席之地的高端产品品牌。加快产业智慧化，推动生产方式智能化，加快信息化与工业化深度融合，鼓励支持企业对产业链各环节实施数字化改造，促进生产过程、质量控制、运营管理、产品销售、用户反馈全面互联，提升产业的智能化水平。推动智慧产业化，推动流通渠道多样化，引导现有企业触电上网，大力发展 O2O、B2B 等商业新模式，不断降低交易费用和运营成本。推动跨界融合化，加快产业发展融合化，运用“互联网＋”，促进三次产业交叉渗透、跨界融合，激发传统产业的发展活力。比如，钢铁生产及深加工产业领域，依托莱钢、泰钢、九羊等重点企业，大力发展高附加值产品，加快研发精深加工产品，抓好绿色钢结构装配式建筑产业园、泰钢 80 万吨冷轧不锈钢板材深加工等项目建设，积极培育开发钢结构、不锈钢、优特钢等高附加值产品，加快建设国家级钢铁产业转型示范城市。装备制造领域，认真落实“中国制造 2025”，围绕塑料机械、节水灌溉、专业装备等优势产业，抓好塑机产业联盟、节水灌溉产业园建设，重点依托我市节水灌溉产业的基础优势，加快推进节水灌溉智能化、灌溉节水产业化，建设全国节水灌溉装备制造之乡。汽车及零部件产业领域，着力推进整车制造、总成整机和关键零部件开发，加快汇锋传动、汇金股份、环球公司等企业的创新发展，打造汽车零部件生产基地和出口走廊。瞄准新能源领域，推进智能化生产，抓好昊宇车辆对外合作、锦尔泰 60 万套汽车零部件、环球汽车 V6 发动机电控系统、国利新能源电池等项目建设，努力打造国家级新能源汽车和汽车零部件产业化基地。

二是加快培育新动能“茁壮成长”。经济发展是新旧动能迭代更替的过程。当前，经济进入新常态后，传统动能呈现持续减弱的态势，迫切需要新动能异军突起，推动经济持续健康发展。从莱芜看，新动能的培育才刚刚起步，必须抢抓新一轮科技革命和产业变革孕育兴起的“窗口期”，明确发展重点，采取有效措施，尽快让新动能破茧而出、蓬勃发展，顺利实现新旧动能接续转换。加快培育壮大新兴产业，认真落实“十三五”国家战略性新兴产业发展规划，瞄准前沿高端技术，立足莱芜基础特色，发展壮大一批战略性新兴产业，使其迅速成长为全市经济的新“四梁八柱”。在发展新材料产业方面，用好国家新材料产业化基地这块“金字招牌”，以莱芜粉末冶金产业技术研究院为依托，抓好莱钢 10 万吨合金特种粉末、新艺高性能铁基软磁复合材料产业化开发，大力发展粉末冶金及制品，加快建设莱芜粉末冶金城。同时，加快爱地高分子新一代超高强度聚乙烯纤维研发等项目，力争到“十三五”末，在全省率先建立国家级新材料产业示范区。在发展新能源与节能环保产业方面，依托金雷风电科技股份有限公司、阿尔普尔节能装备有限公司等骨干企业，加快中德清洁能源小镇建设，加强清洁能源技术创新和产业集聚，全力打造国家煤改电北方供暖清洁能源装备制造基地。在发展生物医药产业方面，依托莱城区生物医药产业园和高新区生命健康产业园，加快格瑞创业大厦、珅诺基药业年产 7000 千克抗癌原料药(阿可拉定)、耀华医疗器械、华安生物科技计划年产 15 万个可降解支架、苏州安科医疗 MRI 系统 1.5T、宏葵生物年产 4000 台生化分析仪、济世药业等项目建设，打造国家新特医药和高端医疗器械生产基地。在发展电子信息产业方面，加快推进集成电路、智能仪器表等产品研发和电子信息设备集成制造，抓好力创智慧工厂、金鼎电子产业园、雪野软件研发中心等项目建设，尽快做大产业规模。

(2)积极拓展农业发展新模式。做强农产品加工业，围绕莱芜“三辣一麻”“三黑一花”等特色农业产业链延伸，加快培育一批在同行业中有竞争力的龙头企业，大力发展农产品精深加工，使产业链、价值链呈现前延后伸式的融合发展。着力推进产村一体化，继续深入推进农村产权制度改革，激活农村资源要素，将新农村建设与农业产业发展紧密结合，着力培育农业企业、农民合作社、家庭农场和专业大户四类新型农业经营主体，积极把产业链、价值链等现代产业组织方式引入农业，促进农业技术、业态和商业模式创新。壮大乡村休闲游，以农耕文化为魂，以美丽田园为韵，以生态农业为基，以田园景观化为目标，高水平建设农业休闲观光园区，深度开发农业生态休闲功能，重点打造一批旅游乡村，大力发展农家乐经营，开发乡村特色农产品和旅游商品，促进农业、文化产业、旅游业融合发展。创新发展新业态，大力发展“互联网+农业”，以应用示范为主线，建设一批示范园区、基地和项目，培育一批农业电商企业，推进村级电商综合服务站建设，全面促进农村各产业的渗透融合和交叉重组。做强农业特色品牌，狠抓农产品标准化，发挥万兴果蔬食品有限公司、泰丰食品有限公司等骨干企业的作用，积极推动一产内部融合发展，推动特色农业“接二连三”“隔二连三”，推进产业链叠加、价值链相乘，发展具有莱芜特色的“新六产”。加快推进农高区创建国家现代农业产业园、钢城区建设国家农业可持续发展试验示范区、莱城区创建生姜特色农产品优势区，加快建设国家现代农业三产融合示范市。

(3)大力培育发展服务业新业态。加快发展服务业是新旧动能转换的重要途径。落实《莱芜市“十三五”服务业发展规划纲要》，结合城市结构、资源禀赋和产业发展基础，按照“全域化统筹，功能区带动，产业化支撑，城镇化融合”的发展思路，统筹区域服务业协调发展，引导服务业合理集聚，延伸区域产业链和价值链。立足我市产业现状，结合新的市场需求，积极延伸产业发展的领域和范围，全面提升供给质量和水平。重点发展现代物流、旅游、文化、金融、电子商务、科技信息等现代服务业领域。比如，在物流方面，围绕打造鲁中现代智慧物流中心，充分发挥产业、区位、交通优势，突出钢铁特色，坚持“黑色物流”(钢铁、煤炭)和“绿色物流”(农产品、商贸)并重，在加快莱芜“无水港”建设的基础上，加快鲁中钢铁物流国家级标准化服务试点申报，对规划建设的鲁中现代铁路物流城、鲁中新城市铁路物流园、嬴城钢铁物流配送中心等园区和企业，科学统一规划，合理确定功能定位，优化整合物流资源，打造省内重要的物流集散地。在商贸流通方面，大力发展电子商务，积极发展农村现代物流、冷链物流、产业电商，加快莱芜颐高电子商务产业园等重点园区建设，引进知名的跨境电商企业，发展壮大“淘实惠”等农村电商平台，全力打造一批电子商务高端发展平台，推动产业与电商融合发展。在文化旅游产业领域，抓住创建国家全域旅游示范区的机遇，大力发展全域旅游，积极开发生态观光、健身休闲、医疗养生、体育运动等新业态，全力打造健身运动休闲旅游品牌。发挥山水生态资源的优势，依托绿地旅游健康特色小镇，拉长预防、保健、咨询、养生等前端链条，建立医养结合一体化运行服务模式，建设国家级医养结合生态旅游示范基地，推动医养融合发展。用好国际航空体育节这个平台，大力发展通用航空、航空旅游、航空体育等产业，打造国际航空体育运动和通用航空产业化基地。在科技信息方面，以提升科技服务能力为基本支撑，以创新服务业态和服务模式为主要途径，突出平台建设和示范带动，加快推进高新区带头转型升级、带头创新发展的“双带”工程，以及嬴城发展集团申报省级科技企业孵化器，颐高创业孵化基地申报省级众创空间，莱芜市院地创建协同创新中心等，构建布局合理、功能完备、运转高效的科技支撑体系。

4. 四个核心动力，即着力激发创新、融合、改革、开放等四方面动能转换的动力来源

(1)强化创新驱动。加快构建激发创新活力、推广创新成果、支持业态创新的体制机制，加快塑造依靠创新驱动的发展新格局。围绕我市优势产业和重点领域，着力攻克一批核心技术，加速赶超甚至引领的步伐，努力把莱芜建设成为全省具有重要影响力的创新型城市。一是提升科技创新能力。强化企业创新的主体地位。实施“科技小巨人”企业创新能力培育扶持计划；抓好承担的工业重载搬运机器人、直线电机油气装备等 91 个国家、省科技计划项目；鼓励企业建立研发准备金制度，加大创新产品和服务政府的采购力度，完善科技创新券、科技创新奖励政策，激发企业的创新活力及高层次人才引进的积极性，提高企

业的自主创新能力。加强创新平台建设,采取政府主导、市校共建、企校共建等多种模式,推进产学研合作,建设一批工程技术研究中心、院士工作站和产业创新联盟,提升重点行业的技术创新水平。当前,要重点抓好国家焊接技术重点实验室、中科院院地协同创新中心、粉末冶金产业技术研究院等平台建设,争取尽快投入使用。大力推进科技孵化器建设,突出抓好高新区高新技术创业服务中心建设。二是加快科技成果、转化。完善科技成果转移、转化机制,推进科技成果权益管理改革,强化对科研人员的创新激励。围绕产业链部署创新链,围绕创新链配置资源链,加强关键核心技术攻关,提高关键环节和重点领域的创新能力。巩固扩大科技合作成果,推进与高校院所合作建立新型研发机构和成果转移转化基地,加快促进高水平技术和成果转移转化。实施核心专利技术转化与产业化奖补政策,加快提升企业的科技创新能力和核心竞争能力,促进核心专利技术转化、实施与产业化。三是强化科技人才支撑。加大人才培养、引进的力度,落实好项目资助、创业扶持、贷款贴息等综合资助措施,加快引进一批高层次科技创新创业领军人才及团队,打造创新创业人才高地。加强企业家队伍建设,采取"走出去""请进来"等方式,继续组织企业家到发达地区、高校院所、培训机构开阔眼界、提升境界,造就一批敢于创新、干事创业的企业家队伍。四是优化创新创业环境。深化科技体制改革。加快破除制约科技创新的体制机制障碍,实现政府职能由研发管理向创新服务的转变,形成充满活力的科技管理和运行机制,为创新发展提供持续动力。加快标准化示范项目实施,选择一批重点企业、产品,在标准经济发展和品牌建设上予以重点扶持。完善各类创新补助政策,扩大政策实施范围,切实降低企业的创新成本。完善创业补贴政策,用好创业孵化基地和创业园区奖补政策,鼓励引导各区、高校和企业提供更多更好的创业平台,并通过房租减免、水电补贴、跟踪服务、咨询指导等方式,使创业者直接受益。

(2)强化融合发展。强化向实体经济聚力、发力的意识,提升新动能对传统动能的带动作用,以提高质量和核心竞争力为中心,加快利用新技术、新业态改造提升传统产业,创造更多适应市场需求的新产品、新模式,促进覆盖一、二、三产业的实体经济蓬勃发展。一是产业融合发展。产业融合催生出新技术、新产品、新服务,能够满足消费者更高的需求层次,改变传统产业的生产与服务方式,促使其产品与服务结构升级。比如互联网与其他产业融合,抓好"互联网+"产业创新工程。围绕信息技术与各领域的融合,推动产业创新,积极培育新技术、新产品、新业态和新商业模式,大力推进智能制造、智慧农业、智慧旅游等"互联网+"产业创新工程,解决城市管理、公共服务、产业转型升级等"短板问题",实现互联网与其他产业的深度融合发展。再如制造业与服务业融合,推动商业模式创新和业态创新，促进生产型制造向服务型制造转变。大力发展与制造业紧密相关的生产性服务业，推进服务功能区和服务平台建设。特别是围绕阿尔普尔节能装备有限公司等企业，将阿尔普尔中德清洁能源小镇打造成融合60余家钢铁深加工、热泵零部件精细化生产、不锈钢产品加工、工业服务业等相关产业企业，实现产业融合发展的示范基地，为中国小镇带来示范效应。又如现代农业三产融合，围绕“三辣一麻”“三黑一花”等主导特色产业，探索以龙头企业融合拓展型为主的农村三产融合模式，力求实现“四化”：土地经营规模化，农业生产标准化，产品加工品牌化，农民利益最大化。另外，推进农业与旅游、教育、文化等产业的深度融合，大力发展休闲农业、乡村旅游、创意农业、农耕体验以及乡村手工艺等新业态，实现农业从生产向生态、生活功能的拓展。二是产城融合发展。坚持以特色产业为核心，紧扣产业升级趋势，锁定产业主攻方向，构筑产业创新高地。聚焦重点产业，按照高端、高质、高效的发展要求，聚焦新材料、汽车及零部件、装备制造等十大重点产业和金融服务、科技创新、航空体育、文化创意等新兴产业，兼顾特色农业、传统工艺、历史文化等经典产业，加快特色小镇建设。每个特色小镇围绕一个核心主导产业，找准产业链条的缺项、弱项，尽快完善上、中、下游产品体系，形成完整的产业链条，推动产业链专业化集聚、上下游配套和高端化发展。支持各区以特色小镇理念提升产业集聚区和各类园区的特色产业。三是军民融合发展。加快构建现代产业新体系，积极促进军民两用技术产品的双向转化，打造一批高端化、智能化的军民融合优势产业集群，改造传统优势产业，加快壮大战略性新兴产业，促进产业融合发展，为经济转型升级和产业新体系构建注入强大动能。加强科技协同创新，推进军地科研资源优化组合，促进军地双方人才、技术、资本、信息等要素的交流融合，建设军民结合、寓军于民的科技创新体系。实施“民参军，军转民”科技计划，支持我市高校院所、企业的创新成果和产品列入军方采购目录，实现转化。承接国防科技储能释放，加强重点领域军民两用技术的引进和消化吸收，提升相关领域的技术实力。依托莱城工业区军民融合产业园，山东鲁碧建材有限公司建材（水泥）动员中心、山东宝纳新材料有限公司新材料动员中心两家国民经济动员中心以及莱钢粉末冶金有限公司的粉末冶金、爱地公司的高分子纤维、东岳车桥公司车辆空气悬挂系统和润达新材料公司耐高温、耐烧蚀材料等基础优势，推动军民融合深度发展，建设国家军民融合发展示范市。

（3）加强改革创新。贯彻落实国务院《关于创新管理优化服务培育壮大经济发展新动能加快新旧动能接续转换的意见》，深入推进“放管服”改革，着力破除新旧动能转换的体制机制障碍，为新旧动能接续转换提供良好的体制机制环境，推动形成新旧动能转换的“加速度”。一是全面深化改革。深化投融资体制、农业农村、行政管理体制等改革,加快政府性平台建设、审批制度等重点领域改革,激发经济社会的发展活力。深化供给侧结构性改革,推动落后钢铁、煤炭产能有序退出;落实货币化安置等措施,确保房地产去库存周期保持在合理区间,保持房地产市场平稳健康发展;充分利用债转股、股权融资等方式,降低实体经济杠杆率;严格落实减税降费政策,帮助企业降低制度性交易成本、税费负担、社会保险费、财务成本、电力价格、物流成本,落实减税降费政策,争取更多企业享受直供电,有效降低企业成本。推进农业农村改革,加快农村产权制度改革,深化农村土地所有权、承包权和经营权"三权分置",鼓励发展农业适度规模经营。创新投融资体制,拓宽融资渠道,优化投融资模式,加快建立主体多元、充满活力的投融资新格局。发挥政府投融资平台、产业引导基金、地方政府债券等作用,完善市场化、规范化运作机制,撬动金融和社会资本,推进一批基础设施和众多公共服务领域一大批项目快落地、快见效。继续推进行政审批制度改革,全面实行并联审批、阳光审批、限时办结等制度,持续改进对新兴经济领域市场主体的服务支持。深化商事制度改革,在"五证合一"的基础上,大力推行"多证合一",削减工商登记前置审批,激发市场活力。二要坚持审慎监管。按照既要规范、也要放活的治理理念,放开市场准入,破除制约新经济发展的不合理束缚和"隐性壁垒",切实解决"准入不准营"问题。强化动态监管,对发展初期的新生业态,坚持"放水养鱼",以包容的心态、宽监管为主,待行业基本成熟后,建章立制予以规范。强化协同监管,在加强政府监管的同时,充分调动第三方、同业、公众、媒体等监督力量,形成共同参与治理的新格局。三是强化支撑保障。完善支持新经济发展的政策体系,在组织保障、政府采购、金融支持、统计分析等方面研究出台一揽子政策措施,更好地服务新产业、新业态健康发展。严格落实新修订的科技成果转化法,加大对新业态、新商业模式的知识产权保护。营造鼓励创新、宽容失败的社会氛围,塑造开放、包容、多元的城市文化,推动形成强大的发展动能。

(4)推进开放合作。强化区域合作,加快开放,着力拓展动能转换"新空间"。一是依托济莱一体化,加快省会副中心建设。更好地接受济南的辐射带动,获得资源、产业、生态、科技等优势资源,吸引项目、资金、人才等要素资源集聚,借力实现我市产业的壮大升级,增强我市的发展后劲。统筹济南南部山区、莱芜北部等旅游资源,建设济莱旅游新区,打造集观光游憩、医疗养生、文化休闲等功能于一体,生态环境良好、绿色产业兴旺、公共服务完善、人与自然和谐发展的国家级生态文化旅游示范区、国家医养结合示范基地。积极服务省会,与济南产业互补,充分发挥莱芜在区位、交通、产业、资源能源等方面的优势,把莱芜打造成为济南制造业配套中心,特种钢生产中心、粉末冶金新材料产业中心、特色农产品供应中心、仓储物流中心，以及重要的能源基地、会展基地和山水旅游基地，促进省会经济快速发展。二是加快开放。完善我市出口农产品质量安全示范市建设，支持骨干农产品出口企业提升农产品精深加工能力和深加工农产品出口比例，强化出口农产品质量安全示范市对全市外贸出口的带动作用。加强我市汽车零部件、化工产品、金属型材、床上用品、粉末冶金等五大外贸转型升级示范基地建设，扩大不锈钢产品、粉末冶金及制品的出口规模，打造“莱芜生姜”“泰山不锈钢”“莱钢粉末冶金”等出口品牌。大力发展跨境电商，加快推动跨境电子商务发展，深化与山东一达通、山东秦工国际的合作，引进知名跨境电商企业，建设一批跨境电商平台。重点引导山东启程经贸有限公司、山东汶汇港物流有限公司等企业自建平台或利用国内外知名跨境电商平台开展跨境电子商务业务，拓宽境外营销渠道。大力发展外贸综合服务企业。努力打造全流程型、特色型、区域型外贸综合服务企业，为中小微企业出口提供通关、收汇、退税、物流、融资、保险等专业化服务，有效激活“不懂、不敢、不会”做外贸的中小微企业，创造新的外贸增长点。大力发展服务贸易。加快服务贸易创新发展，制定服务贸易发展扶持政策，健全服务贸易统计体系，重点加强开展服务外包和境外承包工程业务，重点培育一批发展潜力大、示范带动力强的服务贸易企业和品牌，扩大我市服务贸易的规模。大力推动无水港建设，提高进出口货物的通关效率，降低运营成本，提高贸易便利化水平。将格鲁吉亚作为融入“一带一路”战略的突破口，持续推进格鲁吉亚莱芜产业园项目，加强在投资贸易、基础设施、制造业、旅游业及科技、教育等方面的交流合作。依托奔速电梯、朗进科技、昊宇车辆建设“一带一路”装备制造产能合作基地，积极争取纳入全省新旧动能转换重大项目。

5. 强化五个保障，即加强金融、人才、服务、载体、组织保障

(1)强化金融保障。金融是支撑新旧动能转换的血液，是活力之源。用好金融创新试点市平台，发挥协调服务和监督管理双重职能，突出强服务、促发展、防风险，努力扩大社会融资总量，完善金融市场体系，推动金融改革创新，防范化解金融风险。强化信贷支撑，发挥银行融资主渠道的作用，加强银企精准对接，落实差别化信贷政策，保障重点企业、重点产业的资金需求。落实金融联络员制度，从政策宣传、规范引导、融资服务等方面提高金融服务效率。推动金融产品和业务创新，拓宽抵质押物范围，提升金融服务能力。借力资本市场融资，加快全市企业股份制改制，健全完善现代企业制度，夯实企业对接资本市场的基础。优化后备资源库，加强跟踪服务，推动符合条件的企业通过上市挂牌、发行债券、私募股权、资产证券化、融资租赁等多种方式融资。完善金融市场体系，大力吸引各类金融机构到莱芜设立分支机构或办理业务，大力发展村镇银

行、小额贷款公司、融资担保公司、民间融资机构等普惠金融组织，完善金融体系，活跃金融市场，增加金融供给。以雪野旅游区为载体，以建设金融小镇、财富中心、互联网金融等为切入点，吸引济南、全省乃至全国的金融机构、类金融机构、中介机构、金融人才等集聚，打造“金融＋”的高端服务业聚集区。

(2)强化智力保障。加大招才引智力度，依托济莱协作区人才改革试验区建设，深入实施“5158”产业人才集聚工程和“嬴牟产业领军人才”计划，围绕我市重点特色和优势产业，吸引一批紧缺急需的产业领军人才、科技创新人才和高技能人才及团队，集聚一批“高、精、尖、缺”人才，打造鲁中人才谷。依托我市各类职业院校和人才培养机构，采用委托培养、订单培养等方式，重点培养一批实用型专业技能人才；实施好“嬴牟产业领军人才”计划，在创新实践中培养一批领军人才和青年英才。同时，大力引进高等院校、科研院所等智力机构，加快协和学院莱芜校区建设，支持山财大莱芜校区发展，努力汇聚更多的智力资源。加大招商引资力度，着力引进大数据、物联网、云计算等知识密集型企业，为全市发展提供充足的数据信息资源。同时，强化公共数据资源共享，完善和落实政务信息资源共享管理办法，健全政府信息公开和企业信息披露制度，不断释放数据活力。

(3)强化服务保障。把优化发展环境作为新旧动能转换的软实力，持续推进简政放权，加快转变政府职能，积极服务企业等实体经济发展，为其创新转型营造宽松环境，放手让各类市场主体“唱戏”，使企业“轻装”前行。牢固树立服务企业就是服务发展的理念，加快政府职能转变，扎实推进行政管理体制改革、行政审批制度改革，持续深化重点企业“困难摸排消”活动，建立完善“科技特派员”“金融联络员”制度，打造高效的政务环境。大力推行“互联网＋政务服务”，加快政务服务平台市、区、镇三级联通，推进各类证照网上办理，让数据多跑路、群众少跑腿。加强社会信用体系建设，加快推进官方网站、公共信用基础数据库、信用信息交换共享平台建设，建立守信联合激励机制和失信联合惩戒机制，实现信用信息全覆盖。加强企业和项目周边环境治理，严厉打击恶意逃废金融债务、金融诈骗等非法活动。鼓励支持集约、节约利用土地，积极盘活闲置、低效用地，保障好发展用地需求。以培育发展要素市场为重点，加快促进人才、资金、技术、信息等各生产要素有序自由流动，打造公平优质的要素环境。

(4)强化载体保障。把城市、园区、镇域作为新旧动能转换的重要承载，坚持产城一体、融合发展，实现错位发展，创建产业转型的高位平台，再造竞争发展新优势，形成多极带动、多点支撑的格局。加快园区提档升级，大力推动园区发展提质增效，优化产业布局，避免同质化建设，引导企业和项目向园区集中，促进各园区错位发展、特色发展和集群发展。高水平建设高新区，积极拓展国家级平台，加快引建各类科技孵化和智能制造中心，提升高新技术产业孵化园的水平，加快推进人才和智力集聚，加快培育电子信息、新材料、生物医药等新兴产业，打造高新技术产业集聚区、改革创新示范区。规范提升雪野旅游区、经济开发区、农高区、莱城工业区、钢城经济开发区等省级园区，对标全省、全国先进，加强基础设施建设，完善运输、仓储等配套服务，建立研发、咨询、检验检测等公共平台，提升园区承载高端业态的能力，积极争创国家级园区。加快建设精品城市，科学编制总体规划和专项规划，探索运用市场化手段，实施"四网"改造提升工程，推进地下综合管廊建设，实施"城市增亮"工程，加快智慧城市建设，提升城市的集聚功能。推进新型城镇化建设，打造中心城、卫星城、重点镇、农村新社区等梯次分明、发展有序的新型城镇化体系。着力推进口镇、牛泉、羊里、颜庄、雪野等重点镇建设，实施"一镇一业，一镇一品"，打造一批工业重镇、商贸名镇、旅游和现代农业强镇。加快建设特色小镇，根据浙江的先进经验和我省的文件精神，坚持高位谋划、发挥优势、突出特色，建成一批产业"特而强"、形态"精而美"、功能"聚而合"、机制"活而新"的特色小镇。

(5)强化组织领导。成立由市长任组长的新旧动能转换重大工程领导小组，统筹协调新旧动能转换工作，做好重大问题研究、重大政策制定、重大事项协调；设立领导小组办公室，负责新旧动能转换具体实施。市直有关部门和各区按照职能分工承担相关任务，密切协作配合，形成高效顺畅的协同推进机制。建立新旧动能转换工作联席会议制度，协调解决推进过程中的重大事项。同时，积极加强与国家、省相关部门的沟通对接，搞好统筹衔接，及时掌握最新动态，提出工作建议和相应举措。落实责任，明确任务分工，确保工作落到实处。强化督导检查，将动能转换的落实完成情况纳入督查范围，建立工作台账，明确工作内容、完成时限、牵头部门、责任领导，定期组织专项督导检查，定期通报；对工作不到位的单位和个人，按有关规定通报、约谈或问责。加强舆论宣传，充分发挥电台、报刊、网络等媒体的舆论引导作用，积极宣传新旧动能转换推进工作中的先进经验、先进典型及实际成效，营造良好的舆论环境。

五、几点建议

多年来，省委、省政府对莱芜市的经济社会发展给予了很大关心和支持，但是莱芜依赖资源的重工业结构转型发展任重道远，为加快新旧动能转换，实现持续、快速、健康发展，建议继续加大对莱芜的支持力度。

一是支持莱芜纳入老工业城市和资源型城市产业转型升级示范区。莱芜以钢立市，钢铁产业转型发展空间很大。建议将莱芜纳入国家老工业城市和资源型城市产业转型升级示范区范围，坚定不移地推进转方式调结构，加快推动传统产业迈向中高端。

二是支持莱芜纳入全国第一批产业衰退地区振兴发展试点范围，享受有关财政转移支付、税收减免、国家产业重大布局、土地指标专供、传统产业振兴发展、产业接续替代发展等政策优惠。支持莱芜规划建设先行先试的城市转型示范区，在济南保税区分区——鲁中(莱芜)保税区建设、济南—莱芜高铁建设、重大项目布局等方面给予优惠政策，努力探索体制转轨、机制转活的新路子。

三是支持莱芜建设国家医养结合基地。莱芜拥有区位、交通及山水资源优势，具备生态旅游、健康养生等良好基础，正全力打造"工作在济南，休闲养生在莱芜"的省会后花园。建议支持莱芜建设国家医养结合基地，比如派遣省级优秀专业人才来莱；在雪野建设三级甲等专科康复医院或上级三级甲等医院分院；支持以山东雪野湖旅游健康特色小镇、桃花源江南里、王老及官正乡村旅游等作为雪野建设国家医养结合基地的项目，给予政策和资金方面的扶持。

四是支持莱芜纳入全国革命老区支持范围。"莱芜战役"是解放战争进程中的重要转折点，莱芜革命老区属沂蒙革命老区的鲁中区，建议支持莱芜纳入沂蒙革命老区政策支持范围，加大政策扶持，促进莱芜革命老区又好又快发展。

五是支持莱芜高铁建设。按照目前规划，济莱城际铁路终点到莱芜市钢城区，路网结构不完善，吸引客流小，经济效益差。济莱城际铁路按高铁标准建设，并向南延伸连接鲁南高铁临沂北站，形成一条纵贯鲁中的铁路通道，进一步优化完善全省快速铁路网。建议向国家发改委争取将济莱城际铁路向南延伸连接临沂列入国家规划，并将设计时速提高至350公里。

六是支持莱芜农业转型发展。莱芜农业特色鲜明，具备了创建国家级现代农业示范区的基础条件。建议支持莱芜成为国家级现代农业示范区。农高区是全省第四家省级农高区，是山东省十大农业产业集群之一，是莱芜生姜、大蒜、黑猪、桑蚕的主产地，建议支持莱芜农高区申报国家现代农业产业园。莱城区是我国最大的商品姜生产、加工、出口基地，生姜年产量达到60万吨以上。建议支持莱芜莱城区创建国家级生姜特色农产品优势区。

七是支持雪野旅游区创建国家级旅游度假区和国家旅游休闲区。雪野旅游区山水资源丰富，历史文化悠久，是国家级水利风景区、国家湿地公园、省级重点服务业园区、省级生态旅游示范单位、中国最美休闲胜地、美丽中国十佳旅游度假区、中国国际航空体育节永久举办地、国家级旅游度假区创建试点单位。建议支持雪野旅游区申请国家级旅游度假区和国家旅游休闲区，推进雪野旅游业实现转型发展。

八是支持将雪野航空产业园列入全国通用航空产业综合示范区，支持雪野建设低空机场。建议将莱芜市雪野航空产业园列为通用航空示范区，并且尽量将航空制造类企业落户雪野通用航空产业园，对雪野航空产业发展在政策、资金、土地上给予扶持，支持开展航空旅游。同时，建议在完善低空飞行管理规定、空域分类划设等方面给予倾斜，将雪野通用机场低空空域真高调整至3000米，支持雪野通用机场构建覆盖山东、辐射华东的空中廊道，破解农林作业、抢险救灾、医疗救护等空域制约瓶颈，打造省会城市群经济圈一流的A1类通用机场。

（莱芜市发展和改革委员会　完成时间：2017年5月）

用新技术、新业态、新模式的“钥匙”打开传统产业改造提升的“金矿”

2016 年 12 月，习近平总书记在中央经济工作会议上强调：“既要推动战略性新兴产业蓬勃发展，也要用新技术、新业态全面改造提升传统产业。”2017 年 4 月 19～21 日，李克强总理在山东考察时强调，我国正处于新旧动能转换的关键期，打开服装等传统行业改造提升的“金矿”，“钥匙”就是新技术、新业态、新模式。就临沂而言，传统产业是发展之基、富民之本，现有的机械等 8 个传统产业的产值占整个工业的比重达到 80%，为全市经济社会发展作出了巨大贡献。新形势下，改造提升的任务十分艰巨，迫切需要借助新技术、新业态、新模式等新动能，推动“老树发新芽”，“老树开新花”。

一、机遇和挑战

当前，新一轮科技革命和产业变革呈现多领域、跨学科、群体性突破的新态势，正在向经济社会各领域广泛深入渗透。我国经济发展进入新常态，随着创新驱动发展战略的深入实施和大众创业、万众创新的蓬勃兴起，以技术创新为引领，以新技术、新产业、新业态、新模式为核心，以知识、技术、信息、数据等新生产要素为支撑的经济发展新动能正在形成。面对大势所趋，谁抓住了机遇，谁就抢占了先机。总的来看，我市机遇和挑战并存，呈现“三有三缺”的特点。

(1)上级有政策，方向明。用新技术、新业态、新模式改造提升传统产业，是中央和省委的重大决策部署。2017 年国务院政府工作报告提出，大力改造提升传统产业，深入实施“中国制造 2025”，加快大数据、云计算、物联网应用，以新技术、新业态、新模式推动传统产业生产、管理和营销模式变革。1 月 13 日，国务院办公厅印发了《关于创新管理优化服务培育壮大经济发展新动能加快新旧动能接续转换的意见》，这是我国培育新动能、加速新旧动能接续转换的第一份文件，聚焦新技术、新产业、新业态、新模式和利用新技术、新业态改造提升传统产业，为各地加快新旧动能转换指明了方向。与此同时，山东省迅速反应，及时跟进。4 月 28 日，正式启动新旧动能转换重大工程，省第十一次党代会又正式提出把新旧动能转换作为统领经济发展的重大工程，积极创建国家新旧动能转换综合试验区，通过发展新技术、新产业、新业态、新模式，实现产业智慧化、智慧产业化、跨界融合化、品牌高端化，培育壮大新动能，改造提升传统动能，推动经济保持中高速增长、产业迈向中高端水平，这是实现新一轮山东创新发展、持续发展、领先发展的动员令、冲锋号和路线图。目前，省里正在编制总体方案和总体规划，将配套一系列含金量高的政策。机不可失，失不再来。在政策机遇面前，必须主动作为、超前谋划、积极跟进，争取我市有更多的重大项目、重大事项列入国家和省的政策扶持盘子。

(2)外地有经验，可借鉴。李克强总理在考察山东时指出，现在中国经济出现一个很大的变化，就是走势分化的情况从“东西差距”变成了以黄河为界的“南北差距”，山东刚好是黄河穿流而过的省份，把新旧动能转换这篇文章做好，对整个中国经济格局都会起到关键作用。从现在看，南方省份的大众创业、万众创新氛围浓厚，一系列新技术、新产业、新业态、新模式相继涌现。从政府层面看，政策的引导力度非常大，湖北出台了加快发展新经济 16 条，上海出台了推动“四新”经济发展 16 条，有力助推了新动能发展和传统动能转型升级。其中，上海发布了“四新”经济发展绿皮书，涵盖网络视听、移动互联网、车联网与智能汽车等 41 大类“四新”经济热点领域，为传统产业改造提升提供了广阔的选择空间。从市场主体看，一些传统产业企业在环保、安全、节能等工具的倒逼下，主动向新经济进军，走出了“腾笼换鸟”“凤凰涅槃”之路。如工程机械行业巨头徐工集团，2016 年 11 月与阿里巴巴合作的行业首个工业云平台对外发布，填补了国内大数据在工业领域大规模应用的空白。目前，已有近 32 万台设备在线入网，每天收集 5 亿多条信息数据，可实现设备远程自动升级、远程控制、异常报警等。如板材行业的兔宝宝创建之初也是单一装饰贴面板企业，经过 20 多年的持续创新，已形成了板材、地板、木门、衣柜、家具等完整的产业链，2016 年年初投资 5 亿元收购了杭州多赢网络科技有限公司，正式发展互联网业务，设立装饰材料、家居宅配、互联网三大事业部，形成了一体化家居装饰整体解决方案的服务能力。“他山之石，可以攻玉。”外地新旧动能转换之路，值得我市各级政府部门和广大企业学习借鉴。

(3)我市有基础，能示范。在动能转换面前，我市一些传统产业开始走上了触网、求新、智能之路，特别是具有战略眼光的企业家，成功运用新技术、新业态、新模式助推了企业“二次创业”。如山东临工工程机械有限公司以承担的国家“863”科技计划项目“工程机械机电液一体化智能监控系统”核心成果为基础,投资建立智能控制实验室,在美国北谷成立智能控制技术研究所,搭建了临工智能控制技术研发平台,研发形成了电液比例控制、正流量电控技术、整机热平衡智能控制技术、发动机多级功率电控技术、产品远程交互电控技术等系列智能控制技术。如银凤陶瓷集团,建立了国内同行业最大的陶瓷新工艺、新技术、新材料研发中心,在白瓷生产工艺研究、骨质瓷无铅釉开发等方面达到国内外领先水平,2017 年“一带一路”高峰论坛国宴用瓷就是银凤制造的。如金正大生态工程集团,从 2006 年第一条年产 30 万吨缓控释肥生产线投产至今,建成了全球最大的缓控释肥生产基地,建立了国家缓控释肥工程技术研究中心、国家认定企业技术中心、养分资源高效开发与综合利用国家重点实验室等一批国家级高端研发平台,与国内外 50 余家高校和科研院所建立了长期合作关系,最近与上海化工研究院签署了战略合作伙伴关系,将成立联合研究所,实现肥料行业制造与研究方面两大标志性企业的牵手,同时在美国、德国、以色列建立了三个国外研发中心,先后参与了缓控释肥行业、国家和国际标准的起草,奠定了全球领先地位。这些企业都是在新动能改造提升方面走在前列的代表,引领了同行业的发展方向,也必将为我市其他传统企业加快动能转换提供良好示范。

与此同时,着眼于以更高层次、更广视角参与国内外竞争,我市传统产业的转型升级、跨越发展还存在一些突出问题和差距。

(1)战略意识缺乏。通过调研发现,我市一些传统产业的企业家,虽然具备较强的转型升级意识,但普遍缺乏有力的应对手段,特别是面对互联网的巨大冲击,还没有实现自我思想观念的根本转型,而仅仅把一些单体的投资项目视为转型,一时还难以接受从现实中的“老板”再回归为“创业者”的角色。前期,在委里组织的“四新”促“四化”书面调查问卷 40 家企业中,有 18 家企业没有应用新业态、新模式推进产业智慧化和智慧产业化或实施跨界融合的打算。2017 年中国建筑卫生陶瓷十大品牌榜,我市陶瓷企业没有一家企业入选。

(2)创新元素缺席。新旧动能转换“南北差距”在我市表现得也十分明显,缺少像南方城市那种“四新”经济不断涌现的亮点和闪光点,如贵阳大数据“人在做,云在看”、武汉光谷“天下谷”、合肥“大湖名城、创新高地”、杭州新经济“云上之城”、深圳“深爱人才,圳等你来”。总体来看,我市创新能力依然不足。我市本专科高校和高职院校只有 4 所,而近邻徐州有 12 所;全市每万名就业人员中研发人员为 31.01,每万人研发人员为 19.86,远低于全省 67.43、45.53 的平均水平;基础研究经费、科研机构及高等院校研发经费、政府资金投入分别占研发经费支出的 0.1%、0.5%和 2.9%,分别低于全省 1.8 个、5.5 个和 4.9 个百分点;缺少高层次科技创新人才,尤其是在全国有重要影响力的科技、产业领军人才。

(3)政策激励缺位。从调研情况看,我市在推动产业转型升级方面的激励措施,比其他一些地方的含金量要小,有的政策还没有落实到位。我市每年的人才专项资金只有3000万元,而徐州铜山区每年安排亿元人才专项资金和“三个5000万”,即产业转型扶持资金不低于5000万元、科技三项经费不低于5000万元、高新技术产业扶持资金不低于5000万元。创新平台政策落实仍存在资金缺口6000万元,对有多个创新平台的企业,只能兑现层级最高平台的奖励资金。我市硕士补贴政策只执行了4年。2011年出台的住房服务相关政策尚未执行。通过“四新”促“四化”书面调研,有公司反映,国家出台的再生铝加工财税优惠支持政策在我市未落实,引进高端人才的补贴政策没落到实处。

二、推动路径

目前,国家对制造业的转型升级都有明确的战略方向和工作部署,比如说“中国制造2025”、互联网与制造业融合。现在来看,相应的配套措施都还没跟进到位,还缺乏市级层面的顶层设计。在调研过程中,我们发现,一些好的措施在我市还尚属空白,比如说“双创”平台搭建、智能工厂建设等。2017年,市委、市政府作出了构建现代产业新体系、建设现代产业新城的总体部署,抓住了要害和关键,下一步将对8个产业“敲开核桃,一业一策”进行研究和推进。为此,我们在认真学习上级政策精神、深入了解外地经验的基础上,结合我市八大传统产业改造提升最大的制约瓶颈和最为紧迫的任务,本着问题导向、目标导向,初步研究提出,全力实施新技术、新业态、新模式支撑下的智能制造、协同制造、品质制造“三项计划”,走好“八条路子”,引导传统产业企业“八仙过海,各显神通”,厚植发展优势,增添发展动能,努力走出一条具有临沂特色的传统产业改造提升之路。

(一)智能制造计划

当前,新一代信息技术正加速与传统产业融合发展,将全面提升企业研发、生产、管理和服务的智能化水平。我市传统产业的智能化水平虽然有了较大进步,但与同行业的顶尖企业相比,无论在理念上还是投入上都还有很大差距,下一步应重点在智能装备、工业设计和智慧管理三个层面狠下工夫。

1. 智能装备

一业一策,加快大数据、云计算、互联网、设备监控技术、机器人在企业生产过程中的应用。一是扶持打造一批“智能工厂”示范样板。在化工、医药、食品、纺织等流程制造行业,利用物联网技术和监控技术加强信息管理服务,最终达到最优生产、无人干预、效益最佳、动态平衡的目标。目前，我市仅有3家企业入围山东省首批60家智能制造试点示范项目，尚没有企业入选全国智能制造试点示范项目，我市大部分企业还处在使用应用软件阶段。如山东翔宇健康制药有限公司与哈工大机器人集团等6家顶级智能化制造企业合作，引进红衣、布洛芬、固体制剂、贴剂、搽剂、仓储管理等8条智能生产线，实现智能化制造。淄博东岳集团氟化工智能工厂是山东智能制造试点示范项目，通过自动化改造提升，打造远程控制和一键开停车，确保了生产安全平稳运行。我市化工行业正在全力实施“四个一批”计划，可以在建设智能工厂上率先突破。二是扶持打造一批“智能车间”示范样板。在工程机械、汽车、电子信息等离散制造行业，推进企业数控机床、专用设备、成套设备、辅助设备智能化改造。如徐工装载机智能化制造基地联合厂房有16.7万平方米，相当于24个足球场那么大，逛一圈需要一个半小时，徐工产品设计周期缩短20%，产品数据准确率提高30%，生产计划协同时间由原来的2天缩短为40分钟，市场快速响应能力提高30%。调味品知名企业加加集团新建的年产20万吨优质酱油项目，是中国首家采用全自动化进行发酵温控搅拌、充氧控制与过程管理的生产线。三是培育一批机器换人示范样板。机器换人，不仅能够缓解企业用工成本上升、专业技能人才缺乏的问题，而且还能更好地满足现代生产的标准要求。如浙江在2013年实施了“555”机器换人推进计划，五年每年年均实施机器换人项目5000项，完成技术改造投入5000亿元。建议学习借鉴浙江、江苏、广东等地机器换人的经验，出台扶持政策，引导企业应用工业机器人，力争3年内对安全风险高、环境污染重、劳动强度大的岗位全部实行机器替代。

2.工业设计

工业设计是以工业产品为主要对象，运用新技术、新材料、新工艺，结合美学、经济学等知识，对产品的功能、结构、形态、包装等整合优化的创新活动。工业设计的核心是产品设计，是产业链中重要的增值环节，对于提升产品附加值、推动传统产业转型升级具有十分重要的作用。据有关数据统计，产品设计的成本占产品成本的10%左右，却决定了产品制造成本的70%～80%；在产品质量事故中，约有50%是由不良设计造成的。目前，我市工业设计依然是短板和缺项，全省认定的190家省级工业设计中心，我市仅有山东开元轴承有限公司、山东华盛中天动力机械有限公司、山东常林集团、山东临工工程机械有限公司、山东临工汽车桥箱有限公司、山东临风科技股份有限公司、山重建机有限公司、永佳动力股份有限公司、沂蒙电力设备有限公司等9家企业，占全省的比重不到5%，而烟台、威海分别达到15家、13家。应结合我市的产业基础，按照“点、线、面”的思路，着力推动工业设计加快发展。点上，扶持一批工业设计中心。支持现有省级工业设计中心，推动信息技术与研发设计的有机结合，进一步增强工业设计的创新能力，努力向有影响力的国家级设计中心迈进。线上，确定工业设计的重点领域。从现有产业看，我市机械（工程、农业、植保、动力）、电子信息、汽车制造等领域，是发展工业设计的优先选项，也是现有工业设计中心的集中领域。应重点围绕提升产业技术水平，加快研发一批市场前景好、技术含量高、具有自主知识产权的工业设计创新成果。面上，打造工业设计示范基地。把两个国家级开发区作为全市工业设计的示范基地重点培育，在工程机械、农林机械、汽车装备、电子信息等行业领域，打造一批在全国、全省具有较强竞争力的工业设计骨干企业。

3. 智慧管理

一方面，流程管控智慧化。大力推广应用制造执行管理（MES）、产品全生命周期管理（PLM）、企业资源计划（ERP）、客户关系管理（CRM）、供应链管理（SCM）等，促进集团管控、设计与制造、产供销一体、业务和财务衔接等关键环节集成，实现智能管控。如中联重科股份有限公司每月产值超过 20 亿元，但月结订单成本差异平均控制在 50 万元以内，月结差异最小值曾达到 3 万元，仅此一项就节约成本近 2.97 亿元，主要得益于其研发的全球协同产品生命周期管理平台；平台搭建起一个云智库，包含故障库、知识积累库、试验数据库等，在产品制造、后期服务以及机器运行的过程中所出现的各种问题均存在云智库中。三一集团自主开发了 ECC 全球企业控制中心信息系统，实现企业与设备终端的联系，率先在业内开启物联网的应用。另一方面，组织结构扁平化。建立扁平化的组织结构，推动传统产业商业模式、生产流程、组织机构的彻底重构和再造。海尔是典型的企业组织机构扁平化的代表，把原来层级森严的组织结构转变为自由平等的扁平化的组织结构，把之前的大事业部做成一个面向用户和市场的“阿米巴”，以更灵活地满足用户的需求。我市绝大部分工业企业的组织结构依然是传统金字塔形的，在互联网时代，这种模式的弊端日益显现，而扁平化结构压缩了纵向层级结构，减少了中间层级，促进了信息的传递与沟通，调动了基层员工的积极性。作为我市传统企业的管理者，应顺势而为、乘势而上，在组织结构模式上大胆创新，更加适应时代的变化。

（二）协同制造计划

“互联网＋”和制造业、服务业的发展趋势浩浩荡荡，传统行业企业应抢抓机遇，充分借助互联网与产业链各个环节的全面互联和紧密协同，进一步深化专业化分工和社会化协作，全力向“微笑曲线”两端和价值链高端延伸。

1.深度触网

当前,互联网正在快速冲击并颠覆传统产业,如苹果公司和北京小米科技有限公司等互联网公司赚取了手机行业的部分利润。我市传统产业企业在互联网面前没有更多的选择余地,应抓紧从老的"朋友圈"中跳出来,加入到朋友更多的新"朋友圈",用更加开放的心态拥抱互联网,用互联网理念和思维谋划企业未来更长远的发展。一是大力发展个性化定制。一颗绿爱糖果的供给侧结构性改革,就是传统糖果制造业深度触网的典范,企业将个性化定制和互联网特别是微信平台结合起来,实现了发展思路和发展模式的创新。海尔通过众创汇的用户交互定制平台更好地满足用户体验,在众创汇平台上,用户可通过多种终端查看产品诞生的全过程,如定制内容、定制下单、订单下线等 10 个关键性节点,产品生产的整个过程都在用户掌握中。李克强总理到山东视察的威海迪尚集团,从一张桌子代工服装到自主设计生产转型,通过"互联网+",实行个性化定制,成为年出口额 15 亿美元的跨国集团。这就是个性化定制的魅力,消费者的需求和满足都来自这种更加灵动的个性定制,企业的发展更是因为有了个性化定制而如虎添翼。我市的服装、家具、电子信息等企业,都是个性化定制的深耕行业,完全可以借鉴绿爱糖果和海尔模式,结合市场需求,通过建设开放式网络创新平台,与研发机构和用户深入互动,从众多的个性化需求中提取共性需求,实现集中式、大规模的个性化产品定制。鼓励优优木业等木业企业通过消费者 VR 体验,线上整合家装设计师资源,为客户提供家装设计方案,线下联合知名家电企业、木制品企业,为客户提供一条龙的整屋定制服务。二是全力打造传统产业互联网"双创"平台。我市复合肥、机械、医药等行业的国家级、省级创新平台较多,这些平台所在的龙头企业完全有条件、有实力突破边界,把自身的内部资源与互联网有机贯通,转化为"为己""为他"服务的更大的市场和平台。主要有三个方面的渠道:利用自身的科研条件和渠道优势,整合技术、资金、人才、管理、客户等资源,把企业内部的研发设计、生产制造、经营管理、物流配送、客户资源、营销渠道等资源数字化、在线化,打造面向企业内部员工的创业创新资源分享平台,有条件的企业可以构建基于互联网整个产业链条级的"双创"资源汇聚平台;培育一批基于互联网的包括研发设计、制造和孵化等领域的能力开放平台,实现研发设计、制造、创业孵化等能力在线开放;培育一批能够复制和推广价值的研发设计、组织管理和生产制造等领域的模式,发展基于互联网的协同研发模式,探索发展小型化、自主化、灵活化的新型决策组织单元。

2.跨界融合

与资本、土地、劳动力、企业家才能"老四样"生产要素不同,知识、技术、信息、数据等新生产要素产生后，三次产业的边界越来越模糊，融合发展成为现代产业发展的基本方向。一是支持传统产业深化电子商务应用。产品线下、线上同向发力，是我市传统企业亟须破解的难题，也是转型升级最直接的捷径。一方面，引导食品、木业、纺织服装、建材等行业与天猫、京东、网易、当当等一流电子商务企业，在线上销售、品牌打造、战略投资等领域开展深度合作，进一步拓展销售渠道；另一方面，强化与临沂商城垂直电商平台的合作，推动临沂制造全面融合“网上商城”建设。世界 500 强 3M 公司的苏州三条生产线产品，就完全依托临沂商城新明辉电商平台进行销售，世界 500 强企业尚且如此，我市的传统企业更应该近水楼台先得月。二是支持传统产业与服务业融合发展。鼓励我市有条件的传统产业企业向服务商转变，进一步细化专业分工，增强服务功能，促进产业模式从以产品制造为核心，向产品、服务和整体解决方案转变。三泰控股集团从一家传统金融电子设备研发制造企业转型为互联网服务企业，其开发的“速递易”创造性地解决了快递业最后 100 米交互的业界难题。支持我市金锣集团、金正大集团、史丹利农业集团、银麦啤酒股份有限公司等一批龙头企业，大力发展工业旅游，通过发展旅游业促进传统产业转型升级和提质增效。欧美发达国家有 15%以上的大中型工业企业都在开展工业旅游。又如，青岛啤酒博物馆被视作中国工业旅游项目中成熟度最高的品牌之一，张裕葡萄酒依托自身的知名度打造张裕酒文化博物馆、张裕国际葡萄酒城、张裕北京爱斐堡国际酒庄等一批知名旅游景区。

(三)品质制造计划

习近平总书记强调，要推动中国制造向中国创造转变、中国速度向中国质量转变、中国产品向中国品牌转变。中央经济工作会议提出，要把提高供给质量作为供给侧结构性改革的主攻方向，把全面提高产品质量和服务质量作为提升供给体系质量的中心任务。2017 年国务院政府工作报告又提出大力弘扬工匠精神，厚植工匠文化，恪尽职业操守，崇尚精益求精，培育众多“中国工匠”，打造更多享誉世界的“中国品牌”，推动中国经济发展进入质量时代。2017 年市政府工作报告提出大力实施质量强市、标准引领和品牌带动战略，号召企业、政府、媒体和社会各界一起发力，努力把金锣、临工、金正大、鲁南制药、罗欣药业等一批工业品牌叫得更响，让“产自临沂”的品牌走向全国、迈向世界。走进质量时代，临沂不能缺席，需要下更大工夫。

1. 产品升级

重点围绕工业产品和消费品产品两大领域，推动产品升级换代。在工业产品领域，聚焦木业、工程机械、建材、电子元器件等重点行业，支持骨干企业通过联合攻关、自主研发、国际合作等方式，攻克一批长期困扰产品质量提升的关键共性质量技术，使产品的性能稳定性、质量可靠性、环境适应性、使用寿命等指标达到国际同类产品的先进水平。如木业，鼓励新港木业、临湘木业、中亿木业、千山木业、优优木业等一批板材制造企业进行产品工艺的升级和品种拓展，大力发展新兴的中高端系列人造板，聚焦环保胶的研发生产，使临沂木业再上一个新台阶。在消费品领域，更加注重个性、时尚、功能、绿色等高附加值产品研发，引导低端产品提高功能和质量水平，促进消费品整体向高性价比优势转变。如卫龙辣条为脱掉“垃圾食品”的帽子，花巨资新建厂房，将生产车间改造为全自动化，严格控制食品生产质量，聘请具有专业资质的质检机构为生产服务，邀请专业摄影团队进入车间拍摄公司宣传片，实现华丽转身，成功远销国外，售价高达 12 美元，成为继老干妈辣酱之后第二种登上美国奢侈食品榜单的十大中国“奢侈品”之一。目前，年产值保守估计达到 500 亿～600 亿元。

2. 质量提升

近年来，我市的产品质量总体水平稳步上升，但与青岛、济南、烟台、潍坊等先进市相比还有不小差距，在全省始终处于中游水平，在近 3 年全省制造业产品质量合格率的统计调查中，我市的合格率分别为 89.3%、91.3%和 94.8%，基本与全省平均水平持平。下一步，重点抓好两个关键环节：一是推广先进的质量管理方法。鼓励企业学习借鉴先进企业的六西格玛、精益生产、卓越绩效等质量管理模式和方法，制定实施先进的质量管理和过程控制标准，采用先进的质量工程方法，提高质量在线监测控制和产品全生产周期的质量追溯能力，加强从原料采购到生产销售的全流程质量管理。支持有条件的企业参与省长、市长质量奖和中国质量奖的评选，树立质量发展标杆。二是强化标准引领。按照强制标准更强、推荐标准更优、团体标准更活、企业标准更高的原则，支持化肥、木业、农产品等行业创新标准，制定参与国际竞争的团体标准，掌握话语权，着力打造“临沂标准”体系。实施标准“领跑者”制度，引导企业将具有自主知识产权的技术转化为“领跑者”标准，树立领先标杆。

3. 品牌培育

“四新”促“四化”之一就是品牌高端化。目前，我市现有的品牌数量占全省的权重较低，在全省占比不足 6%，居全省中游水平。品牌知名度不高，影响力偏小，大多处于中低端水平，国际、国内知名的高端品牌较少。近期，省经信委公布全省 182 家百年品牌企业重点培育对象，我市仅有 10 家企业，占比仅为 5.5%。针对存在的问题，应引导传统产业企业牢固树立“品牌就是资源，品牌就是市场”的意识，更加注重品牌的策划、包装、宣传，进一步增强品牌的竞争力。推广金正大、史丹利、山东临工等品牌的创建经验，实施品牌梯次培育计划,使临沂品牌走向全国、走向世界。引导现有国字号知名品牌积极“走出去”,参加国际质量品牌交流活动,注册境外商标,打造国际知名品牌。对“省字号”“市字号”品牌,引导企业准确定位受众,策划差异化、个性化、运行有效的品牌推广方案,将品牌推向公众化。

三、具体支撑

(一)抓重点,强支撑

在新动能改造提升传统动能的过程中,不能眉毛胡子一把抓,也不能虚无缥缈,应该用工程的办法,选准重点,集中发力,确保作风务实、工作扎实、成效真实。建议针对八大传统产业改造提升策划储备一批重点项目,引进一批顶尖领军人才,培育一批前沿先进技术,扶持一批高成长性企业,打造一批知名品牌,建设一批众创空间,搭建一批产业创新平台。市级层面,初步考虑实施“7 个 100”工程,即在上述每个领域确定 100 个重点,列出时间表、路线图、责任状,建立动态管理机制,确保传统产业改造提升有抓手,为新旧动能转换打下坚实基础。

(二)抓政策,强统筹

借助新旧动能转换机遇,建议市级层面统筹抓好国家和省促进传统产业改造提升政策的落实,将拟向上争取的政策拉出清单,逐一落实到分管领导、责任部门,确保能争则争;对需要落实的政策,抓好督查督办,确保政策红利第一时间传导到实体经济。同时,市级层面在研究制定新旧动能转换的保障政策时,充分考虑传统产业改造提升的实际,在财政、土地、人才等方面研究拟定统一的扶持政策措施,避免各县区研究拟定的政策相互冲突、形不成合力。

(三)抓机制,强推进

改造提升八大传统产业,建议实行分线作战,即每一个产业由一名副市长牵头、一个责任部门负责,建立一套工作班子,拟订一个转型升级意见,实行全链条负责。每个产业都要对应智能制造、协同制造、品质制造“三项计划”和“7 个100”工程,拿出有针对性、可操作性的实施方案,科学选择具体路径,研究制定推进措施。

(临沂市发展和改革委员会　完成时间:2017 年 7 月)

德州培育壮大"四新"经济研究报告

当前,德州经济转型升级正面临着制造业和服务业、信息化和工业化、城市化和信息化、产业和城市"四个融合"的新常态,传统的要素驱动、投资驱动的发展模式难以为继,培育壮大"四新"经济对于对冲经济下行压力、实现新旧动能转换、汇聚经济发展能量意义重大。

一、"四新"经济的概念及特点

(一)基本概念

"四新"经济是上海率先提出的概念。李克强总理指出,"新经济"的覆盖面和内涵是很广泛的,它涉及一、二、三产业,不仅仅是指三产中的"互联网+"、物联网、云计算、电子商务等新兴产业和业态,也包括工业制造当中的智能制造、大规模的定制化生产等,而且还涉及一产当中像有利于推进适度规模经营的家庭农场、股份合作制,农村一、二、三产融合发展,等等。一般认为,新技术、新业态、新模式、新产业各自具有不同的内涵侧重点。

(1)新技术。主要指可实际推广、替代传统应用和形成市场力量的新技术,而不是简单的产品技术或实验室技术。如 3D 打印、物联技术、云计算、储能技术、页岩气技术、机器人、高温超导材料、有机发光二极管 OLED、智能驾驶、可穿戴设备等。

(2)新业态。主要指伴随信息技术升级应用等,从现有领域中衍生叠加出的新环节、新活动。比如,在移动通信、卫星定位等技术发展之后,汽车服务带动出导航、车载信息、车联网等新增值服务;移动互联网领域随着移动终端的普及推出位置服务应用;挖掘分析社会经济领域的海量数据形成大数据应用服务,互联网企业介入银行核心业务形成互联网金融等。

(3)新模式。主要指以市场需求为中心,打破原先垂直分布的产业链及价值链，实现传统产业要素的重新高效组合。如制造业与服务业融合、制造业平台化、平台经济、联盟经济等。

(4)新产业。主要指以新科学发现为基础，以新市场需求为依托，引发产业体系重大变革的产业。比如说，互联网产业就是给世界产业体系带来巨大冲击和变革的新产业。

(二)主要特点

一是融合性。这既体现在“四新”之间的相互渗透上，比如某些新技术应用后形成新模式或新业态，部分新模式、新业态大规模发展后产生新产业，也体现在各个产业之间的跨界融合上，比如“四新”经济与传统产业融合，制造业和服务业融合，跨界、异业联盟等。二是动态变化性。随着最新技术、模式等的突破应用，“四新”的内容和形态也将不断变化。三是轻资产性。以知识智力资产的开发和转化应用为核心，不像传统产业依赖于资本对大机器的投入。四是基础环境依赖性。“四新”经济更加需要鼓励创新、容忍失败、减少规制的宽松的基础环境。五是高成长性。体现未来经济社会发展的趋势和方向，具有较大的发展潜力。

二、德州“四新”经济的发展现状及主要挑战

(一)发展现状

近年来，市委、市政府认真贯彻落实“创新、协调、绿色、开放、共享”五大发展理念，大力实施创新驱动发展战略，围绕“三去一降一补”推进供给侧结构性改革，切实推动了“四新”经济发展。总体判断，我市初步具备了发展“四新”经济的基础条件。

一是企业的新产品、新技术供给能力提升。近年来，我市传统产业的裂变速度加快，大企业积极探索新的技术方向，新兴产业领域的中小企业专利申请量持续增加，智能制造、体育装备、生物工程、新材料等领域的技术创新较为活跃，催生了一批拥有自主知识产权、技术领先的新产品。近 3 年来，全市获得国家技术发明奖、国家科技进步奖和山东省技术进步奖 10 项，其中，国家技术发明奖二等奖 1 项、国家科技进步二等奖 2 项。截至 2016 年末，全市拥有各类科技创新平台 960 家、技术创新联盟 20 家(其中国家级 1 家、省级 9 家)、科技企业孵化器 11 家(其中国家级 3 家、省级 3 家)；拥有有效发明专利 1206 件，近 2 年年均增长 39%；泰山体育集团研发出全智能体测机、冰雪项目、碳纤维自行车、

负离子人工草坪等具有较强竞争力的新产品。

二是新兴产业培育成效显著。2017年一季度，全市高新技术产业产值增长19.4%，占比首次超过30%（达到30.6%）；"10+6"产业中，6个战略性新兴产业规模以上企业达到391家，主营业务收入占规模以上工业企业的比重达到17.6%，其中新一代信息技术、现代医药（器械）、新能源产业的主营业务收入分别增长50.2%、25.6%和14.3%。

三是现代服务业发展进一步加快。全市现代服务业增加值占服务业增加值的比重超过50%，2016年现代服务业对经济增长的贡献率达到28.4%，比2015年提高了8.3个百分点；规模以上生产性服务业企业达到616家，现代物流、金融业等产业增长较快，2016年全市社会物流总额达到1.2万亿元，居全省第9位，金融业增加值达到108.1亿元，占GDP的比重达到3.7%；半数以上县（市、区）与阿里、京东、苏宁签订战略合作协议，电子商务应用的渗透率和覆盖面不断提高。

四是跨界融合新业态、新模式不断涌现。据初步统计，全市目前有运营"四众"（众创、众包、众扶、众筹）平台的企业超过140家，营业收入过百亿元；智慧农业建设项目顺利推进，传统制造企业从"制造到智造"、从"制造到制造+服务"的趋势明显，智能化生产、个性化定制、装配式建筑等新业态发展向好。例如，豪美帝家家具有限公司是山东省首个推行大规模个性化定制生产模式的家具企业，目前公司庞大的产品数据库已能满足大多数消费者的全屋定制需求；通懋机电公司建设"电梯物联网信息公共服务平台"；百仕达地理标志产品定制交易公共服务平台意在打造全国唯一、最具权威的地理标志产品一站式购物体验。

（二）面临的主要挑战

总体判断，德州"四新"经济发展还处于萌芽状态，没有鲜明的特点和发展路径，主要为个别企业、项目的单点分布，缺乏整体的产业链条式创新，影响"四新"经济发展壮大的全局性、结构性问题依然存在。具体表现在以下四个方面：

一是创新创业意识不高、能力不足。新技术是"四新"经济的核心，是决定"四新"经济行稳致远的关键。目前，我市万人拥有有效发明专利量为2.11件（全国、全省分别为8件、6.3件），规模以上工业企业中有研发活动的约占6.5%（全国、全省分别为13.9%、16.9%），这两项指标均明显低于全国、全省。省级以上高新技术企业数量较少，科技企业孵化器和众创空间层次不高。在盈利能力下降的情况下，企业研发投入的意愿在减弱，部分企业仍习惯于单纯的规模扩张，创新投入的力度不足。近年来出台的人才创新创业激励政策，尚未完全发挥引导示范作用;人才求稳心态严重,大批优秀人才进入机关事业单位,难以发挥专业优势。

二是产业基础薄弱,跨界融合度低。"四新"经济是信息技术条件下产业转型升级的自然和必然结果,因此其发展需要根植在坚实的产业基础上。我市产业结构不合理,2017 年一季度服务业占比、高新技术产业占比分别比全省低 7.1 个、3.98 个百分点;食品加工、纺织、化工、装备制造等传统优势产业占比偏高,约占 70%;汽车制造、医药制造、文化体育等新兴产业链条短,拉动作用有限。制造业与互联网融合程度不高,产品数字化、生产智能化水平偏低。生产性服务业与传统产业结合不紧,信息服务、文化服务等新兴服务业发展不足。电子商务发展的信用、支付、物流、税收等支撑体系不完善,缺乏龙头电商企业。

三是政府审批管理方式不适应,公共信息共享不畅通。"放管服"改革还没有完全到位,政府的管理模式习惯于以批代管、偏重目录准入管理及资金投入、固定资产投资等规模性指标,税收优惠或资金支持仍侧重于供给侧或"硬件"设施投入,忽视了"四新"经济重知识、轻资产,重人才、轻设备,跨界融合、渗透的发展特点。公共信息共享渠道不畅通,如大数据、车联网、互联网金融、智慧医疗等"四新"领域,都需要政府信息资源共享,但目前开放共享还比较有限,各种征信信息又分散在多个部门,"信息孤岛"现象普遍,制约了相关领域"四新"经济发展。

三、德州"四新"经济发展的总体思路、重点方向及目标

(一)总体思路

概括为"坚持一条主线,转变两个方向,聚焦三类抓手"。

1. 坚持一条主线

"四新"本质是创新,人才是促进"四新"经济发展的真正动力。与省内外先进地市和周边地市相比,我市吸引中高端人才的优势并不突出。要坚持本土化和国际化相结合,通过大力引进和培养高端人才,营造鼓励创新、宽容失败的创新创业环境,使人才成为发展"四新"经济最重要的支撑。

2. 转变两个方向

一是弱化政府主导。如果说战略性新兴产业带有较强的政府主导意志,多用"加法";"四新"经济则体现了市场需求和草根特性,适用"减法"。要强化"四新"经济发展的市场导向,更多依靠基金、风投等专业机构,政府主要致力于破解工商登记、市场监管和人才税收等共性瓶颈问题,而不是管头管脚、包办一

切。二是淡化产业定位。“四新”经济本身代表着产业相互融合、渗透的趋势，要去产业定位论，打破条条框框的束缚，留下未来的发展空间。例如，上海对“四新”经济只提大的方向，不做顶层规划，不分传统和现代，不规定统计口径，不锁定范围和发展内容，不固定推进模式和方法，充分留白，允许企业“盲人摸象”，让创业者“八仙过海，各显神通”，催生了大量“四不像”企业，有力地推进了“四新”经济发展。

3. 聚焦三类抓手

政府弱化主导，并不是要放任自流，必要的引导不可或缺。一是打造最优环境。要加大“放管服”的力度，鼓励发展第三方专业化服务机构，创造能够让创业者摆脱烦琐的事务性工作、专注创新研发的发展环境。例如，天津国家自主创新示范区在全国首推创新创业通票制度(即“创通票”)，创业企业可凭免费获得的“创通票”向第三方服务机构兑换知识产权、新三板挂牌、税务等专业服务。二是搭好公共平台。数据显示，全国每三个新药，有一个来自上海张江。这背后的重要推手，就是政府搭建的公共平台。在上海张江高科技园区，一个创业者只要有好的想法，完全能够利用公共平台开展研究，而不用自建实验室、买设备，有效降低了创业者的创新成本。三是抓好载体建设。上海等地的经验做法，就是通过构建“四位一体”(基地＋基金＋实训基地＋创新联盟)的工作推进模式，把人、钱、地等各种要素整合起来，构建完整的创新链条，打造“四新”经济发展的策源地和集聚地。

(二)重点发展方向

1. 培育壮大战略性新兴产业

突出先导性和支柱性，聚焦细分行业和领域，推动具有比较优势的新兴产业规模发展。一是紧跟网络强国、“互联网＋”、大数据等国家战略，推动信息技术产业加快发展，加快新一代信息基础设施，力争物联网、三网融合、云计算、大数据、电子产品、信息软件等领域出现突破。二是围绕“中国制造2025”战略，促进智能装备与新材料产业突破发展，重点发展高档数控机床、智能电梯设备、高端石油装备、轨道交通装备、工业机器人、增材制造(3D打印)等智能装备领域，加速突破特种碳纤维及高性能玻璃纤维、先进陶瓷、高密度粉末冶金、特种金属、高性能氟材料、石墨烯等新材料领域。三是瞄准生物技术、基因工程等前沿技术方向，加快生物产业创新发展的步伐，重点发展生物医药、生物制造、生物农业等产业，打造国内外具有影响力的生物产业基地。四是以绿色低碳技术创新和应用为重点，推动新能源汽车、新能源和节能环保产业快速壮大，重点发展中高端电动汽车整车制造及新型电池、电控系统、驱动电机等关键、核心零部件，加快拓展太阳能利用、风电装备、中央空调和地源热泵、环保和水处理设备等领域，建设全国重要的新能源产业基地。

2. 培育发展数字创意、分享经济等新经济

一是实施“互联网＋数字创意”行动。积极打造德州微电影品牌，加强智慧博物馆和智慧文化遗产地建设，提高图书馆、美术馆、文化馆、体验馆的数字化、智能化水平，促进高清电视、交互式网络电视、手机电视等新业务发展。采用大数据、虚拟现实、3D打印等数字技术，提高企业的工业设计创新水平，积极发展第三方设计服务，建设一批国家级、省级工业设计中心。创新发展二维码广告、手机广告、智能终端广告等精准化广告投放模式。推动数字文化创意和创新设计在各领域的应用，发展虚拟现实购物、社交电商、“粉丝经济”等营销新模式，促进地理标志农产品、虚拟旅游展示、乡村创意民宿等新模式创新发展，推动数字创意在医疗、展览展示、地理信息、公共管理等领域的应用。二是大力推进分享经济发展。实施产能设备分享、科研仪器分享、紧缺人才分享、知识技能分享等生产能力分享工程，鼓励中小微企业、个人承接多品类众包任务。发展生活服务分享经济，推动餐饮、家政、美容美体、社区配送、二手物品等个人闲置资源分享，大力发展新能源汽车分时租赁、分享单车等新型分享服务。

3. 积极拓展制造业新模式

一是大力发展智能制造。持续开展“两化”融合评估和管理体系贯标，实施“机器换人”工程、工业转型升级导向计划，鼓励行业龙头企业发展网络化协同制造模式，引导规模以上工业企业实施一轮高水平技术、工艺和装备升级改造。在装备制造、新能源汽车、食品、医药、纺织、化工等支柱产业领域，建设一批数字化车间和智能工厂。二是探索推行“制造＋互联网＋服务”新模式，加速“硬制造”与“软服务”的深度融合。加快建设工业互联网云平台和基于互联网的开放式“双创”平台，推动企业运用互联网开展故障预警、追溯监管、质量控制、远程运维、智能供应链等在线化、平台化服务模式；支持制造企业加大数据分析与挖潜力度，培育发展柔性制造、个性化定制、线上线下(O2O)等基于用户消费需求的新型制造模式；鼓励新能源汽车、机械、轨道交通等行业开展柔性化制造和定制化服务，在家具、服装、纺织、食品等行业推广基于互联网的大规模个性化定制，推广装配式建筑新业态，建设电梯物联网信息公共服务平台，推动人工智能技术在家居、医疗、养老、安防等社会领域的应用创新。

4. 积极培育农村“新六产”

一是充分发挥农业“接二连三”的优势，以产业链延伸、产业范围拓展、产业功能转型为核心，发展一批农副产品精深加工基地，培育一批农产品综合加工基地，打造一批畜禽水产品深加工基地，开发农业食品营养、工业原料、生态保

障、旅游观光、文化传承、生物能源等多种功能，探索形成农业产业纵向型融合、农业多元化服务型融合、产业集聚型融合、农业多种功能性融合等新模式，让农民更多地分享农村产业融合的增值收益。二是积极发展智慧农业，鼓励对传统设施农业、大田种植、畜禽养殖等进行物联网改造，壮大一批网络化、智能化的现代农场。三是构建农产品质量安全追溯系统。加快推进移动互联网、二维码、无线射频识别等技术在生产加工和流通销售各环节的推广应用，实现农副产品"从田间到餐桌"全过程可追溯，打造"生态德州·放心农场"的城市名片。

5．实施服务业提质增效行动

一是促进服务业转型发展。以产业升级和提高效率为导向，推动现代物流、科技服务、融资租赁、电子商务等生产性服务业向专业化和价值链高端延伸；以提高人民群众的生活品质为导向，推动教育培训、健康养老、文化娱乐、体育健身等生活性服务业向精细化和高品质转变。二是促进服务业融合发展。围绕"互联网＋交通""互联网＋教育""互联网＋商贸""互联网＋健康""互联网＋金融""互联网＋物流"等重点领域，催生服务新业态，培育服务业新亮点。三是突出服务业改革创新。加快创建国家物流标准化试点城市，推动建设省级健康服务业创新发展试验区，支持创建省"十三五"服务业综合改革试点县，争创省级现代服务业集群集聚示范区。

（三）发展目标

到2020年，全市新兴产业的主营业务收入占规模以上工业企业的比重达到30％以上，高新技术企业数量、产业产值实现翻番，智慧产业化、产业智慧化、跨界融合化、品牌高端化"四化"深入推进，以分享经济、数字经济、创意经济等为阶段性重点的新兴产业成为新的增长引擎，制造业新模式、农业"新六产"、服务业新领域得到拓展深化，产业、产品和服务价值链大幅提升。

四、促进德州"四新"经济发展的保障措施

应抢抓新经济孕育兴起的"窗口期"，创新工作思路和方法，全面营造有利于"四新"经济发展的生态环境。

（一）坚持企业主体，加快打造"四新"经济发展新载体

1．打造"四新"产业创新基地

聚焦战略性新兴产业重点细分领域，依托两个国家级开发区（高新区）及省级开发区，坚持放大一批、做优一批、做强一批、培育一批，建设20个左右的新

兴产业创新基地。开展第二批省级创业型城市、街道(乡镇)创建工作,争取成为第二批返乡创业国家级试点。加快科技企业孵化器和专业化众创空间建设,到 2020 年全市建设孵化器 300 万平方米。加快山东省技术转移转化中心建设,支持德州高新区建设中央创新区;规划建设德州创新谷,加快市应用技术研究院建设。推进一批百亩级智慧农业大棚项目建设,打造高效、智慧的农业走廊。加快培育现代服务业集聚区,建设一批高端商务区、商贸服务区、科技创业园、现代物流园等生产性公共服务平台,打造一批文化创意产业园和省级特色小镇。

2. 引导设立服务"四新"发展的产业基金

牢固树立市场化配置财力的理念,扩大市级政府投资引导基金的规模,设立 2 只科技成果转移转化子基金,每只规模不少于 1 亿元,重点投向带动性强、成长性好的"四新"项目,引导并撬动金融资本和社会资本投资,更好地推动我市大众创业、万众创新。利用好现代农业、生物等产业基金,鼓励县(市、区)通过设立创新引导基金、政府产业基金或以奖代补的方法引导企业加大科技创新投入。每年举办京津冀鲁资本交易大会、技术交易大会、"智汇德州"创新创业周三大活动,搭建创投机构和"四新"企业投融资平台。

3. 建设"四新"高技能人才实训基地

依托行业协会、龙头企业、产业园区和相关教育机构,新建一批"四新"重点领域的人才实训基地。深化跨界人才联合培养制度,鼓励德州学院、德州职业技术学院等高校和职业(技工)院校加强"四新"经济相关专业教育和实用型人才培养,支持企业与科研院所、高等学校、职业院校合作建立教育实践和培训基地,重点培养网络技术、大数据、物联网、人工智能、虚拟现实等领域紧缺的技能人才。大力实施"百校千企"技能人才培养工程,积极创建国家级、省级技师工作站,确定推进一批现代学徒制试点职业院校。

4. 加强产业技术创新联盟建设

加快建立由龙头企业、中小企业、科研机构组成的创新联盟,培育创新团队和人才。围绕战略性新兴产业培育,成立医疗器械、体育装备、新能源汽车、石墨烯、现代农业、精细化工、新型纺织等产业技术创新战略联盟。深入实施"五个一"工程,即"依托一所高等学校,引进一名行业创新领军人才,成立一支产业联盟基金,搭建一个产业技术研究院或产业公共研发平台,构建一个产业专利联盟"。推进"产业联盟"协同创新,深化产学研用合作机制,鼓励企业与高校院所、产业联盟共建研发机构、开展研发合作,实施一批重大科技联合攻关项目。

5. 努力培育"四新"经济示范企业

围绕构建"四新"产业链,制订对标合作计划,建立招商目标库。创新招商引资方式，更加注重引进团队、技术、商业模式。支持企业瞄准国际同行业标杆全面提高产品技术、工艺装备、能效环保等水平，积极参与制订、修订国际、国家、行业标准。支持企业提升研发设计、品牌创建、营销网络的拓展能力，大力培育国际、国内名牌产品和品牌企业。

（二）注重政策引导，建立涵盖“四新”企业服务及扶持政策的体系

1. 将“四新”企业纳入服务企业机制的覆盖范围

动态调整“三航”计划企业名单，争取将更多的“四新”企业纳入“远航”“启航”计划，积极推荐符合条件的“四新”企业纳入“三航”计划后备企业库。将“四新”领域重点培植的企业纳入“进企业、解难题、促发展”活动覆盖范围。学习天津的经验与做法，探索实施创新创业通票制度，大力发展第三方创新创业专业化服务机构。高度重视“四新”企业的高新技术企业资格认定工作，全力打造科技小巨人企业升级版，实施“小升高”“小壮大”“小做强”，对首次通过高新技术企业认定的小微企业，给予 10 万元一次性申报费用补贴。

2. 加大对“四新”产业研发、应用推广的扶持力度

全面落实高新技术企业、软件企业、小微企业等各项税收优惠政策，落实企业“智能工厂”“机器换人”等项目补助政策。落实科技成果使用权、处置权、收益权“三权”下放实施细则，提高科研人员的成果转化收益比例，强化对科研人员的股权激励和绩效激励。探索试行科技“创新券”补助政策，对企业首次发明专利授权给予申请费、代理费全额补贴。支持为规模以上工业企业培养技术经纪人，提高企业参与技术转移的能力。围绕“宽带中国”示范城市、智慧城市等试点建设，深化电子商务、智能制造等新产品、新服务的推广支持政策，扩大政策的覆盖面。

3. 积极引进、培养“四新”领域的创新创业人才

全面落实人才政策“黄金 30 条”，完善“领军人才＋创新团队”的人才引进模式，深化大院大所对接合作，吸引海内外高层次和高技能人才带领团队来德州创新创业。推进职业资格制度改革，国家职业资格目录清单外一律不得开展职业资格许可和认定，清单内除准入类职业资格外，一律不得与就业创业挂钩。推行高层次人才、高技能人才年薪制、协议工资制和项目工资制等。鼓励科技人才向企业流动，探索事业单位科研人员在职创业和离岗创业的有关政策。

4. 完善促进“四新”经济发展的金融服务创新政策

丰富创业融资新模式，鼓励金融机构探索开展“股权＋债券融资”方式、信用保险保单融资征信等，加大对“四新”企业的信贷支持力度。鼓励银行业金融机构向“四新”企业提供结算、融资、理财、咨询等一站式系统化的金融服务。支

持符合条件的“四新”企业上市或发行票据融资，并鼓励通过债券市场筹集资金。支持互联网金融发展，培养发展第三方支付、网贷、众筹等新型互联网金融业态，加强风险控制和规范管理。鼓励政策性担保机构加大对“四新”经济领域知识产权质押贷款的担保支持力度，依法合规推动知识产权质押融资、专利许可费收益权证券化及专利保险等服务常态化、规模化发展。

（三）深化“放管服”改革，破除制约“四新”发展的制度藩篱

1. 探索创新宽松、严密透明的监管方式

贯彻落实上级关于简政放权的决策部署，探索推广负面清单管理，减少“四新”项目前置审批和行政干预，进一步简化项目审批流程、优化管理流程；坚持分类推进，鼓励商业模式创新，对初创期企业从源头上宽容行业分类和身份确认等问题。清理规范涉企收费项目，实行涉企收费目录管理制度。制定全市事中、事后监管办法，利用大数据、随机抽查、信用评价等手段加强监督检查和对违法违规行为的处置，构建及时有效、严密透明的监管体系。大力弘扬创新精神，在全社会营造勇于探索、鼓励创新、宽容失败、褒奖成功的良好的文化氛围和社会环境。

2. 推进政府信息资源公开共享

建立政府信息资源公共服务平台和基础数据资源库，按照重要性和敏感程度分级分类，重点推进政府和公共信息资源公开、数据开放和共享应用，支持公众和企业充分挖掘信息资源的商业价值，为“四新”企业发展创造开放的市场条件。

3. 完善知识产权环境

以营造公平竞争的创新环境为抓手，实行严格的知识产权保护制度。开展知识产权相关法律法规、典型案例的宣传和培训，探索商业模式等新业态创新成果的知识产权保护办法，引导企业加强知识产权战略储备与布局。健全维权援助机制，加大对反复侵权、恶意侵权等行为的处罚力度，加大对“四新”经济创新成果的保护力度。

4. 加强全社会信用体系建设

加快创建国家社会信用示范城市，引导“四新”经济企业建立实名认证制度和信用评价机制，健全相关主体信用记录，鼓励发展第三方信用评价服务。建立和规范企业信用信息发布制度，把创新创业主体信用与市场准入、享受优惠政策挂钩，完善以信用管理为基础的创业创新监管模式。

(四)强化统筹协调,努力形成“四新”经济发展的整体合力

1. 建立健全问题发现、解决机制

充分发挥德企服务APP、各行业协会、各产业联盟的作用,以及政务微博、微信、官方网站等新一代网络媒体及社交工具在信息沟通上高效、便捷、面对面的特点,搭建全市政府、企业、投资机构面对面交流“四新”经济发展的平台,建立服务于“四新”企业全生命周期各阶段需求的问题发现、搜集、反馈机制。建立“2+13+X”“四新”经济工作推进机制[市经济信息化委员会、市发展改革委员会牵头,13个县(市、区)和相关职能部门共同参与],通过专题协调和试点探索等方式,协调解决涉及“四新”企业面上的共性问题,形成可推广、可复制的对策措施。

2. 建立“四新”经济分析评估机制

加强与国家、省层面新经济统计工作的衔接,探索建立德州新经济统计调查体系。建立“四新”企业信息更新和发现机制,及时跟踪产业发展动态,定期组织业态创新交流对接活动。建立动态“四新”企业库和案例库,及时总结“四新”领域的发展情况。建立国家“四新”经济有关普惠性政策措施落实情况督查督导机制,全力打通决策部署的“最先一公里”和政策落实的“最后一公里”,确保各项政策措施落地生根。

3. 开展“四新”经济发展宣传研究

借助主流媒体和新媒体平台,以“互联网+”、创新创业等热点,组织一批“四新”主题活动。开展“四新”经济系列研讨活动,组织相关部门和区县领导、协会、资本投资、理论学术、公共平台等专家,共同开展头脑风暴活动,并构建线上、线下宣传推广机制。

(德州市发展和改革委员会　完成时间:2017年4月)

关于加快聊城市产业集群发展的调查与思考

产业集群是指集中于一定区域内特定产业的众多具有分工合作关系的不同规模等级的企业与其发展有关的各种机构、组织等行为主体，通过纵横交错的网络关系紧密联系在一起的空间积聚体，代表着介于市场和等级制之间的一种新的空间经济组织形式。改革开放以来，我市众多产业相近或相关的企业，通过专业化的分工协作，形成了独具特色的产业集群，有力地促进了全市经济的持续快速发展。

一、产业集群发展的现状与特征

(一)产业集群发展的现状

1. 传统产业集群

经过多年发展，我市初步形成八大传统产业集群，即以信发、祥光、中色奥博特等为龙头的有色金属产业集群，以冠洲、众冠、鑫鹏、天工、中钢联等为龙头的黑色金属产业集群，以中通、时风、鑫亚、迅力、金帝等为龙头的汽车及机械装备产业集群，以鲁西、华祥、华泰、泉林嘉有等为龙头的化工产业集群，以三和、金号、中奥、冠星、华润等为龙头的纺织服装产业集群，以泉林、金蔡伦、华信、广庆等为龙头的轻工产业集群，以东胶、阿华、华鲁、中泰等为龙头的医药产业集群，以蓝山、凤祥、绿亚、立海等为龙头的农副产品加工产业集群。2015 年，有色金属产业集群主营业务收入超过 1000 亿元，汽车及机械装备、化工等产业集群主营业务收入超过 300 亿元，黑色金属、纺织服装、轻工、农副产品加工等产业集群收入超过 100 亿元，产业集群成为我市产业发展的中坚力量。

2. 新兴产业集群

近年来，我市新能源汽车、生物医药、高端装备制造、新材料等战略性新兴产业呈现加快发展的良好势头，处于产业集群发展的初级阶段，“准集群”态势显现，成为经济发展的新引擎。2015 年，新能源汽车、新材料等产值过 100 亿元，生物医药、节能环保等产值过 50 亿元。四大新兴产业实现产值占全市工业产值的 18%。

(二)产业集群发展的主要特征

这方面主要体现为以“五化”强“五力”。

1. 区域化塑造产业集群的聚合力

各地充分发挥产业特色优势，因地制宜，因势利导，精心培育，全市产业集群显现出区域化的发展趋势。铝及铝加工以茌平为主，铜及铜加工以阳谷、临清为主，钢管、钢板以开发区、东昌府区、冠县为主，汽车及机械装备以高唐和开发区为主，化工以高新区、莘县为主，纺织以临清、冠县为主，造纸以高唐、阳谷为主，医药以东阿、茌平为主，轴承及保持器以临清烟店、东昌府区郑家镇为主，农副产品加工以高唐、阳谷、东昌府区为主。近年来，聊城市及有关县(市、区)和重点企业相继获得“中国有色金属新城”“中国铜冶炼及精深加工基地”“全国新能源汽车生产基地”“全国环保印刷纸张标准化试验与推广基地”“全国首批道地药材保护与规范化生产示范基地”“中国棉纺精品纱生产基地”“中国化工园区 20 强”“中国阿胶之乡”“中国轴承保持架之乡”等国家级荣誉称号，培育形成辐射全省乃至全国的专业化、区域性龙头产业。

2. 品牌化强化产业集群的凝聚力

我市产业集群在培育发展中注重打造产品品牌，注重龙头企业的带动辐射作用，提高了产品的知名度，增强了产业的整体凝聚力。据统计，全市有 23100 余件商标，其中省著名商标 99 件；中国驰名商标 22 件，集中在东阿阿胶、鲁西化工、高唐时风、山东凤祥、中通客车、银河纸业、冠丰种业、东阿钢球、茌平金号、华鲁制药等重点企业；地理标志证明商标 19 件。

3. 高端化提升产业集群的生命力

在产业集群发展中，一些高新技术产业、战略性新兴产业因技术优势得到较快发展。关键是其中一些产业龙头企业注重科技创新，以技术创新实现产业高技术含量、产品高附加值和市场高占有率，推动产业高端化，提升产业生命力。目前，我市共有省级以上科技创新平台 131 个，其中国家级 15 个，省级 116 个。这些创新平台主要集中在各产业的龙头骨干企业，涵盖了医药、造纸、汽车制造、农用机械制造、化工、有色金属深加工、生物育种等多个领域。

4. 园区化提供产业集群发展的承载力

近年来，我市大力引导企业向工业园区集中，不断强化园区的招商力度，在外引内联、扩大规模、完善功能、提高档次上下工夫，有效地促进了企业的空间集聚，工业园区成为产业集群发展的重要载体。目前，我市拥有1个国家级经济技术开发区、1个省级高新技术产业开发区和8个省级经济开发区。在此基础上，建成了11个重点产业园区，成为产业集群发展的重要载体。2015年，入园企业达到326家，实现主营业务收入3616亿元。

5. 市场化提升产业集群的竞争力

近年来，我市充分发挥区位、交通和产业优势，把聊城与全国大市场紧密联系起来，实现了聊城产品走向全国。现已形成一批特色专业批发市场和物流园区，如烟店轴承市场、香江光彩大市场、大东钢管城、聊城农产品物流交易中心、聊城物流园区、宝信保税物流园、铁临物流保税仓库等。同时，通过采用代理制、连锁经营、统一配送、网上交易等方式全方位拓展了国内外市场，为产业集群的发展提供了广阔空间。

二、产业集群发展面临的突出问题

目前，我市产业集群初具规模，对经济发展起到支撑带动作用，但多数产业集群仍处于初级阶段，“低”“小”“散”现象突出，企业整体自主创新能力不强，竞合力有待进一步提升。主要表现为“五个不够”：

1. 发展活力还不够足

受产业基础影响，我市产业集群多属传统产业，新兴产业占比还比较低，发展的资源环境成本相对较高，转型升级发展的任务较重。必须更加注重创新驱动，特别是要加速淘汰那些经营粗放、创新能力不足的化工、纺织、轴承等产能严重过剩企业，严控新增产能，实现市场出清，增强产业集群整体发展的活力。

2. 龙头企业的带动能力还不够强

龙头企业在产业集群中起着“领头羊”的作用，承担了开拓市场、创建品牌、创新技术等重任。多数龙头企业的技术结构不合理，“两头小，中间大”，有龙头而没有龙身。如有色金属产业，存在中间冶炼能力大、上游矿产原料控制力不强、下游加工链条短、产品附加值低的问题。铜、铝冶炼所需的原材料几乎都是通过贸易方式外购的，而通过股权投资所获得的原料比重很小。而下游加工产品大部分是初加工、粗加工，精细深加工产品的比重仅占总产量的10%左右。

3. 整体创新意识还不够到位

集群内多数企业的技术创新能力不强，关键技术装备发展缓慢，研发投入不足，成果转化慢。技术力量相对薄弱，工程技术人员的比重偏低，尤其缺乏行业内创新研发的领军人才。面对市场有效需求不足、劳动力成本上升、用工难、融资贵等困境，应对措施少，效果不明显。

4. 部分产业协作配套还不够紧密

产业集聚的最大竞争优势在于集聚区内的专业化分工。但目前我市产业集群多数处于企业扎堆集聚阶段，企业关联度低，专业协作差。特别是集群内部产业链脱节，产业链上下游企业（或环节）之间缺乏应有的配套协作，致使产业上下游发展不平衡。这不仅阻碍了产业链延伸，而且还危及产业集群自我发展和竞争力的提升。

5. 发展环境还不够优

从空间布局看，缺乏对产业集群上、中、下游产品和公用辅助设施的统一规划布局，难以有效降低生产成本。从服务体系看，为产业集群发展提供的人才、科研、融资、信息、物流、创新等整体环境仍显薄弱，为集群内企业服务的专业综合机构少。各大产业集群普遍存在开发成本和费用过高问题，造成产业发展后劲不足。

三、加快产业集群发展的总体构想

（一）总体要求

充分发挥政府的引导推动作用和龙头企业的带动作用，立足我市产业发展的实际，以骨干企业为龙头、优势品牌为特色，加大创新驱动发展战略的实施力度，优化产业发展环境，夯实产业集群发展载体，建立健全产业集群的服务支撑体系，有效提升现有传统产业集群的竞争力，着力培育新兴产业集群，探索新兴产业培育和传统产业转型升级的新路径，促进全市经济社会持续健康发展。

（二）主要目标

1. 提升发展六大传统产业集群

围绕有色金属加工、汽车及机械装备、化工、纺织、轻工、农副食品加工等八大产业，实施一批精深加工项目，推动产业链延伸，优化产业环节，提升工业综合效益。到2020年，争取主营业务收入过千亿元的产业集群达到4个，500亿元的产业集群达到2个。

2. 壮大发展新兴产业集群

重点培育新能源汽车、生物医药、节能环保、新材料等四大战略性新兴产业，形成一定规模，打造我市工业经济新的增长极。到2020年，全市战略性新兴产业增加值占地区生产总值的比重力争达到20%。

（三）近期任务

1. 有色金属产业集群

研制发展高精尖铜铝深加工和新型合金材料等产品，铝产业形成板带坯料—中厚板—薄板—铝箔、铝合金—压铸件、铝合金—型材三大精深加工产业链；铜产业重点发展精密铜杆管件、铜合金板带、电子元件和超高压交联电缆、光纤光缆等高附加值产品，打造世界级铜铝产业基地。

2. 汽车及机械装备产业集群

重点发展混合动力客车、纯电动客车、电动乘用车、机场摆渡车等节能与新能源汽车，大中型豪华客车，中分自卸车、厢式车、罐式车、重型多轴运输车、公路工程专用车、医疗卫生用车、军用车等专用车辆；稳固发展多功能农用车辆、中高端轻卡及低速货车。积极开发农业机械、工程机械、纺织机械、造纸机械、石油钻采设备及汽车零部件、机床工具、轴承及保持器，打造布局合理、特色突出的汽车及机械装备产业基地。

3. 化工产业集群

优化发展能源化工、原料化工、精细化工、生物化工，重点发展高性能轮胎、橡胶、聚氨酯材料，生物酶制剂，高强度锦纶工业丝、布，高端化氯碱产品，环保型涂料、油漆等化工新材料和黄腐酸、腐殖酸复合肥，推动新上和搬迁的化工项目一律向现有化工园区集中，打造全省重要的化工产业基地、全国最大的黄腐酸生产基地。

4. 纺织服装产业集群

调整优化棉纺织行业，发展针织行业，突破印染行业，提升家纺行业，整合服装行业。加快发展纯棉纱线、混纺纱线，大豆、牛奶、竹碳纤维、新型功能性面料等产品；做强产业用纺织品、医疗卫生用纺织品、车船用纺织品、建筑用纺织品；积极开发新型蓬盖材料、智能型土工纺织材料、高性能增强复合材料、阻燃耐高温安全防护材料、包装材料；鼓励发展时尚服装和创意设计，打造具有较强影响力的自主服装品牌，打造高端品牌服装代加工基地和山东西部高档家纺生产基地。

5. 轻工产业集群

做强做优造纸包装行业，适度发展塑料制品行业，改造提升人造板和家具行业。重点发展印刷书写纸、轻型印刷纸、食品包装纸、静电复印纸、涂布纸及纸板、特种纸及纸板，纺织品、农副产品、食品、医药等行业的包装产品，密度板、胶合板、防火板以及高强度实木复合地板等人造板，智能和复式家具、现代办公家具，农用薄膜产品、塑料检查井、海绵城市配套塑料水窖及系统、特种功能塑料和高性能复合材料等塑料制品，打造全省重要的特色轻工产业基地。

6. 农副产品加工产业集群

重点发展芝麻香、浓香及兼香型白酒和阿胶保健酒，水产、肉制品、淀粉及淀粉衍产品，功能性食品及配料，高附加值乳制品、大豆功能性蛋白、低聚糖、多肽、异黄酮等产品，玉米酸、糖、醇以及低聚糖系列深加工产品，复合调味品，宠物食品，饲料添加剂L-赖氨酸、食品添加剂核苷酸等产品，果蔬深加工产品，新型净菜和半加工蔬菜、蔬菜功能保健食品，打造全国重要的农副产品加工产业基地。

7. 新能源汽车产业集群

重点发展插电式混合动力新能源汽车、动力电池、驱动电机、电子控制系统、电动空调等新能源产品。提高汽车整车系统的集成水平、推动自主品牌节能与新能源汽车同国际先进水平接轨，打造全国重要的新能源汽车基地。

8. 生物医药产业集群

发展生物制造、生物制药、生物能源、生物农业等产业，打造大豆、玉米、玉米芯、小麦精深加工产业链；加快药物新剂型和酶制剂、阿胶新剂型、抗体药物制剂、海藻酸钠辅料及海藻酸药物制剂的研发生产，发展诊断试剂和保健品，推进传统中药产品二次开发，做大做强重组人白介素-11(I)、瑞通立(rPA)、佳林豪(EPO)等生物医药，推进阿胶产品产业化；发展生物育种，培育高产、优质、抗逆的小麦、玉米等农作物新品种，鼓励研发新型生物农药、生物肥料等绿色农用产品。

9. 节能环保产业集群

重点发展秸秆清洁制浆、LED灯具、节能环保装备制造、矿渣提取贵金属、赤泥综合利用、轮胎翻新、再生砂和再制造；大力发展节能环保咨询、检测、评估、工程改造等产业，推进合同能源管理，推进节能减排技术改造。

10. 新材料产业集群

重点发展用于高端制造业的铝合金、铜合金、钛合金、超级电容，与国内外相关企业结成战略联盟，提高市场占有率和附加值；大力发展有机高分子、光纤光缆新材料，努力使有机高分子新材料成为转型升级的支柱。

四、加快产业集群发展的对策措施

(一)强化规划布局，为做大做强产业集群提供先导

一是加强产业集群发展的布局规划。根据我市产业的发展阶段，尽快组织

编制全市主要产业集群的中长期发展规划，确定产业集群发展的目标与方向，划分专业功能区，集中发展上、中、下游产品关联度高的产业；在专业功能区内，通过强化产业集群内交通、水电、信息、供气、输送管网、仓库、道路、污染集控区等基础设施的规划和建设，实现公共资源的低成本共享。积极争取以信发高新材料产业园区、中通新能源客车基地为核心的两大产业集群纳入省级集群试点。二是着力协调好产业集群内的各种关系。要加快设立产业集群统一协调发展的机构，协调各县(市、区)在产业集群发展中行政区和经济区间的矛盾，加强与上级部门的联系沟通，争取相关支持政策。引导布局分散的中小企业逐步集中到专业化园区，加快生产要素的集聚。积极借鉴先进地区的经验与做法，研究制定促进产业园区发展的规章、金融、财政、人力资源、可持续发展等公共政策。三是强化产业整合和协调发展。各县(市、区)要立足当地特色产业，充分发挥自身优势，在全市的主导产业、支柱产业定位中寻找自己的位置，因地制宜地配合区域主导产业、支柱产业的形成与发展，着力发展特色产品，提高特色优势产业的竞争力，以形成区域内合理分工和梯度互补的产业体系。

(二)整合完善工业园区，构建产业集群发展载体

一是整合全市各类工业园区。重点扶持发展10个国家和省级经济开发区，撤并功能弱化的市级及县乡工业园区，引导分散企业向现有经济开发区集聚，提高土地的集约利用水平，提高经济的整体竞争力。二是打造重点产业园区。紧紧围绕传统优势产业和新兴产业，做大做强产业集群，主动对区域位置相邻、功能定位相仿、基础设施建设需求相近的产业园区进行各种形式的重组，以“几块牌子”一套管理机构同时覆盖几个区域，最大限度地实现资源共享、优势互补、统筹建设、协同开发，引导配套产业围绕主导产业集聚，整合出一批主导产业特色鲜明的产业园区。三是加强园区招商引资工作。以结构优化和产业升级为目标，注重产业链配套，通过园区招商、以商招商、产业招商等方式，有针对性地开招商引资活动，大力引进产业关联度高、辐射力大、带动性强的龙头型、基地型大项目，依托项目加速产业链的形成，为产业集群的发展和提升打下基础。

(三)实施龙头带动效应，提高产业集群的综合实力

一是充分发挥龙头企业的作用。依托大企业、大集团带动产业发展，以资本为纽带，依托知名品牌，着力培育一批主业突出、产业关联度大、核心竞争力强、带动效应明显的大公司、大集团，增强其配套能力，发挥其带动效益。二是加快制度创新步伐。要积极推进产业集群龙头企业实行规范化公司制改制，形

成一批核心竞争力强、拥有自主知识产权和知名品牌的企业集团；积极推动一批规模较大、主业突出、效益较好的企业通过兼并、收购和股权置换等方式实现产权重组；鼓励龙头企业通过并购、参股、参与技术改造等方式，对其上下游配套企业进行改造；鼓励企业上市融资，拓宽直接融资渠道。三是吸收先进的管理理念。规范企业的管理制度，重点搞好企业内部的成本管理、财务管理、营销管理和质量管理，理顺企业内部关系，探索分层、分级、分权管理新方式。

(四)转变观念，当好产业集群发展的“配角”

一是转变观念。产业集群内部的中小企业要树立甘当配角、当好配角的观念，积极承接集群龙头企业中劳动密集型产业和支柱产业的转移与扩散，强化产业配套能力，积极发展本土经济。二是参与龙头企业的配套协作。积极支持中小企业进入龙头企业的供应网络，鼓励建立最终产品与零部件产业的战略联盟，帮助协作配套企业做好与龙头企业相衔接的质量、标准、管理等工作，促进龙头企业与中小企业相互依存与协同发展；鼓励本地企业积极参与集群龙头企业的配套协作活动，成为龙头企业的子公司或一个生产车间。三是积极谋求与市外企业的生产配套。立足我市当前大项目招商引资的有利时机，做好为外来大企业的上游或下游提供生产服务，形成较大规模的产业集聚和企业集群。当前要着力做好信发高新材料产业园的招商引资工作，力促形成产业链长、产业协作关系密切的产业集群。四是提高协作企业的水平。鼓励企业在产业配套中消化、吸收先进技术，促进经济由劳动密集型产业向资本、技术密集型产业转移。

(五)加快科技创新，力促产业集群升级

一是以项目建设提升产业集群发展水平。以集群中具有较强科技创新能力的科技开发中心为核心，形成良好的集群创新体系，煅造出基础扎实、技术先进、链条完善的优势产业集群，走一条以项目带动推进载体建设、以载体建设形成集群效应、以集群效应提升发展平台的路子。二是构建产业集群科技创新平台。按照产业链上下游协同创新的需要，以企业为主体，布局重点实验室、工程实验室、工程(技术)研究中心、企业技术中心、产业技术研究院等重大技术创新平台。推动已有工程(技术)研究中心和重点实验室提质升级，构建公共技术创新平台。加强集群科技企业孵化器、生产力促进中心、知识产权信息服务与利用中心、技术转移机构等科技中介机构建设，完善创新服务体系。三是加大技术创新投入。建立集群内部科技创新基金，建立区域知识产权交易市场与风险投资基金，推进集群企业上市，促进科技创新成果有效扩散。

（六）建设服务型政府，为产业集聚协调服务

一是加强引导和服务。各级政府要充分发挥应有的作用，从立足于做大做强产业集群出发，整顿和规范市场经济秩序，切实减轻企业负担，积极创造公平、竞争、自由的市场经济环境。二是加快政府职能转变。创新政府的管理方式，健全科学、民主的决策机制，简化和规范审批程序，推进服务质量的提升和服务水平的规范化；进一步完善市场监管的法律法规和监管机制，依法强化对各种市场主体和市场行为的监管，严厉打击各种破坏市场经济秩序的行为，营造良好的市场环境。三是力促政策落实。积极落实中央和省、市出台的鼓励自主创新的政策措施，加大研发经费加计扣除、高新技术企业所得税优惠、技术交易税收优惠等政策落实情况的督查力度。结合集群特点，加强政策的相互衔接及配套落实，完善鼓励创新的政策体系。

（聊城市发展和改革委员会　完成时间：2016 年 11 月）

滨州市培育壮大“四新”经济调研报告

当前，经济发展进入新常态，正处于新旧动能转换的重要阶段。在产能过剩和节能减排的双重约束下，由传统产业唱主角的工业经济增长面临诸多挑战。加快发展具有新技术、新产业、新业态、新模式特征的“四新”经济，对于加快实现供给侧结构性改革、经济发展方式转变和经济向中高端提升具有十分重要的意义。

一、“四新”经济内涵及当前发展情况

新经济是以技术进步为主要动力，在制度创新、需求升级、资源要素条件改变等多因素驱动下，以大量新产品、新服务、新模式、新业态、新产业蓬勃涌现为显著特征，以信息经济、生物经济、绿色经济等为主要方向的新经济形态。“四新”经济具有不同的内涵侧重点。新技术，主要指可实际推广、替代传统应用和形成市场力量的新技术，而不是简单的产品技术或实验室技术。新产业，主要指以新科学发现为基础，以新市场需求为依托，引发产业体系重大变革的产业。新业态，主要指伴随信息技术的升级应用等，从现有领域中衍生叠加出的新环节、新活动。新模式，主要指以市场需求为中心，打破原先垂直分布的产业链及价值链，实现传统产业要素重新高效组合。

综观历史，每当人类社会发生重大技术变革进而形成新的生产力，就会有新的生产关系与之相适应，新的技术经济范式即新经济概念随之产生。可见，新经济的本质是先进生产力及与其相适应的新的生产关系组合。新经济发展初期往往伴有“四新”经济蓬勃发展的特征，但这些充满生机的新技术、新业态可能稍纵即逝，能否从“星星之火”发展为“燎原之势”，取决于能否及时确立与之相匹配的制度体系。只有先进的生产力与新的生产关系交相呼应，才能汇聚成为支撑经济社会迈向新一波增长的强大动力和能量。

当前，新一轮科技革命和产业变革正处于突破性爆发的关口，随着大数据、

移动互联网、下一代基因组学、先进机器人、储能技术、先进材料等新技术突飞猛进的发展,"四新"经济正深刻改变着人类社会的生产生活方式,在全球范围内形成新的生产力分布格局和新型生产关系,有望带动新一轮经济增长。发达国家瞄准国际科技经济竞争的制高点,纷纷制定战略和行动计划,加快构建适应先进生产力布局的新政策和制度体系,力争把握制订国际经济活动规则的主动权。近年来,美国先后三次修订颁布国家创新战略,围绕清洁能源、先进制造、生物经济等出台行动计划。欧盟发布"分享经济指南",明确政府和平台企业的职责定位,为分享经济发展搭建制度框架。日本政府多次更新"面向未来的新成长战略",应对未来20年人口老龄化、信息化社会和可持续发展等方面的重大挑战,着力推进医疗等领域改革,放松管制,释放活力,构建适应先进生产力的政策和政府监管体系。

国内上海、江苏、湖北等省市均制定出台了发展新经济的政策措施或指导意见,取得了显著成效。从我省来看,近年来,省委、省政府制定出台了实施创新驱动发展战略、科技体制改革、"双创"、电子商务、"互联网+"等一系列政策文件,大力推进"三去一降一补"供给侧结构性改革,着力推进云计算、物联网、大数据等信息技术与各行业、各领域深度融合,"四新"经济发展取得了阶段性成果。重点领域的技术不断突破,战略性新兴产业的规模不断壮大。"十二五"末,全省战略性新兴产业增加值占GDP的比重达到10%以上。2016年,互联网和相关服务业、软件和信息技术服务业的收入增速分别达到17%和24.8%。依托互联网的新型农业生产经营体系初步构建,促进了智能化农业、精准农业的发展,催生了许多农村新产业、新业态。传统制造业向智能化迈进,在汽车自动冲压生产线、车身焊接机器人、纺织印染等领域达到国际先进水平。智能制造、个性化定制、众包设计、云制造等新业态,创新模式、创业模式、市场模式、服务模式等持续涌现。

二、滨州市"四新"经济发展现状及存在的问题

近年来,市委、市政府围绕改造提升传统产业,支持研发新技术、壮大新产业、发展新业态和新模式,"四新"经济发展取得初步成效。

一是新技术取得突破。2016年,全市研发经费投入占GDP的比重预计达到2.61%,比上年提高0.02个百分点。取得重要科技成果134项,4项成果获得2016年度省科技进步奖,其中鲁北企业集团总公司独立完成的"工业副产石膏化学分解法综合利用工程技术"项目、山东开泰集团有限公司牵头完成的"金属表面抛喷丸处理技术与装备"项目获一等奖,我市获一等奖的数量居全省首

位，科技竞争力进一步提高。创新平台不断建设完善。截至目前，全市拥有各类创新平台443家，其中国家级6家、省级132家、市级305家，成为推动科技创新的重要力量。

二是新业态不断涌现。农村“新六产”发展成效明显。2016年，全市农村电子商务销售额达到96亿元，涉农电商户数达3.3万户。沾化区创新“枣农+合作社+电商平台”的合作模式，电商销售冬枣1.5亿斤，占全区沾化冬枣总量的25%以上。阳信县积极打造国内最大的专业牛肉产品电商交易平台，实现了“线上”“线下”融合发展。推进科技创新创业人才、平台、项目一体化建设，以此带动产学研结合、民用与军工结合、科技与民生结合，形成了一批创新型产业集群。

三是新产业发展较快。在信息技术产业、生物技术、新能源技术、高端装备制造、新材料等战略性新兴产业领域，取得重要突破，黄河三角洲云计算大数据产业基地等重点项目加快推进，涌现出众多科技含量高、经济效益好、发展势头好的企业。“新材料创新型产业集群”列入2016年省重点创新型产业集群专项研发计划，愉悦家纺“山东省生态纺织技术创新中心暨中乌生态纺织国际科技合作基地”获省“一带一路”科技专项支持。全市高新技术产业产值达到1970.46亿元，占规模以上工业企业总产值的比重达到26.83%。

四是新模式呈现亮点。循环经济形成了以鲁北集团、香驰集团、西王集团、滨化集团为代表的盐化、玉米及大豆等15条各具特色的企业循环经济产业链条。全市已拥有2家国家循环经济示范试点企业、1家山东省循环经济示范县(市)、1家山东省“城市矿产”示范园区、21家山东省循环经济示范单位。军民融合基础坚实，涉及军工及军品配套企业和单位近30家，拥有省级以上经济动员中心7家，涵盖武器装备类、军需装备类等，正在积极打造全国军民融合发展示范区。我市粮食产业一体化、全产业链发展的“滨州模式”已经在全国引起巨大反响，“滨州模式”成为中国粮食产业经济快速发展的重要典范。目前，实现年加工玉米500万吨、大豆400万吨、小麦232万吨的能力，分别占全国的3.5%、4.1%和1.4%。

尽管我市“四新”经济取得了较快发展，但是与国内、省内先进地区相比，还有很多差距和不足，具体表现在：

一是新技术在整个经济体系中的引领作用不强。新技术研发能力有限，难以突破各领域关键技术，产品价值链由中低端向中高端提升的难度较大。多数企业缺乏核心技术，新供给与新需求没有形成有效衔接，资源配置效率和全要素生产率提升不快，“四新”经济对推进供给侧结构改革的作用不够有力。一、二、三产跨界融合起步晚，难以推动发展方式由要素、资源驱动向创新驱动转变，不能有效促进新旧动能接续转换。

二是新产业发展规模偏小，质量不高。全市主导产业主要是铝、纺织、化工、装备、食品等传统产业，占全市规模以上工业企业的比重在80%以上。新能源、新材料、新医药、新信息和海洋开发及高端装备制造等新产业虽然发展较快，但规模偏小，近期难以形成强大的支撑。2016年，全市高新技术占规模以上工业企业产值的比重低于全省平均水平，且各县区不平衡的问题比较突出。工业主导产业以原料加工型和资源消耗型为主，中间产品多，终端产品少，一般产品多，名优产品少，低附加值产品多，高新产品少。农业与二、三产业融合程度低、层次浅、链条短，附加值不高。

三是新业态、新模式发展滞后。我市以“互联网＋”为引领的新型流通方式和业态不发达，管理和技术水平比较落后，产业集中度较低，要素整合力度不够，服务品牌建设滞后，外向度和辐射力不足。当前，新的技术应用于各行各业及国民经济的方方面面，衍生出大量新商业模式和新业态。例如，移动互联网、物联网、云计算、大数据技术等新一代信息技术在经济社会领域持续广泛应用渗透，催生了电子商务、网络叫车、“慕课”、移动办公、互联网金融、智能家庭、远程医疗、网络旅游等一批新业态；传统“一手交钱一手交货”的商业模式逐渐被“免费服务赚客户＋增值服务赚利润”等新赢利模式取代。这些新业态、新模式在滨州的发展相对滞后，部分领域还是空白，需要加速发展，迎头赶上。

四是科技创新载体的支撑能力不强。科技创新载体建设较慢、水平较低，从事科技成果转化的中介机构少，科技成果转化率低，科技创新服务体系不健全。科技人才总量少，高层次人才缺乏，人才队伍结构不够合理。科技投入不足，结构不合理，科技创新氛围还不够浓，银行科技贷款和企业科技投入少。科技政策宣传不到位，创新环境有待进一步改善。

三、加快“四新”经济发展的几点建议

当前，“四新”经济取得快速发展，我市必须抢抓新经济孕育兴起的“窗口期”，学习借鉴先进的经验与做法，积极推动“四新”经济发展，为实现经济发展新旧动能转换提供有力支撑。

(一)加快培育发展战略性新兴产业

以战略性新兴产业为代表的第四次工业革命时代即将到来，我市应抓住信息网络、新能源、新材料等领域技术深度交叉融合的重要契机，突破发展智能机器人、虚拟现实、前沿材料、数字创意等新产业，大力培育分享经济、创意经济等新兴业态，着力把战略性新兴产业打造成为支柱产业和先导性产业。以创新为

引领发展的第一动力，以重大项目带动、市场消费拉动、开放拓展空间、多元投融资、人才队伍建设、协调组织推进等措施为保障，着力促进战略性新兴产业向规模化、绿色化、集聚化、国际化、服务化发展，培育一批先导性产业、支柱性产业，着力打造全省战略性新兴产业的发展高地。着力培育新兴业态和模式，坚持市场化方向，积极引导企业利用互联网和数字化手段大力培育数字经济，开拓发展创意经济、分享经济，努力拓宽“四新”经济的发展空间。

(二)加快培育制造业新动能

当前，全球制造业网络化、智能化、柔性化、服务化进程加快，为制造业转型升级创造了条件，提供了机遇。一是要引导制造业企业积极参与智能化升级改造，探索适合行业特点和自身实际的融合发展新模式，继续推进实施信息化和工业化“两化”深度融合的战略，加快制造业智能化的步伐。二是积极推进西王集团国家“两化”融合贯标试点，深入推进企业开展智能工厂建设，促进渤海活塞、京博集团、华纺股份、亚光纺织、愉悦家纺等重点企业的信息化集成应用和协同创新，实现智能制造、网络制造。三是大力实施“互联网＋”行动计划，支持企业依托互联网探索开展开放式研发设计、个性化定制、制造各环节开放式创新等新模式。大力推广开放式研发设计，推动个性化定制，支持互联网企业整合市场信息，挖掘技术趋势、市场需求、企业运营等价值链大数据。

(三)加快推动农业“新六产”发展

围绕探索创新农村产业融合模式、加快发展新型业态、培育多元化融合主体、健全紧密型利益联结机制等，加快发展农业“新六产”。一是加快农业“接二连三”，形成一批农产品加工优势产业集群和农村特色产业带，打造一批区域性冷链物流中心，形成农超、农企、农旅等多种形式的销售模式。鼓励发展多种形式的创意农业、景观农业、休闲农业、农业文化主体公园、农家乐、特色旅游村镇。二是探索“互联网＋现代农业”的业态形式，推动互联网、物联网、云计算、大数据与现代农业结合，构建依托互联网的新型农业生产经营体系，促进智能化农业、精准农业的发展。三是利用生物技术、农业设施装备技术与信息技术相融合的特点，发展现代生物农业、设施农业、工厂化农业。四是支持发展农村电子商务，大力建设淘宝村、淘宝镇等农产品电商平台，推动工业品、消费品下乡和农产品进城双向流通。

(四)大力培育服务业新模式

进一步促进信息技术和服务业深度融合，不断形成服务业领域的新模式、新业态，打造培育新兴服务业，做大做强现代服务业，不断提升服务业的集聚度、创新性和高端化水平。一是推动服务业融合创新，实施“互联网＋服务业”行动，探索线上、线下融合发展模式，发展网络化经营、供应链管理、精益化服务，促进产业链上下游企业协同联动，开发新型服务，优化服务供给，以商业模式创新增强竞争力。二是着力推行以物流为核心的交通运输方式和产业链运营模式创新，大力推动以“互联网＋”为依托的电商物流、智慧物流发展，构建高效的现代物流服务体系。三是研究制定重要服务产业的创新驱动发展路线图和实施方案，对现代物流、科技研发、软件和信息服务、电子商务、特色旅游和总部经济等行业，提出创新发展的主要目标、技术路线、保障措施和推进时间表，使之与产业发展规划、重大生产力布局规划有机结合、协调推进。四是大力发展电子商务，重点培育一批电子商务平台和“两化”融合公共服务平台，促进电子商务应用水平的提升。

（五）积极建设科技创新平台

围绕重点产业发展加快组建一批重大科技创新平台。铝产业，重点推进魏桥铝电工程技术研究院、航桥高端铝合金技术孵化园建设；化工产业，重点支持京博、滨化、中海沥青、鑫岳化工等重点企业深化科技合作，加快组建一批产业技术研究院、联合实验室等研发平台；粮油加工产业，重点支持西王集团、渤海实业、香驰粮油等省级企业重点实验室建设，支持建设中裕现代循环农牧科技产业创新基地；纺织家纺产业，重点支持愉悦家纺、亚光、华纺等企业创建国家和省级工程技术研究中心。积极培育发展产业技术研究院、企业研究院、海外研发中心等新型研发机构，加快建设科技企业孵化体系，以高新区国家科技企业孵化器为示范，带动各个县、区的省级经济开发区建设综合性科技孵化器。鼓励产业技术联盟发展，由每个产业的龙头骨干企业牵头组建产业联盟，抱团共同发展，共享技术成果。

（六）优化“四新”经济发展环境

一是围绕构建适应“四新”经济发展规律、满足新动能集聚需要的政策法规和制度环境，通过深化简政放权、放管结合、优化服务，基本建成包容和支持创新发展的管理体系。注重提高政府服务的能力和水平，进一步深化商事制度改革，推广“互联网＋政务服务”，提高审批的协同性和办事效率。二是充分考虑分享经济的特殊性，创新监管方式，鼓励商业模式创新建立“四新”经济推进机制。开展“四新”经济统计调查和分析研究，为科学预测研判“四新”经济趋势提供依据。三是加大对“四新”经济的支持力度，实行加大研发投入的普惠制政策，按照相应标准给予补贴。积极争取省“四新”经济发展基金的扶持，统筹规划、建设一批重大项目，集中力量突破制约产业发展的核心关键技术。四是强化数据支撑，加快推进信息基础设施建设，加快云计算数据中心、大数据平台等建设，形成推动“四新”经济发展的基础要件。加强互联网数据与政务数据资源的配合应用，努力在产业互联、行业精细化、精准营销等方面支持公众和企业充分挖掘信息资源的商业价值，催生更多的“四新”经济形态。五是通过财政贴息、基金撬动等方式，推动基础源头创新、关键技术突破、平台基地创新、科技成果转化不断发展。

（滨州市发展和改革委员会　完成时间：2017年5月）

保护、开发和利用黄河资源的路径研究

——以山东菏泽段为例

一、山东加强对黄河资源的保护、开发和利用的必要性

黄河全长5464公里，为中国第二长河。山东位于黄河沿线的下游地区，黄河在境内流经菏泽、济宁、泰安、聊城、德州、济南、淄博、滨州、东营9市，从东营市注入渤海，河道长628公里。在历史上，山东既获得了黄河给予的大量恩赐，又饱尝过黄河带来的巨大灾难。新形势下，研究黄河对山东经济社会发展的重要地位和作用，探索一条经济、生态和环境协调发展之路，让黄河兴利除害更好地造福齐鲁大地，以黄河资源的保护、开发和利用助推山东经济社会协调、科学和可持续发展，意义重大，是需要认真研究的课题。

譬如，水资源是重要的基础性自然资源和战略性经济资源，农业、生态和环境均离不开充足的水资源的保障和支撑。山东属于淡水资源极度缺乏的地区，资源型缺水状况严重，并且水资源时空分布不均，供需矛盾突出。而黄河是山东最大的过境水资源，是最大的客水资源，长期以来黄河之水像母亲的乳汁一样润泽了齐鲁大地。伴随着经济社会的快速发展，一方面，山东省资源型缺水和水质性缺水问题将愈加突出，对黄河水资源的需求和依存度越来越高；另一方面，近年来黄河的径流总量呈现逐年减小的趋势，黄河流域的水危机将愈来愈突出。黄河水资源的开发利用状况势必会直接影响山东沿黄地区人民的生活和社会经济发展。有必要研究山东黄河水资源的利用现状、调度管理形式、存在问题等，探索有效的改进措施，切实保护好宝贵的黄河水资源，提高黄河水资源的利用效率。

再譬如，山东省黄河沿岸尤其是下游黄河三角洲地区的土地资源特别是未利用土地资源充足，沿岸生态资源和历史文化遗产丰富，进一步研究探索怎样更合理地利用土地资源，以土地资源高效利用和生态环境改善为主线，加快黄

河下游土地资源的开发步伐，充分发挥土地的综合利用效益，打造高效生态的经济特色高地，并充分利用自身优势，顺应人们的消费观念，保护好、传承好、利用好黄河沿岸的历史文化遗产，营造自然景观，搞好土地资源综合开发利用，发展前景广阔的朝阳产业——旅游业，对推进山东经济文化强省建设，同样意义重大。

菏泽市作为山东西部欠发达地区，为黄河入鲁第一市，黄河在其境内流经东明县、牡丹区、鄄城县、郓城县，河道长 185 公里，几乎占其流经山东总长度的 1/3，流域面积达 556 平方公里。泥沙大量淤积河道，使得现行河床一般高于两岸地面 3～5 米，属典型的“槽高、滩低、堤根洼、堤外更洼”的“二级悬河”，并具有上宽下窄、纵比降上陡下缓、排洪能力上大下小等特点。以黄河菏泽段为例，提出保护、开发和利用黄河资源的路径，并力争在实施中取得显著成效，以期为黄河山东段其他市提供借鉴的模式、方法和经验，不仅对于山东从总体上保护、开发、利用好黄河资源具有积极意义，而且对于全省打赢脱贫攻坚战、加快西部经济带隆起和全面建成小康社会等也具有重要意义。

二、保护、开发和利用黄河资源存在的主要问题及困难

就菏泽市来说，目前对黄河资源的保护、开发和利用，还存在以下问题和困难：

（一）洪水侵扰隐患未绝

菏泽市在历史上曾屡遭洪水之害，在 26 次黄河大改道中就有 12 次河水泛滥。仅在从清朝光绪元年(1875 年)筑成临黄大堤至 1938 年花园口扒口的 63 年间，黄河在菏泽决口就达 51 次，使沿黄人民群众的生命财产遭受了惨重的损失。新中国成立后，经过多年的综合治理，“黄河百害，唯富一套”已成为历史陈迹，但水患隐扰并没有根本消除。据调查了解，经小浪底水库多年调水调沙后，黄河菏泽段平滩流量有了较大提高，但流量一旦超过 4000 立方米/秒，部分黄河滩区将面临漫滩的危险，并且，目前小浪底至花园口之间仍有 2.7 万平方公里流域面积尚无工程控制，所以水患隐扰依然存在。

（二）防洪抢险压力仍存

据统计，从 1946 年至今，黄河 10000 立方米/秒以上的洪水已发生 12 次，却没有一次决口，创造了历史奇迹。但应看到，黄河菏泽段正处于“豆腐腰”位置，临黄堤防长达 156 公里，并有险工 12 处、控导工程 17 处、顺堤行洪防洪工

程2处、引黄涵闸9座，具有战线长、工程多和滩区大等特点。特殊的地理位置，决定了黄河菏泽段在每年汛期防洪抢险的任务十分重大。如稍有懈怠导致险情发生时应急不利，不仅对菏泽而且对山东省下游各市以至临近的省市都将造成难以估量的损失。黄河防洪抢险必须强化责任意识，做到警钟长鸣。

（三）基础设施建设滞后

新中国成立以来，菏泽先后建成了东明闫潭放淤、大尹庄拦蓄、赵楼拦蓄等工程，麒麟湖、月亮湾和宝源等引黄供水水库，以及设计引水能力405立方米/秒的9座引黄涵闸，黄河水已成为工农业生产、人们生活和生态建设的重要水源，为菏泽市的发展作出了巨大贡献。但这些基础设施大部分为20世纪五六十年代修建，存在着运行时间长、工程年久失修和机械设备老化等问题；又加之当时设计的基础设施运行能力偏小，所采用的技术、设备和工艺也相对落后，如引黄涵闸、放淤工程和拦蓄工程等已不能满足发展的要求，故需要新建、改建一批基础工程。

（四）易地搬迁任务繁重

黄河菏泽段滩区涉及4个县区、16个乡镇、491个自然村、6.8万户居民，人口达14.81万。近期，鄄城县部分村纳入国家易地扶贫搬迁政策扶持范围，涉及左营乡的丁杨寺村、管寺村、石庙村、中义村和旧城镇的大邢庄村3330户居民，人口达1.02万，下一步将整体搬出黄河滩区。

（五）生态建设还需强化

黄河菏泽段沿线有13个大小不等的滩地，滩区面积达504.78平方公里，还有156公里长的临黄堤防。由于投入严重不足，部分生态建设工程进展缓慢，如绿化提升工程、综合治理工程和生态旅游工程等，在某种程度上已影响黄河生态调节功能的充分发挥。

（六）黄河水的利用率不高

菏泽作为黄河入鲁后流经的第一市，每年引入的黄河水仅为入境总量的2%左右。即使引入的黄河水，也因设施、技术和管理等造成较大浪费，如全市农用灌溉有效利用系数仅为0.6279（2015年），低于山东省平均水平0.0025个百分点。

三、保护、开发和利用黄河资源的路径选择

就菏泽市来说，当前和今后一个时期，应根据黄河资源的特征，从解决实际问题着手，运用现代发展理论，超前谋划，综合施策，积极作为，并列出时间表、制定路线图、实行责任制，努力将黄河菏泽段打造成保护、开发和利用黄河资源的示范区，为山东省的黄河资源保护、开发和利用积累经验和借鉴，作出贡献。省有关厅局、对口业务管理部门、科研机构、沿黄各市等也应统筹兼顾，树立“一盘棋”意识，从财力、物力、技术等各方面给予菏泽市力所能及的支持，助推菏泽做好保护、开发和利用黄河资源的工作。

（一）制定保护、开发、利用规划

从黄河菏泽段的建设现状、发展空间和防洪要求来看，已具备制定保护、开发和利用黄河资源规划的基本条件。菏泽要在充分调查研究的基础上，根据国家宏观调控政策，结合黄河菏泽段的实际，尽快制定保护、开发和利用黄河资源的规划。规划要坚持因地制宜、创新引领、综合集约的原则，体现项目支撑、科技先行和低碳绿色的理念，突出水资源、土地资源和生态资源等。进一步明确其保护范围、开发重点和利用举措等，同时还要与国家、山东省、菏泽市的相关规划有机衔接，力争使编制的规划具有前瞻性、战略性、可操作性，真正起到指导、引领和定位等作用。

（二）扎实做好基础性研究工作

为使黄河水、生物、生态、土地等资源得到科学保护、可持续开发利用，必须扎实做好基础性研究工作，为资源的综合开发、利用和保护提供技术支撑。例如，开展河段开发战略环境影响指标研究，河段开发对流域生态及黄河健康影响研究，河段开发与国家环境安全战略协调性研究，河段和区域开发的协调性分析及环境影响研究，水生生物及鱼类组成结构和特征调查评价研究，菏泽段湿地演变趋势及水文条件的影响分析研究，黄河水资源开发利用现状、问题和对策分析研究，气候变化对黄河水资源径流变化的影响及水量调度研究，等等。通过全面调查、综合分析，掌握数据，科学应对，为更好地保护和合理开发利用黄河资源提供科学依据。

（三）完善提升基础设施功能

完善提升黄河沿线的基础设施功能，是一项重大的系统工程，具有长期性、

经常性和复杂性等特点，它关系到群众安全、除涝防洪和黄河水利用等，必须高度重视。一方面，对现已建成的临黄大堤、控导（护滩）工程和顺堤行洪防护工程，尤其是引黄涵闸等，要加大维护力度，并采用现代新技术、新设备和新工艺搞好改造升级，着力提高其服务功能；另一方面，要按照黄河管理办法、《黄河防汛条例》《黄河流域综合规划（2012—2030 年）》等，继续搞好黄河菏泽段基础设施建设。如“十三五”期间，菏泽市涉及东明县、牡丹区、鄄城县三县区的黄河河道整治、堤顶道路建设和防浪林种植等工程，应完善基础设施建设以确保黄河更好地造福人类。

（四）加大生态环境保护力度

生态环境保护对于黄河而言是一个永恒的主题，尤其是在人民群众大量饮用黄河水的今天，保护好黄河的生态环境，从一定意义上说就是在保护群众的生命安全。一是要建立健全黄河资源保护的地方性法规，加快形成依法保护黄河资源尤其是黄河水资源的格局，完善饮用水保护的相关标准。二是要树立科学发展的理念，克服人们对水资源保护意识淡薄的观念，正确处理经济发展与资源保护的关系，强化对黄河资源保护、开发和利用的管理，探索一条不以牺牲生态和环境为代价而促进我省西部“隆起”的经济社会发展路子，构建资源节约和环境保护型社会。三是在满足防洪行洪的前提下，根据流域和河道管理要求，搞好黄河生态修复工程建设，有效防、控、减人河污染物，确保黄河水源地的水质安全。同时，还要抓好黄河流域的绿色林网、土地植被和污染治理等工程建设，努力将沿黄流域建成生态风景带。

（五）实施农业综合开发战略

要立足黄河滩区的资源禀赋、农业基础和防洪要求等，结合山东省“西部隆起带”战略和精准扶贫攻坚战略的实施，大力实施农业综合开发战略，重点抓好农业规模膨胀、结构调整和效益提升。一是利用丰富的土地资源、水利资源和人力资源，重点抓好有机粮食、绿色果蔬和高档药材等种植，积极发展一批家庭农场，努力促进黄河滩区种植业上档次。二是依据粮食多、秸秆多和饲草多的特点，重点抓好鲁西肉牛、羊和猪等规模化饲养，积极发展一批养殖专业村，努力促进黄河滩区畜牧业上规模。三是充分发挥科学技术、良种良法和现代物流的作用，重点抓好黄河甲鱼、优质鱼虾和高档莲藕等水产品养殖，积极发展一批示范基地，努力促进黄河滩区养殖业上水平。

(六)积极发展生态文化旅游

充分发挥菏泽黄河水利风景区为国家级水利风景区的优势,依托优美的自然风光、良好的生态环境、多彩的黄河文化,结合独特的鲁西南风情、丰富的历史遗迹、优质的农副产品,积极发展黄河风光游、乡村自然游和农业生态游等。重点抓好黄河生态旅游区、黄河奇险漂流区、黄河军旅红色旅游区建设,突出抓好黄河文化博物馆、黄河励志文化园、黄河农业生态观光园建设,同时着力推动黄河历史文化挖掘、黄河多姿风采展现、黄河旅游精品线路打造等工程建设。湿地是黄河资源的重要组成部分,包括菏泽段在内的山东省黄河沿线各市湿地资源丰富,是发展黄河生态游的宝贵财富,应努力消除污染破坏湿地生态系统、经济建设导致湿地面积减少、不合理开发利用河岸湿地等现象,建立完善、科学、规范的湿地保护与管理制度机制,增加专项资金投入,加大湿地资源的保护力度,把湿地打造成生态游的亮点。要通过高标准、高质量、高水平的建设,尽快将黄河菏泽段打造成集休闲度假、文化传承和观光旅游于一体的示范区。

(七)着力提高水资源的利用率

水是生命之源,黄河之水是黄河母亲赐给我们的最重要的资源。应采取综合措施,开发利用和保护好这一资源,让黄河水资源最大限度地服务社会,促进当地经济社会协调、科学发展。一是对已建成的平原水库搞好边坡维护、除险加固和清淤治理等,以增强贮存黄河水的能力。二是超前规划、科学布局、因地制宜,再高标准建设一批平原水库,以解决地下水超采、生态含养水不足和经济发展用水限量等问题。三是加快推广渠道防渗、管道输水灌溉和连片种植区喷灌等技术,并积极开展微喷、滴灌和渗灌等节水试点,大力发展节水农业,同时在能源化工、生物医药和农副产品加工等行业积极应用节水技术、设备和工艺,大力推广工业水循环利用模式,千方百计提高黄河水的利用率。

(八)加快推进易地搬迁工作

要结合精准扶贫工作,按照分类指导、一村一策、以人为本的思路,加快推进黄河滩区居民的易地搬迁工作。一是对已纳入国家易地扶贫搬迁政策扶持范围的村庄,要采取集中安置和分散安置相结合、以集中安置为主的方式,搞好与之相适应的配套基础设施建设,尽快将易地搬迁工作落到实处。二是对居住条件较差、易受洪水威胁、外迁意愿强烈的部分黄河滩区村庄,要积极争取国家扶持政策,同时地方上也应出台外迁扶持措施,千方百计地加快推进易地搬迁工作。三是对虽然暂时没有外迁意愿,但从长远来看必须外迁的部分黄河滩区村庄，要超前谋划，预留外迁土地，分期、分批、逐步地将其迁至滩外，从根本上解决其生产生活问题。

（九）切实搞好安居村台建设

对易地搬迁确有实际困难，并且对发展经济不利，要求就近避洪呼声高的黄河滩区居民，要尊重居民意愿，根据生产要求，结合生活需要，切实搞好安居村台建设。一是积极争取国家政策扶持资金，省政府相应加大政策资金扶持和支持的力度，并最大限度地获得金融机构的贷款支持，同时引导社会资本投入安居村台建设，以确保安居村台建设的工程质量并按时竣工投用。二是安居村台顶高要根据花园口 20 年一遇洪水流量（12370 立方米/秒）的相应水位加 1.0 米的超高设计，以确保黄河滩区居民的生命财产安全。三是与精准扶贫、当地的扶贫攻坚相结合，在安居村台建设的同时，完善交通、供电和供水等基础设施，并搞好学校、卫生室和文体广场等服务设施建设，加快推进黄河滩区居民脱贫致富的步伐，确保其生活质量大幅提升。

在山东省以菏泽段为例探索加强对黄河资源保护、开发、利用的对策，是一项系统性工程，既涉及经济、社会和生态等方面，又涉及技术、管理和法规等方面，并对一个地方的发展影响较大。因此，各有关方面都应从战略高度去认识，从全局高度去谋划，从发展高度去实施，积极探索黄河资源保护、开发和利用的新路径，以使其更好地造福齐鲁大地。

（菏泽市发展和改革委员会　完成时间：2017 年 6 月）